Master Keys to Spiritual Freedom

영적인 자유에 이르는 길 33

(하)

일러두기 / 이 책은 누구나 한번쯤은 궁금해하는 우리는 누구이며, 어디에서 왔고, 어디로 가는가에 대한 해답을 담고 있습니다. 이 우주가 만들어진 목적, 신의 법칙, 에덴 정원의 역할과 타락한 뱀의 정체, 인간과 영적인 스승과의 관계 등 종교와 영성에 대해 새로운 이해를 구하는 분들에게 좋은 지침서가 될 것입니다.

영적인 자유에 이르는 길 33 (하)
ⓒ2017~, Kim Michaels

킴 마이클즈를 통해 전해진, 한국의 미래를 위한 상승 마스터들의 메시지를 '그리스도 의식을 추구하며' 카페에서 공부하는 상승 마스터 학생들이 번역하고 디자인 및 편집을 해서 직접 이 책을 펴냈습니다. 이 책의 한국어판 저작권은, 저작권자인 킴 마이클즈와 계약을 한 '그리스도 의식을 추구하며' 카페에 있습니다.
아이앰 출판사(cafe.naver.com/iampublish)는 '그리스도 의식을 추구하며' 카페에서 상승 마스터의 가르침들을 널리 알리기 위한 목적으로 설립하였으며, 2015년 9월 4일(제 2015-000075호)에 등록되었습니다. 주소는 서울시 송파구 장지동 송파파인타운 11단지 내에 있으며, 인터넷 카페는 cafe.naver.com/christhood입니다.

번역 및 출판에 도움을 주신 분: 목현 옮김, 아이앰 편집팀 교정, 디자인 및 편집
이 책은 최대한 내용의 명확한 전달에 초점을 맞추어 번역되었음을 알려드립니다.

2021년 5월 5일 처음 발행
ISBN 979-11-974539-1-5 (03200)

이 책의 국립중앙도서관 출판시도서목록(CIP)은 서지정보유통지원시스템 홈페이지(seoji.nl.go.kr)와 국가자료공동목록시스템(seoji.nl.go.kr/kolisnet)에서 이용할 수 있습니다.

Master Keys to Spiritual Freedom

영적인 자유에 이르는 길 33
(하)

킴 마이클즈

I AM

킴 마이클즈(Kim Michaels)

1957년 덴마크 출생. 킴 마이클즈는 50여 권의 책을 펴낸 저자이자 이 시대의 가장 탁월한 메신저 중의 한 사람입니다. 15개국에서 영적인 컨퍼런스와 워크숍을 이끌면서 많은 영적인 탐구자들의 상담자 역할을 해왔으며, 영적인 주제를 다루는 다수의 라디오 프로그램에 출연하기도 했습니다. 그는 다양한 영적 가르침을 광범위하게 연구해 왔으며, 의식을 고양하는 다양한 실천 기법들을 수행했습니다. 2002년 이래로 그는 예수를 비롯한 여러 상승 마스터들의 메신저로 봉사하고 있습니다. 그는 신비주의 여정에 관한 광범위한 가르침을 전해 주었으며, 그 가르침은 그의 웹사이트에서 무료로 제공되고 있습니다.

공식 한국어 번역 사이트 (네이버 카페)

cafe.naver.com/christhood

비영리 단체인 '그리스도 의식을 추구하며' 네이버 카페에서는 킴 마이클즈가 지난 10년 이상 웹사이트에 공개한 상승 마스터들의 메시지 및 기원문을 번역해서 제공합니다. 누구나 가입해서 자유롭게 내용을 볼 수 있으며, 상승 마스터들의 가르침을 따라 스스로 내면의 여정을 걸어갈 수 있는 환경을 만들려고 노력하고 있습니다. 카페에서는 정기적인 온라인/오프라인 모임과 상승 마스터 컨퍼런스, 셀프 마스터의 수행 과정을 진행하고 있습니다. (상세 내용은 책 끝부분 참조)

차례

열쇠 17: 여러분은 어디에서 왔으며
 지구에 있는 이유는 무엇일까요? · 1
열쇠 18: 선한 사람들이 악행을 저지르는 이유 · 25
열쇠 19: 이원적인 정체성에서 자신을 분리하기 · 53
열쇠 20: 종교에 대한 사악한 진실 · 75
열쇠 21: 비-이원적인 가르침이
 어떻게 이원적인 종교가 되는가? · 103
열쇠 22: 존재들이 어떻게 추락하는지를 이해하기 · 129
열쇠 23: 눈먼 지도자들이 종교에 접근하는 방식을 이해하기 · 147
열쇠 24: 지구에서의 임무를 발견하기 · 177
열쇠 25: 이원적인 사고방식을 극복하기 · 189
열쇠 26: 지구에서 임무를 수행하는 방법 · 215
열쇠 27: 누가 이원적인 종교로부터
 세상을 자유롭게 할 수 있는가? · 255
열쇠 28: 사람들이 이원적인 사고방식에서
 벗어나도록 돕는 방법 · 269
열쇠 29: 거짓 교사에게서 벗어나는 방법 · 287
열쇠 30: 종교 논쟁에서 새로운 개방성을 창조하기 · 311
열쇠 31: 종교는 어떻게 변해야 하는가 · 339
열쇠 32: 비-이원적 상호 작용 · 357
열쇠 33: 모든 피조물에 대한 비-이원적인 복음 설교 · 401
에필로그: 그리스도가 되기 위한 영원한 도전 · 433

이 책과 관련된 수행 과정 소개

셀프 마스터 과정

한글 서적 명	시리즈
'영원한 나'를 찾아가는 여정	1
내면의 창조적인 힘 (1광선)	3
'신성한 지혜'를 찾아가는 여정 (2광선)	4
'조건 없는 사랑'을 찾아가는 여정 (3광선)	5
'영적인 순수함'을 찾아가는 여정 (4광선)	6
'초월적인 비전'을 찾아가는 여정 (5광선)	7
'내면의 평화'를 찾아가는 여정 (6광선)	8
'영원한 자유'를 찾아가는 여정 (7광선)	9
생명의 강과 함께 흐르기 (8광선) 생명의 강과 함께 흐르기-실습교재	2

그리스도 신성 과정

한글 서적 명	시리즈
그리스도 신성의 마스터키	1
그리스도 신성의 마스터키 - 기원문	2

힐링 과정

한글 서적 명	시리즈
예수와 함께했던 나의 생애들	1
힐링 트라우마	2
신성한 계획 완성하기	3
최상의 영적인 잠재력 구현하기	4
지구에서 평화롭게 존재하기	5

세계 영성화 과정(Spiritualizing the World)

한글 서적 명	시리즈
상승 마스터들과 함께 전쟁 없는 지구를 만들기	1
한국의 미래를 위한 신성한 선물	2
통일 한국의 황금시대를 위한 신성한 지혜	3
독재를 부르는 우리 안의 심리	4
여성의 영적인 자유	5
광신주의 시대를 끝내기	6
엘리트주의 시대를 끝내기	7
성 저메인의 황금시대 구상하기	8
성 저메인의 황금시대 구현하기	9
성 저메인의 황금시대 수용하기	10

책 끝부분에 각 과정에 대한 소개가 나옵니다.
(종이책 및 전자책(ebook)은 카페에서 구입 가능합니다)

열쇠 17
여러분은 어디에서 왔으며 지구에 있는 이유는 무엇일까요?

영적인 자유에 이르는 핵심 열쇠 가운데 하나는, 삶에는 눈에 보이는 것 이상의 것이 존재한다는 깨달음이며, 여기에 더 깊은 이해를 발견하려는 열망이 결부됩니다. 더 큰 이해에 대한 열망을 키울 때만 여러분은 자유로워질 수 있습니다. 무릇 네가 얻은 모든 것을 가지고 앎을 얻으리라(잠언 4:7), 또한 개인적인 멘탈 박스를 초월하고, 사회에 의해, 전체적으로는 인류에 의해 창조된 전통적인 근원 너머에 대한 이해를 기꺼이 찾으려고 할 때만 여러분은 자유롭게 됩니다.

삶에는 감각을 통해 볼 수 있는 것 이상이 있다는 것을 깨달을 때 지혜가 시작됩니다. 과학적인 것이든 종교적인 것이든 현재의 인간 신념 체계에 의해 알려진 것 그 이상이 존재한다는 것을 깨달아야만 여러분은 지혜로워질 수 있습니다. 한 예로, 지구에는 원래의 목적이 있었지만, 지금은 그 목적이 수정되었다는 것을 여러분은 알 수 있습니다. 하지만, 지구의 근본적인 목적은 항상 생명흐름들에게 성장의 기회를 최대한 주는 것이었습니다.

지구에서 볼 수 있는 모든 것은 겉모습(facade)에 불과합니다. 더 깊은 실체는 겉모습 뒤에 숨어 있습니다. 물질계는 기저에 깔린 영적인 실재를 숨기고 있습니다. 이런 이유로 예수가 사람들에게 겉모습으로 판단하지 말라고 말했던 것입니다(요한 7:24), 겉모습으로 판단할 때 여러분은 불가피하게 피상적인 지식과 불완전한 가정에 기초하여 살아가는 자신을 책망하게 됩니다. 여러분은 숨겨진 근본적인 원인보다 눈에 보이는 결과에 근거하여 살아가게 될 것입니다.

사람들이 신의 존재를 부정하는 이유는 물질의 밀도가 너무 높기 때문입니다. 하지만 물질의 밀도는 인간의 의식이 추락했기 때문에 원래의 설계보다도 더 높아진 것입니다. 이 때문에 자기 강화하는 하향나선이 만들어졌습니다. 물질의 밀도는 사람들이 신의 존재를 부정하고, 자신이 영적인 존재임을 부정하며, 현재의 의식 단계를 초월하지 않으려는 것을 정당화할 수 있게 했습니다. 사람들이 가장 근원적인 법칙, 즉 자기 초월의 법칙을 위반하게 된 원인은 물질의 밀도입니다. 수축하는 어머니의 힘은 사람들의 선택을 강화해서, 의식의 밀도가 더욱 높아지게 했고, 사람들은 실제로 그런 밀도를 지구를 구성하는 마터 빛에 투사했습니다. 이 때문에 오랜 시간이 흐르면서 물질의 밀도가 더 높아지게 되었습니다. 또한 사람들이 자신의 영적인 목적을 부정하고, 다시 의식 수준이 낮아지면서, 마터 빛에 밀도가 더 높은 빛을 투사하기가 쉬워졌습니다. 분명한 것은, 그런 하향나선이 임계수치에 도달하면, 그 나선을 만든 존재들은 자신이 무엇을 하고 있는지 알 수 없게 되어 거기에서 빠져나올 수 없게 된다는 것입니다.

이런 이유로, 그런 특정한 나선을 만들지 않고 지구의 상황에 대해 새로운 관점을 가진 존재들의 형태로 시스템에 "새로운 사람들

(new blood)"이 유입될 필요가 있었습니다. 이런 존재들이 임금님의 새 옷이라는 우화 속에 나오는 어린아이처럼 될 수 있습니다. 그들은 지구의 원거주민들이 볼 수 없는 것을 볼 수 있으며, 거주민들에게 "임금님은 아무것도 입지 않았어요"라고 외칠 수 있는 기회를 줄 수 있습니다. 문제는 이런 존재들이 물리적인 육체로 육화하여 지구 에너지장의 밀도 속으로 들어가야 한다는 것입니다. 이런 과정에서 그들은 자신이 지구에 온 목적을 잊어버리게 됩니다. 질문은 이런 존재들이 과연 자신이 누구인지를 인식하게 되고, 긴 잠에 빠진 숲속의 공주인 인류를 깨우기 위해 외쳐야 하는 자신의 역할을 깨닫게 될까 하는 것입니다.

　이제 여러분은 알아야 합니다. 이 책의 주요 목적은 여러분을 일깨워서 진정한 여러분이 누구이고, 왜 이 작은 행성에 있으며, 여러분이 이 행성을 고향이라고 말하기가 왜 어려운지를 알게 하는 것입니다. 어쩌면 이 행성은 여러분의 영적인 고향이 아닐 수도 있습니다. 여러분은 자신이 누구이며, 이곳에 존재하는 이유를 의식적으로 인식할까요? 그리고 진리를 증언하려는 예수의 본보기(요한 18:37)를 따름으로써, 그런 목적을 완수할까요? 진리를 증언하기 위해서는 먼저 진리를 알아야 합니다. 다시 말해 여러분은 반그리스도 마음의 이원적인 많은 "진리들(truths)"이 아니라, 그리스도 마음의 하나뿐인 진리(one truth)를 알아야만 합니다.

～～～

　앞 장에서, 나는 지구에 사는 존재 대부분의 기원을 설명했고, 그들을 몇 개의 그룹으로 나누었습니다. 이렇게 하는 데에는 항상 위험이 수반됩니다. 이런 이유로 과거에는 비전의 지식(esoteric knowledge)이 더욱 진보한 학생들에게만 유용했고, 매우 난해하거나 부정확한 언어 뒤에 숨겨져 있었습니다. 이런 지식이 이해하기 쉬운 형태로 공개적으로 이용될 수 있게 되더라도, 이 정보를 알게 된 사람 가운데 일부는 여전히 이원성 의식에 갇히게 될 것을 예측할 수 있습니다. 이들은 영적으로 눈이 멀게 될 것이며, 자신의 이원적 이미지들을 내 가르침에 투사할 것입니다. 그럼, 일부 어떤 사람들이 그 자료를 어떻게 해석하고, 어떻게 사용할 가능성이 있는지 간략하게 설명하겠습니다.

영적으로 눈이 먼 사람이 가장 먼저 하는 일은 자료에 대해 가치 판단을 내리는 것입니다. 그들은 일부 생명흐름들이 더 낮고, 더 이기적인 의식 상태에 있다고 말할 것이며, 이것을 "좋게" 보이는 (자신의) 의식 상태와 비교하여 "나쁜 것"으로 정의할 것입니다. 그들은 나쁜 사람을 정의하기 위해 사람들의 행동, 인종, 국적, 성별 또는 믿음과 같은 외적인 기준을 세우려 할 것이고, 자신을 의미하는 선한 것들로부터 그것들을 분리하려고 할 것입니다. 그들은 외적인 기준, 즉 겉모습에 근거하여 세상을 선한 사람과 나쁜 사람으로 나눌 것입니다.

이것은 다음 단계로 이어질 것입니다. 즉 그들은 특정 그룹의 사람들은 태생적으로 나쁘지만, 다른 사람들은 태생적으로 선하다고 정의할 것입니다. 다시 말해서, 특정 그룹의 모든 구성원은 나쁘고, 다른 그룹의 모든 구성원은 선하다는 것입니다. 이것은 역사의 과정에서 종교, 인종, 국적, 민족성, 외관상 많은 특징에 근거했던 차별을 포함합니다. 이것들은 수많은 잔혹 행위를 불러왔던 차별에 이르는 첫걸음으로 이어질 수 있습니다. 이런 차별의 실제 형태는 가벼운 반감에서부터 대량 학살에 이르기까지 범위가 매우 넓습니다.

어떤 그룹의 사람들을 나쁜 사람이라고 정의하는 것은, 여러분이 안고 있는 모든 문제와 사회, 인류가 안고 있는 모든 문제의 원인이 나쁜 사람들이라고 추론하는 지름길이 됩니다. 따라서 이 나쁜 사람들을 이 행성에서 제거할 수만 있다면, 모든 문제가 해결되고 지구는 파라다이스가 될 것입니다. 역사를 공정하게 살펴보면, 종교적인 사람들조차 이런 방식으로 추론하면서, 목적이 수단을 정당화할 수 있다는 교묘한 논리에 설득당하고 있음을 볼 수 있습니다. 그들은 지구의 모든 종교가 그런 것처럼, 설령 자신이 믿는 종교가 '살인이 신의 법칙을 어기는 것'이라고 정의한다고 해도, 신의 법칙을 위반하는 사람들을 죽이는 것은 합당하다고 생각하는 생각의 덫에 빠져 있습니다. 다시 말해서, 신의 나라를 가져오기 위해서 신의 법칙을 위반할 수 있음을 받아들이는 것입니다. 이것은 신의 법칙을 위반함으로써 신의 나라를 실제로 실현할 수 있다고 하는 더욱 교묘한 논리에 근거를 두고 있습니다. 물론 그렇지 않습니다. 이런 형태의 추론이 정확히 어디에서 오는지는 나중에 살펴보겠습니다.

이런 이원적 함정에 빠지는 사람들을 가능한 줄이기 위해, 아주 명확히 해둘 것들이 있습니다. 외적인 특징에 근거하여 어떤 시스템을 설정하는 것은 절대적으로 불가능합니다. 또한 특정한 그룹의 모든 구성원이 나쁜 사람이거나 추락한 존재들이지만, 다른 그룹의 구성원들은 모두 좋은 사람이거나 아주 진보된 영혼들(souls)이라고 말할 수도 없습니다. 그런 기준은 존재하지 않았고, 절대로 존재하지도 않을 것입니다. 이유는 아주 간단합니다. 내가 설명한 원리는 냄비를 휘젓기 위해 서로 다른 많은 존재가 지구에 육화하도록 허용한다는 것입니다. 냄비를 최대한 휘젓기 위해, 높고 낮은 의식을 지닌 존재들이 상상할 수 있는 모든 그룹에 분포되어 있다는 것을 알 수 있습니다.

외적인 기준을 세워서, 특정한 유형의 존재들을 구별하려는 시도는 무의미합니다. 이런 구별은 외적인 속성이 아니라, 사람들의 의식 상태라는 내적인 특성에 근거해야만 가능합니다. 외적인 특성을 찾으려는 사람들은 자신이 여전히 이원성에 갇혀 있음을 보여줍니다. 그들은 외모를 보고 판단합니다. 따라서 그들은 사람들의 의식 상태를 읽을 수 없습니다. 이원성이 거의 없는 사람만이 개인의 의식 상태를 읽을 수 있습니다. 하지만 그런 사람들은 결코 차별하거나 판단하려고 하지 않을 것입니다. 좋은 사람과 나쁜 사람을 구별하려고 하는 사람들은 타인의 의식 상태를 읽을 수 없지만, 좋은 사람과 나쁜 사람을 식별하려는 바람이 없는 사람들은 그렇게 할 수 있습니다.

하지만, 나는 형태가 다른 많은 생명흐름이 지구에 육화해 있다는 사실을 설명할 수 있는 근거를 분명히 가지고 있습니다. 이제, 이원성 의식에 의한 속임수를 초월하지는 못하지만, 행성의 역학을 이해할 수 있는 합리적인 토대를 제공하는 모델을 살펴보겠습니다.

─────✦─────

앞에서 설명한 것처럼, 삶에는 두 가지 기본적인 선택권이 있습니다. 삶의 목적은 자기 인식의 성장입니다. 여러분은 현재의 자아감을 초월하여 근원과 결합하고 여러분의 개체성이 불멸이 될 때까지 그 이상의 존재가 되어야 합니다. 이것이 하나됨의 길(Path of Oneness)이며, 그 이상이 되는 길(Path of MORE)입니다. 다른 선택은 그 이상이 되는 길을 부정하고 자기 초월을 부정함으로써, 분리된 존재로서의 정체감을 고수하거나 강화하며, 더 작게 되는 것입니다. 이런 선택을 하면, 여러분은 여러분의 존재를 구성하는 마터 빛이 순수한 형태로 돌아갈 때까지, 점차 더 작아질 것입니다. 분리된 삶을 유지하려고 하면, 그것을 잃게 됩니다. (마태 16:25) 여러분이었던 빛은 근원으로 돌아갔다고 우리는 말할 수도 있지만, 여러분의 의식하는 자아가 창조주의 존재 속으로 섞여 들어가게 되므로, 그 과정에서 여러분의 의식하는 자아는 흔적도 없이 사라져 버렸다고 말할 것입니다. 여러분은 독특한 개체로서 여러분의 근원으로 돌아가지 못했고, 따라서 창조주는 여러분을 통해 그 이상의 존재가 되지 못했습니다.

하지만, 일부 생명흐름들이 명확한 결정을 거부한다는 의미에서 일시적이나마 제3의 선택지가 있습니다. 따라서 그들은 참된 길에도 거짓된 길에도 전념하지 않는 중간지대(gray zone), 즉 모호한 지대(twilight zone)에 놓이게 됩니다. 실제로 올라가지 않는 모든 존재는 아래로 내려가는 것입니다. 나는 지금 의도적으로 삶에 저항하거나 단순히 결정하는 것을 거부하는 사람들에 관해 얘기하고 있습니다. 결정하지 않는 사람들은 참된 스승이나 거짓된 스승을 추종하기 때문에, 스스로 결정할 필요가 없습니다. 이제 우리는 인류가 세 그룹으로 나뉠 수 있다는 것을 압니다.

상위 10%는 이미 하나됨의 길에 발을 들여놓은 사람들입니다. 이렇게 하는 것은 내면의 상황이 먼저입니다. 밀도가 높은 지구의 에너지 속으로 육체를 가지고 육화할 때, 여러분은 과거의 성취를 잊는 경향이 있는데, 반드시 이것을 되찾아야 합니다. 따라서 이들 가운데에는 자신이 임무를 가진 영성인이라는 사실을 의식하지 못하는 사람들이 많습니다. 서구사회에서는 특히 더욱 그렇습니다. 서구사회에서 이들은 전통적인 종교와 물질주의 과학을 모두 거부하는 경향이 있으며, 자신들의 영성을 표현할 곳이 없다고 느낍니다.

이런 그룹에 속한 모든 사람은 극적으로 깨어나는 경험을 할 가능성이 있습니다. 그들은 자신이 누구이며, 왜 이곳에 있는지를 의식적으로 깨닫게 됩니다. 분명한 것은 의식의 범위가 아주 넓다는 것입니다. 영적으로 진화한 사람들, 즉 자신이 누구인지를 충분히 인식하고 있는 존재에서부터, 완전히 깨어나기 위해서는 영적인 학습과 수행 기간을 거쳐야 하는 진화가 덜 된 사람들에 이르기까지 범위가 아주 넓습니다.

하위 10%는 고의로 하나됨의 길을 거부하는 사람들입니다. 그들은 에고를 쌓아 올려 분리된 정체감을 강화하려는 사람들입니다. 다시 말하지만, 돈과 성공, 권력을 추구하는 사람에서부터 지나치게 이기적인 사람들, 심지어는 악으로 분류되는 사람들에 이르기까지 넓은 범위가 존재합니다. 어떤 사람들은 그들이 잘못된 길을 따르고 있다는 것을 깨닫지 못하지만(물론 그들을 이것을 부정합니다), 다른 사람들은 자신이 신의 계획과 신을 나타내는 모든 것에 맞서고 있다는 것을 충분히 알고 있습니다(대개는 이 사실을 추종자들에게 숨깁니다.)

이런 사람들 모두가 영적인 깨어남에 대해 경험을 하는 기회를 얻겠지만, 그들 중 대부분은 시간이 지나야만 성취될 수 있는 아주 극적인 의식의 변화를 겪을 것입니다. 그 이유는 이런 사람들은 이원적인 거짓말의 층 위에 또 다른 층을 겹겹이 쌓고 있기 때문입니다. 이원성을 초월한 길을 수용하고 이를 충분히 이해하기 위해서 그들은 이런 거짓말을 의식적으로 버려야 합니다. 모든 거짓말을 그냥 한 번에 버릴 수는 없습니다. 그렇게 되면 그 사람의 정체성은 산산조각 날 것입니다.

일반적인 사람들은 중간 80%입니다. 여전히 중간지대(gray zone)에 있으면서, 위로 가는 길에도 아래로 내려가는 길에도 전념하지 않는 사람들이 있습니다. 이들은 스스로 결정하려고 하지 않습니다.

그들은 자신의 삶이나 자신의 구원에 대한 책임을 지려고 하지 않습니다. 그들은 언제나 따를 수 있는 리더를 찾고 있습니다. 다시 말하지만, 의식의 범위가 있습니다. 가장 적게 깨어난 사람들이 하위 10%를 따를 것입니다. 좀 더 성숙한 사람들은 대체로 영적인 여정에 대해 깨어날 수 있으며, 상위 10%를 따르게 될 것입니다. 문제는 상위 10%가 대개 지도자 자리를 맡고 싶어 하지 않는다는 것입니다. 이런 사실에 대해서는 나중에 더 자세하게 살펴보게 될 것입니다.

여기서 요점은 단순합니다. 오랫동안 상위 10%와 하위 10% 사이에 어느 정도의 균형이 이루어져 왔습니다. 그들은 서로 대등했으며, 행성에 미치는 각각의 영향력이 서로를 상쇄했습니다. 따라서 지구 행성의 미래는, 과거에 그랬던 것처럼, 중간 80%인 일반 대중에 의해 결정될 것입니다. 사람들이 하위 10%를 따른다면, 행성은 하향나선으로 들어갈 것이고, 하향나선이 임계점을 벗어나게 되면, 다시 돌아오기가 대단히 어려울 것입니다. 그들이 상위 10%를 따른다면, 행성은 상향나선 안에 있을 것입니다. 상향나선이 임계점에 도달하면, 대규모 깨달음이 일어날 것입니다. 사람들 대다수는 고통과 제한적인 삶에 자신을 가두게 했던 이원적 환영에서 벗어날 것입니다. 그런 다음, 이것은 행성의 상승으로 이어질 수 있고, 하나 됨의 길에 전념하지 않을 존재들은 행성 밖으로 내던져질 것입니다.

과거에, 이 행성은 하향나선 안에 있었으며, 해체될 위기에 처해 있었습니다. 하지만, 영적으로 진화한 생명흐름들이 지구에 자원하여 육화하였고, 그들이 사람들을 끌어올렸기 때문에, 지구는 아주 오랫동안 상향나선 안에 있었습니다. 비록 내키지 않았고 무슨 일이 일어나는지 알지 못했지만, 사람들은 이런 끌어당김에 반응했습니다. 이처럼 상승의 과정은 꾸준하게 진전된 것이 아닙니다. 기록된 역사에서 증명되듯이, 오르내림이 있었습니다.

하지만, 앞에서 언급했듯이, 이 행성은 이제 긍정적인 전환점에 매우 가까워졌습니다. 상위 10%가 특별한 노력을 할 수만 있다면, 말 그대로 상승나선의 반환점을 지나게 할 사람들의 대규모 깨어남을 불러올 수 있습니다. 물론, 이 책의 목적은 상위 10%의 사람이 이런 각성을 하는 데 필요한 이해를 제공하기 위한 것입니다.

───✿───

대중의 상위 10%가 나머지 90%에게 어떻게 영향을 미칠 수 있는지 궁금해할지도 모르겠습니다. 영적인 사람들의 가장 큰 공통 관심사 가운데 하나는 개인이 어떻게 변화를 만들어낼 수 있겠는가 하는 것입니다. 여러분이 행성의 상황을 개선하기 위해 아무것도 할 수 없는 중요하지 않은 존재라는 믿음은 상위 10%가 자신의 임무를 수행하지 못하게 하려고 고의로 꾸며낸 거짓말입니다. 이제 물질주의의 겉모습 뒤에 숨겨진 진실을 살펴보도록 하겠습니다.

내가 설명한 것처럼, 모든 것은 마터 빛으로 만들어졌으며, 이 빛은 의식이 있습니다. 따라서 모든 것은 의식으로 만들어졌습니다. 모든 것은 의식입니다. 일부 현대 과학자들도 이런 사실을 깨닫기 시작했는데, 20년 이내에 이 사실을 더 분명하게 깨닫게 될 것입니다. 나는 마터 빛은 독자적으로 어떤 것들을 만들어낼 수는 없지만, 어떤 복잡한 구조물이 형성되고 난 후에는, 마터 빛에 내재된 추진력이 그런 구조물이 스스로 진화해 갈 수 있도록 해준다고 설명했습니다. 지구는, 진화의 힘이 작용할 수 있는 충분한 질량과 복잡성을 가진 매우 크고, 복잡한 구조물입니다. 이런 힘은 영향권 안의 모든 것을 끌어당기게 될 것이며, 여기에는 여러분과 다른 모든 사람이 포함됩니다.

앞에서 말한 것처럼 여러분의 육체를 둘러싸고 있는 에너지장이 있습니다. 실제로 여러분의 육체는 이런 에너지장 가운데 밀도가 가장 높은 부분입니다. 육체는 네 수준의 마음으로 구성되어 있습니다. 마찬가지로, 물리적 지구도 이 행성의 감정, 멘탈 그리고 정체성의 에너지장 가운데 밀도가 가장 높은 부분입니다. 어떤 에너지장도 분리된 섬이 아닙니다. 여러분의 개인적 에너지장은 행성 전체의 더 큰 에너지장 안에 들어 있습니다. 일부 영적인 스승들은 물질 지구를 살아 있는 유기체에 비유하기도 했지만, 이것은 옳지 않습니다. 여기에서 나의 관심은 물질 행성의 에너지장 안에 인류의 집단의식을 구성하는 또 다른 에너지장이 존재한다는 사실을 여러분에게 보여주는 것입니다. 여러분의 개인적인 에너지장은 집단적인 장(collective field)과 연결되어 있습니다.

여러분의 마음 역시 집단적인 마음(collective mind)과 연결되어 있습니다. 창조는 복잡한 형태의 구조물들이 형성되면서 일어납니다. 어떤 구조물이 충분히 복잡해지면, 구성단위(unit)를 형성하게 됩니다. 지구도 이런 구성단위입니다. 지구에서 살아가고 있는 모든 인간은 이런 구성단위 일부입니다. 이 구성단위 안에는 모든 사람의 에너지장이 있고, 이것들이 결합하여 집단의식을 형성합니다. 여러분의 에너지장, 즉 여러분의 마음은 이런 집단의식 일부로, 더 큰 단위 안에 존재하는 개별적인 구성단위입니다. 여러분의 마음은 필연적으로 집단의식의 영향을 받게 되므로, 여러분은 집단의식에 의해 위로 또는 아래로 끌어당겨집니다. 하지만 영향은 양방향으로 나타납니다. 여러분 역시 집단의식을 끌어당길 수도 있는데, 이 말은 집단의식은 상부구조에 결합된 개인의 마음으로 이루어져 있다는 의미입니다. 개인의 마음이 집단적인 마음에 끼치는 영향력과 개인의 마음이 집단적인 마음의 영향을 받는 정도는 전적으로 개인의 의식 수준에 달려 있습니다.

상위 10%와 하위 10%에 해당하는 존재들은 집단적인 에너지장에서 상대적으로 보호를 받는 개별 에너지장을 가지고 있습니다. 이런 이유로 그들은 집단적인 마음에 압도당하지 않고, 집단적인 마음을 위로 혹은 아래로 끌어당길 수 있는 지도자가 될 잠재력이 있습니다. 하지만, 내가 말한 것처럼, 이 두 개의 그룹은 서로의 영향력을 감소시킵니다. 80%의 중간층인 일반 대중은 대체로 대중의식에 쉽게 압도당합니다. 따라서 그들은 종교에서부터 패션에 이르기까지 모든 면에서 대중의식을 따릅니다. 진실로 행성을 개선할 수 있는 참된 열쇠는 집단적인 마음을 긍정적인 방향으로 전환하는 것입니다. 무언가가 결정적으로 잡아당기는 힘을 발휘해야 합니다.

이것이 압도적으로 보일 수도 있지만, 생명의 힘 그 자체는 인간에게 유리하게 되어 있습니다. 이점을 고려한다면, 이것이 덜 압도적으로 느껴질 것입니다. 앞에서 말한 것처럼, 내재된 진화의 힘은 모든 구조물, 모든 구성단위(unit)를 위로 끌어당길 것입니다. 따라서 집단의식이 영향을 미치지 못하고, 대중들이 중립적인 상태로 있게 된다면, 지구는 필연적으로 진화하는 힘에 의해 상향나선 속으로 끌어당겨질 것입니다. 요점은 지구는 일반 대중이 하위 10%에게 조종당할 때만 하향나선으로 들어갈 수 있다는 것입니다. 이들 이기적인 생명흐름들은 일반 대중을 적극적으로 조종하면서 진화하는 힘을 무력화시키기 위해 끊임없이 노력해야 합니다. 그들은 때로는 물리적인 힘을 통해 이렇게 하고 있는데, 그들이 힘을 발휘하게 하는 토대는 무지입니다. 하위 10%는 오직 대중을 속여야만 무슨 일이 일어나고 있는지 대중이 계속 모르게 만들 수 있습니다. 하지만, 일반 대중은 우둔하거나 악한 사람들로 구성되어 있지 않습니다. 대중들도 자신들이 조종당하고 있다는 것을 알게 된다면, 거기에 맞추어 자신의 방식을 바꿀 것입니다. 결론은 전체 행성에서 영적인 자유를 실현하는 열쇠는 일반 대중들의 의식을 끌어올려야 한다는 것입니다.

앞에서 언급한 것처럼, 사람들이 더 잘 알았다면, 더 잘했을 것입니다. 이 말은 진화적인 힘이 모든 생명을 그 이상이 되도록 끌어당긴다는 사실의 논리적인 결과입니다. 따라서 모든 사람에게는 제한적인 상태에서 풍요한 상태로, 고통에서 충만한 상태로 나아가려고 하는 성향이 내재되어 있습니다. 현재의 상태보다 분명히 더 좋은 것을 일반 사람들에게 제시한다면, 그들은 언제나 더 작은 것보다 그 이상이 되는 것을 선택합니다. 내 말의 요점은 사람들은 단지 무지 때문에, 자기 자신과 서로를 해칠 수 있다는 것입니다. 이런 무지는 사람들이 결과를 알지 못한 채 어떤 것들을 할 수 있게 하는 이원성 마음의 결과입니다. 그래서 사람들은 자신들이 그렇게 하는 것을 깨닫지 못한 채, 자신과 서로를 해칠 수 있습니다. 예수가 십자가에서 말했던 것처럼, 아버지, 저 사람들을 용서해 주소서. 그들은 자기가 하는 일을 모르고 있습니다. (누가 23:34)

주된 요점은 생명력 그 자체가 인류를 일깨우는 작용을 한다는 것입니다. 하위 10%는 이런 깨달음을 방해하는 인력을 만들고 있지만, 그들은 지속해서 생명의 근본적인 추진력과 맞서야 합니다. 따라서 실제로는 상위 10%가 사람들을 위로 끌어당기는 것이, 하위 10%가 사람들을 아래로 끌어당기기보다 훨씬 쉽습니다. 과거의 문제는 자신들이 하는 노력에 대해, 하위 10%가 상위 10%보다 더 잘 알고 있었으며, 더 적극적이며 더 확고했다는 것입니다. 따라서 그들은 지금까지 대규모적인 각성을 그럭저럭 막을 수 있었습니다. 이에 비해 상위 10%는 깨달음이 일어나게 할 수 있는 결정적인 추진력을 만들어낼 수 없었습니다. 하위 10%가 인구수를 줄일 권리가 자신들에게 있다고 확고하게 확신했던 반면, 상위 10%는 사람들을 위로 끌어올릴 수 있는 권리에 대해 그들만큼 확신하지 못했습니다. 지금까지 하위 10%가 상위 10%보다 지구를 지배하려는 의지가 더 강했다고 말할 수 있겠습니다.

이런 방정식을 바꾸기 위해, 상위 10%가 할 수 있는 일이 무엇일까요? 이들은 더 많이 알아야 하며 더 단호해져야 합니다. 여기에는 두 가지 측면이 수반됩니다.

알파 측면은 상위 10%가 자기 자신의 의식을 끌어올리기 위해 특별한 노력을 해야 한다는 것입니다. 한 사람이 자신의 의식을 끌어올릴 때, 집단의식 전체를 위로 끌어올리는 것입니다. 이원성 의식에서 벗어나, 상승 또는 깨달음이라 부르는 영원한 자유를 성취한 개인은 행성에 영향을 끼칠 수 있습니다. 붓다, 예수 그 밖의 존재들은 말 그대로 집단의식 전체를 더 높은 수준으로 끌어올리는 데 영향을 끼쳤습니다. 이런 까닭에, 예수가 "내가 땅에서 들리면 모든 사람을 내게로 이끌겠노라(요한 12:32)"라고 말했던 것입니다. 여러분도 붓다와 예수처럼 똑같은 잠재력을 가졌습니다. 한 사람이 행한 것은 모든 사람이 할 수 있기 때문입니다. 하지만 하위 10%는 이런 사실을 강하게 부정합니다. 그런데 상승하는 것이 집단의식을 끌어올리는 유일한 방법은 아닙니다. 수천 또는 수백만의 사람이 자신의 의식을 어느 정도 끌어올리면, 이것 또한 영향력이 있습니다. 다시 말해 숫자가 많으면 힘이 생깁니다. 하지만, 결정적인 끌어당김을 만들기 위해서 정말로 필요한 것은 상위 10%가 영적인 여정을 걷는 참된 목적, 즉 개인적인 그리스도 신성을 성취하는 것입니다.

오메가 측면은 예수가 말했던 것처럼, 여러분의 빛을 비추는 것이며(마태 5:16) 진리를 증명하는 것(요한 18:37)입니다. 일반 대중은 추종자들입니다. 따라서 그들에게는 따라야 할 본보기가 필요합니다. 그들에게는 어떤 단일 종교를 뛰어넘어 하나됨에 이르는 길을 시범 보여줄 누군가가 필요합니다. 다시 말하지만, 전통적인 이원성 의식인 흑백 논리는 모든 사람을 유일한 참된 종교로 개종시켜야 한다고 말합니다. 이것은 내가 뜻하는 바가 아닙니다. 그렇게 하는 대신, 우리는 사람들이 보편적인 영적인 여정, 즉 하나됨의 길을 볼 수 있도록 도와야 합니다. 그 길은 모든 외적인 종교를 초월해 있으며, 하나의 종교에 국한될 수 없습니다.

이 과정의 필수적인 핵심은, 영적인 여정을 안내하는 사람들이 삶의 영적인 측면과 그리스도 신성의 여정에 대해 가르치는 것입니다. 여기에는 사람들이 진정한 영적인 스승 대신 거짓 교사들을 쉽게 따르게 만드는 에고 환영과 이원성 의식에 대한 깨달음이 포함됩니다. 여기서 중요한 측면은 붓다와 예수가 보여주셨던 것처럼 거짓 교사, 즉 눈먼 지도자들이 전파한 교묘하고 이원적인 많은 신념에 도전하는 것입니다. 여러분이 할 수 있는 구체적인 사항에 대해서는 나중에 더 자세하게 얘기할 예정이니 지금은 전반적인 관점과 큰 그림을 보기 바랍니다.

☙ ❧

내가 말한 것처럼, 상위 10%와 하위 10%의 영향력은 대개는 서로를 무력화시켜 영향력을 감소시킵니다. 꽤 오랫동안, 지구는 상향 나선에 머물고 있지만, 매우 느린 속도로 올라가고 있습니다. 이것은 운전할 때 처음에는 기어를 1단에 놓고 출발하는 것과 같습니다. 가속 페달을 밟으면 엔진이 더 빠르게 회전하지만, 아직은 힘이 바퀴에 전달되지 않으므로, 차는 더 빨리 나가지 못하고 소리만 커집니다. 기어를 올릴 때까지 차는 더 빠르게 나가지 못할 것입니다. 따라서 지금 지구에 필요한 것은 영적으로 가장 많이 알고 있는 상위 10%의 사람들이 자신의 의식을 더 높은 수준으로 전환하는 것입니다. 지금 내가 의미하는 것은 그들이 영적인 여정에 대한 가장 기본적이고, 가장 근본적이며, 가장 핵심적인 깨달음에 이르게 되는 것입니다. 그 깨달음은 이원성 의식의 본질을 이해하는 것입니다.

이 점을 좀 더 구체화하겠습니다. 그리고 상위 10%의 영향력이 하위 10%의 영향력에 의해 그처럼 자주 무력화되어온 이유를 설명하면서, 그것을 우리가 얘기하고 있는 것과 연관을 지어 보겠습니다. 반그리스도 의식의 핵심은 이원성입니다. 이원성이란 어떤 상황에서, 이원성 마음이 두 극성을, 즉 서로 반대되는 것을 정의한다는 의미입니다. 이원적 마음은 반대되는 것들을 오로지 한 가지 방식으로만 볼 수 있습니다. 다시 말해 하나는 좋고 다른 하나는 나쁜 것이며, 하나는 진실이고 다른 하나는 거짓이라는 것입니다. 따라서 반대되는 힘들 사이에는 필연적으로 싸움이 있게 되며, 이원적 마음은 오직 하나의 결과만을 추구합니다. 하나의 극성이 다른 극성을 제거하려고 합니다. 이원적 마음에는, 지구에 신의 나라를 세우는 방법은 오직 하나밖에 없습니다. 유일한 방법은 신의 나라에 반대하는 세력을 제거하는 것으로, 여기에는 악한 세력에 동조하는 것으로 확인된 모든 사람을 죽이는 것이 포함됩니다.

사실, 하나의 극성은 다른 반대되는 극성을 절대로 제거할 수 없습니다. 이것은 분명 깜짝 놀랄만한 얘기이지만, 인류의 역사를 현실적으로 바라보기 바랍니다. 지금까지 기록된 역사 내내 일어났던 모든 전쟁과 유혈 사태들을 살펴보세요. 그런 다음, 이 행성에 지적인 생명체가 존재했던 기간과 비교해 보면서, 기록된 역사는 순간에 지나지 않는다는 것을 숙고해 보기 바랍니다. 이제 지구의 거주민들 사이에 수백만 년 동안 전쟁이 있었다고 생각해 보세요. 그런 다음 실제로 이 행성에서 일어났던 모든 전투와 전쟁에서, 양측 모두가 자신은 선을 표방하지만, 상대편은 악을 상징하기 때문에, 상대방과 싸울 수밖에 없다고 믿었다는 사실을 곰곰이 생각해 보기 바랍니다. 실제로 모든 전쟁은 악을 파괴하기 위해 전쟁을 치러야 한다는 정당성에 근거해서 일어났습니다. 하지만, 이런 싸움과 전쟁이 모두 끝난 후에도 악은 제거되지 않았으며, 지금도 이 행성에는 악이 여전히 존재하고 있습니다.

여기에서 요점은 지구 행성에서 악의 뿌리를 제거하는 것이 실제로는 가능하다는 것입니다. 하지만 이원적인 싸움, 즉 이원성 의식에 기초한 투쟁을 통해 악을 뿌리 뽑는 것은 절대로 불가능합니다. 오로지 그런 의식 상태를 초월해야만 이 행성에서 악을 제거하는 데 기여할 수 있습니다. 앞에서 설명한 것처럼, 악은 선에 반대되는 것이 아니라, 상대적인 선에 반대됩니다. 선과 악은 모두 이원적 마음에 기초하여 정의됩니다. 따라서 여러분이 이원적인 마음에 갇혀 있는 한 절대로 악을 제거할 수 없습니다. 자기 자신과 여러분의 행성을 더 높은 단계로 올라서게 하기 위해서는, 악과 상대적인 선을 모두 초월하려는 의지가 필요합니다. 이렇게 하려면 여러분은 모든 것에 대해 의문을 가져야 합니다. 심지어 여러분이 선하거나 진실하다고 생각하는 것도 이원성 의식, 즉 반그리스도 의식에 기초한 것은 아닌지 의문을 품어 보아야 합니다. 통상적으로, 대부분의 일반 대중과 일부 영적인 사람들조차 기꺼이 이렇게 하려고 하지 않습니다. 하지만, 주기는 변하고 있습니다. 이제 사람들은 10년 또는 20년 전에는 생각조차 할 수 없었던 것을 더욱 공개적으로 질문하고 있습니다. 영적인 자유에 이르는 핵심 열쇠 가운데 하나는 외적인 세력들이 질문해서는 안 된다고 얘기하는 질문과 자신의 에고가 물을 필요가 없다고 하는 것들에 대해 질문하는 것이라고 할 수 있습니다. 지혜는 묻지 않는 질문들 뒤에 숨어 있습니다. 따라서 지식의 열쇠는 더 좋은 질문, 이원성을 초월한 질문을 하는 것입니다.

⁂

　인류의 마음을 얻기 위한 전투에서 상위 10%가 승리하지 못했던 이유를 이해할 수 있는 진정한 열쇠는, 내가 지금 설명한 내용을 상위 10%가 이해하지 못했기 때문임을 깨닫는 것입니다. 그들은 이 행성을 악에서 벗어나게 하고, 선을 행하며, 신의 나라를 지구에 세우는 일을 하려는 진정한 열망에 근거해서 행동해 왔습니다. 하지만, 그들의 참된 열망은 이원성 의식에 의해 왜곡됐습니다. 그들은 이원성 의식에 속아, 악을 제거할 수 있는 유일한 방법이 주도권을 위한 이원적인 싸움에서 악과 싸우는 것이라고 믿게 되었습니다. 이 사실은, 진실을 알고자 하는 사람이라면 누구라도 볼 수 있듯이, 자신들이 악으로 정의한 것들을 뿌리 뽑기 위해 자주 이원적인 투쟁을 했던 그리스도교에서 가장 명확한 예를 볼 수 있습니다. 십자군 전쟁, 종교재판, 과학자들에 대한 박해, 마녀사냥 그리고 다른 많은 잔혹 행위는 교회가 악이라고 정의한 것을 제거하려고 했던 잘못된 시도들이었습니다. 예수의 가르침과 시범에 토대를 두고 있는 종교에서 어떻게 이런 일이 일어날 수 있었을까요?

　그러나 나는 이렇게 말한다. 악한 자를 대적하지 말라, 누가 오른뺨을 치거든 왼뺨마저 돌려대라. (마태 5:39)

　여기서 예수가 진실로 하려고 했던 말은, 악에 저항하면 악과 맞서는 이원적인 싸움에 관여하게 된다는 것이었으며, 따라서 이원성 의식에 붙잡히게 된다는 사실임을 알 수 있습니까? 예수가 가르치려고 했던 것은 영원한 원리, 즉 문제를 만들어냈던 것과 똑같은 의식에 갇혀 있는 한 문제를 해결할 수 없다는 것입니다. 악의 존재는 이원성 의식의 산물입니다. 이것은 분리의 환영에 토대를 두고 있습니다. 사람들이 자신의 근원과 분리되어 있다고 생각할 때, 그들은 서로 분리되어 있다고 생각하게 되며, 이런 환상은 서로를 적대적인 위치에 놓는 것을 가능하게 합니다. 모든 사람이 자신이 신의 몸의 일부이며, 타인을 해치면 자기 자신을 해치게 된다는 사실을 알게 되면, 이 행성에 과연 전쟁이 남아 있을 수 있을까요? 악을 만들어낸 의식에 기초하여 악과 싸우는 것으로 어떻게 악을 제거할 수 있을까요? 예수가 2000년 전에 인류의 의식 상태에 맞추어 잘 설명했던 것처럼, 악은 악을 만들어낸 의식 상태를 초월하는 것으로만 제거될 수 있습니다. 따라서 여러분은 다른 사람들이 여러분에게 무슨 짓을 하더라도, 악에 저항하는 것을 멈추고, 다른 쪽 뺨마저 내미는 것부터 시작해야 합니다.

하위 10%가 상위 10%가 지닌 영향력을 무력화시키고, 인류를 더 높은 단계로 끌어당기지 못하게 하려고 아주 단순한 방법을 사용하고 있다는 것을 이제 알 수 있나요? 그들이 해야 하는 일은 모두, 삶의 모든 분야와 이 행성의 모든 지역에 그들이 만들어 놓은 수많은 이원적 투쟁 중 어느 하나에, 상위 10%를 끌어들이는 것입니다. 일단 상위 10%의 사람이 이런 싸움에 끌려들어 가면, 그들은 자신이 신의 일을 하고 있으며, 행성에서 악을 제거하는 데 기여하고 있다고 생각하게 됩니다. 이렇게 되면 그 사람이 하는 모든 일은 이원적인 투쟁을 강화하면서, 인류를 계속 이런 의식에 가두어 둡니다. 추락한 존재들과 거짓된 신들은 상위 10%가 일반 대중을 일깨우지 못하도록 고의로 방해하고 있습니다. 그들의 가장 효율적인 전략은 분할과 정복 전략입니다. 그들은 사람들을 두 개의 진영으로 분리해 서로 싸우게 합니다. 사람들이 그리스도의 비전 안에서 하나가 되지 못하게 하여, 이원성의 힘을 극복하지 못하도록 방해하는 것입니다. 나중에 더 자세하게 설명하겠지만, 하위 10%의 존재는 이런 이원적인 싸움에서 방출되는 에너지를 흡수하면서 생존합니다. 여러분이 그들과 싸울 때마다, 여러분은 그들만이 아니라 이 행성 위로 검은 구름처럼 매달려 있는 악의 세력 전체를 강화하는 것입니다.

이 시대에 정말로 필요한 것은 상위 10%의 사람들이 이원성 의식이 어떻게 작용하며, 그것이 종교를 포함하여, 인간 사회의 모든 측면에 어떻게 영향을 미치는지에 대한 역학을 이해하는 것입니다. 그들은 그런 의식 상태에서 벗어나기 위해 특별한 노력을 해야 합니다. 그런 다음 밖으로 나가서 이원적인 거짓말을 발견하는 곳마다 그 거짓말을 드러내며, 그것을 세상에 보여줘야 합니다. 이것이 바로 예수가 했던 것입니다. 하지만 인류의 의식이 상승했으므로, 오늘날 여러분은 2000년 전 예수가 했던 것보다 더 많은 일을 할 수 있습니다. 더군다나 여러분은 십자가에 못 박히거나 다른 방법으로 죽임을 당하지 않고도 그렇게 할 수 있습니다. 이런 까닭에, 예수가 말했습니다. "나를 믿는 자는 내가 하는 일을 저도 할 것이요. 또한 이보다 큰 것도 하리니, 이는 내가 아버지께로 감이니라 (요한 14:12)". 진실은 예수의 승리로 시작된 인류 의식의 상승으로, 이제는 더 많은 사람이 이원성 의식과 에고의 영향에 대하여 의식적으로 이해할 준비가 되었다는 것입니다. 그들에게, 외적인 마음이 이해하고 받아들일 수 있는 방법으로, 이런 주제들을 제시할 필요가 있습니다. 그들에게는 따라야 할 본보기가 필요합니다.

다른 쪽 뺨마저 내미는 것은 수동적이거나 평화주의자적인 조치가 아닙니다. 예수가 단순히 동굴에 앉아서 그저 더 높은 의식 상태를 경험하고 있었던 것이 아닙니다. 그는 대중을 잘못 인도하고 있던 거짓된 지도자들, 즉 하위 10%를 폭로하고 그들에게 도전하기 위해 세상으로 나갔습니다. 그리고, 그들이 이원성 의식에 기초하여 예수를 공격했을 때, 예수는 저항하지 않고, 그 대신 다른 쪽 뺨을 내밀었습니다. 이렇게 하는 데에는 몇 가지 목적이 있었습니다. 여기에 대해서는 나중에 다시 얘기하겠지만, 그 이유 가운데 하나는 사람들이 이들의 악함을 더 잘 볼 수 있게 하기 위함이었습니다. 그들이 예수를 공격했지만, 예수는 같은 방식으로 대응하지 않음으로써, 사람들이 공격자들의 악함을 볼 수 있게 했던 것입니다. 어떤 경우에는, 그들조차 자기 마음속의 악함을 보았으며, 자신이 저질렀던 행위를 깨달음으로써 그들은 변형되었습니다. 비록 그들이 자신의 악함을 보려 하지 않았다고 하더라도, 사람들은 공격하지 않는 누군가를 공격하는 그들의 악함을 볼 수 있는 기회를 가졌습니다.

　내가 어떤 사람들의 악을 더 잘 볼 수 있게 한다고 말할 때, 정확히 이것이 무엇을 의미할까요? 진정한 문제는 일반 대중의 의식을 끌어올리는 것이며, 그들이 이원성 의식에 눈이 먼 지도자들을 더 이상 맹목적으로 따르지 않게 하는 것임을 명심하세요. 진정한 열쇠는 이런 지도자들이 이원성 의식에 기초해 행동하는 것을 노출하는 것입니다. 다시 말해서, 어떤 사람이 나쁘다거나 악하다고 폭로하는 것이 목적이 아닙니다. 진정한 목적은 그들이 특정한 의식 상태에 의해 눈이 멀었기 때문에 악한 행동들을 저지른다는 사실이 드러나게 하는 것입니다. 악을 극복하는 것은 악한 사람들을 제거하는 문제가 아닙니다. 그것은 사람들이 신의 실재를 알 수 없게 만드는 의식을 제거하는 문제입니다. 사람들이 실제로 이해해야 하는 것은 그 싸움은 다른 사람들과 맞서는 것이 아니라, 언제나 이원성 의식과 맞서야 한다는 것입니다. 물론 이원성 의식을 초월해야만, 여러분은 그 싸움에서 승리할 수 있습니다. 이원적인 싸움은 결코 궁극적인 승리로 이어질 수 없으며, 오직 이원적인 투쟁을 무한정 연장할 따름입니다.

다음 장으로 나가기 전에, 앞의 몇 장에서 얘기했던 내용을 명확하게 하겠습니다. 우리는 지구가 배경이 다른 많은 곳에서 온 존재들이 섞여 있는 환경이라는 것을 알았습니다. 하지만, 지구는 새로운 공동창조자라고 하는 특정 그룹의 존재들을 위한 플랫폼으로 창조되었다는 사실을 분명히 해두겠습니다. 엘로힘께서 물질 지구를 창조한 후에, 이들 공동창조자는 "증식하고, 다스리라"라는 명령과 함께 육화 과정으로 보내졌습니다. 요점은 이 행성에 대한 지배권이 공동창조자들에게 주어졌다는 것이고, 지금도 이 신성한 법령이 유효하다는 것입니다. 지구의 운명은 여전히 이 특정 공동창조자의 손에, 더 정확하게는 이들의 마음에 달려 있습니다. 앞에서 설명한 것처럼, 지구에는 아주 많은 다른 존재들이 육화할 수 있도록 허용되었는데, 여기에는 위에서 추락한 존재들과 다른 물질우주에서 온 존재들, 위에서 하강해 온 존재들이 모두 포함됩니다. 현재 이런 존재들이 원래의 공동창조자들보다 수가 더 많지만, 여전히 지구의 운명은 행성이 창조되게 한 공동창조자들에 의해 결정될 것입니다. 다른 모든 존재는 지구의 운명에 직접적인 영향을 미치지 못합니다. 그들은 원래의 공동창조자들에게 영향을 미침으로써 지구의 운명에 간접적인 영향을 미칠 수 있습니다.

원래의 공동창조자들이 이 행성을 지배하라는 신이 부여한 책임을 받아들인다면, 또한 그들이 그 이상이 되는 길에 합류하여 자신을 초월한다면, 이 행성은 현재의 상승나선을 계속 유지할 것이며,

예측 가능한 미래에 황금시대를 구현할 수 있을 것입니다. 하지만, 이 공동창조자들이 책임지기를 거부한다면, 행성은 또다시 하향나선으로 들어갈 것입니다. 원래의 공동창조자들(original co-creators)이 가진 한 가지 특성은 이 행성에 대해 깊은 사랑이 있으며, 실제로 지구에 대해 진심으로 관심을 기울이고 있다는 것입니다. 이와는 반대로, 물질우주의 다른 곳에서 온 많은 존재는 지구를 다소 원시적이거나 성가신 행성으로 보고 있습니다. 추락한 존재들은 이 행성을 자기들보다 아래에 있는 행성으로 보며, 단지 힘을 얻기 위한 도구로 이 행성을 이용하려고 합니다. 심지어 구조의 임무를 띠고 하강한 영적인 존재들조차 이 행성에서 편안하게 느끼지 못합니다. 대체로 그들은 상위 영역으로 돌아가기를 간절히 바라고 있습니다.

이런 사실과 관련하여 중요한 점은 상위 10%가 원래의 공동창조자 구성원이 아니라는 것입니다. 사실, 대부분의 상위 10%는 원래의 공동창조자가 아닙니다. 그들의 임무는 자신이 누구인지 알지 못하는 원래의 공동창조자들을 일깨우고 계몽하는 것입니다. 하지만, 그들은 원래의 공동창조자들이 외부 누구에게도 강요당하지 않고 지구를 다스리게 하는 것이 신의 뜻이라는 것을 알고 있습니다. 따라서 상위 10%는 추락한 존재들의 교묘한 덫에 빠지지 않는 데 절대적으로 전념해야 합니다. 이 함정으로 인해 그들은 원래의 공동창조자들이 구원받을 수 있게 하려고 강요하게 됩니다. 이번 장에서 설명했듯이, 나는 이것이 이원론적 투쟁에 관여하지 말아야 할 필요성을 강조할 것이라고 믿습니다. 또한, 그것은 상위 10%가 이 행성에서 자신의 역할에 대해 현실적인 평가를 하는 데 도움을 줄 것으로 믿습니다. 이를 통해 그들은 우월감을 느끼고 싶어 하는 좀 더 교묘한 덫에 빠지는 것도 피할 수 있습니다. 여러분은 원래

열쇠 17: 여러분은 어디에서 왔으며 지구에 있는 이유는 무엇일까요? 23

의 공동창조자들보다 더 낫기 때문에 이곳에 있는 것이 아닙니다. 여러분은 영적 스승인 상승 호스트들의 확장체로서, 가장 겸허한 자세로 그들에게 봉사하기 위해 이곳에 있는 것입니다. 이 행성에 체류하면서 여러분이 이룰 수 있는 최대의 성장은, 모든 것 중에서도 모두를 위한 가장 겸손한 하인이 되는 것입니다.

열쇠 18
선한 사람들이 악행을 저지르는 이유

    이번 장에서는 사람들이 이기적이거나 악한 행동을 하는 이유가 무엇인지, 그들은 무슨 이유로 그런 행동이 더 높은 선(good)이거나 유일한 선택이라고 생각하면서, 이를 정당화하고 필요하며 유익한 것이라고 믿는지, 그 이유에 대해 깊이 있게 살펴보겠습니다. 지구 행성에 알려져 왔듯이, 참으로 이것은 인간 존재에 대한 핵심적인 수수께끼입니다. 이 수수께끼를 이해하는 것은 영적인 자유를 얻을 수 있는 마스터키 가운데 하나입니다. 여러분은 그렇게 하는 것이 여러분의 영적인 자유에 대한 명백한 침해라는 것을 깨닫지 못하고, 그렇게 하거나 악행을 저지르도록 강요했거나 강요당했다고 말할 수도 있습니다. 나는 이미 큰 그림을 맞추는 데 필요한 열쇠를 여러분에게 주었습니다.

    모든 것은 마터 빛으로 만들어졌습니다.

    마터 빛은 의식이 있으며, 더 정확하게 말하자면 마터 빛은 의식입니다.

    자기 인식하는 존재는 어떤 이미지나 신념을 상상할 수 있고, 마음의 힘을 사용하여 그 이미지를 마터 빛 위에 겹쳐 놓을 수 있는 능력이 있습니다. 마터 빛은 의식이 있으므로, 그 위에 겹쳐진 것이 어떤 형태든 형상을 취할 수 있습니다.

자기 인식하는 존재는 그리스도 의식을 사용하거나, 혹은 반그리스도 의식을 사용하여 정신적 이미지를 구성할 수 있습니다.

그리스도 의식에 기초한 이미지는 모든 생명을 고양하면서, 모든 생명이 그 이상의 존재가 되도록 도와줍니다. 이것이 삶 자체의 목적입니다. 그런 이미지는 앞으로 나아가는 생명의 흐름, 생명의 강과 하나됨 안에 있는 것이므로 계속 유지될 수 있습니다. 반그리스도 의식에 기초한 이미지는 모든 생명을 더 작아지게 함으로써, 기본적인 생명의 힘에 역행합니다. 따라서 그런 이미지는 결국, 마터 빛에 내재된 어머니의 수축하는 힘으로 붕괴할 것입니다.

이제 우리는 특정한 이미지가 이원성 의식을 통해 마터 빛 위에 겹쳐질 때, 그 이미지가 바로 지워지지 않는다는 것을 알 수 있습니다. 그 이미지들은 존재들이 자신의 창조적인 노력의 결과를 경험하면서 배울 수 있는 기회를 주기 위해 한동안 존재할 것입니다. 따라서 여러분이 어떤 것을 공동창조하든, 여러분은 필연적으로 그것을 경험하게 됩니다. 하지만, 이제 우리는 한 단계 더 나아가, 마터 빛은 의식을 가졌으므로, 존재들이 창조하는 것은 자기만의 고유한 생명 형태를 취할 수 있음을 이해해야 합니다.

이것을 설명하기 위해, 앞에서 설명한 창조적인 과정을 살펴보겠습니다. 우리는 어둠이나 악이 존재할 여지가 전혀 없는 영적인 영역이 존재하며, 허공과 분리되어 있지만, 빛과 어둠이 섞여 있는 구체가 있는 것을 살펴보았습니다. 하위 구체는 상승 과정에 들어가고, 그 구체가 상승 영역의 일부가 되는 과정으로 이어집니다. 즉, 영적인 영역에 있던 구체 중 일부는 과거에 현재 여러분의 구체와 거의 같은 상태에 있었습니다. 그런 구체들의 내부 빛의 강도가 증가하면서, 구체들 안에 있던 존재들이 앞에서 설명한 입문의 과정, 즉 순수한 무지를 극복하고, 그리스도 마음에 기초한 더 높은 정체감을 의식적으로 창조해야 하는 입문 과정에 직면하게 되었습니다. 이런 존재 중 일부는 이를 거부했습니다. 그 대신 그들은 고의적인 무지 상태로 들어갔고, 반그리스도 마음의 이원성을 사용하여 이것을 정당화했습니다. 이런 존재들은 삶의 목적과 하나가 되려고 하지 않았습니다. 그들은 내가 생명의 강이라고 불렀던 생명 그 자체의 과정에서 벗어난 존재로서의 분리된 정체감을 유지하려고 했습니다.

창조의 초기부터, 자기 의식하는 존재들은 언제나 자유의지를 지니고 있었습니다. 따라서 그들은 반그리스도 마음을 사용해 신의 비전을 따르지 않을 수 있는 기회가 있었습니다. 몇몇 구체는 누구도 이런 선택권을 사용하지 않은 채 상승했지만, 결국 일부 존재가 처음으로 반그리스도 마음을 선택하게 되는 시점이 찾아왔습니다. 그런 일이 일어나기 전까지는, 반그리스도 마음은 한 번도 표현된 적이 없는 어떤 선택 사항에 불과했습니다. 다시 말해서, 반그리스도 마음을 통해 어떤 것도 공동창조된 적이 없었습니다. 하지만, 최초의 존재들이 그런 선택을 하면서, 반그리스도 마음을 통해 무언가가 창조되기 시작했습니다. 많은 존재가 반그리스도 마음을 사용했으므로, 그들은 자신보다 더 큰 무언가를 창조하였습니다. 다시 말해서, 전체가 개인이 기여한 총합보다 커지게 되었습니다. 어떻게 이런 일이 일어날 수 있을까요?

이미 설명했던 것처럼, 마터 빛에는 모든 조직화된 구조물을 끌어당기는 진화하는 힘이 내재되어 있습니다. 그 힘은 더 크게 되도록 자극을 줍니다. 따라서 실제로 일어났던 일은 첫 번째 그룹의 존재들이 반그리스도 의식으로 어떤 구조물을 창조한 것입니다. 이 구조물들의 복잡성이 임계수치에 이르게 되자, 마터 빛에 내재된 진화력은 (그것을 창조한 존재들이 정의한) 특정한 자질을 가진 별도 존재로서의 인식을, 즉 분리된 의식 상태를 부여했습니다. 다시 말해서, 존재들은 실질적으로 새로운 의식 상태, 새로운 사고방식, 새로운 영체(entity)[1]를 만들어낸 것입니다. 이 새로운 형태인 "마음의 구성단위(mind unit)"는 필연적으로 진화의 힘에 의해 지배를 받게 되었고, 이로 인해 어떤 기본적인 의식 단계로 발전하게 되었습니다. 그렇다고 이 말이 새로운 영체가 자기 인식을 하게 되었다는 뜻은 아닙니다. 그것들은 단지 생존 본능을 지닌 기초적인 정체감을 지녔을 뿐입니다. 이런 생존 본능의 일부는 번식하고, 성장하고 진화하려는 추진력이었습니다.

이 시점에서, 보다 지각 있는 학생들은 내가 자기모순에 빠졌다고 생각할 수 있음을 나는 알고 있습니다. 앞에서 말했던 것처럼, 어머니의 수축하는 힘은 그리스도 마음에 기초하지 않은 모든 구조물을 무너뜨린다고 했습니다. 하지만, 어머니 빛 속에 내재된 진화의 힘은 모든 복잡한 구조물을, 심지어 반그리스도 마음에 기초한 구조물들조차 진화하도록 할 것입니다. 이제 삶의 근본적인 힘에 대해 더 자세히 살펴보겠습니다. 이를 통해 여러분은 지구상의 영적인 존재로서의 자신의 진정한 역할에 대해 이해하게 될 것입니다.

---

[1] 영체(entity)라는 단어는 여기서 가장 일반적인 형태로 구별될 수 있는 어떤 존재로서 사용됩니다. 영성 문학에서 영체(entity)라는 단어는 또한 사람들의 부적격 에너지로부터 창조된 존재들에게 더 특별하게 사용될 수 있습니다. 예를 들어, 모든 형태의 중독 뒤에는 특정한 영체(entity)가 있습니다.

앞에서 설명한 것처럼, 창조주가 허공에 어떤 경계를 정하고, 허공 중심에 있는 특이점 속으로 스스로 물러났을 때, 여러분이 사는 형태의 세계가 시작되었습니다. 그 특이점 속에는 표현된 것이 전혀 없었으므로, 어떤 분화(differentiation)도 존재하지 않았습니다. 하지만, 삶의 목적이 자기 의식하는 존재들에게 성장의 기회를 제공하는 것이므로, 이렇게 되기 위해, 자기 의식하는 존재들은 반드시 분리된 존재로서 출발해야 하고, 근원과의 하나됨으로 성장해가야 합니다. 어떤 것이 분리되기 위해서는 반드시 차이점이 존재해야 합니다. 창조주는 자기 자신을 서로 다르지만, 보완적인 두 가지 힘, 즉 확장하고 수축하는 힘, 알파와 오메가, 시작과 끝에 투사하면서, 이런 차이를 만들기 시작했습니다. 다른 모든 것, 시작과 끝 사이의 다른 모든 것은 이 두 힘의 상호 작용으로 창조된 것입니다.

이 두 가지 힘은 영(Spirit)과 마터(Ma-ter)의 극성으로 나타나는데, 나는 이것을 전통적인 종교 용어와 결부시키기 위해 아버지와 어머니라고 불렀습니다. 영(Spirit)은 마터 빛에 이미지들을 부과하는 자기 의식하는 존재에 해당하며, 마터 빛은 표현된 형태를 취합니다. 이에 대한 선형적이고 불완전한 설명은 무한 8자 형상으로 윗부분은 영(Spirit)을, 아랫부분은 마터(Ma-ter)를 나타냅니다. 또한 영(Spirit)은 영적인 영역을 나타내고, 마터(Ma-ter)는 아직 영적인 영역으로 상승하지 못한 영역을 나타냅니다.

이제 우리는 두 가지 뚜렷한 극성이 있지만, 각각의 극성은 기본적인 힘 가운데 하나를 나타낸다는 것을 이해해야 합니다. 우리는 여전히 각각의 극성 안에서 두 가지 힘을 발견할 것입니다. 다시 말해서, 영(Spirit)은 확장하는 힘을 상징합니다. 이 힘이 영적인 영역에서 근원적이며 가장 강력한 힘이기 때문입니다. 하지만, 영(Spirit) 역시도 수축하는 힘이 있습니다. 두 가지 힘은 다음과 같이 상호 작용하게 됩니다.

영의 확장하는 힘은 스스로를 초월하는 힘이며, 모든 생명이 그 이상이 되도록 추진력을 줍니다. 그 이상이 되게 하는 추진력은 분화를 만듭니다. 왜냐하면, 이런 추진력이 공동창조자들을 자신의 개체성을 표현하도록 이끌어서, 그런 개체성을 더 복잡하게 만들기 때문입니다. 이 힘이 유일한 추진력이라면, 모든 생명은 산산조각 날 수 있고, 분화는 스스로를 파멸시킬 수도 있습니다. 공동창조자들은 서로 충돌하는 방식으로 각자의 개체성을 정의할 수 있고, 서로를 무너뜨릴 것입니다.

영(Spirit)의 수축하는 힘은 생명이 다양해지게 하지만, 동시에 모든 생명을 창조주의 목적과 하나가 되도록 끌어당깁니다. 이런 하나됨은 똑같아지는 것이 아닙니다. 이것은 모든 생명이 같은 방향으로 성장하여, 차별성이 서로를 상쇄하는 것이 아니라, 서로를 높이도록 하는 것입니다. 확장하는 힘은 생명에게 그 이상이 되게 하는 추진력을 줍니다. 반면 수축하는 힘은 생명의 움직임이 내가 생명의 강이라고 불렀던 일관된 흐름이 될 수 있도록, 추진력을 한 곳으로 모으고 정렬할 수 있게 합니다. 이런 흐름은 모든 생명을 더 작아지게 하는 것이 아니라 그 이상이 되게 하는 방향으로 움직여갑니다.

이 두 힘의 기본적인 상호 작용은 순환 운동을 일으킵니다. 몇몇 영적인 가르침에서는 이것을 신의 들숨과 날숨이라고 가르칩니다. 이 말은 신이 날숨을 통해 세상을 창조한 다음, 얼마간의 시간이 지난 후 들숨을 쉬며 그 세계를 지워버리면서, 어떤 진전도 없이 그 자리에서, 무한정 이런 순환을 반복한다는 의미가 아니라는 것을 반드시 이해해야 합니다. 다시 말해서, 신은 창조와 파괴 사이를 왔다 갔다 하지 않습니다. 그 대신 신은 끝없이 확장하는 운동, 즉 생명의 강을 창조했습니다. 세상은 들숨 속에서 파괴되지 않으며, 오히려 이전의 상태를 초월하기 위해 더 높은 단계로 가속됩니다. 이것을 간략하게 설명하기 위한 다음 그림을 숙고해 보기 바랍니다.

이 그림은 날숨과 들숨, 창조와 파괴를 나타내는 지그재그 라인을 묘사합니다. 이런 관점에서 보면, 그것은 세상을 창조하고 파괴하면서 왔다 갔다 하는 것처럼 보입니다. 하지만 삶은 2차원적인 선이 아닙니다. 지그재그 라인은 측면을 통해 볼 수 있는 나선일 뿐입니다.

다른 각도에서 보면, 앞뒤로 왔다 갔다 하는 움직임이 실제로는 상향나선 안에 있는 코일을 형성하고 있는 것을 알 수 있습니다. 전후 움직임은 이제 상승의 움직임을 만들고, 들숨과 날숨은 더 높은 단계로 지속해서 상승하기 위한 토대를 형성합니다. 다시 말해서, 어떤 것도 낭비되지 않습니다. 모든 주기는 더 높은 주기를 위한 무대입니다. 이 점을 유념하고, 확장하고 수축하는 힘이 어떻게 마-터 영역에 작용하는지 살펴보겠습니다.

확장하는 힘은 내가 진화하는 힘이라고 불렀던 것입니다. 이것은 생명이 더 큰 복잡성으로 나아가게 하지만, 특정한 단계나 범위 내에서만 그렇게 할 수 있습니다. 예를 들자면, 혁명적인 도약을 통해 척추동물이 창조되면, 진화의 힘은 그런 동물들이 점점 더 복잡하게 진화하도록 만들었고, 결국에는 인간과 비슷한 특징을 많이 지닌 영장류를 만들었습니다. 하지만, 생명을 인간의 수준으로 끌어올리기 위해서는 또 다른 혁명적인 도약이 필요했습니다. 그런 혁명적인 도약은 영(Spirit)으로부터만 나올 수 있습니다. 마터(Ma-ter) 영역에 내재되어 있는 확장하는 힘은 진화하는 힘이지만, 그 자체만으로는 혁명적인 도약을 만들 수 없습니다. 혁명적인 도약을 하기 위해서는 영(Spirit)의 영역에서 오는 영향력이 필요합니다.

마터(Ma-ter) 영역의 수축하는 힘은 다음 주기로 이동한 후, 혁명적인 도약을 하지 않는 구조물들을 무너뜨려, 마터 빛이 불완전한 모습으로 영원히 갇히지 않고 원래의 순수함으로 돌아갈 수 있도록 해주는 효과가 있습니다. 다시 말해서, 혁명적인 도약이 일어났을 때, 진화하는 힘은 특정한 주기, 즉 날숨 동안 작용하게 되어 있습니다. 하지만, 새로운 주기인 들숨이 시작될 때, 다음번의 혁명적인 도약이 이루어질 때까지 상승하지 못한 모든 구조물은 수축하는 힘의 지배를 받게 될 것이고, 붕괴되기 시작할 것입니다.

이제 신은 지구에서 (그리고 모든 상승하지 못한 구체에서) 육화한 존재들에게 지구를 다스릴 수 있는 지배권을 주었다는 말을 덧붙이겠습니다. 따라서 이런 존재들은 반그리스도 마음에 기초하여 구조물들을 만들 수 있습니다. 주기가 계속되는 동안 그런 구조물은 존재할 수 있고, 복잡한 형태로 진화해 갈 수도 있습니다. 하지만, 주기가 끝날 때, 이상적으로는, 그런 구조물을 창조한 존재들은 자신들의 제한된 의식 상태를 초월해야 하며, 따라서 더 좋은 구조물들, 즉 그리스도 마음과 정렬된 더 높은 수준의 구조물들을 창조하게 됩니다. 존재들은 자신이 창조한 불완전한 구조물들을 없애고, 더 좋은 것들을 창조할 것입니다.

만약 존재들이 그렇게 하려고 하지 않는다면, 그들이 창조한 구조물들은 수축하는 힘의 지배를 받게 되며, 결국에는 붕괴되고 말 것입니다. 시공간의 본성인 물질의 밀도로 인해, 이렇게 되는 데에는 시간이 걸립니다. 존재들은 이런 과정을 지연시킬 수 있습니다. 여기에 대해서는 나중에 다시 다루겠습니다. 하지만, 최종적인 결과를 피할 수는 없습니다. 모든 것은 하나의 근원으로부터 창조됩니다. 그 근원은 시작과 끝 둘 다이며, 시작이 있으면 반드시 끝이 있기 마련입니다. 따라서 생명의 강의 일부가 아닌 모든 것은 강이 전체성(Allness)이라는 바다에 도달하면, 결국에는 존재할 수 없게 됩니다.

앞에서 설명한 것처럼, 새로운 공동창조자는 오랜 시간에 걸쳐 자신들의 창조력을 실험하게 되었지만, 결국에는 우주 학교에서 마지막 시험을 치러야만 했습니다. 실험의 단계는 공동창조자가 자신이 원하는 모든 것을 실험해 볼 수 있는 자유를 가진 날숨에 해당한다고 하겠습니다. 하지만, 마지막 시험은 공동창조자가 자신의 상위 존재와 하나가 되어야 하는 들숨의 시작을 나타냅니다. 마찬가지로, 새로운 구체가 창조될 때, 구체 안에 있는 모든 존재는 오랜 시간에 걸쳐 실험할 수 있습니다. 이것이 날숨입니다. 하지만 구체가 상승할 때, 들숨이 시작되고, 이때 구체와 관련된 모든 존재는 이타심이라는 입문에 직면합니다.

모든 것을 팽창하게 하는 진화의 힘이 물질에 내재되게 한 이 기발하고 독창적인 설계를 볼 수 있나요? 앞에서 나는 재능을 증식해야 할 필요성에 관해 얘기했는데, 이것은 여러분의 공동창조 능력을 그리스도의 진리에 정렬하여 사용한다는 의미입니다. 이렇게 할 때, 여러분의 상위 존재와 영적인 계보가 여러분이 창조한 것을 증식할 것입니다. 이에 따른 결과로 여러분의 의식도 높아집니다. 다시 말해, 이런 증식은 여러분을 이전보다 그 이상이 되게 합니다. 만일 여러분이 반그리스도 마음을 사용하여 공동창조를 했다면, 그것은 이원성에 눈이 멀었기 때문입니다. 따라서 여러분은 영적인 스승과 닿을 수 없게 되었고, 여러분이 하는 행위가 모든 생명을 제한한다는 사실도 알 수 없게 됩니다. 자유의지 때문에, 이것을 보도록 강요당하지는 않을 것입니다. 하지만 물질의 확장하는 힘은 여러분이 창조한 것을 양만 늘어나게 증식할 뿐입니다. 그래서 여러분은 양적으로만 늘어날 뿐, 의식에서 그 이상의 존재가 되지는 못합니다. 그 결과 창조의 제한적인 결과가 더 명확해지고 더 쉽게 볼 수 있게 됩니다. 바라건대, 마음의 능력을 사용하는 방식을 바꾸어야 한다는 사실에 눈을 뜨게 되기를! 바이블에서는 이것을 바람을 심는다면, 회오리바람을 거두게 될 것(호세아 8:7)이라고 말하고 있습니다.

참고로 말하자면, 앞에서 설명한 네 가지 범주 혹은 네 가지 힘은 아버지, 아들, 어머니 그리고 성령에 해당합니다.

~~~

이제 반그리스도 마음에 사로잡힌 첫 번째 존재들의 그룹으로 돌아가겠습니다. 자유의지의 법칙으로 인해, 이런 존재들은 분리된 정체감을 창조할 수 있었습니다. 이것이 가능했던 이유는 그들이 사는 구체에 어느 정도의 어둠이 남아 있었기 때문입니다. 이런 어둠은 그들이 구체와 관련된 나머지 존재들과 분리되어 있다는 환영을 유지할 수 있게 해주었습니다. 이원적인 마음의 특성 때문에, 이런 존재들은 구체 안에서 공동창조자들과 함께 일하고 있던 전사들 모두보다 자신이 더 뛰어나고, 더 중요한 인물이라고 느끼길 원했으며, 따라서 이들은 강력한 위치에 자신을 내세울 수 있었습니다. 이것은 부분적으로 그들에게 우월해지고 싶은 욕망에 따라 살 수 있는 기회를 주기 위한 것이었으며, 결과적으로 이들은 그런 기회를 충분히 누리고 난 후 하나됨의 길로 돌아오겠다고 결정할 수 있었습니다.

이런 존재들이 자신들의 구체 내에서 자신이 가장 중요한 인물이라고 생각하기는 했지만, 그들의 수는 적었습니다. 또한 반그리스도 마음을 통해 공동창조하고 있었다는 사실 때문에, 그들의 실질적인 힘은 다소 제한적이었습니다. 그들은 이 사실을 알 수 없었지만, 그리스도 마음 안에 있는 사람에게는 그 사실이 분명했습니다. 여러분이 그리스도 마음 안에 있으면 어떤 것도 신의 법칙과 힘을 지배할 수 없다는 사실을 알기 때문에, 어떤 것도 여러분에게 위협이 될 수 없습니다. 잘못 인도된 존재들은 자신들을 높이는 데 추진력을 써버렸지만, 그 구체 안에 있던 대부분의 존재는 구체 전체를 끌어올리는 데 헌신했습니다. 따라서 구체가 임계수치에 도달했을 때, 구체가 영적인 영역의 진동으로 상승할 준비가 되는 시점이 필연적으로 다가왔습니다. 구체에 더 이상 이원성 의식이 존재할 여지가 없어지게 된 것입니다. 이원성으로부터 생겨난 환영은 어둠 속에서만 존재할 수 있습니다. 따라서 구체가 상승하면, 빛의 강도가 너무 강해져서 어떤 어둠도 남아 있을 수 없습니다.

여전히 이원성 의식 속에 있던 존재들에게는 이제 이원성을 놓아버리고, 생명의 강에 합류할 수 있는 마지막 기회가 주어집니다. 그들은 자신의 이익이라고 정의한 것에 봉사하는 대신 모든 생명에게 봉사할 수 있는 기회를 가집니다. 여기 미묘한 지점이 있습니다. 자유의지의 법칙에 따르면 누구에게도 그들의 환영이 비실재라는 사실을 강제로 보게 할 수 없습니다. 존재에게는 자신의 환영과 더 높은 이해 가운데 하나를 선택할 기회가 주어집니다. 언제나 선택을 해야 합니다. 다시 말해서, 진리를 더 이상 부정하지 않고 환영에 집착하지 않는 진동 속으로 어떤 존재를 강제로 데리고 갈 수는 없다는 말입니다. 따라서 그들의 구체가 상승할 때, 이원성에 눈이 먼 존재들은 더 높이 오르도록 강요받지 않았습니다. 이원적인 환영을 놓아버리려고 하지 않았기 때문에, 그들에게는 오직 두 가지 선택만이 가능했습니다. 하나는 이들 존재가 존재하지 않았던 것처럼 사라지는 것입니다. 또 다른 선택은 최근에 창조된 구체로 내려가는 것이었습니다. 그 구체에는 그들이 자신들의 환영을 유지하기에 충분한 어둠이 있었습니다. 분명히, 창조주는 다정하고 자비로운 신이므로 두 번째 선택이 시행되었고, 이런 존재들은 하위 구체로 추락하게 되었습니다.

추락한 존재들은 홀로 추락하지 않았습니다. 환영을 유지하기 위해 그들이 만들어낸 의식인 영체(entity)도 그들과 함께 추락했습니다. 이것은 반그리스도 마음을 사용해서 그들이 창조했던 상부구조(superstructure), 마음, 분리된 정체성이었습니다. 따라서 그들이 추락해 있는 구체는 이제 독특한 상황을 경험하게 됩니다. 이전의 구체들에서 반그리스도 마음은 누구도 선택하지 않은 선택 사항이었습니다. 그러므로 반그리스도 마음을 통해, 어떤 것도 창조되지 않았습니다. 천사들이 균형 잡힌 방식으로 봉사하는 동안 새로운 공동창조자들은, 자신과 스승을 고의로 분리하지 않은 상태에서, 순수한 무지를 그리스도 마음에 대한 이해로 전환할 수 있었습니다. 말하자면 각각의 새로운 구체는 반그리스도의 마음에 근거한 구조물이 없었다는 의미에서 백지상태에서 출발한 것입니다. 이 마음은 새로운 존재들을 끌어들일 수 있는 중력이 전혀 없는 표현되지 않은 선택권으로 남아 있었습니다. 고의적인 무지를 사용하지 않고, 순수한 무지에 기초하여, 공동창조하는 것이 전적으로 가능하다는 것에 주목하기 바랍니다. 순수한 무지는 어느 정도의 참된 지식은 지니고 있지만, 지식이 전혀 없는 분야가 많이 있다는 의미입니다. 고의적인 무지는 마음속에 있는 모든 지식이 이원성에 의해 왜곡되어 있어서, 참된 지식은 전혀 지니고 있지 않으면서도, 자신이 모든 것을 알고 있다고 생각한다는 의미입니다. 예수가 악마는 "그 속에 진리를 가지고 있지 않다."(요한 8:44)라고 말한 이유입니다.

첫 번째 존재들이 추락하고 난 후, 새로 창조된 구체의 상황은 이전 구체들과는 확연히 달랐습니다. 이들 첫 번째 추락한 존재들이 새로 창조된 구체로 내려갈 때, 그들이 이원성 의식을 사용해 창조했던 마음도 그들과 함께 추락했습니다. 이런 마음은 이것을 창조했던 모든 개인보다도 더 커지게 되었으며, 자력적인 혹은 중력적인 끌어당김을 만들었습니다. 다시 말해서, 새로운 영체(entity)가 창조되었고, 생존 본능의 표현으로, 이 영체는 존재들을 적극적이고 공격적으로 자신의 영향력이 미치는 영역으로 끌어들이려고 했던 것입니다. 여러분은 이런 일들이 어떻게 일어나게 되었는지를 반드시 이해해야 합니다.

~~~~~~

내가 앞에서 설명했듯이, 상승하지 못한 구체의 존재들은 영적인 영역에서 그 구체로 유입되는 영적인 빛을 사용하여 공동창조할 수 있습니다. 그리스도 마음만이 빛을 이동시킬 수 있는 열린 문의 역할을 할 수 있습니다. 이런 이유로 새로운 공동창조자들은 자신의 빛을 반드시 그리스도 의식을 성취한 영적인 스승에게서 받게 됩니다. 어떤 존재가 자기 인식에서 성장함에 따라, 다른 존재들에 비해 오만함 없이 자신을 쌓아 올리면, 어느 정도의 그리스도 의식을 성취하기 시작하고, 내면에서 빛을 불러올 수 있습니다. 뿌린 대로 거둔다는 법칙입니다. 여러분이 그리스도 마음을 사용하여 공동창조한다면, 비록 그것이 불완전하다 하더라도, 더 많은 빛을 받게 된다는 의미입니다. 여러분이 재능을 증식하면, 더 많은 빛을 얻게 될 것입니다. 무릇 있는 자는 받아 넉넉하게 되지만, 없는 자는 그 있는 것도 빼앗기게 될 것입니다. (마태 13:12) 마찬가지로 천사들도 성실하게 봉사함으로써, 더 많은 빛을 받을 수 있습니다.

여기에 또 다른 미묘한 지점이 있게 됩니다. 어느 정도의 그리스도 의식을 가진다는 것이 그리스도 마음과 완전히 하나로 통합된다는 것이 아닙니다. 그것이 하나됨에 이른다는 의미는 아닙니다. 온전한 하나됨은 여러분이 모든 무지를 초월할 때만 이룰 수 있습니다. 정상적으로는 여러분이 태어난 구체가 상승할 때만, 이런 일이 일어날 수 있습니다. 여러분이 아직 상승하지 못한 구체에 있는 동안에는, 반그리스도 마음의 유혹을 받을 수 있고 이원성으로 추락할 수도 있습니다. 이것이 영적인 학교를 졸업하고, 자신들이 태어난 구체로 나아가서, 자신의 공동창조하는 능력을 표현하는 존재들이 직면하는 상황입니다. 분명히 말해, 그리스도 신성에 대한 성취도가 높을수록 여러분이 유혹당할 가능성은 그만큼 줄어들겠지만, 어느 정도의 그리스도 의식을 성취하고 난 이후에도 추락할 가능성은 여전히 있습니다. 사실, 요한의 계시록(Book of Revelation 12:12)에 묘사된 시나리오에 따르면, 루시퍼는 추락하기 전 높은 지위에 있었습니다. 일부 영적인 가르침에서는 루시퍼가 대천사였다고 말합니다. 하지만 루시퍼는 아직 불멸의 존재가 되지 못한 대천사로 창조되었고, 자신의 구체가 상승하고, 그가 마지막 입문을 통과할 때까지는 추락할 수 있었다는 점에 유의해야 합니다. 루시퍼는 자만심 때문에 추락했습니다. 자만은 존재들이 자신이 다른 존재들보다 더 낫다고 생각하거나, 일이 어떻게 이루어져야 하는지에 대해 자신이 신보다 더 잘 알고 있다고 생각하게 만듭니다. 그런 존재들은 결국 다른 사람들 위에 자신을 내세우기 위해서 자신이 쌓아왔던 것들을 상실하게 될 것입니다. 이런 이유로, 예수는 온유한 자는 땅을 상속받게 될 것이라고 말했습니다. (마태 5:5)

겉으로 보기에는 고도로 진화하였고 강력한 지위를 가진 존재가 추락하는 것이 어떻게 가능할까요? 그 이유는 내가 앞에서 설명한 시나리오, 즉 존재는 분리된 정체감을 강화하고 키우는 동안에도 여전히 이원성의 마음으로 실험할 수 있기 때문입니다. 그 목적은 바라건대 분리를 뛰어넘어 하나됨을 선택할 때까지, 존재가 이원성을 가지고 실험할 수 있는 최대한의 기회를 주는 것입니다. 요점은 처음 추락한 존재 가운데 일부는 추락하기 전에 어느 정도의 영적인 성취를 했었다는 점입니다. 따라서 그들은 어느 정도의 빛을 모을 수 있었습니다. 그들이 비록 하위 구체로 추락했다 해도, 그들에게서 그 빛을 빼앗을 수는 없습니다. 그들이 빛을 빼앗겼다면, 그들은 아마 존재할 수 없었을 것입니다.

이제 우리는 어떤 그룹의 존재들이 하위 구체로 추락하게 된 시나리오를 알고 있습니다. 이들은 여전히 자신의 빛을 유지할 수는 있었지만, 그들이 하나됨의 길을 거부하고 추락하게 되었다는 사실은 그들이 자신들의 내면에서 더 이상의 빛을 얻을 수 없게 되었다는 의미입니다. 그들은 살아가기 위해 빛을 사용해야 합니다. 따라서 어느 날 갑자기 자신의 빛이 고갈되어, 자신들이 더 이상 존재할 수 없게 될 것이라는 불길한 조짐이 임박해 있음을 보게 되는 것이 그리 어렵지 않았습니다.

동시에, 그들은 또 다른 문제에 봉착하게 되었습니다. 그들이 창조한 영체는 그들이 받아서 오용한 빛으로 만들어진 것입니다. 분명한 것은 이런 영체는 신이 창조한 것이 아니라는 것입니다. 그런 영체는 자신의 내부로부터 빛을 받을 수 있는 선택권이 없습니다. 다른 말로, 그런 영체는 자신의 외부에서, 즉 빛을 가진 존재에게서 빛을 받을 수 있을 뿐입니다. 영체는 생존을 위해 빛이 필요합니다. 따라서 더 많은 빛을 받지 못하면 영체 역시 소멸하게 됩니다. 정확하게 말하면, 추락한 존재들이 이런 영체를 만들어냈기 때문에, 그들은 이런 영체와 연결되어 있었습니다. 이 말은 영체가 추락한 존재들에게서 빛을 끌어당길 수 있다는 뜻입니다. 따라서 프랑켄슈타인의 괴물 얘기에서처럼, 추락한 존재들이 만든 괴물의 생존은 추락한 존재들에게 달려 있게 되었고, 이 괴물들은 생존을 위해 추락한 존재들의 빛을 쓰려고 했습니다. 이렇게 해서 추락한 존재들은 자기 죽음을 재촉하게 된 것입니다.

이제 영적인 스승과 영적인 여정으로 되돌아가지 않는 한, 스스로 빛을 만들 수 없는 독특한 상황에 부닥친 존재들의 그룹이 생겨났습니다. 그렇다면 생존을 위해, 또는 힘을 키우기 위해, 그들은 어디에서 빛을 얻을까요? 자, 논리적인 해결책은 물론 이것입니다. 여러분이 상위 영역, 즉 수직적인 방향에서 빛을 얻을 수 없다면, 여러분은 자신이 사는 영역, 즉 수평적인 방향에서 빛을 얻어야 합니다. 따라서 추락한 존재들은 영적인 스승이나 혹은 자신의 내면으로부터 빛을 받을 수 있는 존재들에게서 빛을 훔쳐야 했습니다. 추락한 존재들은 이제 추락하지 않은 공동창조자들과 새로 창조된 천사들을 속여서, 그들이 가진 빛을 자신에게 제공하도록 해야 했습니다. 그리고 추락한 존재들이 만든 영체는 빛을 훔치기 위해, 새로운 공동창조자들과 천사들을 끌어당겨 거짓말을 믿도록 만들었습니다. 이들 추락한 존재들은 자신이 이전에 성취한 것들을 이용해서, 뱀이 이브를 속였던 것처럼, 덜 성취한 존재들을 속였습니다. 따라서 이원성에 눈이 멀게 된 후부터, 이런 존재들은 이전에 이룬 성취들을 부정적인 힘으로 바꾸어 놓았습니다. 예수가 말했던 것이 바로 이것입니다. "네 눈이 악하면, 온몸이 어둠으로 가득 찰 것이다. 그러니 만일 네 마음 안에 있는 빛이 빛이 아니라 어둠이라면, 그 어둠이 얼마나 심하겠느냐!"(마태 6:23)

이것이 사람들의 피를 빨아먹는 뱀파이어 신화가 생겨나게 된 핵심적인 과정입니다. 이 신화는 생존을 위해 다른 사람들의 빛을 빨아먹어야 하는 존재들이 있다는 숨겨진 사실을 간략하게 설명하는 것입니다. 신화와 현실의 차이점은, 이런 일이 분명한 방법으로 이루어지는 것이 아니라, 주로 희생자들이 인식하지 못하는 방법으로 이루어진다는 것입니다.

내가 말하고 있는 영체들은 물질적인 것이 아니어서, 여러분을 해칠 수 있는 물리적인 힘이 없다는 점에 주목하기 바랍니다. 그들은 주로 감정층과 멘탈층에 존재합니다. 따라서 그들은 여러분의 감정체와 멘탈체를 끌어당겨야만 여러분에게 영향을 미칠 수 있습니다. 그런 영향 가운데 주된 사례 하나가 전쟁이 일어나기 전 국가 전체에서 일어나는 현상입니다. 그 국가의 주민들은 적을 증오하도록 끌어당겨지고, 증오심이 충분히 강해지면 그들은 어떤 희생을 치르더라도 적들을 죽일 준비가 됩니다. 이런 일은 사람들의 감정체가 증오심이라는 집단적인 영체에 압도당했을 때 일어납니다. 사람들은 눈이 멀게 되어 적들을 더 이상 인간으로 보지 않게 됩니다. 그들은 전쟁을 하는 것 외에는 긴장감을 해소할 다른 방법을 찾을 수 없게 됩니다.

이제 또 다른 미묘한 지점이 찾아옵니다. 영체와는 대조적으로 추락한 존재들은 무력을 통해 같은 수준에 있는 다른 존재들에게서 빛을 빼앗을 수 있습니다. 다시 말해서, 육화해 있는 추락한 존재들은 힘을 통해 즉 납치, 살인, 고문 또는 다른 형태의 물리적, 감정적, 정신적인 폭력을 통해, 다른 사람들의 빛을 빼앗을 수 있습니다.

추락한 존재가 힘을 사용하여 다른 존재들의 빛을 빼앗는다면, 그 추락한 존재는 명백하게 자유의지의 법칙을 위반하는 것입니다. 추락한 존재들은 이원적인 의식 상태에 있을 수 있는 권리는 있지만, 무력을 사용하여 다른 사람들의 빛을 훔친다면, 그것은 법칙을 위반하는 것이 됩니다. 추락한 존재들은 힘을 사용해 에너지를 훔칠 수 있으며, 그렇게 함으로써 빛을 흡수할 수 있습니다. 하지만, 어떤 존재가 추락할 때, 그 존재에게는 마음을 바꾸어 상향의 여정으로 들어설 수 있는 시간의 허용범위를 줍니다. 추락한 존재가 타인의 자유의지를 침범하게 되면, 이런 범위가 줄어듭니다. 이것은 마약에 심하게 중독된 사람들이 자연적인 수명을 단축해서, 결국에는 완전히 빈털터리가 돼 생을 마감하는 것과 같습니다.

자유의지의 법칙은 모든 존재가 자신의 에너지를 가지고 원하는 것은 무엇이든지 할 수 있는 권리를 줍니다. 타락하지 않은 공동창조자와 천사들은 자신의 에너지를 추락한 존재들에게 줄 수 있는 권리가 있습니다. 따라서 추락한 존재들이 다른 존재들을 속여서 사람들이 자신에게 빛을 줄 수 있게 할 수 있다면, 비록 그 결정이 무지에 기초한 것이라고 할지라도, 추락한 존재들은 직접 무력을 사용해 빛을 강탈한 것만큼 가혹한 처벌을 받지 않습니다. 다시 말해서, 추락한 존재들은 무력을 통하는 것보다 속임수를 통해 더 큰 이득을 얻게 됩니다. 더욱 지능적인 추락한 존재들은 이런 사실을 알고 있습니다. 창세기에 뱀이 들의 야수 중에서 가장 "간교"했다고(창세기 3:1) 언급한 이유가 그것입니다. 내 말의 요점은 자유의지의 법칙은 힘을 허용하지는 않지만, 속임수는 허용된다는 말입니다. 추락하지 않은 존재들도 자유의지의 법칙에 따라 실수를 하고, 이에 따른 결과를 경험할 수 있는 권리가 요구되기 때문입니다. 그들은 속을 수 있고, 그 경험을 통해 배울 수 있는 권리가 있습니다.

자유의지를 가진 모든 존재는 반그리스도의 유혹에 반드시 직면해야 하며, 그런 유혹을 극복할 기회를 가져야 합니다. 어떤 존재들이 최초로 추락하기 이전에는, 그런 유혹은 더욱 개인적이고 이론적인 것이었습니다. 첫 번째 존재들이 추락하고 난 이후, 추락한 존재들은 이제 반그리스도 마음을 구체적으로 표현하게 되었으며, 그들은 타락하지 않은 존재들에 대해 유혹자의 역할을 하게 되었습니다. 이 말이 추락한 존재들이 필요하다는 의미가 아니라는 점을 유의하기 바랍니다. 그들이 타인을 유혹하는 것이 허용되는 데에는 두 가지 목적이 있습니다. 하나는 타락하지 않은 존재들이 반그리스도 마음의 유혹을 받게 된다는 의미이며, 나머지 하나는 추락한 존재들에게 반그리스도 마음을 버릴 수 있는 더 많은 기회를 주는 것입니다.

추락한 존재는 어떻게 경험이 없는 존재들을 속여 자신에게 빛을 줄 수 있게 할까요? 한 가지 방법은 반그리스도 마음의 이원적 논리에 근거한 속임수를 경험 없는 존재들에게 제시하는 것입니다. 에덴 정원에서 뱀이 이브에게 제시한 것이 이런 속임수였습니다. 하지만, 학생들은 왜 그런 거짓말을 믿게 되었을까요? 자, 진짜 이유는 이런 학생들이 자신의 영적인 스승의 말에 귀를 기울이려고 하지 않았기 때문입니다. 따라서 그들은 혼자의 힘으로 방어를 해야 했습니다. 그들은 경험이 없었기 때문에, 추락한 존재들의 논리와 그들의 마음과 감정을 끌어당기는 영체가 가진 중력적인 힘에 쉽게 압도당했습니다. 설명했던 것처럼, 모든 것은 의식이며, 같은 구성단위(unit) 안에 있는 모든 의식은 서로 연결되어 있습니다. 이 말은 지구의 에너지장 안에 존재하는 영체의 의식은 육화해 있는 개인의 의식을 끌어당길 수 있다는 의미입니다. 분명히 이런 현상은 개인의 자유의지를 거스르며 일어날 수 없습니다. 하지만 어떤 존재가 일단 추락한 존재들의 속임수를 받아들이면, 추락한 존재들과 연결된 영체는 개인의 마음을 끌어당길 수 있는 어떤 부분에 연결됩니다. 대개는 이것이 그 개인이 제안받은 것에 참여하겠다고 결정하도록 그 개인을 끌어당기는 데 필요한 추가적인 힘을 줄 수 있습니다.

아담이 금단의 열매를 먹으면, 그가 죽게 될 것이라고 내가 말했던 것이 거짓말이 아니었던 또 다른 이유를 이제 우리는 알게 되었습니다. 마음의 문을 열고 반그리스도의 거짓말을 받아들이게 되면, 여러분은 거짓말 뒤에 숨어 있는 전체 마음을 끌어당기는 중력의 지배를 받게 됩니다. 여러분이 높은 수준의 그리스도 신성을 성취하기 전에는, 그 끌어당기는 힘을 견딜 수 없을 것입니다. 따라서 존재들을 아래로 끌어당기는 것을 확실하게 피할 수 있는 유일한 방법은 여러분 앞에 과일을 진열해 놓은 추락한 존재들의 교묘한 논리에 마음의 문을 절대로 열지 않는 것입니다. 분명히 말해, 여러분이 이원성 의식과 추락한 존재들이 존재한다는 사실을 인식하지 못하거나, 이것을 미신이라고 대수롭지 않게 여기는 문화에서 성장했다면, 이렇게 하는 것이 다소 어려울 수 있습니다. 이런 존재들에 대해 알지 못하면, 위험으로부터 자신을 보호하기가 어렵습니다. 박테리아가 존재하고, 이것이 질병을 일으킬 수 있다는 것을 알지 못했을 때, 사람들이 질병에 얼마나 취약했었는지 숙고해 보기 바랍니다.

⚜

나는 이런 가르침이 놀랍고 여러분을 의기소침하게 만들 수 있다는 것을 알고 있습니다. 나는 많은 영적인 추구자가 어둡거나 악한 것들에 대해서 생각하는 것조차 피하고 싶어 한다는 것을 잘 알고 있습니다. 하지만, 여러분의 자유를 빼앗으려고 하는 세력들에 대해 알지 못하면서, 어떻게 영적인 자유를 성취할 수 있을까요? 게다가 이런 힘들은 오로지 여러분이 알기 전에만 영향을 미칠 수 있습니다. 여러분이 그들이 하는 일을 알아야만, 여러분은 그들의 환영을 극복하고, 여러분의 빛으로 그들을 먹여 살리는 것을 멈출 수 있게 됩니다. 늘 그렇듯이, 이해는 자유이며 무지는 속박입니다. 진리는 여러분을 자유롭게 하고, 거짓말은 여러분을 구속합니다. 앞에서 설명한 것처럼, 추락한 존재들은 여러분이 동의해야만 여러분에게 영향을 미칠 수 있습니다. 유혹의 본질과 결과를 알지 못할 때만, 여러분은 동의하게 됩니다. 따라서 여러분이 속임수를 알게 될 때, 동의를 철회할 수 있습니다. 충분한 정보에 바탕을 둔 선택으로 여러분은 자신의 무지한 선택을 되돌릴 수 있습니다. 이렇게 함으로써, 여러분은 자신의 힘을 되찾을 수 있고, 자신의 빛이 새어나가는 것 멈출 수 있으며, 하나됨의 길에서 더욱 빠르게 진전할 수 있습니다. 그러니 이제 지구에 육화해 있는 한 존재로서, 여러분이 맞서고 있는 상황에 대해 충분히 설명하겠습니다.

첫 번째 존재들이 추락하고 난 후, 그들은 다른 공동창조자들과 천사들을 속이려고 시도했으며, 어느 정도는 성공을 거두었습니다. 반그리스도 마음은 수많은 환영을 만들어내는 데 익숙해 있으므로, 각각의 환영으로 경험이 없는 존재들이 추락하게 되었습니다. 가가의 환영마다 영체 또는 정체성이 창조되었고, 이런 영체는 그것을 창조했거나 그것을 강화한 추락한 존재들과의 사이에 공생 관계를 형성합니다. 추락한 존재들은 새로운 구체에서 다른 존재들을 유혹하는 역할을 하게 되고, 영체는 이런 존재들의 마음과 감정체를 끌어당기면서, 그 존재들이 더 쉽게 유혹에 넘어가게 합니다. 만일 추락한 존재들이 새로운 희생양을 유혹하는 데 실패한다면, 영체는 추락한 존재들의 빛을 걸신들린 듯이 먹어 치울 것이며, 추락한 존재들의 수명은 단축될 것입니다. 내 말의 요점은 그런 이원적인 영체가 창조되면, 그 영체가 추락한 존재들에게 더 많은 힘을 줄 수도 있지만, 이런 영체는 지속적인 희생을 요구하는 엄격한 관리자가 된다는 것입니다. 이것이 실제로는 신을 달래기 위해 인간을 희생물로 바쳤던 문화에서처럼, 숭배자들에게 지속적이고 점점 더 가혹한 희생을 요구하는 신화와 종교의 기원이 되었습니다. 이것이 고대의 제물에서부터 현대의 홀로코스트까지 모든 집단 살해의 이면에 있는 진정한 원인입니다. 마찬가지로, 모든 전쟁은 신들의 전쟁이라는 피로 물든 제단 위에 놓인 제물입니다.

이런 영체들은 물질우주의 위에 있는 몇 개의 단계에서 창조되기 시작했습니다. 왜냐하면 하나의 구체가 상승할 때마다, 추락한 존재들과 그들의 영체들도 새로 창조된 영역으로 함께 추락했기 때문입니다. 어떤 경우에는, 그런 영체들이 결국에는 굶어 죽었지만, 나머지는 계속 성장하여 더 강해졌습니다. 현재 여러분의 구체는 형태의 세계 가운데 가장 낮은 단계에 있으므로, 이 모든 이원적인 영체와 추락한 존재들도 여기까지 오게 되었습니다. 그들은 이곳에서 자신들의 존재를 알아채지 못하는 사람들을 손쉽게 압도할 수 있는 어마어마한 힘을 발휘하고 있습니다.

내가 말한 것처럼, 많은 개별적인 영체들(entities)이 존재하지만, 이들은 거대한 집합체(conglomerate)를 이루고 있습니다. 계시록에서는 이런 집합체를 야수(beast)라고 부릅니다. 야수들은 모두 "전에는 있었지만, 지금은 없으며, 장차 멸망하게 될 야수"(계시록 17:8) 혹은 용(dragon)이라 부르는 것을 함께 형성합니다. 이 집합적인 영체는 생존 본능은 가지고 있지만 자기 인식은 없으므로 설득할 수 없습니다. 그런 점에서 이 설명이 적절하다고 하겠습니다. 야수는 영향력을 미칠 수 있는 모든 존재의 빛을 기계적으로 게걸스럽게 먹어치우려고 할 것이며, 그것이 만든 거짓말에 마음을 연 모든 존재에게 영향력을 미칠 수 있습니다. 따라서 용과 개별적인 야수들은 다음의 인용구, 즉 "근신하라, 깨어 있으라. 왜냐하면, 너희의 대적 악마가 우는 사자같이, 두루 다니며 삼킬 자를 찾나니(베드로전서 5:8)"에서 말하는 것에 일치합니다. 지구에는 현재 그런 야수들이 많이 배회하며 집어삼킬 자들을 찾고 있으며, 그것들은 상부 구조인 용을 함께 형성하고 있습니다. 다시 말하지만, 이 야수가 무섭게 보일 수도 있습니다.

하지만 여러분이 야수의 거짓말을 믿을 때만, 그것들이 여러분에게 영향을 미칠 수 있다는 사실을 기억하기 바랍니다. 따라서 여러분은 방심하지 않고, 그리스도 마음의 단 하나의 진리를 추구함으로써, 모든 이원적인 거짓말의 유혹에서 벗어날 수 있습니다. 야수는 어떻게 근절될 수 있을까요? 한 가지 방법은 굶어 죽게 하는 것입니다. 위로부터 빛을 받는 것에서 아직 단절되지 않은 일부 존재들이, 야수에게 계속해서 먹이를 제공하는 한, 야수들은 계속 살아남을 수 있습니다. 존재들이 야수에게 자신들의 빛을 줄 때, 설령 그들은 자신이 하는 것을 제대로 이해하지 못하고 그렇게 한다고 하더라도, 그들은 실제로 자신들의 자유의지를 사용하여, 그 야수들이 자신의 구체에 계속 존재할 수 있게 하는 것입니다. 육화해 있는 존재들이 지구를 다스리는 권리를 가지고 있으므로, 어머니의 수축하는 힘은 야수들을 태워버릴 수 없습니다. 이로 인해, 야수는 계속 존속할 수 있을 뿐만 아니라, 바이블에서 설명하는 것처럼 공격적으로 싸우려고 합니다. "그러자 그 용이 여인에게 분노하여 여인의 씨 가운데 남은 자들, 즉 신의 계명들을 지키며 예수 그리스도의 증거를 가진 자들과 싸우려고 나가더라 (계시록 12:17)". 행성적인 야수, 즉 용은 지구상의 모든 존재를 이원성 의식으로 끌어당기려고 할 것입니다. 그러면 이 세상은 신의 나라가 아니라, 용이 지배하는 나라가 될 것입니다. 용은 본질적으로 지구에서 자신을 우월한 신으로 내세우려고 합니다.

여기서 내 말의 전반적인 요점은 지구상 대부분의 사람이 특정한 야수에 대해 알지 못하고, 야수가 만들어낸 거짓말을 계속 믿고 있는 한, 그런 야수는 이 행성에서 계속 존속할 수 있다는 말입니다. 임계수치의 사람들이 거짓말을 꿰뚫어 보고, 야수와 아무런 관계도 맺지 않겠다고 결심하기만 하면, 어머니의 수축하는 힘은 야수를 산산조각 낼 것입니다. 그렇게 함으로써, 순수하지 못한 매트릭스 안에 갇혀 있던 마터 빛은 자유롭게 됩니다.

임계수치의 사람들이 야수를 먹여 살리는 것을 거절할 때, 야수를 결박할 수 있는 영적인 힘이 존재합니다. 이런 힘의 리더는 대천사 미카엘로 알려진 영적인 존재입니다. 그는 하나됨의 길에 전념하는 존재들의 믿음을 수호하는 임무를 맡고 있습니다. 임계수치의 사람들이 야수로부터 물러나고, 야수의 거짓말을 버린다면, 그들은 인류를 대표하여 야수가 사람들에게 영향을 미칠 수 없도록 결박해 달라고 요청할 권한을 가지게 됩니다. 이렇게 하는 것이 야수들을 단순히 굶어 죽게 하는 것보다 훨씬 더 효과적으로 제거할 수 있습니다. 모든 사람이 야수에게 에너지를 공급하는 행위를 동시에 멈추게 하는 것은 정말 어렵기 때문입니다.

여러분이 개인적으로 특정한 야수의 거짓말들에서 일단 벗어나기 시작해서, 대천사 미카엘에게 야수들을 제거해 달라고 요청한다면, 대천사 미카엘은 여러분이 그 영향력에서 자유롭게 되도록 할 수 있고 또한 그렇게 할 것입니다. 임계수치의 사람들이 똑같이 그렇게 한다면, 대천사 미카엘은 그런 야수를 결박할 수 있습니다. 그렇게 함으로써 야수는 사람들에게 영향을 미칠 수 없게 되며, 결국에는 수축하는 힘으로 완전히 소멸될 것입니다. 실제로, 여러분은 대천사 미카엘에게 영적인 보호를 기원함으로써, 모든 야수의 끌어당기는 중력적인 힘으로부터 자기 자신을 보호할 수 있습니다. 이런 기원은 대천사 미카엘의 로자리라고 하는 영적인 의례나 확언을 통해 가장 효율적으로 행해질 수 있습니다. 하지만, 궁극적인 방어수단은 여러분의 내면에 존재하는 모든 이원적인 요소를 초월해 투명하게 되는 것입니다. 야수는 오로지 반그리스도 마음에서 생겨난 왜곡된 에너지와 믿음을 끌어당길 수 있을 뿐입니다. 따라서 여러분은 에너지를 변형시키고 정화하여 모든 이원적인 영체에 대해 투명해질 수 있습니다. 이에 대한 기법들을 아래 웹사이트[2]에서 찾을 수 있습니다. 예수가 "이 세상의 지배자가 오더라도 내게서 가져갈 것이 없다(요한 14:30)"라고 말했을 때, 설명했던 것이 바로 이것입니다.

더 나아가기 전에, 한 가지 사실을 분명히 해두겠습니다. 야수가 창조된 이상, 진화의 힘은 실제로 그 야수를 성장하게 할 것입니다. 하지만, 야수는 그리스도 의식이 창조한 것이 아니므로, 결코 자신의 의식 상태를 초월할 수가 없으며, 자신을 창조하게 했던 거짓말도 초월할 수 없습니다. 야수는 수직적인 방향으로는 성장할 수 없습니다. 오로지 수평적인 방향으로만 성장해야 합니다. 여기서 이해해야 하는 것은 이런 야수는 결코 부활할 수 없으며, 정화될 수 없고, 영적인 영역 일부가 될 수 없다는 것입니다. 야수에게는 고차원의 상태로 상승할 수 있는 기회가 전혀 없습니다. 따라서 그것은

---

[2] www.transcendencetoolbox.com

필연적으로 수축하는 힘으로 무너져 내릴 것입니다. 야수 그 자체는 반그리스도 의식으로부터 창조된 환영에 불과합니다. 환영은 질료(substance)가 없지만, 야수는 오용된 에너지, 즉 질료(substance)를 가진 에너지를 흡수합니다. 이 에너지는, 마터 빛에 불완전한 진동이 주어진 에너지이므로, 정화될 수 있고 원래의 상태로 돌아갈 수 있습니다. 충분한 에너지가 정화되면, 어떤 환영도 유지될 수 없고, 야수도 용해될 것입니다.

　진화의 힘은 왜 야수가 수평적인 방향으로만 진화하게 할까요? 그 이유는 존재들이 자유의지를 행사함으로써 야수가 창조되었기 때문입니다. 야수가 성장할 수 있는 이유는 야수를 창조한 존재들이 야수를 창조하고 먹여 살리게 한 환영을 극복할 수 있는 최대한의 기회를 제공하기 위한 것입니다. 야수가 점점 더 강력해짐에 따라, 야수가 지닌 기계적인 본성도 더 뚜렷해집니다. 야수의 악함이 더 잘 나타나게 되지만, 어떤 의미에서는 야수가 악하다고 말할 수는 없습니다. 야수는 컴퓨터와 같아서, 단지 프로그램된 대로 작동하는 것뿐입니다. 프로그램은 반그리스도의 마음을 통해 그것을 만든 창조자가 정의한 것입니다. 야수는 결코 신이 창조하지 않았습니다. 자기 인식하는 의식하는 자아도 없으므로, 야수는 무엇이 선과 악인지, 어떤 것이 신의 법칙과 정렬하고 정렬하지 않는지를 평가할 수 없습니다. 컴퓨터가 자신의 프로그래밍에 대해 의심을 하지 못하는 것과 마찬가지로, 야수도 자신의 행위에 대해 의문을 가지지 않습니다.

　야수가 더욱 강력해지고, 심지어는 자신을 창조한 자들을 통제하거나 게걸스럽게 먹어치우기 시작함에 따라, 그 존재들은 자신이 창조한 것을 볼 수 있는 추가적인 기회를 얻게 되며, 따라서 자신의 잘못을 깨닫게 됩니다. 다시 말해서, 야수는 결코 부활할 수 없지만, 야수를 창조했거나 보호하거나 지탱하고 있는 추락한 존재들은 진정 부활할 수 있습니다. 정확하게 말하자면, 이 때문에 야수가 존재하도록 허용되는 것입니다. 신의 법칙은 추락한 존재들이 하나됨의 길로 돌아올 수 있도록 많은 기회를 제공하도록 설계되어 있습니다. 사실, 앞에서 설명했던 것처럼, 지금 전체 물질우주는 이런 존재들이 마침내 빛을 볼 수 있는 큰 기회로서 기능하고 있습니다.

열쇠 19
이원적인 정체성에서 자신을 분리하기

이제 우리는 한 바퀴를 돌아 제자리로 왔습니다. 이제 우리는 사람들이 왜 악행을 저지르고, 자신들이 하는 짓을 보지 못하며, 심지어 그런 행위를 선한 것으로 정당화하는지 그 이유에 대해 답을 할 수 있게 되었습니다. 하지만, 이제 또다시 미묘한 문제를 다루어야 합니다. 여기에는 상당한 숙고와 설명이 필요할 것입니다.

하나의 개별적인 존재로서 여러분의 기원에 대해 앞에서 얘기했던 것을 되짚어보고, 이를 명확하게 하는 것부터 시작하겠습니다. 여러분의 기원은 영적인 영역에 존재하는 불멸의 존재로 거슬러 올라갑니다. 이 존재는 더 높은 영적인 영역에 있는 존재의 개체화된 확장체로 시작하였으며, 이런 존재의 사슬을 따라 계속 올라가면, 창조주에게 이르게 됩니다. 여러분의 영적인 근원은 당시에는 형태의 세계 가운데 가장 낮은 단계였던 특정한 구체입니다. 그 구체는 아직 빛으로 채워지지 않은 상태였습니다. 여러분의 부모는 자신들이 태어난 구체가 상승하여 영적인 영역 일부가 될 때까지, 구체의 상승 과정에 참여함으로써 불멸을 성취했습니다. 그런 승리를 성취했을 때, 새로운 구체가 창조되었습니다. 여러분의 영적인 부모는 이 구체가 상승하는 과정에 기여하기를 원했습니다. 하지만, 부모는 이미 통달을 성취했으므로, 자신의 온전한 모습을 새로운 구체에 투사할 수 없었습니다. 높은 단계의 통달을 성취한 많은 존재가 새로 창조된 구체로 내려가게 된다면, 이들은 곧바로 그 구체를 끌어올리게 될 것입니다. 그렇게 되면 새로운 공동창조자들을 점진적으로 성장하게 하려는 원래의 목적은 달성할 수 없게 될 것입니다. 따라서 여러분의 영적인 부모는 자신의 확장체들을 창조함으로써, 그 과정에 참여하게 되었고, 이 확장체들은 다음과 같은 형태의 존재 중 하나로 설계되었습니다.

- 미리 정의된 최소한의 정체성을 지니고, 새로운 구체에 육화하도록 설계된 새로운 공동창조자들.
- 영적인 영역 또는 (여러분이 사는 구체의 경우) 정체성층에서 새로운 구체에 봉사하게 되어 있는 새로운 천사들.
- 새로운 구체 내에서 활동하는 영적인 스승들(부모 자신이 영적인 영역에서 스승으로 봉사하고 있습니다.)
- 새로운 공동창조자들보다 더 발달한 정체성을 지니고 더 통달해 있는 존재들. 이들은 추락한 존재들에게 맞서 영적인 균형을 유지할 수 있는 존재들이며, 추락한 존재들을 구출하기 위해 보내졌습니다. 이런 존재들은 완전히 통달하지는 못했지만, 새로운 공동창조자들보다는 훨씬 더 세련된(경험이 많은) 정체성이 있습니다. 그들도 새로운 공동창조자들처럼 육화했습니다. 다시 말해 이들 역시 자신의 진정한 정체성을 깨달아야 하며, 추락할 가능성이 있다는 의미입니다.

여러분이 어디에서 왔느냐에 관계없이, 여러분은 영적인 부모가 개체화한 확장체입니다. 여러분의 영적인 부모는 여러분의 개체성을 설계하는 데, 자신의 경험과 통달을 통합했습니다. 여러분은 독특한 개인으로 설계되었으며, 비록 엄청나게 많은 개별적인 존재가 형태의 세계에 존재한다 할지라도, 여러분과 똑같은 존재는 하나도 없습니다. 여러분은 독특한 영적인 개체성을 가지고 있습니다. 따라서 여러분은 다른 누구도 가져올 수 없는 재능을 형태의 세계에 가져올 수 있는 기회를 가집니다.

공동창조자들의 경우, 그들의 독특한 개체성은 자신들의 영적 부모에 의해 정의되었습니다. 이런 개체성은 내가 아이앰 현존(I AM Presence)이라고 불렀던 영적인 존재가 창조되면서 그 안에 통합되어 있습니다. 이런 아이앰 현존은 영원히 영적인 영역에 거주합니다. 그것은 개별적인 존재로, 영적인 부모의 더 큰 전체 안에 존재합니다. 공동창조자가 개별화된 존재로서 처음 형태를 지닐 때 더욱 낮은 세계로 자기 자신을 투사했던 존재는 이 아이앰 현존이었습니다. 개별화된 존재가 투사된 곳이 물질우주가 아닐 수도 있습니다. 천사들은 더욱 낮은 영역에서 육체를 지니도록 창조되지 않았기 때문에, 그들에게는 아이앰 현존이 존재하지 않습니다. 하지만 그들이 추락한다면, 그들의 영적인 부모는 자신들의 개체성에 대한 지워질 수 없는 청사진을 유지하기 위해, 아이앰 현존에 해당하는 것을 창조하게 됩니다. 신성한 어머니로 표현되는 영적인 존재, 즉 현재는 상승해 있는 상승 마스터인 성모 마리아께서는 자신의 하위 존재들과 상위 존재들 사이의 중재자 역할을 할 수 있도록, 추락한 천사들을 위해 자신의 몸을 쪼개 그리스도 자아를 창조했습니다. 영적인 스승과의 연결이 끊긴 모든 존재는 모두 이런 그리스도 자아를 가지고 있습니다. 하지만 천사가 아닌 존재들의 경우에는, 다른 그룹의 존재들을 지원하는 다양한 마스터가 그리스도 자아를 창조할 수 있습니다.

여러분의 개별적인 존재 또는 생명흐름의 핵심은 의식하는 자아(conscious self)입니다. 이 의식하는 자아는 여러분에게 자신이 존재한다는 감각을 줍니다. 공동창조자들에게 있어서, 의식하는 자아의 임무는 자신이 태어난 영역에서 신과 함께하는 공동창조자로서의 정체성을 쌓아가는 것입니다. 천사들의 경우, 의식하는 자아의 임무는 미리 정의된 정체성을 확장하여, 더 훌륭한 천사가 되는 것입니다. 다시 말해서, 의식하는 자아의 임무는 한 존재가 자기 자신을 표현하고 형태의 세계에서 봉사함으로써, 정체성을 구축해 가는 것입니다. 그런 다음, 의식하는 자아는 경험의 결과로서, 이런 정체성을 세련되게 가다듬을 수 있습니다.

새로 육화한 모든 존재가 처음에는 영적인 스승으로부터 가르침을 받았습니다. 스승의 임무는 이들을 도와 두 가지 요소가 결합된 정체감을 구축하게 하는 것입니다. 그 하나는 개체성이 아이앰 현존에 고정되게 하는 것입니다. 존재는 이런 영적 정체성에 다시 연결됨으로써, 의식하는 자아의 선택을 토대로 자신의 정체감을 구축할 수 있는 틀(framework)을 얻게 될 것입니다. 다른 모든 것과 마찬가지로, 정체성에도 두 가지 측면이 있습니다.

- 알파 측면은 아이앰 현존에 고정된 정체성입니다. 이것은 영적 부모에 의해 미리 정의됩니다.

- 오메가 측면은 존재가 자신이 거주하는 구체에서 자기 자신을 표현함에 따라 구축되는 정체성입니다.

두 측면이 조화를 이룬다면, 여러분은 궁극적으로 충만함과 평화를 느끼게 됩니다. 여러분은 내분이 일어난 집이 아니라, 하나의 존재, 즉 온전한 존재가 될 것입니다. 따라서 하나됨의 길을 완성할 수 있으며, 그럼으로써 여러분의 전체 정체성은 알파와 오메가의 결합 즉, 불멸이 되어 영적인 영역으로 상승할 수 있게 됩니다. 영적인 스승의 임무는 여러분 스스로 이런 정체성을 구축하도록 돕는 것입니다. 다시 말해서, 스승은 강제로 또는 여러분을 조종하여 여러분이 특별한 형태의 정체성을 쌓게 하려고 하지 않습니다. 하지만, 스승은 여러분이 알파와 오메가 측면의 조화를 이룰 수 있도록 안내하려고 노력합니다. 그것이 불멸이 될 수 있는 유일한 방법이기 때문입니다.

스승은 또한 불멸이 된다는 것은 여러분의 하위 정체감, 즉 오메가 정체성이 신의 법칙, 여러분의 영적인 정체성과 완벽하게 조화를 이루어야 함을 여러분이 알 수 있도록 돕기 위해 노력합니다. 이 말이 오메가 정체성을 정의할 수 있는 자유를 여러분이 가지지 못한다는 의미가 아니라는 점에 주목하기 바랍니다. 여러분은 커다란 자유를 가지고 있지만, 완전함을 이루기 위해서는, 반드시 알파 정체성이 정한 매개변수 내에서 자유를 행사해야 합니다. 여러분 존재의 아버지와 어머니의 측면들은 새로운 생명이, 즉 (육체적인 성별과 관계없이) 신의 아들 측면을 나타내는 불멸의 여러분이 태어나기 전에, 반드시 조화를 이루어야 합니다.

이것을 차를 운전하는 것에 비유할 수 있습니다. 운전하는 방법을 안내하는 교통법규들이 있습니다. 여러분이 그 법규를 지킨다면, 가고 싶은 곳은 어디든지 갈 수 있습니다. 정체성을 구축하는 것을 시작할 때는, 여러분은 신의 법칙 또는 여러분의 알파 정체성을 명확하게 이해하지 못합니다. 따라서 여러분은 상위 존재와 조화를 이루지 못한 오메가 정체성을 창조합니다. 여러분이 불멸의 존재가 되기 위해서는, 이런 정체성이 영적으로 다시 태어나서, 여러분 존재 전체의 무한 8자 형상 흐름의 상위 부분과 조화를 이루어야 합니다. 이런 이유로, 이타심이라는 시험을 통과한 존재들만이 불멸의 존재가 될 수 있습니다. 신은 분명히 이기적인 존재가 불멸이 되는 것을 원하지 않습니다.

여러분의 스승은 여러분이 자신의 영적인 정체성과 의식적으로 정렬하는 것을 선택할지에 대해, 여러분이 선택할 수 있는 기회를 주어야만 하는 시점을 맞이하게 됩니다. 여러분은 초심자의 단계에서 창조했던 정체성을 버리고, 참된 정체성과 하나 되어 다시 태어나야만 했습니다. 내가 설명한 것처럼, 이것은 밖으로부터 여러분에게 강요된 것이 아니었습니다. 이것은 진실로 상위 의지로, 오로지 고통만을 일으키는 분리 상태에 머무는 것이 아니라 완전함 속으로 들어가는 것입니다. 분명히 말해, 여러분의 에고는 여러분의 상위 존재와 하위 존재 사이의 분리에서 태어났습니다. 따라서 여러분의 상위 의지를 외부에서 오는 것으로만 인식할 수 있습니다. 그러니 에고의 환영을 극복하는 것은 의식하는 자아에게 달려 있습니다. 이것은 그리스도 마음(그리스도 마음만이 여러분의 영적인 정체성을 알고 있음)에 기초하여 정체성을 정의하느냐, 아니면 여러분의 진정한 정체성을 결코 알 수 없는 반그리스도 마음에 기초하여 정체성을 정의하느냐 하는 것에 대한 선택입니다.

<hr />

형태의 세계에서 처음 창조된 세 번째 구체까지는, 모든 존재가 이런 입문 과정을 성공적으로 통과하여 불멸의 존재가 되었습니다. 하지만, 네 번째 구체에서, 한 그룹의 존재들이 그 과정 자체에 저항했습니다. 그들은 자신의 오메가 정체성을 알파 정체성과 정렬하기를 거부했습니다. 그들은 자신들의 의식하는 자아의 의지를 자신의 영적 자아들의 의지와 정렬하기를 거부했습니다. 또한 천사들의 경우에는, 자신을 창조했던 존재들의 의지와 일치하기를 거부했습

니다. 따라서 모든 생명과 하나가 되어가는 그리스도 마음에 기초하여 정체감을 창조하는 대신, 그들은 반그리스도 마음에 기초하여 오메가 정체성을 창조했습니다. 그럼으로써, 그들은 자신들의 오메가 정체성을 알파 정체성과 분리했고, 다른 생명들과도 분리했습니다. 다시 말해서, 이런 존재가 창조했던 것은 분리된 정체성이었습니다. 그들 모두는 똑같은 이유로 저항했습니다. 이들은 내가 분리된 마음, 영체 또는 야수라고 설명한 상부구조(superstructure)를 창조한 것입니다.

추락의 과정이 지속됨에 따라, 다른 분리된 정체성 혹은 이원적인 정체성이 창조되었고, 이제는 많은 존재가 강화한 수많은 정체성이 생겨났습니다. 여기서 요점은 첫 번째 존재들이 저항했을 때는 분리된 정체성이 없었다는 것입니다. 그때에는 반그리스도 마음에 기초한 정체성이 존재하지도 않았습니다. 하지만, 그런 정체성이 창조되고 난 이후, 이제 존재들이 추락하기가 더 쉬워졌습니다. 앞에서 설명했듯이 공동창조자들에게 있어서의 문제는, 그들이 스스로 결정하려고 하지 않았기 때문에, 그들 중 많은 사람이 자신의 삶을 지휘하기를 거부했다는 것입니다. 잠시는 그렇게 하는 것이 허용되었지만, 공동창조자들이 결정해야만 하는 시점이 찾아왔습니다. 일단 타락한 정체성이 창조되고 나면, 공동창조자들은 자기 자신의 분리된 정체성을 구축하는 대신 그런 정체성의 상태로 들어가는 것을 선택할 수 있게 됩니다. 천사들의 문제는 그들이 비판적이고 융통성이 없게 되었다는 것입니다. 이로 인해 그들은 자기 초월을 부정하게 되었습니다. 따라서 그들 역시 미리 정해진 분리된 정체성으로 들어가고 싶은 유혹을 느꼈습니다.

어떤 존재가 그리스도의 실재에 기초한 정체성을 세우고 이를 의식적으로 창조하는 데 저항하는 이유는, 그렇게 하는 것이 너무 어렵거나 너무 큰 책임이 따르는 것으로 보였기 때문입니다. 그런 존재에게는 단순히 누군가를 계속 따르기가 더 쉬웠습니다. 많은 학생은 자신이 해야 할 일을 스승이 계속 알려주기를 원했습니다. 참된 영적인 스승이라면 분명히 언젠가는 이런 역할을 거부해야 하며, 학생은 그 시점에서 스스로 선택해야 하는 필연성에 직면하게 됩니다.

반그리스도에 기초한 분리된 정체성을 창조하는 것은, 영적인 스승의 도움을 받으며 그리스도 마음에 기초한 정체성을 구축하는 것보다, 훨씬 더 큰 노력이 필요합니다. 하지만, 처음으로 분리되고 이원적인 정체성이 창조되고 난 후, 학생들은 스스로 분리된 정체성을 만드는 것에 대한 대안을 가지게 되었습니다. 학생들은 반그리스도 마음에 기초하여 미리 정해 놓은 정체성으로 들어가겠다고 선택만 하면 되었습니다. 그들은 미리 정해진 정체성이라는 "열매(fruit)"를 선택할 수 있었습니다. 그것은 이원성 의식으로부터 만들어졌기 때문에 상대적인 선과 악에 대한 지식이 있었습니다. 존재들이 금단의 열매를 한입 베어 물면, 그들은 더 이상 스스로 결정을 내릴 필요가 없을 것입니다. 그들은 양떼가 우두머리 양을 따라가는 것처럼, 이 새로운 정체성의 흐름과 함께 흘러갈 수 있을 뿐입니다. 따라서 어떤 존재가 (자급자족하라고 요구했던) 진정한 스승을 따르고 싶지 않다면, 그런 요구를 하지 않는 거짓 교사를 따르겠다고 선택할 수 있을 것입니다. 스스로 결정하려고 하지 않고, 거짓 교사를 따르려고 했던 존재들에게는 이것이 훨씬 더 노력을 하지 않아도 되는 것처럼 보였습니다. 거짓 교사들은 그들이 해야 할 것을 기꺼이 말해 줄 것입니다. 그리고 그들은 여러분이 맹목적으로 자신을 따르기를 바라므로, 여러분이 스스로 생각할 것을 요구하지 않을 것입니다. 더 얘기하자면, 이원적인 정체성은 그 뒤에 숨어 있는 야수와 연결되어 있습니다. 야수들은 의심이라는 중간지대에 발을 들여놓은 존재들의 감정체와 멘탈체를 적극적으로 끌어당깁니다. 이런 끌어당김은 스스로 분열된 집이 된 존재들의 마음을 압도합니다. 자유의지의 법칙에 따라 학생의 마음을 끌어당기려고 하지 않는 참된 스승을 따르는 것보다, 거짓된 교사들을 따르기가 더 쉬워 보이게 만드는 것은, 이런 중력적인 끌어당김입니다.

존재들이 미리 정해진 정체성에 발을 들여놓게 되면, 그들을 위한 에고가 만들어질 것입니다. 에고는 의식하는 자아를 대신해서 대부분의 일상적인 결정을 내릴 것이고, 이제 의식하는 자아는 작은 "동굴(cave)"로 물러나게 됩니다. 또한, 오래전에 거짓 정체성을 선택해서 지도자로 활동할 수 있는 다른 존재들도 있을 것입니다. 마지막으로, 야수 자체의 중력적인 힘도 그들을 끌어당기게 됩니다. 다시 말해서, 일단 클럽에 가입하기로 선택한 이상, 그들은 스스로 결정하는 것에서 벗어날 수 있습니다. 그런 클럽에 가입하려면 무엇이 필요할까요? 모든 분리된 정체감은 특정한 이원적인 거짓말에 바탕을 두고 있습니다. 따라서 당연히 그런 정체성에 들어가기 위해서는 절대적 진리로 제시하는 거짓말을 받아들여야 합니다. 이곳이 중요한 지점입니다. 일단 거짓말을 받아들이고 나면, 여러분은 그것을 다시는 의심하지 않겠다고 맹세해야 합니다!

만약 여러분이 거짓말을 의심하기로 결정한다면, 여러분의 에고와 결합된 힘들, 즉 거짓말과 야수 자체를 받아들인 다른 추락한 존재들은, 여러분이 거짓말을 꿰뚫어 보고 그것을 놓아버리지 못하게 하려고, 할 수 있는 일은 무엇이든 다 할 것입니다. 내 말의 요점은 클럽에 가입하는 데에는 어떤 노력도 필요하지 않은 반면(결정을 내리지 않겠다고 결정함으로써 가입할 수 있지만), 클럽에서 빠져나오는 데에는 전혀 다른 노력이 요구됩니다. 반그리스도 마음에 바탕을 둔 정체성은 회원 탈퇴에 대한 허용 규정이 없습니다. 한번 가입한 이상, 여러분은 영원히 그곳에 머물러야만 합니다. 여러분은 계속해서 여러분의 빛을 야수에게 제공해야 합니다. 이제 야수는 여러분의 새로운 신이 됩니다.

물론, 여러분이 클럽에 가입하기 전 이 모든 얘기를 들은 것이 아닙니다. 여러분은 영적인 스승의 말을 듣지 않겠다고 결정했고, 그 때문에 경고를 받을 수 없었습니다. 여러분은 하나됨의 길을 선택하는 대신 저항이 가장 적어 보이는 길을 선택했습니다. 하지만, 실제로는 그것이 저항이 가장 큰 길, 분리의 길, 죽음의 길임이 밝혀졌습니다. 계약할 때는 "항상 자세히 읽어야 한다."라는 말이 있습니다. 유일한 문제는 반그리스도 마음이 순수한 청사진을 제공하지 않는다는 것인데, 순수한 청사진은 그리스도 마음속에 존재하기 때문입니다. 추락한 존재들과 이원성에 눈이 먼 존재들조차 자신들의 그리스도 자아를 통해 그리스도 마음에 접근할 수 있습니다. 그것을 예수가 협조자(Comforter)라고 묘사한 것입니다. "그러나 아버지가 내 이름으로 보내실 성령인 협조자는 너희에게 모든 것을 가르치고 내가 너희에게 말한 모든 것을 생각나게 하리라."(요한 14:26) 문제는 그들이 내면의 스승에게 귀를 기울일 것인가? 아니면 외적인 스승, 심지어는 에고라는 "외적인" 스승에게 귀를 기울일 것인가 하는 것입니다.

⚜

이제 우리는 사람들이 자신이 무엇을 하고 있는지 알지 못하고, 자신의 행위가 자신이 믿는다고 공언한 것과 맞지 않는다는 것을 깨닫지도 못하면서, 위선자가 되어가며 왜 악을 행하는지, 그 이유를 알게 되었습니다. 그 이유는 그들이 자신들이 하는 것에 대해 실제로 생각하지 않기 때문입니다. 그 때문에 그들은 자신이 악을 행하고 있다는 사실을 알지 못합니다. 생각을 하지 않으므로, 그들은 자신이 믿는다고 공언하는 것과 실제로 행동하는 것 사이의 모순을 볼 수 없습니다. 이 때문에 사람들은 살인하지 말라는 계명이 자신이 믿는 종교에 포함돼 있다고 해도, 자기 종교의 구성원이 아닌 다른 사람들을 죽이는 것에 대해 신이 보상해 줄 것이라고 믿을 수 있습니다. 신의 이름으로 타인들을 죽이는 것은 지구에 알려진 궁극적인 형태의 위선입니다.

하지만, 왜 사람들은 이것이 위선이라는 것을 알 수 없을까요? 그들은 왜 생각하려 하지 않을까요? 그것은 그들의 의식하는 자아가 영적인 여정의 다음 단계로 넘어가는 것을 거부하기 때문입니다. 다음 단계에서는 여러분이 자신의 정체성을 창조하는 데 전적인 책임을 져야 하며, 자신의 성장에 대해서도, 심지어 자신의 구원에 대해서도 전적인 책임을 져야 합니다. 이런 책임을 받아들이는 대신, 의식하는 자아는 스스로 생각하고 결정하기를 거부합니다. 그런 다음, 집단적인 정체성에 합류하면서, 그런 의식 상태에 있는 지도자들이 말하는 것을 맹목적으로 따릅니다. 눈먼 지도자를 맹목적으로 따르는 추종자가 됨으로써, 의식하는 자아는 명백한 것을 보지 못하게 됩니다. 거짓된 정체성은 거짓말에 토대를 두고 있습니다. 이런 거짓말은 모든 것을 정당화할 수 있는 이원성 의식을 사용하여 행위들을 정당화하고, 그것들을 악하지 않은 것으로 묘사합니다. 사람들이 그렇게 하는 것이 충분히 정당화될 수 있다고 생각하면서 가장 악한 일을 할 수 있는 이유가 이것입니다. 심지어 그들은 자신이 한 행위에는 신이 지시했다는 궁극적 명분이 있다고 생각합니다.

열쇠 19: 이원적인 정체성에서 자신을 분리하기

이에 대한 분명한 예로, 십자군 전쟁에 대해 살펴보겠습니다. 자신이 독실한 종교인이라고 주장하는 사람들과 신의 뜻을 따르는 데 전적으로 헌신하고 있다고 주장하는 두 부류의 사람들이 있습니다. 정말 모순이지만, 무슬림과 크리스쳔은 모두 자신의 종교적인 전통이 구약에 기초해 있다고 말합니다. 그 둘 다 구약의 신을 섬긴다고 주장하면서, 구약의 신을 유일한 참된 신, 아브라함의 신이라고 정의하고 있습니다. 이들은 또한 이 신이 모세에게 십계명을 전해주었고, 이런 계율 가운데 하나가 "살인하지 말라"임을 분명하게 얘기합니다. 그런데 이 두 그룹이 서로 죽이고 있는 것이 어떻게 가능할 수 있을까요? 어떻게 그들 모두가 자신의 행위들이 신에 의해 정당화된다고 느낄 수 있을까요? 어떻게 아브라함의 진정한 신은 자신의 추종자들에게 살인하지 말라는 계율을 주고 난 후, 이 신을 섬긴다고 주장하는 두 집단에게, 자신의 이름으로 서로를 죽이라고 말할 수 있을까요?

나는 이런 일이 일어날 수 있는 이유에 대해 아주 잘 알고 있습니다. 구약성서에는 "유일한 참된 신"이 자신이 선택한 사람들에게 자신이 선택하지 않은 사람들을 죽이라고 했다고 추측하게 하는 구절들이 많이 있습니다. 그리고 역사를 통틀어 크리스쳔, 무슬림, 유대인들은 이런 문구를 살인하지 말라는 무조건적인 계율을 어기는, 온갖 잔혹 행위에 대한 명분으로 사용해 왔습니다. 하지만, 여기서 진실이 무엇일까요? 자기 의식하는 존재들에게 자기 존재의 일부를 준, 형태의 세계를 창조한 참된 창조주가, 지구라고 불리는 아주 작은 행성에 있는 한 그룹의 사람들에게 창조주의 존재에서 벗어난 다른 그룹의 사람들을 죽이라고 명령하는 것이 정말 가능할까요? 아니면 어떤 다른 설명이 가능할까요?

그것을 무엇으로 설명할 수 있을까요? 자, 이제 우리가 이 행성에서 종교의 역할이 무엇인지 논리적으로 점검해 보아야 하는 단계에 도달한 것 같습니다. 결국, 이 책의 주제는 여러분이 영적인 자유를 어떻게 성취하느냐 하는 것입니다. 이상적으로는, 종교가 여러분에게 그런 자유를 제공하는 도구가 되어야 합니다. 이제 이원성 의식이 원래의 목적을 뒤엎어버리고, 종교가 영적인 자유를 빼앗는 도구로 어떻게 바뀔 수 있는지 깊이 숙고해 보아야 할 것 같습니다. 다음 장에서 살펴보겠지만, 우선 간단하게 핵심을 밝히겠습니다.

어떤 사람은 이 책의 가르침을 받아들여, 인류가 안고 있는 모든 문제의 주된 원인은 수많은 추락한 존재들이 이 행성에 육화해 있기 때문이라고 예측할 것입니다. 그렇다면 그는 단지 인간 심리와 역사를 공부하는 학생일 뿐입니다. 따라서 그에게는 이런 사람들을 식별해 내고, 그들을 죽이거나, 사회에서 어떤 힘도 가지지 못하게 함으로써, 그들을 제거하는 것이 모든 문제를 풀 수 있는 방법입니다.

이런 사람들이 이런 식으로 추론하는 것은 그들이 타락한 의식에 갇혀 있기 때문이라는 것을 좀 더 깨달은 학생들은 볼 수 있으리라 믿습니다. 그들은 모든 것을 이원성이라는 필터를 통해 바라보고 있습니다. 따라서 그들은 "우리" 대 "그들"의 관점에서 생각하는데, 정확히 말하면 이것이 바로 추락한 존재들의 사고방식입니다. 내 가르침을 이용하여, 다른 사람들에게 적대감을 불러일으키는 사람들은, 이 행성의 모든 문제를 만들어낸 의식과 똑같은 의식 상태에 갇혀 있는 것입니다. 따라서 분명히 말하자면, 그들이 그런 의식에서 벗어날 때까지는 그들이 문제를 해결하는 데 도움을 줄 수 없습니다.

 따라서 나는, 가능한 한 가장 단호한 용어로, 이 책을 읽는 모든 사람에게 타락한 의식이 지금까지 아주 오랫동안 이 행성에 영향을 미치고 있다는 사실을 숙고해 볼 것을 촉구합니다. 이런 의식의 영향을 받지 않고 이 행성에 육화하는 것은 사실상 불가능합니다. 사실, 현재 육화해 있는 대부분의 사람은 이미 여러 생 이전에 생겨난 타락한 의식으로 타락했거나 눈이 멀었습니다. 따라서 그들은 아주 오랜 시간에 걸쳐, 타락한 의식의 요소들을 그들의 하위 존재들, 즉 대부분의 종교인이 영혼이라고 부르는 자신의 정체성, 멘탈, 감정체 속으로 받아들였습니다.

 사실, 사람들이 일반적으로 영혼(soul)이라고 부르는 "영체(entity)"는 신이 창조한 것이 아닙니다. 엄밀히 따지면, 그것은 영적인 부모들이 자신의 확장체가 이원성으로 들어가게 하려고 이동수단으로 창조한 것입니다. 여러분의 영적인 부모는 여러분에 대한 사랑의 발로에서, 물질우주에서 여러분을 표현하기 위한 토대로 사용할 수 있는 이동수단을 준 것입니다. 하지만, 이동수단의 내용물은 여러분이 이원성에 기초하여 결정을 내릴 때마다 여러분 스스로가 창조하는 것입니다. 여기에 대해서는 더 많은 설명이 필요하지만, 본론으로 들어가기 전에, 추락한 존재들조차도, 영적인 학습공간에서 깨달은 스승과 함께할 수 있는 기회를 가졌다는 점을 상기시켜 주고 싶습니다.

∽ ❀ ∾

 영혼은, 적어도 영혼 이동수단의 내용물은, 여러분의 정체성 가운데 내가 오메가 측면이라고 했던 것의 파생물입니다. 이 사실은 의식하는 자아가 창조에 대한 책임을 진다는 것입니다. 하지만, 결정적으로 구별되어야 할 것이 있습니다. 이상적인 시나리오에서는, 여러분은 스승의 가르침에 따라 하나됨의 길을 따르는 데 완전히 몰입합니다. 이렇게 되면, 여러분과 스승 사이에 숨길 것이 없습니다. 여러분이 그리스도 마음에 기초한 결정을 했을 때는, 그런 결정과 기억은 여러분의 원인체(causal body)에 남게 되므로, 여러분이 이룩한 업적은 사라지지 않습니다. 예수가 하늘에 쌓아 둔 보화라고 불렀던 것(마태 19:21)이 이것이며, 그것은 기본적으로 그리스도 의식에 바탕을 둔 모든 결정의 집합체입니다. 그런 다음 여러분의 의식하는 자아는 미래에 결정할 때, 이런 업적을 끌어다 쓸 수 있습니다.

무지에 의해서, 혹은 반그리스도 마음에 의해서 여러분이 불완전한 결정을 했을 때는, 그런 결정이 원인체로 올라갈 수 없습니다. 하지만, 여러분이 불완전한 결정을 스승에게 숨기려고 하지 않는다면, 스승은 그런 결정을 통해 여러분이 배울 수 있도록 도울 것입니다. 스승은 그런 결정에 따른 카르마를 떠안음으로써 카르마도 해결해 줍니다. 그는 또한 여러분이 그 기억을 극복할 수 있도록 도와줄 것입니다. 다시 말해서, 실수가 긍정적인 배움의 경험으로 변하게 되는 것입니다. 이런 경험은 원인체로 올라갈 수 있습니다. 반면에 어떤 사건의 불완전 측면은 그것들이 존재하지도 않았던 것처럼 소멸합니다. 따라서 오메가의 정체성 안에는 순수하거나 고의적인 무지의 요소를 가진 어떤 결정도 남지 않게 됩니다. 비록 아직은 여러분이 고의적인 무지를 인식하지 못한다고 할지라도 오메가 정체성은 알파 정체성과 정렬될 것입니다. 따라서 여러분의 상위 정체성과 낮은 정체성 사이에 어떤 분리나 "공간"이 존재하지 않게 됩니다.

여러분이 처음 뭔가를 스승에게 숨기려고 했을 때 배움의 과정은, 적어도 부분적으로 중단되었고, 여러분이 내린 불완전한 결정들은 제거되지 못했습니다. 따라서 여러분이 그 길로 돌아가서 불완전한 선택들을 완전한 배움의 경험으로 바꾸겠다고 결정할 때까지, 그것들을 저장할 "공간"이 필요해졌습니다. 여러분이 학교에 있는 동안에는, 그 공간이 스승의 존재(teacher's Being) 안에 있었습니다. 학교에서 모든 것은 스승의 존재 내부에 존재하기 때문입니다. 하지만, 여러분이 스승과의 연결을 끊어 버리기로 결정하고 환생의 과정에 들어가게 된 후, 생에서 생으로 이어지는 기억들을 운반할 이동수단이 필요해졌습니다. 그래야만 바퀴를 새로 발명할 필요가 없고, 여러분을 재창조할 필요가 없으며, 매번 새롭게 육화할 때마다 여러분이 같은 실수를 반복할 필요가 없게 됩니다. 그런 이동수단, 즉 분리된 공간은, 대부분의 영적인 가르침에서 영혼(soul)이라 부르는 것입니다. 물론 여러분이 스승으로부터 숨었을 때, 의식하는 자아는 결정하기를 거부했고, 따라서 에고가 그 자리를 떠맡게 되었습니다. 에고는 단지 이원성 의식에 바탕을 둔 결정만 할 수 있으므로, 에고는 그때부터 영혼에 대해 의식하는 자아보다 더 강력한 통제권을 가지게 되었습니다.

영혼은 이원성 의식에 바탕을 둔 결정들로 이루어져 있습니다. 이런 결정 가운데 일부는 사람들이 보통 나쁘거나 악하다고 하는 것이 될 수 있지만, 다른 것들은 사람들이 일반적으로 선하다고 하는 것이 될 수 있습니다. 내 말의 요점은 그 모든 결정이 이원성 의식의 영향을 받았다는 것입니다. 그렇지 않았다면 그것들은 하늘에 쌓아 둔 보물이 될 수도 있었을 것입니다. 그럼에도 불구하고, 비록 이런 결정들이 불완전하다 해도, 그 경험들은 여러분이 영적으로 성장하는 데 도움이 될 수 있는 배움의 경험으로 바뀔 수고, 원인체 일부가 될 수 있는 잠재력이 있습니다. 모든 영적인 가르침이 영혼이 부활하거나 구원받을 수 있다고 말하는 실제 이유가 바로 그것입니다. 사실, 부활하는 것은 영혼이 아닙니다. 그것은 여러분이 내린 결정들과 부활하는 영혼을 구성하는 에너지입니다.

영혼의 부활은 외적인 어떤 구원자가 여러분을 대신하여 그 일을 해주기 때문에 일어나는 과정이 아닙니다. 그것은 의식하는 자아가 자신이 과거에 내린 결정들을 기꺼이 보려고 해야 하며, 영적인 스승과 함께 일하면서, 그런 결정을 긍정적인 배움의 경험으로 바꾸어야 하는 과정입니다. 그것은 여러분이 처음 결정을 내리게 한 의식을 초월하는 데 도움이 되는 의미 있는 경험입니다. 과거의 결정은 고통의 근원이 아니라, 삶의 영적인 계단을 오르는 데 도움이 될 수 있는 원천으로 보여야 합니다. 그것들은 배움의 경험으로 바뀔 수 있습니다. 하지만 그렇게 되기 위해서는, 그런 결정들을 살펴봐야 하고, 그 결정들이 이원적인 이유를 이해해야 하며, 의식적으로 그것들을 더 좋은 결정으로 바꾸어야 합니다. 하지만 의식하는 자아가 자기 자신에 대한 책임을 지려고 할 때까지, 사람들은 과거를 볼 수 없습니다. 사람들은 과거를 보려고 하지 않습니다. 혹은 중립적인 입장에서 교훈을 찾으려고 하는 것이 아니라, 자신의 행위들을 정당화하고 방어하려고 합니다. 이로 인해 그들은 같은 패턴을 거듭해서 반복하게 됩니다. 어떤 의미에서 이것은 그들이 변화의 필요성을 엿볼 수 있게 해주는 또 다른 기회가 됩니다. 삶의 목적은 배우고 성장하는 것이며, 따라서 실수조차 성장을 위한 디딤돌이 될 수 있다는 점을 잊지 마십시오, 단, 의식하는 자아가 자신을 초월하여 영적으로 다시 태어나려고 하는 한에서 말입니다.

이것은 대단히 중요한 깨달음으로 이어집니다. 세상에는 자신의 육체를 자신이라고 완전히 믿고 있는 사람들이 있습니다. 하지만,

대부분의 영적인 사람은 자신이 육체보다 더 큰 존재라고 인식하고 있으며, 많은 사람이 이것을 "그 이상의 것"인 영혼으로 알고 있습니다. 이처럼 대부분의 영적인 사람과 종교인들은 자기 자신을 영혼(soul)으로 알고 있습니다. 그들은 영혼은 부활해야 하며 불멸이 되어야 한다고 생각합니다. 하지만 실제로는, 내가 정의했던 것처럼, 영혼은 불멸이 될 수 없습니다. 영혼, 즉 영혼을 구성하는 개별적인 결정들은 반드시 죽게 놔두어야 합니다. 영혼을 포기해야만 자신의 근원으로 돌아갈 수 있습니다. 이것이 예수가 십자가형을 통해 보여준 과정입니다. 십자가는 여러분이 이원적인 결정들로 인해 마음의 네 수준에 어떻게 고정되어 있는지를 보여주는 상징입니다. 영혼을 구성하는 것은 바로 이런 결정들입니다. 그것들은 이원적이고 실재하지 않으므로, 그리스도 마음에 바탕을 둔 결정들로 대체되어야만 합니다. 하지만 이원적인 결정을 대체하기 위해서는, 이런 결정이 실재하지 않는다는 것을 여러분이 받아들여야 하며, 그런 결정, 즉 영혼의 일부를 죽게 해야 합니다. 십자가에서의 죽음을 통해 예수는, 부활하기 위해서는 의식하는 자아가 반드시 영혼을 죽게 해야 하며, 이원적 정체감이라는 허상(ghost), 즉 영혼을 버려야 한다는 것을(마태 27:50) 몸소 보여주었습니다. 분리된 필사의 존재(여러분)인 영혼이 십자가에서 죽어가는 것은, 의식하는 자아가 그리스도 마음과 하나됨에 기반을 둔 새로운 정체성으로 다시 태어나는 데 필요한 전제조건입니다.

여러분이 자기 자신을 영혼과 동일시한다면, 영혼이 사라지게 되면 여러분은 죽고 아무것도 남지 않게 된다고 생각할 것입니다. 따라서 여러분은 영혼을 놓아버릴 수 없고, 과거도 놓아버릴 수 없게 됩니다. 이것이 영적인 진퇴양난(spiritual catch-22)의 상황입니다. 영혼과 자신을 동일시하는 것은 불완전한 정체성인 영혼을 죽게 함으로써, 참된 여러분인 의식하는 자아가 더 높은 정체감으로 다시 태어나게 하는 삶의 과정인, 초월하는 행위를 방해합니다. 그러므로 영적인 성장을 하기 위한 마스터키는 여러분 존재의 핵심이 의식하는 자아이며, 의식하는 자아는 여러분 하위 존재의 어떤 측면보다도, 영혼보다도 더 큰 존재라는 것을 깨닫는 것입니다. 오로지 의식하는 자아가 낮은 정체성에서 빠져나올 때만, 여러분은 진실로 영적인 여정에서 앞을 향해 전진해 갈 수 있습니다.

~~~~~

이 시점에서 내가 이런 가르침을 주는 이유는 이것이 아주 중요한 결론으로 이어지기 때문입니다. 실질적으로 지구에 사는 모든 사람은 타락한 의식의 영향을 받은 영혼입니다. 바이블에 적혀 있는 것처럼, "모든 사람이 죄를 범했으매, 신의 영광에 이르지 못한 (로마서 3:23)" 것입니다. 이것이 다른 사람들에 대해 부정적인 태도를 보이지 않는 커다란 겸손함을 지녀야 하는 이유입니다. 사실상, 일부 사람은 상위 영역에서 추락한 존재들입니다. 이들은 자신들을 타락한 의식과 완벽하게 동일시하고 있습니다. 그들은 아주 복잡한 정체감을 구축했기 때문에 그것을 초월한 것을 보기가 대단히 어렵습니다. 하지만, 이런 존재들도 여전히 분리된 정체성 바깥으로 자기 자신을 투사할 수 있는 의식하는 자아가 있습니다. 따라서 자기 자신을 그런 정체성과 동일시하거나 그런 정체성으로 자기 자신을 투사하는 것을 멈출 수 있습니다. 모든 인간은 현재의 정체감을 초월할 수 있는 잠재력이 있으며, 영적으로 깨어 있는 대부분의 사람은 필수적으로 이런 잠재력에 관심을 집중해야 합니다. 성모 마리아께서 자신의 책에서 설명한 것처럼, 여러분도 모든 것에 대해 무결한 관념을 지녀야만 합니다.

타락한 의식의 기본적인 추동력은 일부 사람을 다른 사람들보다 낫다고 정의하는 것입니다. 따라서 영적인 사람들이 다른 사람들을 추락한 존재들 또는 추락한 천사들이라고 식별하기 시작하고, 자신이 그들보다 우월하다고 느낀다면, 그들은 타락한 의식을 초월하지 못한 것입니다. 그런 사람들은 더욱 교묘한 측면 가운데 하나와 연관된 희생양으로 전락했습니다. 이런 이유로 여러분은 예수가 다음의 문구를 통해 설명했던 것을 행하는 데 전념해야 합니다.

3 어찌하여 너는 형제의 눈 속에 있는 티는 보면서 제 눈 속에 있는 들보는 깨닫지 못하느냐

4 제 눈 속에 있는 들보도 보지 못하면서 어떻게 형제에게 '네 눈의 티를 빼내어 주겠다' 하겠느냐

5 이 위선자야. 먼저 네 눈에 있는 들보를 제거해라, 그래야 눈이 잘 보여 형제의 눈에서 티를 빼낼 수 있지 않겠느냐. (마태 7장)

여기서 중요한 점은, 여러분은 다른 사람 안에 있는 타락한 의식의 요소를 찾으려 할 것이 아니라, 무엇보다 먼저 자신 안에 있는 타락한 의식의 요소를 극복하는 데 관심을 두어야 한다는 것입니다. 그렇다고 지구에서 가장 영적인 사람들 상위 10%가 이원성 의식과 이런 의식을 체화한 사람들에 대해 반대 의사를 분명하게 밝히지 말라는 뜻이 아닙니다. 만일 그들이 그렇게 한다면, 타락한 의식이 존재한다는 것과 이에 따른 영향을 일반 대중이 어떻게 인식할 수 있겠습니까?

여기서 내가 말하는 것은 (적어도 어느 정도의 그리스도 신성에 도달하기 전에는) 사람들을 추락한 존재들로 식별하는 것은 역효과를 낳는다는 것입니다. 그 대신, 온갖 다양함 속에 있는 타락한 의식을 확인하고, 이런 의식이 개인과 사회에 어떻게 영향을 미치는

지를 알리는 데 관심을 두는 것이 훨씬 생산적입니다. 주제를 개인적인 것으로 보지 않고 객관화하면(depersonalize), 개인과 그룹들 사이의 이원적 논쟁에 대한 위험을 최소화할 수 있습니다. 사회가 어떤 의식 상태를 이원적인 것으로 인식하기 시작하면, 사람들이 거기에서 빠져나오는 것이 더 쉬워질 것입니다. 일부 사람들이 그렇게 하려고 하지 않는다면, 그들은 결국 고립되고 폭로되겠지만, 이것은 누군가가 다른 사람들을 꼬리표를 붙여 분류할 때와는 다른 문제입니다. 내 말의 요점은 어떤 특정한 의식 상태를 확인하게 하는 것은, 사람들에게 개인적인 마음 상태(privacy)에서 빠져나올 수 있는 기회를 주게 됨으로써, 더 많은 것을 이루게 된다는 것입니다.

영적인 한 개인으로서, 이원성을 초월한 관점을 얻으려고 노력하는 것은 대단히 중요합니다. 이원성의 한 속성은 항상 타인들을 판단하려고 하는 것입니다. 따라서 여러분은 판단에 대해 알고 있어야 합니다. 내가 의미하는 판단은 어떤 사람을 "나쁜" 사람으로 분류하는 것입니다. 이렇게 되면 그들은 도와줄 필요가 없고, 구원받을 수 없다는 믿음이 생겨납니다. 심지어 신은 특정한 사람들을 구원하는 것을 원하지 않으며, 영원히 그들을 지옥에서 벌 받게 하려고 한다는 믿음이 생겨나게 됩니다. 한 개인의 믿음과 행동이 이원성에서 생겨난다고 이해하는 것과 그 사람을 나쁜 사람이나 추락한 천사로 분류하는 것 사이에는 근본적인 차이가 있습니다. 여러분은 자기 자신이나 타인들에 대한 어떤 불완전한 이미지들도 영원한 것으로 받아들이면 안 됩니다. 항상 그리스도로 부활할 수 있는 영적인 잠재력에 초점을 맞추어야 합니다.

상승 호스트인 우리는 절대로 판단하지 않습니다. 우리는 전적으로 모든 생명흐름이 성장하고 부활하도록 하는 데 온 힘을 다하고 있기 때문입니다. 따라서 어떤 생명흐름이든 타락한 의식에서 벗어나, 신의 개체화라는 참된 정체성으로 돌아올 수 있도록 돕기 위해, 우리는 가능한 모든 것을 다하고 있습니다. 영적인 여정을 걷고 있는 진실한 사람들이 모두 이처럼 전념해 주기를 바랍니다. 그리고 나중에 설명하겠지만, 이것을 분별력을 가지고 행해 주기를 바랍니다.

열쇠 20
종교에 대한 사악한 진실

지구 행성에 있는 종교의 본질적인 문제를 아주 간략하게 요약할 수 있습니다. 대부분의 사람은 신이 궁극적이고 전적으로 선하다는 내적인 앎, 즉 모든 외적인 가르침이나 경전을 초월하는 앎을 가지고 있습니다. 이 내적인 앎 때문에, 사람들은 지구에서 신을 대리하고 있다고 주장하는 종교와 그 지도자들이 궁극적이고 전적으로 선한 존재가 되려고 노력할 것을 기대합니다. 따라서 종교 지도자들이 선하지 않은 행위를 하는 것을 목격하게 되면, 종종 종교에 대한 믿음을 잃게 됩니다. 사람들이 종교와 신을 구별하지 못한다면, 그들은 신에 대한 신뢰마저 상실할 수 있을 것입니다. 인류 역사상 이런 일이 수십억의 사람에게 일어났고, 현대 사회에서는 이런 일이 점점 더 빠른 속도로 일어나고 있습니다.

개인과 신의 관계를 파괴하는 행위는 이 세상에서뿐만 아니라 다른 세상에서도 가장 큰 범죄입니다. 하지만 이제 우리는 토대를 마련했다고 생각합니다. 이 토대에 의해 우리는 지구의 모든 종교를 전적으로 그리고 궁극적으로 초월한 신과의 개인적인 관계를 깨트리지 않고도, 종교가 궁극적이고 전적으로 선하다는 환영을 깨트릴 수 있습니다.

역사를 돌아보며 인간이 서로를 어떻게 대했는지 숙고해 본다면, 사람들의 경험이 제기하는 핵심적인 질문 가운데 하나가, 인간에 대한 인간의 비인간성임을 알게 됩니다. 사람들은 왜 이런 방식으로 서로를 대하는 걸까요? 사람들은 왜 해로운 일을 하는 것이며, 무슨 이유로 그런 행위를 반복해서 하고, 무슨 이유로 자신이 하는 일을 알지 못할까요? 이런 의문은 대체로 신은 왜 이런 일을 허용하는가 하는 또 다른 의문으로 이어집니다. 신은 왜 이 행성에서 악을 제거하지 않을까요?

이제 우리는 이런 의문들에 대한 합리적이고 논리적인 답이 실제로 존재함을 알 수 있습니다. 이 해답에 대해 여러분이 마음의 문을 열게 할 중요한 깨달음은 지구가 파라다이스로 설계되지 않았다는 바로 그 사실입니다. 지구는 의식 상태가 다른 다양한 생명흐름에게 고향을 제공하는 혼합된 환경으로 설계되었습니다. 이런 사실로 인해 일어난 가장 중요한 결과는 타락한 의식, 즉 이원성 의식과 자신을 완전히 동일시하는 생명흐름들이 지구에 존재한다는 것입니다. 지구에 사는 대다수 사람은 이런 의식 상태에 영향을 받아왔습니다. 이런 의식 상태는 인간이 존재하는 모든 측면에 영향을 미칩니다.

타락한 의식이 인간 존재의 모든 측면에 영향을 주고 있다고 말하는 것은 과장된 것이 아닙니다. 그 결과로, 종교 역시 타락한 의식과 이런 의식을 구체화하기로 선택한 존재들에게 영향을 받고 있습니다. 이로 인한 모든 영향을 다 이해할 때, 그 단 하나의 깨달음이 여러분을 종교적인 모든 속박에서 벗어나게 해줄 것입니다. 그런 다음에야 여러분은 비로소 영적인 자유를 주장할 수 있습니다.

종교는 이런 자유를 확장하기보다는 속박하는 경우가 많습니다. 따라서 종교가 어떻게 타락한 의식을 강화하고 어떻게 인류에 대한 영향력을 강화하기 위한 도구가 되었는지 자세히 살펴보겠습니다.

~~~❦~~~

영적인 스승으로 봉사했던 오랜 경험을 바탕으로 말하자면, 내가 밝히려고 하는 진실은 지구에 있는 사람들의 거센 저항에 부딪히게 될 것입니다. 역설적으로, 보통은 신의 실재에 대해 가장 많이 열려 있다고 생각하는 사람들, 즉 가장 영적이고 종교적이라고 하는 사람들에게서 가장 거센 저항을 받게 됩니다. 종교와 영성에 관해 관심을 가진 대다수는 종교 전반적인 것에 대한 근본적인 문제, 즉 특정한 면에서 자신의 종교가 안고 있는 문제를 인정하는 것을 매우 꺼립니다. 결론적으로, 왜 이런 현상이 일어나는지 논의해 보는 것이 중요합니다.

위에서 언급한 것처럼, 근원적인 이유는, 영적인 것에 대한 의식이 있는 모든 사람이 궁극적이고 전적으로 선한 신이 있다는 내면의 앎을 가지고 있다는 것입니다. 그들은 이 세상에 악이 존재한다고 해도, 궁극적으로는 신이 승리할 것이며, 지구와 관련된 영화는 행복한 결말로 끝날 것을 느끼고 있습니다. 그들은 진실로 낙관적이며, 인류의 미래와 지구에 대해 긍정적인 비전을 가지고 있습니다. 따라서 그들은 인간사(人間事)에 악이 많이 존재하더라도, 악이 발붙일 수 없는 삶의 어떤 측면이 있어야 한다고 느낍니다. 지구에는 신성한 무언가가, 악이 타락시킬 수 없는 무언가가 존재해야 합니다. 그리고 그들은 그런 성역이 종교, 특히 자신이 믿는 종교이기를 원합니다.

영적인 사람들은 생각합니다. 지구에 신성한 것이 존재하지 않는다면, 선이 승리할 것이라는 희망을 어떻게 계속 유지할 수 있을까. 그런 희망을 유지할 수 없다면, 불완전한 것이 이렇게 많은 이 행성에서 그들은 어떻게 살아갈 수 있을까요? 그것은 삶이 주변에서 보는 것보다 훨씬 그 이상이 될 수 있고, 또 그래야 한다는 것을 알고 있는 것과 같습니다. 이것이 그들 마음에 끊임없이 부담을 줍니다. 그들은 자신들이 궁극적으로는 최선의 결과를 가져올 것이며, 이런 환경 속에 있는 존재인 자신의 희생이 헛되지 않을 것이라는 희망을 품고 있으므로, 그런 부담을 견딜 수 있습니다. 그들은 신성한 것이 존재하지 않고, 악이 승리할 수 있는 인간사의 어떤 측면이 있다고 생각하는 것 자체마저 견딜 수 없습니다. 이런 것 때문에 그들은 악이 종교에 어떻게 영향을 미치는지 살펴보려고 하지 않습니다.

이 책의 전반에 걸쳐 나는 중립적인 태도를 유지하고 있지만, 지금 설명하는 영적이고 종교적인 많은 사람이 느끼는 고통과 고뇌를 충분히 압니다. 그들의 영혼을 괴롭히는 딜레마를 나는 이해합니다. 하지만 나는 이 딜레마가 정확하게는 악에 종교 운동의 발판을 계속 마련해 주고 있는, 종교에 대해 비판적 시각을 갖지 않으려고 하는, 사람들의 무의지임을 얘기해야 하겠습니다.

따라서 내 임무는 지구에서 가장 영적으로 깨어 있는 상위 10%가 진실에 마음을 열지 않는 한, 종교가 이 행성에서 잠재력을 충족시키지 못한다는 사실을 밝히는 것입니다. 나는 여러분의 기본적인 기대, 결국은 선이 승리할 것이라는 기대가 옳다는 것을 보여주겠습니다. 하지만 여러분은 이것을 실현할 수 있는 방법을 완전히 이해하지 못하고 있습니다. 여러분이 완전한 이해를 얻게 된다면, 지구가 모든 악을 초월하게 되리라는 희망을 간직하고도, 종교에 대한 진실을 인정할 수 있을 것입니다. 사실, 종교가 이원성의 영향에서 벗어나야만, 이 행성이 악을 초월할 것이라는 현실적인 희망이 존재합니다.

<center>~~~✦~~~</center>

　종교의 재건에 방해가 되는 커다란 문제 가운데 하나는 사람들이 자신이 믿는 종교와 자기 자신을 동일시하는 경향입니다. 실제로 사람들이 종교적으로 될수록, 외적 종교를 자신의 정체성과 분리할 수 없는 핵심적인 부분으로 인식합니다. 그들은 외적 종교가 잘못된 것으로 증명된다면, 자기 정체성의 일부를 잃게 된다고 느낍니다. 하지만 앞에서 설명한 것처럼, 누구도 자신의 정체성을 잃을 수 없습니다. 앞에서 내가 그렇게 많은 시간을 들여, 정체성의 핵심이 의식하는 자아(conscious self)라고 설명한 이유가 바로 이것입니다. 여러분의 의식하는 자아는 신의 개체화입니다. 따라서 의식하는 자아는 종교를 포함하여, 지구에 존재하는 모든 것 위에 있고, 이것들을 모두 초월해 있습니다. 마찬가지로, 나는 이제 여러분이 형태의 세계를 창조한 창조주는 지구라는 이 작은 행성 위의 모든 종교를 포함하여, 형태의 세계에 존재하는 그 어떤 것보다 더 큰 존재임을 명확하게 이해했으리라 믿습니다.

　여러분이 종교 이상이고, 신이 종교 이상의 존재임을 깨닫게 될 때, 자신이 믿고 있는 특정한 종교를 비판적인 시각으로 살펴보는 것이, 자신의 정체성을 위협하지 않음을 명확하게 인지할 수 있습니다. 사실, 여러분이 지구로 내려온 목적 일부는 종교를 이원성 의식 위로 끌어올려, 종교가 본연의 역할을 할 수 있게 돕는 것일 수도 있습니다. 타락한 의식이 종교에 어떻게 영향을 미쳤는지 살펴보려 하지 않는 것은, 여러분이 자신의 신성한 계획을 이행하는 것을 방해할 것입니다.

여러분의 정체성이 외적인 종교에 따라 결정된다는 환영을 극복하고 나면, 창세기에 언급된 것처럼, 신이 "증식하고, 다스리라"라는 명령과 함께 (창세기 1:28) 공동창조자들을 지구로 보냈다는 사실을 살펴볼 수 있습니다. 다시 말해서, 지구가 상승하여 영적인 영역 일부가 되는 것이 신의 분명한 의지이지만, 지구에 육화한 사람들에게 지구에 대한 지배권을 줌으로써, 신은 자신의 의지를 유예한 것입니다. 여기에는 타락한 의식에 완전히 또는 부분적으로 영향받고 있는 존재들도 포함됩니다. 심지어는 상위 영역에서 추락한 존재들, 가장 최근에, 어쩌면 마지막으로 마음을 바꿀 수 있는 기회가 주어진 존재들까지도 여기에 포함됩니다. 이런 사실의 결과는 지구에서 발생하는 모든 일이 육화해 있는 사람들의 자유의지에 달려 있다는 것입니다. 말 그대로 이 행성에는 신이나 신의 대리자가 인간의 자유의지에 개입하거나 무시할 수 있는 삶의 영역이 없습니다. 종교 분야도 여기에 포함됩니다.

자유의지는 여러분이 원하는 것을 선택할 수 있는 권리를 의미합니다. 결과적으로 인간사 모든 측면은 그 행동과 관련된 사람들의 선택에 따라 달라집니다. 심지어 특정 종교와 모든 종교를 포함한 종교 분야도 모든 지도자와 신자의 선택에 따라 결정됩니다.

여러분이 살펴보아야 할 다음의 사실은 지구가 악에서 벗어날 것이라는 보장이 없다는 것입니다. 육화 중인 인간의 선택에 따라 모든 것이 달라지는데, 어떻게 그런 보장이 있을 수 있겠습니까? 자유의지는 여러분이 원하는 것을 할 수 있고, 선택에 따른 결과를 경험할 권리를 가진다는 의미입니다. 내가 주의 깊게 설명한 것처럼, 여러분이 결과를 경험하지 않는다면, 자신이 실제로 선택한 것을 어떻게 알 수 있겠습니까?

임계수치의 사람들이 악, 즉 타락한 의식에서 벗어나서, 자기 자신과 자신의 마음을 자유롭게 하겠다고 선택할 때만 지구는 상승할 것입니다. 앞에서 설명한 것처럼, 지구가 홀로 남겨진다면, 마터 빛에 내재된 진화적인 힘이 인류의 의식을 점진적으로 끌어올릴 것입니다. 하지만 내가 여러분에게 설명하려는 것은 지구가 홀로 남겨지지 않는다는 것입니다. 지구는 수많은 존재가, 자신을 가두고 그들로부터 생명의 피를 빨아들이고 있는 타락한 의식으로부터, 자신을 분리하여 또 다른 기회를 받을 수 있는 혼합된 환경으로 설계되었습니다. 이런 존재들과 이들 배후에 있는 야수들은 현재 아주 강하게 끌어당기는 힘을 발휘하고 있습니다. 뭔가가 행해지지 않는다면, 그들은 필연적으로 지구를 하향나선으로 끌어당겨 행성 전체를 파멸로 이끌 것입니다. 이것이 엄연한 진실이긴 하지만, 결코 변할 수 없는 기정사실은 아닙니다. 하지만, 내가 명확히 하려는 것은 어떤 힘이 아래로 끌어당기는 타락한 의식의 힘에 대응하지 못한다면, 실제로 지구가 자멸하리라는 것입니다. 신은 인간이 스스로 선택한 결과를 경험하게 할 것입니다.

지금 내가 얘기하고 있는 긍정적인 힘은 무엇일까요? 음, 궁극적으로 그것은 신의 힘입니다. 이 힘은 어디에서나 볼 수 있는 모든 어둠을 정복할 수 있습니다. 이런 이유로 예수가 사람으로는 할 수 없으나, 신과 함께라면 모든 것을 다할 수 있다고 (마태 19:26) 말했던 것입니다. 하지만, 진실은 신의 빛이 이 행성의 에너지장으로 들어오도록 허용될 때만 지구 행성에서 작용할 수 있다는 것입니다. 빛은 반드시 지구를 다스리는 존재들, 즉 육화한 존재들을 통해서 유입될 수 있습니다. 이것이 예수가 자신이 세상에 있던 동안, 즉 육화해 있던 동안, 세상의 빛이었으며 신의 빛을 가져올 수 있는 열린 문이었다고 (요한 9:5) 분명하게 말했던 이유입니다. 신의 빛은 이 행성에 존재하는 모든 어둠을 손쉽게 태울 수 있습니다. 하지만 임계수치의 사람들이 빛이 유입될 수 있는 열린 문이 되겠다고 결정할 때만 그렇게 될 수 있습니다. 악이 어떻게 행성을 아래로 끌어당기는지를 제대로 이해할 때만, 사람들은 이런 결정을 할 것입니다. 그런 후, 사람들은 이런 일이 일어나지 않게 하겠다는 확고한 결심을 해야 합니다. 특정한 형태의 행위나 의식을 더 이상 받아들이지 않겠다고 결정한 사람들에게는 엄청난 힘이 있습니다. 그래서 예수가 그리스도 의식을 얻기 위해 노력하는 사람들에 관해 얘기했던 것입니다.

너희는 세상의 빛이라. 산 위에 있는 마을은 드러나기 마련이다. (마태 5:14)

인간 사회가 동굴에 거주하던 시대를 넘어 진보한 이유가 무엇이라고 생각하나요? 그것은 사람들 일부가 현재 상황을 기꺼이 바라보고, 그런 상황을 더 이상 받아들이지 않겠다고 결정했기 때문입니다. 예수의 말처럼, 요청하면 응답을 받게 됩니다.

진실로 다시 너희에게 이르노니, 너희 중에 두 사람이 땅에서 합심하여 무엇이든지 구하면, 하늘나라에 계신 내 아버지께서 그들을 위하여 이루게 하리라. (마태 18:19)

임계수치의 사람들이 어떤 문제를 지구에서 제거해 달라고 간절히 요청하면, 신은 틀림없이 응답할 것입니다. 하지만, 사람들이 요청하지 않는다면, 신은 어떤 응답도 하지 않을 것이며, 분명히 소극적인 태도를 보일 것입니다. 따라서 요청하기 이전에, 사람들은 요청하는 것이 무엇인지 알아야 합니다. 여러분은 문제를 반드시 이해해야 합니다. 문제에 대한 해결책을 위에다 요청하기 전에 문제에 대해 충분히 이해하고 있어야 합니다. 또한, 기꺼이 행동하려고 해야 합니다. 많은 경우 문제에 대한 신의 응답은 사람들의 참여가 필요합니다. 분명, 억압적인 정권에 반대하는 사람들은 있었습니다. 하지만 민주주의를 실현하기 위해 누구도 필요한 조치를 취하려고 하지 않았다면, 모든 국가가 여전히 어떤 형태의 전체주의 통치 아래에 있었을 것입니다. 존재들이 자급자족해야 한다는 내 가르침을 숙고해 본다면, 이것을 알게 됩니다. 신은 여러분이 요청하는 것을 단순히 이루어주려는 것이 아닙니다. 아이디어와 빛을 전해 주면서, 여러분 자신의 노력으로 그것이 이루어지도록 돕는 것입니다. 여러분은 예수가 보여준 본보기, 즉 "내 아버지께서 이제까지 일하니, 나도 일한다(요한 5:17)"라는 본보기를 기꺼이 따라야 합니다. 다시 말해서, 신은 신의 일을 할 것이고, 여러분 역시 물질계에서 신의 확장체로서 맡은 역할을 해야 합니다.

내 말의 요지는 지구의 중요한 목적이 자기 인식하는 존재들에게 자기 인식을 성장시킬 기회를 제공한다는 것입니다. 이 말은 신이 여러분을 위해 일하지 않는다는 뜻입니다. 만일 그렇게 한다면, 그것은 여러분이 승리할 기회를 빼앗는 것이 될 것입니다. 따라서 여러분이 영적이거나 종교적인 사람이라면, 종교에 관해 관심을 가지고 종교가 악을 초월하기를 단순히 바라는 것만으로는 충분치 않습니다. 문제를 직시하고 그 문제를 이해하려고 해야 합니다. 그래야만 신과 신의 사절들에게 정확한 요청을 할 수 있습니다. 여러분이 문제의 해결책이 될 수 있도록 기꺼이 행동을 취해야 하며, 여러분의 빛을 비추어야 하고, 진리를 증명하려고 해야 합니다. 예로부터, "악이 승리하기 위해서는 선한 사람들이 아무것도 하지 않으면 된다."라는 말이 전해져 왔습니다. 이 말은 종교의 미래를 포함하여, 지구 행성의 미래가 결정되는 기본적인 역학을 요약한 말입니다. 그러면 이제 열린 마음으로, 종교의 원래 목적이 타락한 의식에 의해 어떻게 악용됐는지 살펴보겠습니다.

∽∽❀∽∽

물질 지구에서 종교의 원래 목적은 무엇이었을까요? 자, 에덴 정원의 얘기를 살펴보면, 아담과 이브가 일요일마다 교회에 갔다는 말이 없는 것을 알 수 있습니다. 심지어 정원에 교회가 있었다는 기록도 없습니다. 그러니 아담과 이브에게는 어떤 종교도 없었다고 결론을 내릴 수 있습니다. 그들에게는 왜 종교가 없었을까요? 그것은 아담과 이브가 신과 함께, 더 정확히는 영적인 스승과 함께 걷고 얘기할 수 있었기 때문입니다. 여러분이 영적인 스승과 직접 접촉하고 있다면, 여러분과 영적인 영역 사이에 매개체 역할을 하는 외부 종교가 굳이 필요할까요? 여러분과 영적인 영역의 직접적인 경험 사이에 아무것도 존재하지 않는다면, 분명히 여러분은 자기 바깥에 존재하는 어떤 중재자도 필요하지 않을 것입니다. 따라서 우리는 에덴 정원 자체가 교회였기 때문에, 에덴에는 종교가 필요 없었다고 말할 수 있습니다. 그곳은 대부분의 존재가 매 순간 자신의 종교에 따라 살아가는 환경이었습니다.

물질 지구가 영적인 스승과 직접적인 접촉을 잃어버린 존재들을 위해 설계된 곳이라는 것이 내 말의 핵심입니다. 이 사실은 지구에 사는 대부분의 사람이 자신의 상위자아를 포함하여, 물질 영역을 초월한 영적인 스승과의 접촉을 상실했거나, 이에 대해 알지 못한다는 사실에서 드러납니다. 사람들이 그런 접촉을 직접 하지 못한다면, 그들의 의식 상태는 폐쇄계가 되어, 자기 강화하는 하향나선으로 그들을 이끌 위험이 있습니다. 이런 사태를 방지하기 위해, 영적인 스승과의 직접적인 접촉의 대체수단으로, 지구에 종교가 주어진 것입니다.

이것은 종교의 목적에 대해 완전히 새로운 이해를 주게 될 매우 중요한 깨달음입니다. 아마도 여러분은 종교의 역할이 여러분을 구원하는 것이고, 또한 올바른 종교를 믿는 사람만이 구원받게 된다고 믿도록 양육되었습니다. 하지만, 종교의 진정한 역할은 여러분과 인류의 참된 구원자, 즉 영적 스승인 상승 호스트가 사람들이 자기 자신을 구원할 수 있도록 돕는 중개자 역할을 하는 것입니다.

종교에 대한 핵심적인 깨달음은 종교 그 자체가 목적이 되어서는 안 된다는 것입니다. 누구도 지구에 있는 종교를 따른다고 해서 구원받을 수는 없습니다. 종교가 여러분을 위해 할 수 있는 것은, 여러분이 자신의 영적인 스승과 직접적이고 내적으로 접촉할 수 있도록 돕는 것입니다. 그들은 여러분이 구원의 진정한 열쇠라고 할 수 있는 영적인 자급자족을 성취하도록 도울 것입니다. 다시 말하지만, 외적인 종교는 의미가 없는 것입니다. 종교의 진정한 목적은 내적인 접촉을 할 수 있도록 여러분을 돕는 것이기 때문입니다. 신의 왕국은 여러분의 내면에 있다(누가 17:21)고 예수가 말한 이유가 정확히 이것입니다

만약 어떤 종교가 여러분이 영적인 스승과 직접적이고 내적인 접촉을 할 수 있도록 돕는다면, 종교는 본연의 목적을 이룬 것입니다. 만약 어떤 종교가 이런 역할을 하지 못하고 오히려 그런 접촉을 방해한다면, 종교의 목적은 왜곡되어 이원적인 종교가 되었을 것입니다. 그런데 종교가 지닌 목적을 누가 무슨 이유로 왜곡하려고 할까요? 자, 훌륭한 수사관들이 하는 것처럼, 동기를 가진 자, 즉 범죄를 통해 이득을 얻으려고 하는 사람들을 찾아보는 것은 어떨까요?

만약 여러분이 사람들이 하는 많은 일을 살펴본다면, 개인적인 행동들에 합리적이거나 논리적인 목적이 없다는 것을 알게 될 것입니다. 왜 어떤 남성들은 여성들을 성폭행하거나 아이들을 괴롭힐까요? 연쇄살인범은 왜 수십 명의 사람을 죽이려고 할까요? 어머니는 무슨 이유로 아이를 욕조에 빠뜨려 익사시키려고 할까요? 두 그룹의 사람들이 폭력 외에는 해결책이 없어 보일 정도로 증오심을 키워나가는 이유는 무엇일까요? 사람들은 왜 조직화된 범죄에 연루될까요? 무슨 이유로 사람들은 자신의 몸과 마음을 약물, 알코올, 담배 혹은 오염된 음식으로 파괴할까요? 국가들은 왜 전쟁이라는 집단 히스테리에 연루될까요? 근로자들 사이에 부를 분산시키면 기업에 더 큰 시장이 생길 텐데, 거대기업들은 왜 근로자들을 착취해서 소수 주주에게 돈을 집중시키려고 할까요? 장기적인 관점에서 보면 기업과 문명 양쪽 모두의 생존을 위협하는데도 불구하고, 전체 문명은 왜 소수 대기업이 단기적인 이익을 얻기 위해 환경을 오염시키고, 천연자원을 고갈시키는 것을 내버려 둘까요?

액면 그대로 받아들이면, 이런 개별적인 행위 가운데 어느 것도 논리적이거나 합리적이지 않습니다. 그런데도 사람들은 왜 똑같은 실수가 반복하는 끝없는 순환이 계속되도록 놔둘까요? 내 말의 요점은 표면적으로 드러난 것들만 본다면, 합리적이거나 논리적인 답을 절대로 찾지 못한다는 것입니다. 그런 답은 존재하지 않습니다. 사실, 사람들은 자신들이 자기 파괴적인 행동을 하는 이유를 알지 못합니다. 거기에는 논리적이거나 합리적인 이유가 없습니다. 사람들이 더 잘 알면 더 잘할 것입니다. 사람들은 무지에 갇혀 있을 때만, 자기 파괴적인 행동을 하게 됩니다. 따라서 이 행성에서 실제로 일어나는 일들을 알려면, 사람들이 무지한 이유를 살펴보아야 합니다. 사람들이 계속 무지한 상태로 있기를 원하는 세력이 이 행성에 존재할까요? 사람들의 무지, 그것이 뭔가에 대해 단순히 알지 못하는 순수한 무지이든, 알려고 하지 않는 고의적인 무지이든, 사람들의 무지를 통해 이익을 얻는 세력이 존재할까요? 그런 세력이 존재한다면 그것은 도대체 무엇일까요?

이전 장에서 그 질문에 답했으니, 이제 간략하게 요약해 보겠습니다. 지구에는 실제로 사람들을 계속 무지한 상태로 있게 하는 것에 의존해 존재하는 세력이 있습니다. 그 세력은 다음과 같은 요소로 이루어져 있습니다.

지금은 영적인 영역이 된 곳에서 추락하여 지구까지 추락해온 존재들. 이런 존재 가운데 일부는 육화해 있지만, 나머지는 사람들이 지옥이라고 부르는 감정층의 낮은 수준에 거주하고 있습니다.

지구 에너지장의 세 상위 영역 중 하나에서 추락한 존재들.

물질 영역에 추락한 존재들로서, 대부분이 현재 육화해 있습니다.

추락한 존재들이 창조한 정체성들과 야수들(이들은 분리된 정체감을 유지하며 확장하기를 원하고 있음.) 이들 정체성은 몇몇 상위 영역에서 창조되었으며, 이제는 물질계로 추락해 있습니다. 기본적으로 이들은 감정층과 멘탈층에 거주하고 있습니다.

특정한 정체성들과 영체들은 물질 영역에 있는 사람들이 물질계의 여러 상황에 반응하면서 창조한 것입니다. 예를 들자면 술, 담배, 섹스같이 물질적인 것에 대한 중독을 통해 창조된 영체가 있습니다. 이들은 주로 감정층에 거주합니다. 그들은 그곳에서 사람들의 감정체를 끌어당겨, 사람들이 영체를 먹여 살리는 활동에 관여하게 합니다.

이 모든 부분을 상부구조로 묶는 전반적 정체성인 내가 용이라고 부르는 존재.

이런 전체 집합체에 대한 핵심적인 사실은, 개별적인 존재들(추락한 존재들)과 집단적인 영체들 모두가 영적인 스승이나 자신의 내면에서 더 이상 빛을 받을 수 없다는 것입니다. 그들은 말 그대로 전체 물질계의 생명의 근원이 되는 영적인 세계와 단절되어 있습니다. 따라서 이런 존재들은 생존하거나 심지어는 힘을 키우기 위해, 영적인 스승에게서 또는 자신의 내부로부터, (비록 대부분은 이것을 인지하지 못하지만), 물질계로 여전히 빛을 끌어들이는 존재로부터 에너지를 얻어야 합니다.

앞에서 말한 것처럼, 물질계는 밀도가 너무 높아, 영적 성취도가 높은 존재도 지구에 육화할 때 자신의 진정한 정체성과 기원을 망각하게 됩니다. 따라서 지구에는 어느 정도 영적인 빛을 가지고 있는 사람들이 많이 있는데, 이들이 이 빛에 대해 무지하고, 빛을 빼앗길 수 있는 여러 가지 방법에 대해 알지 못한다면, 자기도 모르게 추락한 존재들에게 빛을 줄 수 있습니다. 영적인 성취를 이룬 사람이 이런 사실을 알고 있다면, 분명히 절대로 이런 일을 하지 않을 것입니다. 따라서 추락한 존재들에게는 지구에 있는 사람들이 추락한 존재들이 있다는 사실에 대해, 그리고 그들이 사람들의 빛을 얻기 위해 사용하는 방법들에 대해 계속 모를 필요가 있습니다. 무지는 이원적인 세력들에게는 진실로 축복입니다. 여러분의 무지는 그들의 축복입니다.

―✦―

추락한 존재들이 사람들의 빛을 훔칠 수 있도록 허용하는 주요한 원리를 간단히 설명하겠습니다. 추락한 존재들은 반그리스도 마음에 기초한 정체성과 완전히 하나가 되어 있습니다. 그 마음은 오로지 어둠 속에서만 존재할 수 있습니다. 이 말은 그들이 낮은 진동 속에 존재한다는 의미입니다. 따라서 설령 추락한 존재가 순수한 영적 빛의 일부를 받았다 하더라도, 그들은 그것으로 아무것도 할 수 없습니다. 반대로 순수한 빛은 그런 존재에게는 아주 불편할 것이고, 빛이 타오르는 것처럼 느껴질 것입니다. 만일 빛이 충분할 정도로 모인다면, 추락한 존재들을 완전히 태워버릴 것입니다.

기본적인 방정식은 추락한 존재들은 낮은 진동의 빛만을 흡수할 수 있다는 것입니다. 이런 이유로 그들은 다른 사람들에게서 영적인 빛을 직접 훔칠 수 없습니다. 따라서 그들은 영적인 빛을 지닌 사람들이 빛을 오용하게 해서, 추락한 존재들이 그 빛을 흡수할 수 있을 정도로 진동수를 낮추어야 합니다. 이렇게 하려고 그들은 사람들이 자신의 정신적, 감정적 에너지의 진동을 낮추게 하는 행위에 참여하게 합니다. 분명한 예는 분노와 두려움을 느끼게 하는 활동들입니다. 여러분이 하는 많은 활동이 추락한 존재들과 야수들의 집합체를 먹여 살리는 데 영적인 빛을 제공합니다. 이것이 예수가 돼지 앞에 너희의 진주를 던지지 말라고 했던 이유입니다.

이제 여러분은 사람들이 합리적이거나 논리적으로 설명할 수 없는 많은 행동을 저지르지만, 거기에는 합리적이고 논리적인 이유가 있다는 사실을 알게 되었을 것입니다. 엄연한 사실은, 이런 사람들은 추락한 존재들과 야수들이라는 집합체에 묶여 있다는 것입니다. 따라서 그들의 마음은 (적어도 일정 시간 동안은) 이 힘에 의해 통제되거나 점령당합니다. 이원적인 힘은 사람들의 멘탈체와 감정체를 끌어당겨, 사람들이 빛을 오용하는 행위를 저지르게 조종할 수 있습니다. 행동 그 자체를 여러분이 살펴본다면, 그 행동이 긍정적인 것은 아무것도 이루지 못하고, 지구의 누구에게도 이롭지 않다는 것을 명확하게 알 수 있습니다. 한 가지 사례로 전쟁이 있습니다. 얼마나 많은 전쟁이 사회를 위해 건설적이거나 결정적인 일을 실제로 이루지 못한 채, 얼마나 많은 사람을 죽게 했는지 생각해 보기 바랍니다. 하지만 그것은 지구에서 건설적인 목적을 성취하려는 열망에 의해 동기를 부여받은 것이 아닙니다. 그것은 추락한 존재들과 그 뒤에 숨어 있는 야수들을 먹여 살리기 위해, 왜곡된 에너지를 만들어내려는 욕망에서 촉발된 것입니다.

대부분의 사람은 이런 메커니즘을 전혀 모릅니다. 그 이유의 일부는 그들이 이원적인 힘들에 대해 들은 적이 없기 때문입니다. 분명한 이유는 그들의 종교가 신의 목적에 반대하는 세력에 대해 완전한 진실을 말하지 않기 때문입니다. 이유의 또 다른 부분은 사람들이 더 잘 안다면 더 잘할 것이므로, 영적으로 완전히 눈이 멀지 않은 사람들 대부분이 사람들의 행동 뒤에는 어떤 종류의 합리적인 이유가 있으리라 추측하기 때문입니다. 그들은 자신들이 하는 일을 통해 무언가를 얻고 있다고 생각하기 때문에, 타인들도 자기처럼 하고 있다고 가정합니다. 그리고 합리적인 이유를 찾아내지 못했을 때, 사람들은 상황을 어떻게 이해해야 할지를 모르게 되고, 대개는 이를 무시합니다. 심지어 어떤 사람들은 사람들의 에너지를 훔치는 이원적 세력들이 존재한다는 것 자체를 부정합니다. 어떤 문제가 너무 압도적이고 이해하기 어려운 것처럼 보이면, 사람들은 대개 그것을 무시하려는 불행한 메커니즘이 있습니다. 정확하게 말해, 이런 이유로, 예수가 사람으로는 (인간적인 관점에서는) 많은 것이 불가능하지만, 신과 함께라면 (그리스도의 비전을 의미함) 모든 것이 가능하다고 말했던 것입니다.

뒤로 물러나 더 큰 그림을 봐야만 알 수 있습니다. 개인적인 차원에서 보면 악한 행동을 저지르는 사람들이 그렇게 할 합리적인 이유가 전혀 없습니다. 어떤 경우에는 근거가 있지만, 결함이 너무 많습니다. 대부분의 다른 사람은 그것이 말이 되지 않음을 분명하게 알 수 있습니다. 예를 들어, 나치즘의 환영에 눈이 먼 사람들이 어떻게 아이들을 가스실로 밀어 넣을 수 있었는지 상상해 보세요. 그들은 어떻게 해서 오늘날 대부분의 사람이 상상조차 할 수 없는 가장 끔찍한 행위 가운데 하나라고 생각되는 일을 할 수 있었을까요? 사람들이 어떻게, 아무런 이유도 없이 또는 결함 있는 추론에 근거하여, 악행을 저지를 수 있을까요? 그 답은 이원성 환상과 야수들의 감정적인 끌어당김으로, 그들의 마음이 압도되었다는 것입니다. 그들은 자신이 무슨 짓을 하고 있는지, 왜 그것을 하는지, 그 행동이 자신과 타인에게 어떤 결과를 가져올지 생각하지도 않고, 생각 없이 그냥 행동으로 옮깁니다.

　많은 악행을 범하는 사람들의 마음속에 합리적인 이유가 존재하지 않지만, 악한 행동을 하는 이유를 설명할 수 있습니다. 그 이유는 빛을 오용하여 추락한 존재들과 야수들을 먹여 살리기 위해서입니다. 지금 내가 이런 이유가 정당하다고 말하는 것이 아닙니다. 단지 합리적인 마음으로 여러분이 이해할 수 있다는 것입니다. 여러분이 이것을 이해해야만 비로소 타락한 의식의 영향에서 스스로 벗어날 수 있습니다. 그래야만 통제할 수 없을 것 같은 하향나선으로 사람들을 끌어당기는 무지에서 사람들이 벗어날 수 있도록 도울 수 있습니다. 사람들이 이원적인 세력에 대해 알지 못한다면, 그런 세력들을 위해 행동하는 것이 자유로운 선택의 결과라고 말할 수 없습니다. 그러니 여러분이 그런 사람들을 보호하려고 한다면, 그들에게 무슨 일이 일어나고 있는지를 알려줘서, 적어도 그들이 자유로운 선택을 할 수 있게 도와주고 싶어 하는 것이 자연스럽지 않을까요?

　지구에 사는 대부분의 사람이 이원적인 세력과 연결되어 있다는 것이 극명한 현실입니다. 따라서 사람들은 (때때로 어떤 경우에는 항상) 오로지 야수를 먹여 살리기 위해, 왜곡된 에너지를 만들어낼 목적으로 어떤 일을 할 것입니다. 이상적으로는 여러분의 행동은 그리스도의 분별력에 기초해야 합니다. 그러면 그것은 더 높은 진동의 에너지만을 생성할 것입니다. 진정한 사랑과 호의로 행하는 모든 것은 어떤 일일지라도 높은 진동의 에너지를 만들어낼 것이고, 그것들은 여러분의 아이앰 현존(I AM Presence)의 수준으로 끌어올려질 것입니다. 일단 이곳으로 끌어올려지면, 에너지는 증식되어 여러분에게 다시 보내질 것이며, 여러분은 더 창조적인 에너지를 가지게 될 것입니다. 그렇게 됨으로써, 여러분의 하위 존재와 상위 존재 사이에 무한 8자 형상의 흐름이 확고해집니다. 분노하거나 타인을 벌주거나, 다른 사람들을 끌어내리려는 낮은 동기를 바탕으로 일을 한다면, 낮은 진동 때문에 에너지가 위로 올라가게 할 수 없습니다. 그렇게 되면 이런 에너지는 물질층과 감정층 그리고 멘탈층에 머무르면서, 대개는 이원적인 힘들에 의해 소모될 것입니다.

조건 없는 사랑보다 낮은 동기에서 나오는 모든 행동이 야수를 키우게 될 것입니다. 나는 이것이 놀랄만한 진실임을 압니다. 하지만 그것은 절대적인 사실입니다. 더 놀랄만한 진실은 여러분이 왜곡한 에너지에 대해 여러분에게도 부분적인 책임이 있다는 것입니다. 따라서 추락한 존재들이나 야수들이 그 에너지를 가지고 행하는 것의 일부에 대해 여러분이 책임을 져야 하는데, 특히 그것이 타인을 제압하는 데 사용될 때는 더욱 그러합니다.

지구에 있는 상당히 많은 사람의 마음이 이원적인 힘에 통제되고 있습니다. 그들은 말 그대로 오로지 이원적인 세력들에게 우유를 주기 위해서만 살아가는 소떼와 같습니다. 그 한 가지 분명한 사례는 마약 중독자가 다음번의 마약을 얻기 위해 어떻게 살아가며 어떻게 숨 쉬는가 하는 것입니다. 하지만 정상적인 사람들도 흡연, 음주, 과다한 TV 시청, 섹스 중독, 가십, 포르노, 최신 기기나 의류 구매, 폭력적인 스포츠 시청같이 해가 없어 보이는 활동들을 통해 행성의 야수를 하나 이상 먹여 살리고 있습니다. 기본적으로 어떤 것이든 중독이 될 수 있는 행위는 모두 행성의 야수 가운데 하나를 키우는 셈입니다. 부정적이거나 이기적인 사고를 하게 하거나 부정적인 감정을 느끼게 하는 행위도 마찬가지입니다.

 사람 대부분은 이원적인 힘들에 의해 완전히 통제당하지는 않지만, 이런 힘들과 연결되어 있어서, 에너지를 자주 빼앗깁니다. 이들 역시 행동을 통해, 자신뿐만 아니라 지구까지도 이원적인 힘에서 벗어나게 할 잠재력이 있습니다. 첫 번째 단계는 자신들이 개인적으로 이원적인 힘에 어떻게 영향을 받고 있는지를 깨닫고, 그런 영향에서 빠져나오는 것입니다. 두 번째 단계는 이런 것들이 생겨나게 한 의식 상태와 세력들을 지구에서 사라지게 할 신의 빛을 신에게 요청하는 것입니다. 세 번째 단계는 밖으로 나가 개인과 사회조직에 영향을 미치고 있는 이런 힘에 도전하는 것입니다. 사람들이 더 잘 알았다면 더 잘했겠지만, 사람들이 더 잘 알 수 있도록 누가 도울 수 있을까요? 대부분의 종교적인 조직을 포함하여, 이원적인 세력들과 그들이 통제하는 제도들은 분명히 아닙니다.

 일단 삶의 모든 측면이 이원성 의식에 의해 어떻게 영향을 받아왔는지를 이해하고 나면, 사회 모든 제도가 어느 정도는 이원적인 힘에 조종당해왔다는 사실을 깨닫게 될 것입니다. 그 결과로서, 이런 제도들은 민주주의 국가에서 주로 무지를 통해 사람들을 속박하는 도구가 되어 왔습니다. 따라서 사람들은 자신들의 전문지식과 경험에 따라, 사회 모든 분야에서 이원성에 반대한다는 의사를 밝힐 필요가 명백히 있습니다.

하지만 이 책은 영적인 자유에 관한 것이므로, 이원성 의식이 종교 제도에 영향을 미쳐온 방법에 초점을 맞추겠습니다. 사실, 종교가 이원성에서 벗어나게 될 수 있다면, 사회 나머지 영역 모두가 훨씬 더 쉽게 자유로워질 것입니다. 종교는 지구에서의 활동을 유지하면서, 이원성 의식에 의해 조작될 수 없는, 사람들에게 영적인 자유를 주는 주요한 제도가 되게 되어 있었습니다. 그런 진리의 보루가 유지될 수 있다면, 진리는 사회 다른 모든 분야에 스며들 것입니다. 결과적으로, 이원적인 세력들은 종교 제도를 왜곡시키기 위해 가능한 모든 일을 다 했습니다. 내가 여기서 말하는 것은 종교가 사람들을 자유롭게 해주는 주요한 힘이 되는 대신, 사람들을 계속 무지에 있게 하는 기본적인 힘이 되어 왔다는 것입니다. 종교는 사람들을 이원적인 세력들이 씌워놓은 속박에 계속 갇혀 있게 만들었습니다. 여러분이 솔직하다면, 실제로는 대부분의 종교가 삶에 대한 더 높은 이해에 사람들의 마음을 닫게 한다는 것을 알 수 있을 것입니다. 그들은 이원성 의식으로 규정한 멘탈 박스에 사람들을 가둠으로써, 그리스도 진리에 마음을 닫아버리게 합니다. 그들은 종종 진정한 종교의 가르침을 왜곡합니다.

더 나가기에 앞서, 한 가지를 분명히 해두겠습니다. 지금까지 내가 묘사한 것들이 명백하게 악으로 보이는 행위를 저지르는 악의 제국이라는 이미지를 환기시킬 수 있음을 잘 알고 있습니다. 따라서 어떤 사람들은 종교가 이원적인 힘들에 의해 이용당하고 있다고 말하는 것이 합리적이지 않다고 느낄 것입니다. 어떤 사람들은 종교는 대체적으로는 이 세상에서 선을 위한 힘이 된다고 말할 것입

니다. 하지만 십자군 전쟁, 종교재판, 현대의 테러리즘처럼, 종교적인 동기를 가진 폭력에 희생된 수만 명의 사람은 그런 평가에 분명 동의하지 않을 것입니다. 역사적으로, 최악의 잔혹 행위 가운데 일부는 자신이 신의 일을 하고 있다고 생각하면서, 그러므로 자신들의 종교 계율을 위반하는 것이 충분히 정당화될 수 있다고 느꼈던 사람들에 의해 자행되었습니다. 하지만, 여기에서 더 큰 관점은 이원적인 힘을 키우는 것이 사람들 대부분이 악이라고 여기는 행동만이 아니라는 것입니다. 이원적인 힘이 사람들의 에너지를 어떻게 훔칠 수 있는지를 좀 더 분명하게 보여주기 위해 그런 예를 들었던 것입니다. 진실은 이원적인 세력이 매우 교활하다는 것입니다.

앞에서 설명한 것처럼, 뱀이 들판의 야수 가운데 가장 교활하다는 것은, 뱀이 가장 잘 속인다는 의미입니다. 뱀은 사람들의 에너지를 훔칠 수 있는 제일 나은 방법이 사람들을 속여 자발적으로 에너지를 내놓게 하는 것임을 알고 있습니다. 이것을 이루기 위한 제일 나은 방법은 사람들이 좋은 명분에 헌신하고 있다고 생각하게 만드는 것입니다. 따라서 여러분이 진실로 이해해야 하는 것은, 대부분의 사람이 선하다고 분류하는 활동 가운데 많은 것이, 여전히 이원적인 세력에게 먹이를 주고 있다는 것입니다. 여기에는 종교인들이 구원을 위해 필요하다고 여기는 많은 활동이 포함됩니다.

내가 강조하려는 요점은, 오랫동안, 종교의 기본적인 역할이 사람들을 무지에 계속 가두어 두는 것이었다는 점입니다. 이런 무지 안에서 사람들은 이원적 세력들의 보이지 않는 조종으로부터 자신을 벗어나게 할 수 없었습니다. 이런 일은 이원적 세력들이 종교를 이용하여, 사람들이 두려워하거나 적어도 의심하기를 꺼리게 하는, 정신적 이미지들과 우상들을 만들어내는 것에 의해 이루어졌습니다. 한 가지의 사고실험(thought experiment)을 통해, 지구에 사는 사람들에게서 에너지를 얻을 수 있는 가장 좋은 방법이 무엇인지 생각해 보기 바랍니다. 여러분은 분명 에너지를 가장 많이 가진 사람들, 즉 영적 성취도가 가장 높은 사람들에게서 에너지를 얻으려고 할 것입니다. 하지만, 이런 사람들이 자신의 에너지를 어둠이나 악이라고 여기는 존재에게 주려고 할 가능성은 아주 낮습니다. 따라서 이런 사람들의 에너지를 얻을 수 있는 유일한 방법은 그들이 좋은 목적에 이바지하고 있다고 믿게 하는 것입니다. 그러면 지구에서 궁극적인 선한 명분은 무엇일까요? 음, 그것은 유일한 참된 종교라고 주장하는 종교가 정해 놓은 신의 명분이 될 것입니다.

이런 주장을 믿게 되면, 사람들은 기쁜 마음으로 자신의 에너지를 내놓습니다. 심지어는 가장 고귀한 명분이라고 여기는 것에 자신의 생명도 내놓을 것입니다. 그들 가운데 많은 사람이 자신이 무엇을 하고 있는지, 그 일을 왜 하고 있는지, 자신이 하는 행위 뒤에 무슨 결과가 숨어 있는지 의심해 보려고 하지도 않은 채, 그렇게 할 것입니다. 그들은 스스로 자신이 참된 지도자로 믿는 존재들을 맹목적으로 따르는 추종자가 될 것입니다. 하지만 그 지도자들이 이원적인 힘과 연결되어 있거나 그런 힘에 눈멀어 있다면, 그들은 자신을 따르는 사람들을 이원적인 양극단이라는 구덩이로 이끄는 눈먼 지도자가 될 뿐입니다. (마태 15:14) 이것이 바이블에서 "어떤 길은 사람이 보기에 바르나 필경은 죽음의 길"(잠언 14:12)이라고 했던 이유입니다. 이것이 바로 예수가 파멸로 이어지는 넓은 길이라고 불렀던 것입니다. 이 길은 이원성이 존재할 여지가 전혀 없는, 영원한 생명으로 이어지는 곧고 좁은 길과 반대되는 길입니다.

여기에 대해서는 나중에 더 자세하게 얘기하겠습니다. 이제 이원성 의식의 특성을 한 가지 얘기하겠습니다. 이원성 의식을 꿰뚫어 보기 어려운 이유는 그것이 완벽한 세계관을 가졌기 때문입니다.

즉 이원성 의식은 선과 악 모두를 정의합니다. 분명히, 종교는 신도들에게 선이 무엇이고 악이 무엇인지를 정의해 주는 중요한 영향력을 가집니다. 하지만, 종교가 이원성 의식에 영향을 받게 되면, 선에 대한 정의와 악에 대한 정의 둘 다 이원성, 즉 반그리스도 마음에 기초하여 정의하게 됩니다. 따라서 사람들이 자신의 종교가 선으로 정의한 것을 행하는 것이 가능해지지만, 그런 행위들은 이원적인 세력에게 먹이를 주는 낮은 에너지를 발생합니다. 종교에 관심이 있는 사람이라면 누구나 이 점을 이해하고 싶어 하리라 믿습니다. 그래야만 종교를 이원성에서 자유롭게 하고, 사람들을 이원성에서 자유롭게 해주는 종교 원래의 목적으로 돌아가게 할 수 있습니다.

꽃장식

이제 비-이원적인 종교와 이원적인 종교를 구별할 필요가 있음을 알 수 있습니다. 앞장에서 설명한 것처럼, 많은 종교인이 "구원"이라고 부르는 것을 성취할 수 있는 열쇠는 이원성 의식을 초월하여 그리스도 마음을 입는 것입니다. 이것이 구원받을 수 있는 유일한 방법임을 충분히 이해했기를 바랍니다. 내가 설명한 것처럼, 여러분은 영적으로 완전히 자급자족하는 존재, 즉 내면에서 영적인 빛을 방사하는 신의 참된 태양(a true SUN of God)이 되게 되어 있습니다. 그리고 의식하는 자아가 신의 존재의 확장체이기 때문에, 여러분이 여러분의 상위 존재를 통해, 내면에서 신의 존재의 충만함에 접근할 수 있다는 사실을 깨달았을 때, 그때 그런 존재가 될 수 있습니다. 이런 이유로 예수가 신의 왕국이 여러분 내면에 존재한다고 말했던 것입니다. 따라서 자신의 밖에서 찾고자 한다면, 신의 왕국을 결코 찾지 못할 것입니다.

이것을 좀 더 직접적으로 설명하겠습니다. 이원성의 무지로부터 그리스도의 깨달음으로 의식을 전환하지 않고서 구원받을 수 있는 방법은 전혀 없습니다. 여러분의 구원을 보장해 줄 수 있는 외적이거나 물리적인 수단은 지구에 존재하지 않습니다. 여러분이 평생 교회의 신도가 되어 일요일마다 매주 예배에 참석하고, 교리들을 믿고, 외적인 규율을 따를 수는 있지만, (오로지 의식하는 자아만이 할 수 있는) 의식의 전환 없이는 구원받지 못할 것입니다. 예수가 결혼 잔치와 관련된 우화에서 말한 것처럼, 그리스도 의식을 상징하는 결혼 예복을 입어야만 신의 왕국에 들어갈 수 있습니다. 이것은 여성 극성을 상징하는 여러분의 하위 존재를 그리스도 신부로 만드는 그리스도 의식에 대한 상징입니다. (마태 22:11)

여기에서 요점은 구원을 받는 데 외적인 어떤 것도 필요하지 않다는 것입니다. 외적인 종교조차 필요하지 않습니다. 형식적인 종교를 따르지 않고도 사람들은 실제로 의식을 바꿀 수 있습니다. 이상적으로 종교는 여러분이 이런 내적인 전환을 이루도록 도와야 합니다. 그런 전환을 방해하지 않고 장려해야 합니다. 다시 말해서, 진정한 종교는 여러분이 가지고 있지 않은 뭔가를 준다고 주장하는 것이 아니라, 여러분이 이미 가지고 있는 것을 끌어내려고 합니다. 여러분이 자신의 영적인 스승 및 상위 존재와 내적인 접촉을 할 수 있도록 도와줄 때, 종교는 본연의 역할을 다 한 것이고, 그러면 믿어야 할 것과 해야 할 것을 알려준다는 관점에서 종교는 더 이상 쓸모가 없어집니다. 나중에 자세하게 살펴보겠지만, 분명히 여러분은 구원의 오메가 측면을 달성하기 위해, 즉 타인을 돕기 위해, 그런 종교에 여전히 몸담고 있을 수도 있습니다.

이제 우리는 이원적 종교의 정의란 이런 요건을 충족시키지 못하는 종교임을 알 수 있습니다. 이런 종교는 여러분이 필요로 하는 모든 것을 여러분 자신의 내면에 가지고 있지 않고, 또한 신은 여러분을 불완전하게, 심지어는 결함을 지닌 존재로 창조했다고 말합니다. 만일 그렇다면, 여러분은 구원받기 위해 외부에 존재하는 어떤 것 혹은 누군가를 필요로 하게 됩니다. 일부 종교들은 여러분에게는 외적인 조직이나 외적인 지도자가 필요하다고 합니다. 일부는 여러분에게는 외적인 구원자가 필요하다고 말하면서, 자신을 여러분과 구원자 사이의 중재자로 내세웁니다. 이런 수없이 많은 교묘한 위장(僞裝)들이 있는 믿음의 결과는 외적 종교 없이는 구원받을 수 없다는 것이고, 따라서 여러분에게는 항상 종교가 필요하다는 것입니다. 다시 말해서 종교 자체를 쓸모없게 만드는 대신, 이원적인 종교 자체가 목적이 되는 것입니다. 종교는 여러분과 외적인 조직, 혹은 여러분과 그 지도자들이 맺고 있는 상호의존적인 관계를 계속 유지하게 하려고 합니다. 물론, 여러분은 그런 종교 뒤에 숨어 있는 이원적 세력들과도 상호의존적인 관계를 맺게 됩니다.

이제 두 가지 역사적인 사례를 들어 설명해 보겠습니다. 대부분의 서구인은 불교에 대해 거의 알지 못합니다. 따라서 대개는 붓다가 영적인 공백기에 나타나서 새로운 종교를 창시했다고 생각합니다. 진실로, 그런 추측은 사실이 아닙니다. 붓다는 힌두교가 지배했던 문화에서 태어났지만, 당시의 힌두교는 원래의 순수한 형태의 힌두교가 아니었습니다. 당시의 힌두교는 원래의 형태와는 다르게 구원의 열쇠로서 외적 종교와 그 지도자들을 강조했습니다. 힌두교는 자신들이 사람들 위에 있으며, 자신들이 사람들을 구원할 수 있다고 생각하는 브라만(승려)이 있었던 대단히 엘리트적인 종교였습니다. 그들은 또한 사람들이 어떤 가르침들을 이해할 정도로 충분히 진화하지 않았으므로, 그런 가르침을 유보해야 한다고 느꼈습니다. 붓다는 깨달음 또는 구원의 열쇠로 내적인 의식의 전환을 강조하는 가르침을 전파했습니다. 또한, 붓다는 이런 구원을 성취하는 데 필요한 것은 마음에 통달하는 것이라고 가르쳤습니다. 이런 통달은 외적인 규율이나 의례들을 따른다고 해서 이루어지지 않습니다. 여러분을 대신하여 누군가가 대신해 줄 수 있는 것이 아니라, 여러분의 내면에서 이루어져야만 가능한 것입니다.

　붓다가 전하려고 했던 것은 새로운 종교가 아니었습니다. 그것은 보편적인 가르침으로, 하나됨에 이르는 길을 의미했습니다. 이런 가르침은 사람들이 믿는 외적 종교와는 관계없이, 누구나 실천할 수 있었고, 지금도 실천할 수 있습니다. 다시 말해서, 붓다는 진실로 힌두교도들이 힌두교의 본질, 즉 참된 종교의 본질로 돌아오게 할 수 있는 가르침을 전하려고 노력했습니다. 힌두교의 지도자들은 이것을 위협으로 여겼습니다. 많은 사람이 이런 지도자들을 추종했으므로, 힌두교는 붓다의 가르침을 통해 개혁을 이루지 못했으며, 결국 새로운 종교가 출현할 수밖에 없었습니다. 하지만, 새로운 종교의 탄생은 붓다가 의도했던 것이 아닙니다. 새로운 종교가 여러 분파로 나뉘는 것 역시 붓다의 의도가 아니었습니다. 이런 분파 중 일부는 붓다가 개혁하려고 했던 힌두교처럼 외적인 교리들과 의례에 갇히고 말았습니다.

　이제는 유대교가 지배적이었던 사회에 태어난 예수를 살펴보겠습니다. 유대교는 창세기를 바탕으로 합니다. 따라서 그 기원은 에덴 정원, 즉 마이트레야의 신비 학교로 거슬러 올라갑니다. 그럼에도 불구하고, 이 종교는 붓다 시대의 힌두교처럼 의례들과 교리들 그리고 규율에 갇히게 되었습니다. 유대교인들은 구원에 이르는 열쇠가 죄를 사(赦)해 주는 것이라고 믿었고, 유대교의 성직자들만이 죄를 사할 수 있는 권능을 가졌다고 생각했습니다. 따라서 성직자에게 복종하지 않는다면, 사람들은 죄 사함을 받을 수 없고 지옥으로 보내질 것입니다. 유대교의 성직자들은 추종자들에 대해서 절대적인 힘을 가지고 있었다고 말할 수 있습니다.

예수는 유대인들을 유대교로부터 새로운 종교로 끌어들이려고 하지 않았습니다. 그 대신 예수는 유대교가 동물 희생, 엘리트 사제단과 같은 외적인 의례에서 벗어날 수 있게 하려고 했습니다. 예수는 유대교의 지도자들에게 직접 도전했습니다. 이 도전의 두 가지 주요한 측면을 살펴보겠습니다.

예수는 신의 왕국이 여러분의 내면에 있다고 말했는데, 이 말은 구원의 열쇠가 여러분의 내면에 존재한다는 의미입니다. (누가 17:21) 따라서 여러분이 구원받기 위해서는 외적인 종교나 성직자가 필요하지 않습니다.

예수는 죄를 사할 수 있는 권능을 가졌다고 주장했으며, 그런 권능을 자신의 제자들에게도 주었습니다. (요한 20:23) 하지만, 사실은, 그런 권능은 보편적인 그리스도 마음에서 나오는 것입니다. 그리스도 마음은 지구에서 성령으로 구현되며, 죄를 변형시킬 수 있는 유일한 힘입니다. 여러분이 그리스도 마음을 입고 죄의식을 초월할 때만, 죄로부터 완전히 자유로울 수 있기 때문입니다. 예수는 인류의 모든 죄를 제거할 수 있다고 말하지 않았습니다. 그는 그리스도 마음을 어떻게 입을 수 있으며, 그들의 보편적인 마음이 어떻게 죄를 사할 수 있는지를 시범 보이기로 되어 있었습니다.

이 두 가지 방법만으로도, 예수가 사람들을 지배하던 유대교 사제단의 핵심에 도전했다는 사실을 쉽게 알 수 있어야 합니다. 사람들이 예수를 믿었다면, 성직자들은 그들의 권력과 특권적인 지위를 잃었을 것입니다. 그런 권력을 포기하려고 하지 않았기 때문에, 그들이 할 수 있었던 유일한 선택은 예수를 죽이는 것이었습니다. 심지어 그들은 이것이 사람들에게 가장 이익이 되는 것처럼 보이게 만들었습니다. 결국, 그것은 유일한 선택인 것처럼, 한 사람이 백성을 위하여 죽어서 온 민족이 망하지 않게 되는 것이 유익하다(요한 11:50)는 것이었습니다. 대부분의 유대교인은 예수와 그의 가르침을 받아들이지 않았고, 지도자들과 맞서려고도 하지 않았기 때문에, 그리스도교가 별도의 종교로 출현하게 된 것입니다. 하지만, 그리스도교는 유대교처럼 빠르게 경직되고 의례화되었으며, 이런 경향은 지금도 계속되고 있습니다. 사실, 예수는 경직된 새로운 종교를 펼치려고 오지 않았습니다. 예수는 구원에 이르는 내면의 여정, 하나됨의 길에 대한 보편적인 가르침을 펼치려고 왔습니다. 예수의 바람은 외적 종교의 소속과 관계없이 혹은 외적 종교를 믿지 않고도, 모든 사람이 이런 보편적인 길을 발견하고 그 길을 따르는 것이었습니다.

 이 행성에서의 종교의 역사를 살펴보면, 이 두 가지 사례에서 묘사되는 패턴이 수없이 되풀이됐다는 것을 알 수 있습니다. 하나의 종교가 내적 변형에 대한 보편적인 가르침을 장려하는 것으로 출발하지만, 얼마 지나지 않아, 내면으로부터 구원받을 수 없다고 주장하는 경직된 시스템으로 변형됩니다. 하나의 종교가 비-이원적인 가르침으로 시작하여, 이원적인 종교로 바뀌어 버리는 것입니다. 여러분이 영적인 자유를 얻고 싶다면, 이런 일이 왜 일어나는지를 이해해야 합니다.

열쇠 21
비-이원적인 가르침이 어떻게 이원적인 종교가 되는가?

비-이원적인 가르침이 자주 이원적인 종교로 변질되는 데에는 아주 실제적인 이유가 있습니다. 바로 이원적인 세력들이 종교적인 사람들로부터 에너지를 얻으려고 하기 때문입니다. 비-이원적인 가르침은 이런 세력들이 추종자들로부터 에너지를 훔치는 것을 몹시 어렵게 만들 것입니다. 따라서 이원적인 세력들은 매우 교묘한 이원적 개념들을 주입하여, 비-이원적인 가르침을 왜곡하려고 합니다. 이렇게 함으로써, 그들은 추종자들이 무슨 일이 일어났는지 눈치채지도 못하게 하면서, 비-이원적인 가르침을 이원적인 가르침으로 바꿔 놓습니다. 그 영향으로 추종자들은 자신들이 참된 종교를, 아마도 유일한 참된 종교를 따른다고 믿게 됩니다. 하지만 그런 틀 안에서 사람들이 하는 거의 모든 행위는 종교를 왜곡시킨 이원적인 세력들에게 영적인 에너지를 제공하는 것이 됩니다. 이제 비-이원적인 가르침과 이원적인 종교 간의 가장 뚜렷한 차이를 살펴보겠습니다.

비-이원적인 가르침은 신이 여러분의 근원이라는 진실을 설명합니다. 여러분의 내면에는 신의 존재라는 불꽃이 존재합니다. 따라서 여러분은 자신의 근원과 하나됨을 이룰 수 있는 잠재력이 있습니다. 여러분도 예수처럼, "나와 나의 아버지는 하나이다."라고 말할 수 있습니다.

이원적인 종교는 신을 자신의 창조물을 초월하거나, 저 너머 멀리 떨어져 있는 하늘에 있는 존재로 묘사하여 여러분이 접근하지 못하게 합니다. 여러분과 신 사이에는 거리감이 존재하고, 따라서 여러분과 신은 이원적인 관계만 맺을 수 있습니다. 단지, 예수처럼, 아주 특별한 사람들만 신과의 하나됨을 성취할 수 있습니다.

비-이원적인 가르침은 여러분의 근원이 신이므로, 여러분은 자신의 상위 존재, 영적인 스승, 신과 직접적이고 내적인 접촉을 할 수 있다고 얘기합니다. 사실, 비-이원적인 가르침은 여러분과 신 사이에 어떤 것도 있게 해서는 안 되며, 누구도 자신의 면류관을 빼앗아가게 해서는 안된다고(요한계시록 3:11) 가르칩니다.

이원적인 종교는 여러분과 신 사이를 중재할 수 있는 여러분 외적인 누군가나 어떤 것이 필요하다고 합니다. 여러분에게는 외부 종교와 그 지도자들 또는 적어도 외적인 구원자가 필요합니다.

비-이원적인 가르침은 여러분을 조건 없이 사랑하는 자애로운 존재로 신을 묘사합니다. 따라서 여러분이 신 또는 신의 대리자(여러분이 개체화되어 나온 영적인 계보)와 사랑에 바탕을 둔 개별적인 관계를 구축하는 것을 권장합니다. 또한, 이런 관계를 구축하도록 여러분을 도와주는 중개자인 상승 호스트가 있습니다. 하지만 우리는 여러분을 대신해서 일하지는 않으며 여러분의 성장을 방해하지도 않을 것입니다.

이원적인 종교는 신을 하늘에 계시는 분노하는 존재로 묘사합니다. 그 신은 자신의 계율, 즉 외부 종교와 그 지도자들이 정해 놓은 계율을 지키지 않는다면 잘못이라고 비난하고 여러분을 지옥으로 보내려고 할 것입니다. 따라서 외부 종교는 여러분이 신을 두려워하고, 외부 종교의 지도자들을 맹목적으로 따르도록 가르칩니다. 그렇게 함으로써 그것은 많은 사람이 두려움에 기초하여 신과의 관계를 구축하게 만듭니다. 이런 두려움이 여러분 스스로 분열된 집이 되게 합니다. 진실로 여러분이 두려워하는 것은 자신의 상위 존재이기 때문입니다.

비-이원적인 가르침은 여러분이 영적인 영역과 내적인 소통을 할 수 있도록 돕습니다. 이제 여러분은 내면에서 신의 법칙을 알게 됩니다. 그러면 법칙이 현명한 이익이 된다는 사실을 경험하고서, 여러분은 자발적으로 법칙을 따르기 시작합니다.

이원적인 종교는 여러분이 신의 법칙을 스스로 알 수 없다고 가르칩니다. 여러분은 신의 계시를 독점하는 외부 종교를 통해서만 신의 법칙을 알 수 있습니다. 따라서 법칙은 필연적으로, 지옥에 간다는 위협 하에, 여러분에게 강요되는 외부 영향으로 묘사됩니다. 여러분은 사랑의 발로가 아니라 두려움 때문에 신의 법칙을 따르게 됩니다.

비-이원적인 가르침은 여러분이 그리스도 분별력을 성취하도록 돕습니다. 따라서 여러분은 무엇이 옳고 무엇이 그른지를 자신의 상위 존재를 통해 알 수 있게 됩니다.

이원적인 종교는 여러분 스스로 선악을 구별할 수 없다고 주장합니다. 따라서 여러분에게는 옳고 그른 것이 무엇인지를 알려줄 외부 종교와 교리들, 규칙과 지도자 같은 외적인 권위가 필요합니다. 여러분은 자신의 내면 안내를 신뢰하면 안 되며, 외부 종교를 따라야 합니다.

비-이원적인 가르침은 여러분이 그리스도 마음을 입고, 그리스도 마음과 여러분의 상위 존재와 하나가 될 때까지 여정을 걸어야만, 내면에서 신에 대한 진리를 알 수 있게 된다는 진실을 설명합니다.

이원적인 종교는 여러분이 불완전한 존재라고 주장합니다. 따라서 여러분은 혼자서 진리를 알 수 없다고 합니다. 인간은 오로지 신성한 계시를 통해서만 진리를 알 수 있게 됩니다. 또한, 유일한 참된 교회의 지도자만이 어떤 것이 참된 계시이며, 어떤 것이 거짓된 계시인지를 결정할 수 있다고 합니다.

비-이원적인 가르침은 여러분이 원래 신의 개체화된 확장체로 창조되었다고 설명합니다. 따라서 하나됨의 길을 따름으로써 여러분은 신인 모든 것이 될 수 있는 잠재력을 가집니다. 다시 말해서, 외부 종교를 따르지 않고 하나됨의 길을 따를 때, 여러분은 구원받을 것입니다.

이원적인 종교는 여러분이 불완전하고 미완성인 채로, 예를 들면, 죄인으로 창조되었으므로, 외부 구원자의 중재를 통해서만 구원받을 수 있다고 합니다. 그 구원자는 예수와 같은 영적인 존재일 수 있지만, 이런 영적인 존재로부터 구원받기 위해서는 여전히 외부 종교가 필요합니다. 외부 종교 없이 여러분은 절대로 구원받을 수 없습니다.

비-이원적인 가르침은 여러분이 그리스도 신성의 여정을 걸음에 따라 충분히 성숙해졌을 때, 세속적인 조직이나 영적인 스승의 외적인 안내가 서로 모순된다고 할지라도, 내면의 안내를 따라야 한다는 사실을 설명합니다.

이원적인 종교는 외부 종교의 교리들과 규율, 지도자들을 따르지 않는다면, 구원받지 못한다고 주장합니다.

비-이원적인 가르침은 신뢰할만한 내면의 안내를 받기 위해서는,

인간적인 에고를 초월하기 위해 노력해야 한다는 진실을 설명합니다. 따라서 비-이원적인 가르침은 그리스도의 분별력을 장려합니다.

이원적인 종교는 에고나 그리스도의 분별력에 관해서는 얘기하지 않습니다. 그것은 여러분이 외부 종교를 맹목적으로 따르도록 촉구합니다. 기본적으로, 이원적인 종교는 여러분의 눈에서 들보를 빼낼 필요가 없다고, 즉 에고를 제거할 필요가 없다고 말합니다. 여러분은 그 들보를 못 본척할 수 있습니다. 외부 종교가 구원을 보장해 줄 것이니까요.

비-이원적인 가르침은 사랑의 길에 관해 설명합니다. 신의 법칙을 따르는 것이 자기에게 최선의 이익이 된다는 것을 알기 때문에 여러분은 신의 법칙을 따릅니다. 그렇게 함으로써 여러분은 그 이상이 됩니다.

여러분 역시 그 이상이 되는 것을 좋아할 것입니다. 이원적인 종교는 불타는 지옥에서 영원히 불타오르는 것과 같은, 나쁜 일이 일어날 것 같은 두려움을 통해 동기를 부여하려고 합니다. 따라서 여러분은 정상적인 인간의 범주를 벗어나지 말아야 하며, 그 이상이 되려고 해서도 안 됩니다. 재능을 증식하지 않는다면 아래로 미끄러지며 떨어지기 때문에, 여러분은 실질적으로는 더 작게 되는 길을 따르게 됩니다

비-이원적인 가르침은, 구원이 멀리 떨어져 있는 신이 독단적이고 알 수 없는 방식으로 결정하는 문제이거나, 기적과 같은 문제가 아니라고 설명합니다. 구원은 여러분이 이원성을 초월하여 그리스도 마음을 입을 수 있도록, 전적으로 신의 법칙을 적용하는 문제입니다. 이것은 합리적이고 과학적인 절차입니다. 비록 창조적인 결정이 수반되지만, 누구나 따를 수 있습니다.

이원적인 종교는 여러분을 신의 벌을 두려워하는 이원적인 상태

에 빠지게 합니다. 여러분은 신비로운 방법으로 집행되는 보상이 주어지기를 기대합니다. 따라서 알 수 없고 자의적인 결정에 따라 어떤 사람에게는 보상이 주어지지만, 다른 사람에게는 보상이 유예됩니다.

비-이원적인 가르침은 여러분이 외적인 가르침을 벗어난 질문을 하도록 권장합니다. 비-이원적인 가르침은 오로지 질문을 통해서만, 여러분이 진리를 체화할 수 있음을 알고 있습니다.

이원적인 종교는 공식적인 교리들이 응답할 수 없는 어떤 질문도 하지 못하도록 강력하게 방해합니다. 그런 질문은 위험한 것으로 간주합니다. 그런 질문을 계속하는 사람들에게는 대체로 저주의 위협이 따르고, 외부 종교를 맹목적으로 따르는 사람들에게는 영원한 보상이 따른다고 합니다. 따라서 이원적인 종교는 자부심과 두려움에 호소하면서 당근과 채찍을 동시에 사용합니다.

비-이원적인 가르침은 여러분이 성장을 위해 가르침이 더 이상 필요하지 않은 지점으로 여러분을 데려가기 위해 가능한 모든 일을 합니다. 따라서 여러분은 영적으로 자급자족하게 됩니다. 그렇게 되면, 자신의 업적을 이용하여 다른 사람을 도울 수 있는 기회가 여러분에게 주어집니다.

이원적인 종교는 여러분이 외적인 조직과 그 지도자들에게 계속 의존하기를 바랄 것입니다. 이원적인 종교는 여러분이 영적으로 자급자족하지 않는 특정한 단계에 머물러 있게 하려고 합니다.

비-이원적인 가르침은 전적으로 영적 성취도에 근거하여 지도자들을 육성합니다. 이 말은 그들이 개인적인 에고와 이원적인 의식을 초월했다는 뜻입니다.

이원적인 종교는 외적인 조직이 설정한 교리들과 규율들을 따르는 의지에 근거하여 지도자를 양성할 것입니다. 외부 조직을 어떤 것보다, 이를테면 진리보다 더 우선시하려는 사람들만이 권력의 자리를 차지할 수 있습니다.

비-이원적인 가르침은 언제나 진리에 열려 있습니다. 그것이 어디에서 오든 관계없이 그 진리를 받아들입니다.

이원적인 종교는 자신들의 교리가 절대적이고 오류가 없다고 보기 때문에, 어떤 것이든 교리에서 벗어나는 것에 대해 열려 있지 않습니다. 조직의 현재 상태를 유지하는 범위 내에서, 힘을 가진 사람들만이 새로운 개념을 만들어낼 수 있습니다.

비-이원적인 가르침은 아래로부터 오는 변화, 혹은 사회의 변화와 같이 외부에서 오는 변화를 받아들입니다. 그런 종교는 사회 변화에 적응하면서 구성원들의 욕구를 계속 충족시킬 수 있을 것입니다. 그런 종교는 현재 상태를 유지하기 위해서가 아니라, 구성원에게 봉사하기 위해 기능합니다.

이원적인 종교는 그들의 지도력과 전통 너머에서 오는 어떤 것에 대해서도 열려 있지 않습니다. 변화를 가져올 수 있는 유일한 사람은 이미 구축된 지도자 집단 속에 있는 사람인데, 지도자의 일원이 되기 위해서는 어떤 대가를 치르더라도 조직을 유지하는 데 헌신하고 있음을 증명해야 합니다. 힘을 가진 사람들만이 현재 상황을 변화시킬 수 있습니다. 하지만 현재 상황을 변화시키고 싶지 않다는 것을 증명해 보여야만, 그런 힘을 얻을 수 있습니다. 이원적인 종교는 폐쇄계가 됩니다.

비-이원적인 가르침은 영적인 영역에서 오는 새로운 계시에 열려 있습니다. 따라서 상승 호스트는 인류의 의식이 상승함에 따라, 비-이원적인 가르침을 더 높은 단계로 끌어올릴 수 있습니다.

이원적인 종교는 그런 의견에 열려 있지 않습니다. 그들은 조직의 창시자에서 계시가 중단되었고, 과거의 가르침과 전통의 멘탈 박스 안에 있는 지도자들에게서만 그런 계시가 나올 수 있다고 주장합니다. 어떤 것도 현재 상황을 뒤집을 수 없습니다.

비-이원적인 가르침은 진리를 가능한 한 가장 고귀한 표현으로 펼쳐내는 데 초점을 맞추며, 가능한 제일 나은 방법으로 사람들에게 봉사하는 데 관심을 집중합니다. 그런 가르침은 자신을 모든 구성원이 영적으로 성장하고 상승하는 목적을 위한 수단으로 여깁니다.

이원적인 종교는 종교 그 자체를 유지하거나 확장하는 데 초점을 맞추고, 외적인 조직과 그 지도자들의 권력에 관심을 둡니다. 이원적인 종교는 기존의 교리를 유지하고 방어하는 데 초점을 맞추며, 구성원들이 조직에 봉사하기 위해 있다고 생각합니다. 신이나 진리 또는 사람이 조직보다 더 중요한 것이 아닙니다. 종교 그 자체가 목적이 되어버린 것입니다.

비-이원적인 가르침은 이 구체의 하위 세 단계에서 우월한 리더십을 가지고 있지 못합니다. 비-이원적인 가르침은 인류의 진정한 영적인 지도자들이 상승 호스트들임을 잘 알고 있습니다. 그들은 이원성 의식에서 완전히 벗어나 있으므로, 오로지 사람들을 자유롭게 하려고 봉사한다는 것을 알고 있습니다.

이원적인 종교는 육화한 사람들과 추락한 존재들, 그리고 멘탈층과 감정층에 존재하는 야수들이 이끕니다.

비-이원적인 가르침은 궁극적으로 자유의지를 존중합니다. 비-이원적 가르침은 구성원들로부터 어떤 것도 필요로 하지 않으므로, 구성원들은 어떤 벌칙이나 위협을 받지 않고, 언제든지 자유롭게 떠날 수 있습니다.

이원적인 종교는 사람들의 에너지로 먹여 살려야 하는 야수를 스스로 창조합니다. 따라서 야수는 사람들을 종교로 끌어들여 육체적으로, 감정적으로 그리고 정신적으로 사람들이 종교를 떠나기 어렵게 만듭니다.

비-이원적인 가르침은 겸손함과 신께서 보시기에 모든 사람이 평등하다는 사실을 대단히 중요시합니다.

이원적인 종교는 대개 구성원들보다 종교 지도자들을 더 높은 위치로 끌어올리지만, 또한 다른 사람들보다 자기 종교의 구성원들을 더 위에 올려놓습니다. 따라서 이원적인 종교는 지옥의 두려움과 결합된 자만과 우월감을 부추깁니다.

───✦───

이런 사례를 더 나열할 수도 있지만, 이제는 여러분이 어떤 패턴을 볼 수 있기를 바랍니다. 비-이원적인 가르침은 하나됨의 의식, 즉 그리스도 의식에 바탕을 두고 있습니다. 하지만 이원적인 종교는 분리 의식, 즉 반그리스도 의식에 의해 교묘하지만, 지나치게 교묘하지 않은 방식으로 바뀌었습니다. 이원적인 종교는 신을 저 하늘에 멀리 떨어져 있는 존재로 묘사합니다. 여러분이 닿을 수 없는 존재로 신을 표현하면서도, 여러분이 신의 왕국으로 들어갈 것을 강요합니다. 이로 인해 여러분과 신 사이에는 격차가 생깁니다. 정확하게 말해서 이런 격차는 추락한 존재들이 신과 자신 사이에 만들어낸 것입니다. 그들은 말 그대로 신과 구원에 대한 자신의 믿음, 즉 신이 잘못되었으며, 신이 잘못되었음을 증명할 수 있다면 자신들이 구원받게 될 것이라는 믿음을 외부 종교를 통해 강요하려고 합니다. 실제로 비-이원적인 가르침은, 구원의 열쇠가 의식의 전환이고, 영적인 자급자족으로 이어지는 내면의 여정임을 설명합니다. 이원적인 종교는 구원에 이르는 외적인 길을 가르칩니다. 그들은 구원받을 수 있는 유일한 방법이 교리들과 의례들, 규율 그리고 외부 종교의 지도자들을 따르는 것이라고 주장합니다. 많은 경우, 이원적인 종교는 사람들을 구원할 수 있는 능력에 대해 절대론자적인 주장을 펼칠 것입니다. 외부 종교를 따르는 사람들에게는 구원이 보장되는 것처럼 보이게 할 것입니다. 그들은 동물을 제물로 바치고, 촛불을 밝히거나 기도문을 낭송하는 것과 같은 외적인 요구 사항에 따라 살아가는 기계적인 과정으로 구원을 묘사합니다. 분명히 말해, 자유의지가 지닌 속성 때문에 그런 보장은 가능하지 않습니다. 구원은 기계적인 과정이 아니라 창조의 과정입니다.

여러분이 분리 의식에 기초한 종교에 참여할 때, (그것이 아무리 긍정적으로 보인다고 하더라도) 틀을 따르기 위해 하는 모든 것은, 현재 상황을 유지하는 데 도움을 준다는 사실을 깨닫기 바랍니다. 그런 행위들은 외부 종교 뒤에 숨어 있는 의식을 지원하는 것입니다. 분명, 정도(degree)에 대한 의문이 있습니다. 독실한 종교인이라면 종교의 이름으로 타인을 죽일 만큼 이원적인 힘을 키우지는 않을 것입니다. 하지만, 속담에도 있는 것처럼 여러분이 해결책 일부가 아니라면, 여러분은 문제의 일부입니다. 선량한 종교인들이 이원성의 영향력을 전복시키려고 하지 않는다면, 사실상 그들은 이 행성 대부분의 종교가 이원성과 분리 의식에 지배되고 있는 현재 상황을 유지하는 데 도움을 주고 있는 것입니다.

여러분이 알 수 있도록 내가 돕고 있는 것은 이원성 의식에는 중도란 없다는 것입니다. 이 사실은 너무 미묘합니다. 주의를 기울이지 않는다면, 무슨 일이 일어나고 있는지 알아채지도 못한 상황에서, 여러분은 이원성 의식으로 끌어당겨질 것입니다. 지금까지 내가 이원성에 대해 흑백논리를 만들면서, 여러분을 양극단 중 어느 하나로 내몰았다는 것을 알고 있습니다. 지금 내가 흑백의 관점에서 얘기하는 것처럼 보일 수도 있겠지만, 하지만 여러분에게 보여주려고 하는 더 높은 차원의 이해가 있습니다. 열쇠는 이원성 의식이 양극단을 정의한다는 사실을 깨닫는 것입니다. 따라서 이원적인 종교들은 선한 행동이 어떤지에 대해 기준을 정의했습니다. 많은 사람은 이런 기준에 따라 살아가면서, 그들이 잘못된 것을 전혀 하지 않을 수 있다고 생각합니다. 다시 말해서, 종교적인 기준에 따라 살아간다면 여러분은 선한 사람이 됩니다. 여러분은 옳지 않은 어떤 일도 하지 않을 것이며, 틀림없이 구원받을 것입니다. 실제로 선한 사람이 되어도 이원적인 세력에게 에너지를 제공하는 것이 전적으로 가능합니다. 여러분이 스스로 눈먼 종교의 지도자를 따르는 맹목적인 추종자가 되었다면, 이것은 피할 수 없는 일입니다.

이원적인 세력에게 에너지를 주지 않는 유일한 방법은 그리스도의 분별력을 성취하는 것뿐입니다. 그렇게 됨으로써 여러분은 어떤 행위가 여러분의 빛을 조건 없는 사랑보다 낮은 진동으로 떨어뜨리는지 알 수 있게 됩니다. 또한, 여러분은 사람들 대부분이 그것이 정말 진실하고 좋은 것이라고 주장해도, 임계 진동(critical vibration) 이하의 이원적인 사랑이나 이원적인 선이 존재한다는 것을 알게 됩니다. 여러분이 이원성 의식이 정해 놓은 외적인 기준을 따르면서 어떤 이원적인 활동에 참여한다면, 여러분은 자신의 빛을 그런 활동 뒤에 숨어 있는 이원적인 세력들에게 제공하게 될 것입니다.

하지만, 지구 행성의 현재 상황을 고려해 볼 때, 인간이 행하는 거의 모든 행동이 이원성 의식의 영향을 받고 있음을 깨달을 필요가 있습니다. 물론 이원성과 관련된 행위를 피하고자, 온종일 24시간 내내, 동굴에 앉아서 신에 대해 명상을 할 수도 있습니다. 영적인 사람 가운데 일부는 이렇게 하기도 하지만, 이 방식은 지금 시대가 필요로 하는 접근 방식이 아닙니다. 다시 말하지만, 여러분이 종교적인 모든 활동에서 물러나야 한다는 말은 아닙니다.

정말로 필요한 것은 예수와 붓다가 보여주셨던 진정한 중도, 즉 세상 속에 있지만, 세상에 속하지 않는 길을 찾아내는 것입니다. 여러분은 인간의 활동에 참여하고 있지만, 현재 상황에 도전하여 그 활동을 더 높은 단계로 끌어올리는 방식으로 그렇게 하고 있습니다. 다시 말해서, 여러분은 모든 이원적인 영향에서 벗어날 수 있습니다. 여러분은 이원적인 세력들에게 먹이를 주지 않고도 외부 활동에 참여할 수 있습니다. 동시에 여러분이 이원성을 초월한 사람의 본보기가 됨으로써, 다른 사람들도 이원성을 초월할 수 있도록 도울 수 있습니다. 이 주제는 다음 장에서 더 상세하게 살펴보겠습니다. 지금은 이원적인 세력들이 어떻게 비-이원적인 가르침을 왜곡시키는지 조금 더 자세하게 살펴보겠습니다.

─────◦✿◦─────

여러분이 여기까지 이 책을 읽고 있다면, 내가 제시하는 것들을 모두 받아들이지는 않아도, 내면에서는 내 증언이 진실하다는 것(요한 8:13)을 알고 있다고 가정하겠습니다. 그 이유는 여러분이 이원성 의식과 분리되는 과정을 이미 시작했기 때문입니다. 여러분은 의식 속에 진리의 요소들을 가지고 있습니다. 그것이 내 가르침과 여러분 내면에 있는 뭔가가 서로 공명하는 것을 느끼는 이유입니다. 따라서 앞에서 설명한 이원적인 종교와 비-이원적 종교의 차이점을 읽으면서, 여러분이 살아오면서 접했던 종교(들)를 포함하여, 대부분의 종교가 이원성에 의해 어떻게 영향을 받았는지 알게 되었을 것입니다. 아마 여러분은 이것이 잘못된 것이며 바로잡혀야 한다는 강한 느낌을 받았을 것입니다.

이 행성에 사는 대부분의 종교인이 내가 설명한 것을 읽는다면, 여러분의 의견에 동의하지 않는다는 것을 숙고해 보기 바랍니다. 많은 사람은 내가 이원적인 종교의 특성으로 설명한 것에 잘못된 것이 전혀 없다고 말할 것입니다. 이와는 반대로, 비-이원적인 가르침에 대한 내 설명은 완전히 거짓이며 악마의 일이라고 말할 것입니다. 진실로 유일한 참된 종교만이 여러분을 구원해 줄 수 있고, 어떤 종교가 진실로 유일한 참된 종교라면, 우월성을 표현하는 것이 지극히 당연합니다. (내가 말한 대부분의 일을 이원적 종교에 의해 행하면서) 사실, 어떤 사람들은 종교가 두려움을 통해 구성원에게 강요하는 것처럼 보이는 것은 그들을 구원하기 위해 정말로 필요한 것이며, 충분히 정당화될 수 있다고 말할 것입니다. 다른 사람들은 내가 주장하는 요점 가운데 일부는 다른 모든 종교에 적용되지만, 자신의 종교는 정말로 유일한 참된 종교라고 말할 것입니다. 반면 다른 종교가 사람들을 구원할 수 있다고 하는 것은 거짓이지만, 유일한 참된 종교는 정말로 사람들을 구원할 수 있으므로, 거짓된 주장을 하는 것은 아니라고 말합니다. 이들에게는 그것이 모든 종교를 이원성 위로 끌어올려 원래의 목적으로 되돌리는 문제가 아닙니다. 이들이 볼 수 있는 유일한 선택 사항은 모든 사람이 자신의 종교로 개종하는 것이며, 그러면 종교와 관련된 모든 문제가 해결될 것입니다.

많은 사람이 이원성 의식에 눈이 멀어 이원성 의식을 보지 못합니다. 그들은 나무만 보고, 숲을 보지 못하며, 이원성에 대한 나의 가르침조차 헤아리지 못합니다. 그들은 유일한 하나의 길이 존재하고, 이원적인 사고방식이 유일한 올바른 방법이라고 믿습니다. 따라서 다르게 생각하는 사람들은 모두 잘못되었다고 정의합니다. 이것이 종교와 관련될 때는, 유일한 하나의 참된 종교만이 존재할 수 있고, 다른 종교는 정의상 모두 거짓이 됩니다. 그런 사람에게는 이 세상에 다른 종교가 존재한다는 사실 자체가 신과 신의 적들 사이에 투쟁이 있다는 것을 증명해 줍니다. 그런 사람들은 그들을 악마 또는 다른 어떤 것이라고 부릅니다. 따라서 그들이 신의 적들에게서 오는 모든 공격에 맞서 자신의 종교를 방어하는 것은 완전히 정당화됩니다. 비록 그것이 다른 사람들과 싸우는 것을 포함한다고 해도, 그들은 진실로 신의 일을 하는 것입니다. 진실로 신의 일을 하려면 이원성을 초월해야 한다는 개념이 그들에게는 이질적인 것입니다.

여기에서 요점은, 자신이 진실로 신의 편이라고 생각하는 수백만의 성실하고 독실한 종교인들이 믿고 있는 것을, 볼 수 있는 눈을 가진 사람들에게 보여주는 것입니다. 실제로 그들은 속아서 반그리스도 의식의 기원인 이원적 투쟁의 태도를 보여온 것입니다. 따라서 그들의 종교와 그들의 노력은 신의 참된 명분을 지지하지 않습니다. 신의 명분은 모든 사람을 이원성 의식 위로 끌어올려서, 그리스도 의식을 얻게 하는 것입니다. 그리스도 의식은 사람들을 진정한 왕국에 다가서게 해주는 유일한 것입니다. 이런 사람들은 이 행성과 관련된, 좀 더 세련된 추락한 존재들에 의한, 고의적인 책략의 희생양이 되었습니다. 이 계략은 현재 진행되고 있는 이원적인 투쟁에 모든 종교인을 끌어당깁니다.

이 계략의 무대가 되는 뱀의 주된 거짓말은 신은 오직 한 분이기 때문에 신의 진리에 대한 표현도 오직 하나여야 하며, 지구에는 오직 하나의 종교만 있을 수 있다는 것입니다. 결론적으로 다른 모든 종교는 거짓입니다. 그들의 종교와 문화가 허용하는 것으로 정의된 모든 것을 행하면서, 거짓된 다른 모든 종교를 근절하는 것이 유일하게 진정한 종교를 추종하는 사람들의 의무입니다. 일단 사람들이 이런 이원적인 투쟁에 끌려들어 가면, 현재 상황을 유지하는 역할을 하게 됩니다. 그들이 하는 어떤 것도 인류를 이원성 의식 위로 끌어올리는 데 도움이 되지 않기 때문입니다. 이와는 반대로, 그들의 모든 노력은 추락한 존재들에게 에너지를 줍니다. 따라서 그들은 행성의 야수를 먹여 살릴 뿐만 아니라, 이원적인 세계관이라는 거짓말을 강화합니다.

이 책에 열려 있는 사람들은 하나의 참된 교리가 있고, 그 외 모든 교리는 거짓이라는 개념이 실제로는 이원적인 것이고, 이로 인해 필연적으로 서로 다른 종교를 믿는 사람들 사이에 투쟁이 생겨난다는 것을 알 수 있다고 나는 믿습니다. 이런 개념은 신의 실재와는 전혀 관계가 없습니다. 그것은 완전히 잘못된 전제에 바탕을 두고 있습니다. 그것이 거짓인 이유를 살펴보겠습니다.

～～～～

우선 신에게 적이 있을 수 있다는 개념부터 살펴보겠습니다. 표면적으로는, 지금까지 내가 얘기한 추락한 존재들이 신의 적처럼 보일 것입니다. 그들이 사람들을 하나됨의 길(the Path of Oneness)에서 멀어지게 함으로써, 물질우주에 대한 신의 계획에 성공적으로 맞서고 있는 것처럼 보일 수도 있습니다. 다시 말해서, 누군가가 나의 가르침을 잘못 해석하여, 더 계몽된 사람들은 다른 사람이나 다른 종교에 맞서 싸우는 대신, 추락한 존재들과 맞서 싸워야 한다고 해석할 수도 있습니다. 하지만, 이것은 예수가 사람들에게 악에 저항하지 말고 다른 쪽 뺨마저 내밀라고(마태복음 5:39) 말하면서 시범을 통해 보여준 사실과는 거리가 멉니다. 상위 10%와 하위 10% 사이에 더 높은 수준의 이원적 투쟁을 만드는 것이 나의 의도가 아님을 분명히 밝혀 두겠습니다. 나의 진정한 의도는 진실로 영적인 사람들에게 영감을 불어넣어 그들을 이원성 의식 위로 끌어올리는 것이며, 그렇게 함으로써 다른 사람들도 그렇게 하도록 영감을 불어넣는 것입니다. 나의 의도는 여러분을 부추겨서 추락한 존재들과 싸우게 하려는 것이 아닙니다. 그 대신, 나는 여러분이 이원성을 초월하고 그들의 영향권에서 벗어나서, 그들을 쓸모없고 보잘것없는 여러분과 무관한 존재로 만드는 것을 보고 싶습니다.

사실, 신에게는 적이 없습니다. 창조주가 어떻게 적을 가질 수 있을까요? 형태의 세계에 존재하는 모든 것이 창조주의 질료(substance)로 창조되었으며, 모든 자기 의식하는 존재가 창조주의 개별적인 불꽃을 가지고 있는데 말입니다. 그가 없이 만들어진 것이 하나도 없느니라. (요한 1:3) 전지(全知)하고, 모든 곳에 편재하는 신이 어떻게 자신과 반대되는 것을 가질 수 있겠습니까? 따라서 신이 보기에, 신의 적은 없습니다.

자신이 신의 적이라고 믿으며, 그에 따라 행동하는 일부 존재가 있다는 것은 사실입니다. 그들은 상위 영역에서 추락한 존재들로, 이원성 의식을 이용하여 창조주가 잘못된 것처럼 보이게 하는 세계관을 만들어냈습니다. 자신들의 이원적인 세계관에 기초하여, 그들은 자신이 옳고 창조주는 틀렸다고 정말로 믿고 있습니다. 그들은 자신이 창조주보다 더 잘 알고 있으며, 창조주보다 우주를 더 잘 운영할 수 있다고 생각합니다. 이것이 그들이 물질우주를 통제하고, 지구 행성과 같은 물질우주 일부가 상승하는 것을 막으려는 이유를 설명합니다. 그들은 자신들이 지구에 대한 신의 계획을 좌절시킬 수 있다면, 창조주가 줄곧 틀렸었다는 것을 증명할 수 있으며, 자신들이 세상의 진정한 지배자가 될 것으로 생각합니다. 지금 나는 이런 믿음이 합리적이거나 논리적이라고 말하는 것이 아니라, 이 존재들의 마음속에서 진행되고 있는 것이 무엇인지를 설명하고 있습니다. 앞에서 말했듯이 이원성 의식은 스스로 "진실"을 정의하므로, 모든 것을 정당화할 수 있습니다. 여러분이 "진실"을 특정한 방식으로 정의할 때, 창조주조차 잘못된 것처럼 보이게 만들 수 있습니다. 어떤 관점이 절대적이고 완전하며 오류가 없다고 설정했을 때, 결론의 토대가 되는 기본적인 가정을 의심하지 않는 한, 결론은 이미 주어진 것입니다. 이것이 이원성 의식이 (가장 근본적인 믿음과 가정을 의심할 때까지) 누구도 벗어날 수 없는 닫힌 멘탈 박스를 만들어내는 방식입니다.

요점은 이런 존재들은 자신을 신의 적으로 보지만, 창조주는 그들을 적으로 여기지 않는다는 것입니다. 창조주는 그들의 의식하는 자아들(conscious selves)을 자기 존재의 확장체들(extensions of its own Being)로 여깁니다. 또한, 창조주는 그들의 의식하는 자아가 단순히 반그리스도 의식에 의해 만들어진 정체성으로 들어갔으며, 거기에 어떤 실체도 존재하지 않는다고 봅니다. 또한, 창조주는 허공이 빛으로 완전히 채워지면, 실체가 없는 정체성은 모두 최후의 심판으로 용해된다는 것을 알고 있습니다. 따라서 창조주는 개별적인 존재들이 실체가 없는 정체성을 취하도록 허용하는 한편, 종국에는 존재들이 이것이 비실재임을 볼 수 있을 정도로 이런 정체성을 능가하여, 그 이상이 되기를 결정하고, 생명의 강에 다시 합류하기를 원합니다.

사실, 창조주는 이 존재들이 자신의 환상대로 살아볼 수 있는 궁극적인 기회를 주기 위해 물질우주를 특별히 설계했습니다. 창조주는 이 존재들이 할 수 있는 어떤 것에도 위협을 느끼지 않습니다. 심지어 그들이 개별적인 행성을 파괴한다고 해도, 창조주의 전반적인 계획은 원래 계획대로 진행될 것입니다. 물질우주는 전체적으로 상승나선 안에 있으며, 매 순간 이전의 상태를 초월하기 위해 모든 것을 위로 끌어당기고 있습니다. 추락한 존재들이 모두를 끌어내리기에는 이런 상승나선이 너무나도 큽니다. 몇몇 추락한 존재들이 개별적 행성들의 성장을 간신히 늦출 수는 있지만, 그들은 자신의 환영을 유지하기 위해 끊임없이 더 힘들게 싸워야 합니다. 지구와 관련된 추락한 존재들은 글자 그대로 우주 전체의 상향 추진력에 저항하는 것입니다. 나는 여러분이 지구가 우주 나머지의 중력적인 끌어당김에 저항할 만한 질량을 가지고 있지 않음을 알 수 있다고 믿습니다. 지구에 있는 추락한 존재들이 생명의 힘에 저항할 기회는 없지만, 창조주는 그들이 그렇게 할 수 있다는 환영을 유지할 수 있도록 허용합니다. 지금까지 이 행성의 사람 대부분이 이런 시도에 협력했고, 이 때문에 환영들이 유지되었습니다. 임계수치의 사람들이 "임금님은 벌거숭이예요" 하고 외칠 때까지, 이런 환영은 유지될 것입니다.

창조주에게는 적이 없다는 진실을 알게 될 때, 인류가 신의 편에서 싸우는 사람들과 신에 맞서 싸우는 사람들이라는 두 그룹으로 나뉠 수 있다는 것이 완전한 환영임을 알게 될 것이라고 믿습니다. 적과 싸우고 있다고 생각하는 모든 사람이 이원성 의식에 갇혀 있다는 것이 진실입니다. 따라서 그들이 신의 일을 하고 있다고 주장한다고 해도, 그들은 참된 신의 일을 하고 있지 않은 것이 분명한 이원적인 세력을 유지하는 데에 봉사할 뿐입니다.

어떤 종교가 자신이 유일한 참된 종교이며, 다른 사람들 또는 다른 종교들을 그 종교의 적이나 신의 적이라고 정의한다면, 이것은 그 종교가 이원성 의식의 영향을 받는다는 명백한 증거입니다. 따라서 그 종교는 추락한 존재들이 창조한 이원론적 투쟁, 즉 자신들이 살아남고 심지어는 지구에 대한 자신들의 지배권을 확장하는 것을 돕기 위해 그들이 창조했으며, 지금도 계속되는 이원론적 투쟁에 나선 한 선수(one player)일뿐임을 알 수 있습니다. 비-이원적인 가르침은 누군가에게 반대한다고 자신을 정의하지 않습니다. 그것은 단지 모든 사람에게 가르침을 전하고, 지구의 모든 사람을 구해야 한다고 생각하지 않으면서도, 그들과 함께하는 사람들을 보살펴 줍니다. 그렇다고 이 말이 어떤 가르침이 자신이 아는 진리를 말할 수 없고, 심지어는 다른 종교의 교리가 진리에 미치지 못해 보이는 이유를 말할 수 없다는 뜻이 아닙니다. 하지만, 그런 일은 이원성 투쟁에 힘을 더하지 않고 행해져야 합니다.

~~~~~~

신은 오로지 하나이므로, 오직 하나의 진리만 있을 수 있습니다. 따라서 그런 진리를 대변하는 참된 종교도 하나여야 한다는 논쟁은 어떤가요? 지구에는 너무 많은 종교가 존재하며, 종교들이 대개 정면으로 대립하는 외적인 가르침을 가지고 있는 것을 어떻게 설명할 수 있을까요? 몇 가지 견해가 대립한다면 모두가 진리일 수 없습니다. 따라서 한 가지 견해는 진실이고 나머지는 모두 거짓이어야 합니다.

이런 흑백의 논리에 대한 대안이 있다는 것이 명백해지기를 바랍니다. 하나의 대안은 모든 관점이 거짓이거나 적어도 불완전할 수 있다는 것입니다. 또 다른 대안은 종교적인 갈등의 무대가 되었던 것이 가르침 그 자체가 아니라, 종교적인 가르침에 대한 사람들의 해석이라는 것입니다. 어떤 해석이 이원적인지를 어떻게 알 수 있을까요? 진실과 거짓이라는 이원성이 작용하는 모든 해석은 이원성 의식에서 나옵니다. 종교적인 가르침 사이에 모순을 만드는 것

열쇠 21: 비-이원적인 가르침이 어떻게 이원적인 종교가 되는가? 121

은 이원성 의식입니다. 이원성을 초월하면, 비-이원적 종교들의 내적인 가르침 사이에 모순이 없음을 알게 됩니다.

이 책의 서두에서, 나는 진리(신의 실재)와 진리에 대한 사람들의 정신적 이미지 사이에 근본적인 차이가 존재한다는 것을 분명하게 밝히려 했습니다. 정신적 이미지는 진리를 직접 경험하지 못할 때만 필요합니다. 그리고 정확하게는 정신적 이미지는 신의 실재와 분리되어 있으므로, 이원적인 힘에게는 비옥한 토양이 됩니다. 이런 힘들은 신의 실재(God's reality) 안에서는 존재할 수 없으므로, 실재가 제거된, 즉 어둠이 여전히 존재할 수 있는 영역에서만 존재할 수 있습니다. 이것이 그들이 정신적 이미지의 세계, 즉 모든 것이 우상(graven image)인 세계에 존재하는 이유입니다. 예수는 신을 알기 위해서는 모든 정신적 이미지를 벗어나야 한다는 것을 이해했으므로, 신은 영이니 신께 예배드리는 사람은 영(Spirit)과 진리로 예배드려야 한다고 (요한 4:24) 말했습니다. 여러분이 진실로 신을 알고 싶다면 어떤 설명으로도 충분치 않습니다. 신의 영(Spirit)을 직접 체험할 수 있도록 손을 뻗어야 합니다. 여러분의 의식하는 자아(conscious self)는 창조주 존재의 확장체이므로, 그 경험은 여러분에게 열려 있습니다.

중요한 차이가 보이나요? 여러분이 신의 영(Spirit)을 잠깐이라도 볼 수 있다면, 어떤 교리나 경전도 신에 대한 온전하고 정확한 해석을 할 수 없다는 것을 알게 됩니다. 여러분은 종교적인 가르침이 도로의 표지판일 뿐 최종 목적지가 아님을 깨달을 것입니다. 그렇다면 어떤 설명으로도 초월적인 신의 실재를 표현할 수 없는 상황에서, 하나의 묘사만이 유일한 참된 묘사라고 주장하는 것이 무슨 의미가 있을까요? 이런 깨달음은 자신의 종교든 다른 사람들의 종교든 모든 종교에 대한 비-이원적인 접근의 초석이 됩니다. 어느 도시를 가는 도중, 그 도시가 100마일 떨어져 있다는 도로 표지판을 보았다고 상상해 보세요. 도로 표지판 주위에는 한 무리의 축하하는 사람들이 있습니다. 여러분이 그들에게 물어보면, 그들이 이미 그 도시에 도착했다고 생각한다는 것을 알게 될 것입니다. 아마도 여러분은 이것이 어리석다고 생각할 것입니다. 따라서 어떤 표지판, 어떤 종교를 두고 싸우는 것은 유일한 진리가 무엇인지를 놓고 싸우는 것만큼 어리석습니다. 특히 이것을 비-이원적인 방법으로 이해했을 때, 그들 모두가 같은 목적지를 가리킬 수 있으므로 더더욱 그렇습니다. 여러분은 목적지에 도달할 때까지, 진리의 영(Spirit)을 직접 경험할 때까지, 비-이원적인 방식으로 자신이 좋아하는 표지를 따라 계속 가기만 하면 됩니다.

 내 말의 요점은 신을 온전하게 설명할 수 있는 종교적인 경전은 없다는 것입니다. 경전은 단지 이미지만을 줄 수 있습니다. 사람들이 그런 이미지가 완벽하고 오류가 없다고 생각한다면, 그들은 필연적으로 그것을 우상으로 바꾸어 놓을 것입니다. 이들은 그 이미지가 마치 신인 것처럼 숭배할 것이며, 모든 이미지를 초월해 있는 영(Spirit)을 직접 경험하려고 하지 않을 것입니다. (비록 상승 호스트가 영감을 불어넣은 것이라 하더라도) 종교적인 경전의 목적은 신의 진리를 완전하고 오류 없이 표현하기 위한 것이 아닙니다. 그것은 불가능합니다. 종교의 진정한 목적은 사람들에게 영감을 불어넣어, 사람들이 외적인 경전을 뛰어넘고, 외적인 묘사 뒤에 감춰진 영(Spirit)을 직접적이고 내적으로 경험하도록 고무하는 것입니다.

 영적인 스승들의 딜레마는 물질의 밀도가 너무 높아, 사람들에게 물질계 너머에 뭔가가 존재한다는 것이 명확해 보이지 않는다는 것입니다. 따라서 사람들에게 초월적인 뭔가가 존재한다는 것을 보여 주기 위해, 우리는 그들에게 종교적인 경전을 주어야만 했고, 보이지 않는 목적지를 가리키는 도로 표지판도 제공해야 했습니다. 그러나 그런 경전의 주된 목적은 목적지를 자세하게 설명하는 것이 아닙니다. 그것의 목적은 사람들의 직접적인 경험에 대한 열망을 일깨워 줄 수 있을 만큼 충분한 정보를 제공하는 것일 뿐입니다. 종교는 휴양지를 홍보하는 책자와 같습니다. 하지만, 사람들이 안내 책자를 보고 목적지까지 실제로 여행을 떠나지 않는다면, 안내 책자는 제 역할을 다하지 못한 것입니다.

　인간의 에고는 (오직 의식하는 자아만이 경험할 수 있는) 진리의 영(Spirit)을 직접 경험할 수 없습니다. 그 때문에 사람들은 추락한 존재들이 자신들에게 자신들은 외적인 설명과 외부 종교를 뛰어넘을 수 없고, 뛰어넘게 되어 있지도 않다고 믿게 하도록 내버려 두었습니다. 외부 종교가 자신들을 목적지로 데려다줄 것이므로, 그들은 그렇게 할 필요가 없었습니다. 이런 사고방식이 종교적인 모든 경쟁과 전쟁의 진짜 원인임을 여러분이 알게 되기를 바랍니다.

∽··∽

　지구에는 왜 이렇게 많은 종교가 존재할까요? 또한 모든 싸움을 피할 수 있도록 하나의 종교가 우월하다고 공표하지 않는 이유는 무엇일까요? 자유의지와 이원성 의식, 추락한 존재들의 영향을 여러분이 제대로 이해하고 있다면, 유일한 하나의 종교가 태어날 수 없는 이유를 이해할 수 있을 것입니다. 다양한 그룹의 사람이 그들만의 종교를 만들었고, 추락한 존재들도 다른 종교들을 만들었기 때문에, 모든 사람이 받아들일 만한 종교는 존재하지 않습니다. (여러 번 그랬던 것처럼) 우리가 비록 비-이원적인 가르침을 내놓는다고 해도, 이원적인 마음 상태에 갇힌 사람들은 그것을 "유일한 참된 종교"로 바꾸어 버릴 것입니다. 사람들이 그렇게 할 때, 가르침은 패권을 위한 이원적인 투쟁으로 들어가게 됩니다.

　상승 호스트는 이 행성에 유일한 하나의 종교를 가져오려는 마음이 없습니다. 이유는 간단한데, 하나의 수준이 모든 종교에 다 들어맞지 않기 때문입니다. 앞장에서, 나는 현재 지구가 배경이 매우 다른 다양한 그룹의 생명흐름을 수용하고 있다는 사실을 아주 길게 설명했습니다. 이 많은 그룹의 사고방식이 너무 달라, 서로 다른 종교가 있어야 하는 것이 분명합니다. 하나의 가르침이 지구에 있는 모든 생명흐름의 관심을 끌게 할 가능성은 없습니다. 우리의 목적은 모든 생명흐름을 집으로 데려가는 것입니다. 따라서 우리는 특정한 의식 상태에 있는 생명흐름들을 위해 특별히 고안된 가르침을 가져오기 위해 지속해서 노력하고 있습니다. 여러분이 우리의 전반적인 목적을 이해할 때, 같은 목적지에 도달하는 방법에 대해, 다른 그룹의 생명흐름들이 다른 가르침을 받는 것에는 어떤 모순도 없음을 알게 됩니다. 결국, 그들은 서로 다른 장소, 더 자세히는 서로 다른 의식 상태에서 시작합니다. 아주 다른 장소에서 출발한 사람들은, 모두 같은 목적지로 가고 있다 하더라도, 서로 다른 지도(road maps)가 필요합니다.

　상승 호스트들은 인류의 의식이 높아짐에 따라, 과거보다 더 높은 수준의 가르침을 전해 줄 수 있다는 것을 알고 있습니다. 내가 이 책을 펴내는 이유가 바로 그것입니다. 하지만, 나는 이 책에 오류가 없다거나 우월성에 대해 어떤 주장도 하지 않음을 명확히 해두겠습니다. 이 책은 진정한 계시의 결과이지만, (주요 종교의 경전들을 포함해서) 다른 모든 형태의 계시처럼, 육화해 있는 한 개인의 의식을 통해 전해지고 있습니다. 따라서 이 책은 메신저와 당대 인류가 지닌 의식에 어느 정도 영향을 받을 것입니다. 사실, 이것은 한계가 아닙니다. 진리의 영(Spirit of Truth)을 직접 경험하기 위해서는 항상 외적인 가르침을 뛰어넘어야 한다는 점을 여러분이 이해한다면, 이것은 한계가 되지 않습니다. 가르침을 도로 표지판으로 인식하고 최종 목적지를 향해 계속 나아가는 한, 어떤 가르침도 여러분을 가로막지 못할 것입니다. 이스라엘 백성들이 황금 송아지를 둘러싸고 춤을 추었던 것처럼(출애굽기 32:19), 여러분이 도로 표지판을 둘러싸고 춤을 추기 시작할 때, 종교 갈등을 위한 무대가 놓이는 것입니다. 외부 종교를 우상으로 바꾸어 놓으려는 성향은 에고가 진리의 영(Spirit)을 이해할 수 없기 때문입니다. 따라서 에고로 인해 눈이 먼 사람들은 모든 형태 너머의 초월적인 창조주를 섬기는 대신 보이는 것을 섬기고 싶어 합니다.

결론적으로, 진실로 영적인 모든 사람이 알아야 하는 진실은 다양한 종교 간에 이런 이원론적 싸움을 계속하는 것이 무의미하다는 것입니다. 악마에게 두 그룹의 종교인들이 똑같은 신의 이름으로 싸우는 것을 지켜보는 것보다 더 큰 즐거움은 없습니다. 영적인 사람들이 싸워야 할 적이 필요하다면, 그 적은 이원성 의식과 인간 사회의 모든 측면, 특히 종교에 미치고 있는 이원적 의식의 영향입니다. 다른 사람의 눈에 있는 들보를 제거하려고 하기 전에, 자신의 들보(이원성 의식)를 빼내는 일부터 시작해야 한다는 예수의 말에서 진리를 깨닫고, 여러분은 이원성과 싸워야 합니다. 이렇게 함으로써, 결국 모든 사람이 이원성을 초월할 것이며, 따라서 누군가 혹은 어떤 것과 더 이상 싸우지 않아도 될 것입니다. 대신 그들은 자신들의 영적 자아의 빛을 비추게 하는 데 모든 관심을 집중해야 합니다. 그렇게 되면 신의 빛이 지구의 모든 어둠을 태울 것입니다. 충분한 수의 영적인 사람들이 자신의 빛을 비추면, 이원적인 세력들이 숨을 수 있는 어둠은 전혀 남지 않을 것입니다. 이것이 지구 행성에서의 진정한 신의 일입니다.

열쇠 22
존재들이 어떻게 추락하는지를 이해하기

앞장에서 나는 (새로운 공동창조자든 상위 구체에서 추락한 존재든) 정해진 구체에 사는 모든 존재가 에덴 정원처럼 보호받는 환경에서 어떻게 시작하는지를 설명했습니다. 지금은 영적인 영역으로 상승한 상위 구체에서 추락한 존재들은 경험이 없는 공동창조자나 새로운 공동창조자로서, 혹은 천사로서 추락한 것이 아닙니다. 사실, 이들 가운데 일부는 매우 강력한 지위를 가지고 있었습니다. 그런 존재들이 어떻게 추락할 수 있었는지를 이해하는 것이 중요하므로, 이에 대해 더 자세히 살펴보겠습니다.

천사들에 대해 앞장에서 설명한 것처럼, 최초의 추락은 네 번째 구체에서 일어났습니다. 이 추락은 세 상위 구체에서 출발했던 특정한 천사들이 신의 목적과 설계에 의도적으로 저항하겠다고 결정했기 때문에 발생했습니다. 하지만 그 이후, 천사들과 공동창조자 등 많은 존재가 추락하게 되었습니다. 이번 장에서 주로 다룰 내용은 이런 존재들이 어떻게 추락하게 되는지에 대한 것입니다. 다시 말해서, 우리가 기본적으로 다룰 내용은 특정한 구체에 봉사하도록 창조된 천사들과 공동창조자들이 자신들의 구체가 상승함에 따라, 어떻게 추락하게 되었는지에 대한 얘기입니다. 하지만, 이 장의 가르침은 상위 구체에서 추락한 존재들과 현재 구체의 우주적인 학습 공간에서 출발한 존재들에게도 어느 정도 적용될 것입니다.

네 번째 구체를 시작으로 마터 빛의 밀도는 추락을 현실적으로 가능하게 만들었습니다. 따라서 정해진 구체가 임계수치에 도달하여 실제로 상승할 때까지, 구체에 있는 존재들이 추락하는 것이 가능합니다. 이것은 그 구체에서 높은 지위를 차지하고 있는 존재에게도 해당합니다. 구체에 어둠이 남아 있는 한, 이원성 의식이 숨을 여지가 존재합니다. 이것은 존재들이 반그리스도 마음의 교묘한 환영에 사로잡히는 것을 가능하게 합니다. 따라서 삶의 영적인 측면에 대해 매우 높은 수준의 지식을 가진 존재라 하더라도, 자신이 무슨 일을 하고 있는지 알지 못한 채 추락할 수 있습니다. 그들이 더 잘 알았다면 추락하지 않았겠지만, 그들의 의식에는 여전히 이원적인 요소가 있으므로, 그들은 정말 더 잘 알지 못합니다. 그들은 자신들이 무엇을 하는지 알지 못합니다. (누가 23:34)

우주 학교는 학생들을 그리스도의 충만함으로 데려가기 위한 곳이 아니라는 것도 이해해야 합니다. 여러분은 정말이지 교과과정을 만들 수 없고, 그 과정을 거치는 학생들이 모두 그리스도가 된 존재들이 된다는 보장도 없습니다. 그리스도 신성은 기계적인 역량(mechanical skill)이 아닙니다. 그것은 여러분이 결정을 내려야 하고, 내면에 어떤 통찰력을 가져야 하는 창조적인 과정(creative process)입니다. 기계적으로 만들어질 수 없는 "아하 경험"이나 획기적인 경험의 결과로 그리스도가 되는 것입니다. 여러분은 "그렇게 되거나" 아니면 "그렇게 되지 못하거나" 둘 중의 하나입니다. 스승은 여러분이 올바른 결정을 내리도록 도울 수 있고, 획기적인 경험을 할 수 있는 토대를 마련해 줄 수 있지만, 그런 경험을 강요할 수는 없습니다. 학교의 목표는 학생들이 영적으로 자급자족하도록 하는 것인데, 이것은 학생이 자신의 상위 존재와 어느 정도 접촉하고 있으므로, 내면에서 빛과 안내를 받을 수 있다는 의미입니다. 이 말은 여러분이 그리스도의 충만함을 가졌다는 말은 아닙니다. 그리스도 신성은 온전한 신-의식으로 이어지는 진행 중인 성장의 과정입니다.

어떻게 하면 임계수치의 그리스도 신성을 성취하여 불멸의 존재가 될 수 있을까요? 그것은 오로지 모든 생명과 하나됨의 상태를 이룰 때, 예수가 말한 것처럼, 여러분이 모든 사람의 종이 될 때(마가 10:44) 이룰 수 있습니다. 그리스도 신성은 교실에 앉아서 이론적으로 배운다고 성취되는 것이 아니라는 말입니다. 다른 모든 것처럼, 그리스도 신성에는 알파와 오메가 측면이 있습니다. 알파 측면은 안으로 들어가는 것입니다. 자신의 외부에서 찾는 것이 아니라 내면으로 들어가 내면에 있는 신의 왕국을 찾는 것입니다. 일단 여러분이 내면의 왕국, 즉 여러분의 상위 존재 그리고 존재의 사슬과 어느 정도 접촉하게 되면, 다른 사람들과 함께 나누는 오메가 측면에 관여해야 합니다. 여러분은 모든 생명을 끌어올리는 데 봉사해야 합니다. 이것은 지구에서의 대학 교육에 비유될 수 있습니다. 몇 년 동안 이론적으로 공부를 하고 난 후, 여러분은 졸업하고 세상으로 나가 배운 기술을 사용하면서 배우게 됩니다. 많은 사람은 대학에서 배운 것보다 일하면서 더 많이 배운다는 것을 알고 있습니다. 마찬가지로, 여러분은 다른 사람들에게 봉사하면서 그리스도 신성의 여정에서 가장 빠른 진전을 이룹니다. 그것이 진정으로 배우는 가르침이기 때문입니다. 따라서 학생들은 영적인 학교에서 충분히 배우고 난 후, 배운 것을 실천하기 위해 밖으로 보내집니다.

예를 들면, 에덴 정원을 졸업한 학생 중 일부는 육화하였고, 반면 다른 학생들은 감정, 멘탈, 정체성층으로 보내졌습니다.

또 다른 고려 사항은, 학생들이 졸업했을 때 그들의 수준이 똑같지 않았다는 것입니다. 대학생들이 똑같은 실력이 아닌 것과 같습니다. 그 외에도, 어떤 학생들은 졸업은 하지 않았지만, 스승과 분리되었기 때문에, 자급자족하지 못한 채 보내지게 되었습니다. 스승은 이 학생들이 학교 밖의 삶에서 배우고 결국 그리스도 신성에서 성장할 것이라는 희망을 여전히 지니고 있습니다.

전반적인 요점은 학생들이 영적인 학습공간을 떠난 후, 자신이 태어난 구체로 나가서 그곳에서 성장한다는 것입니다. 이제 학생들은 그리스도 신성이라는 내적인 역량을 더 키우지 않고도, 외적인 역량을 능숙하게 발휘하는 것이 가능해집니다. 분명 학생들은 외적인 역량에서 성장할 수 있고, 그 과정에서 더 자기 중심적으로 될 수 있습니다. 이것은 일부 국가의 지도자들이 권력을 행사하는 데에는 아주 뛰어나지만, 진정한 연민이나 타인에 대한 사랑은 전혀 가지고 있지 않아, 자신의 힘을 오용하는 사실에서 볼 수 있습니다. 다른 사람들은 특정 분야에서 자신의 역량을 발달시키는 데 매우 초점을 맞추는데, 그들은 다른 사람들과 경쟁하려는 욕망에서 그렇게 합니다. 이것이 그들을 어느 정도 성장하게 할 수는 있지만, 그리스도 신성에서의 성장을 의미하지는 않습니다. 다른 사람들과 경쟁하고 있는 한, 여러분은 분명히 이원적인 마음의 틀 안에 있는 것입니다.

이제 우리는 공동창조자들과 새로운 천사들(특정한 구체를 위해

특별히 창조된 천사들)이 추락할 때 무슨 일이 일어나게 되는지를 알 수 있습니다. 일부 공동창조자와 천사는 다른 사람들과 비교하여 높은 지위를 얻을 수 있을 정도로 외적인 역량을 발전시킵니다. 이런 존재들이 자신의 구체가 상승하는 것을 돕는 가치 있는 봉사를 한다고 해도, 그들은 여전히 자기 중심적인 동기에서 그렇게 합니다. 자기 중심적인 존재들조차 지도자적인 지위를 얻을 수 있는데, 이유는 간단합니다. 구체가 성장함에 따라, 일부 공동창조자와 일부 천사는 실험을 하면서 성장합니다. 따라서 그들에게는 어느 정도 실험을 할 수 있는 자유(latitude)가 주어집니다. 공동창조자는 천사보다 더 넓은 허용범위(latitude)를 가집니다. 다시 말해서, 공동창조자는 자기 중심적인 욕망에 이끌린다고 해도, 자신이 되고자 원하는 거의 모든 것이 될 수 있습니다. 다른 존재들과 비교하여 자기만의 역량을 키우는 것까지도 그 이상이 되는 과정 일부이기 때문입니다. 이런 행위가 낮은 수준에서 이루어지는 것이 분명하지만, 이기심 없는 봉사로 변형될 가능성은 있습니다.

그러므로 계시록에서 "미지근한 사람들보다 뜨겁거나 찬 사람들이 더 좋은 위치에 있다(계시록 3:15-16)"라고 말한 것입니다. 미지근한 사람들은 자신을 개선하는 데 책임지려 하지 않고, 오히려 지도자를 따르려고 합니다. 차가운 사람들은 자기 자신을 향상하기 위해 열심히 일하지만, 이기적인 목적에서 그렇게 하는 사람들입니다. 그렇다 하더라도, 그들의 노력이 사심 없는 봉사로 바뀌는 깨달음을 경험할 가능성이 존재합니다. 그들이 자신을 미화하기 위한 진보된 역량을 습득한 후에는, 다른 사람들에게 더 훌륭한 봉사를 할 수 있는 권한이 그들에게 부여될 것입니다.

이제 우리는, 다시 한번, 참된 영적인 스승과 마스터들은 누구도 판단하지 않는다는 것을 알게 되었습니다. 그들은 모든 자기 인식하는 존재에게 성장할 수 있는 최대의 기회를 주려고 합니다. 형태의 세계는 존재들의 성장을 촉진하는 환경이 될 수 있도록 매우 유연하게 만들어졌습니다. (아직 어둠이 존재하는 구체에서는) 어떤 존재가 타인과 비교하여 자신을 끌어올리려는 강한 욕망을 가진다면, 그 존재는 그렇게 하도록 허용될 것입니다. 그 이상이 되려는 어떤 시도든 어느 정도의 성장으로 이어질 수 있고, 진정한 성장으로 바뀔 가능성이 있기 때문입니다.

많은 존재가 자신의 영광을 위해, 그리고 역량을 키우기 위해 오랫동안 노력했지만, 심경의 변화를 경험하고 의식의 다이얼을 돌려, 이런 식으로 살아가는 것이 공허함을 알게 될 수 있었습니다. 그 후 그들은 더욱 이타적으로 되어, 자신의 역량과 경험을 타인에게 봉사하는 데 사용하게 되었습니다. 지구에서 이런 사례를 많이 찾아볼 수 있습니다. 예를 들면, 수십 년 동안 부를 축적했던 기업인이 모두를 끌어올리기 위해 모든 재산을 기부하는 자선 사업가로 변모하는 것을 볼 수 있습니다. 따라서 뜨거운 것과 차가운 것의 차이는 의식의 다이얼을 약간 돌리는 것에 불과합니다. 그러므로 차가운 사람들에게는 자기 중심적인 욕망을 극단적 상황으로 치닫게 하는 기회가 많이 주어집니다. 희망은 그들이 충분히 경험하고 난 후, 결국 이원적인 사고방식에서 깨어나게 되는 것입니다. 영적인 스승으로서 우리는 성령의 본질에 충실해야 합니다. 따라서 우리는 어떤 존재가 희망이 없는 존재라는 이미지를 창조할 수 없습니다. 우리는 어떤 존재가 언제나 깨어날 수 있으며, 하나됨의 길을 걸을 수 있다는 무결한 관념을 지녀야 합니다.

이제 우리는 어떤 구체가 상승에 가까워지면, 그 구체에 있는 모든 존재가 그리스도 신성에 대한 마지막 시험, 즉 이타심에 대한 시험에 직면하는 것을 압니다. 영적인 학교에서는 모든 생명이 하나라는 사실을 내면화하는 하나됨의 여정에 대해 가르칩니다. 따라서 학생들은 학교를 떠난 후, 배운 것을 통합하기 위해 세상으로 나갑니다. 그들은 실험을 통해 그렇게 합니다. 일부는 하나됨의 길을 따르는 것을 지속하며 하나됨에 더 가까이 다가갑니다. 그들은 더 뜨거워집니다. 다른 학생들은 하나됨의 길을 떠나, 통속적인 표현으로 "자기 이익만을 생각하는 길"을 따릅니다. 그들은 차가워집니다. 또 다른 일부는 재능을 땅에 묻어두고, 자기 자신뿐만 아니라 모든 존재를 보살피려고 하지 않습니다. 그들은 미지근하게 됩니다. 이 모든 것이 구체가 성장하는 동안, 우주의 날숨이라 부르는 단계에서 허용이 됩니다. 하지만, 구체가 임계수치에 도달하면 들숨의 과정이 시작되는데, 이때가 존재들이 이타심의 시험에 직면하는 때입니다.

어떤 존재들은 높은 지위를 얻고, 그런 지위에 관련된 모든 의무를 수행하는 데 관심을 너무 집중한 나머지, 가르침을 하나로 통합하는 일은 한쪽으로 제쳐 둡니다. 그들은 모든 것을 올바르게 하고 싶은 욕망, 즉 건설적인 욕망에 집중하지만, 그런 열망을 자신이 타인들보다 더 낫게 되고, 타인들과 비교하여 자신을 끌어올리려는 욕망으로 채색합니다. 그런 존재들은 대개 그들의 사회에서 매우 높은 위치에 있습니다. 예를 들면 종교와 정부 조직에서 고위직을 차지하고 있으며, 그들을 지도자로 여기는 많은 추종자를 거느리고 있습니다. 추종자 중 일부는 자신의 지도자에게 매우 충성스럽고, 기본적으로 지도자들이 지시하는 것은 무엇이든 하면서, 지도자들을 맹목적으로 따릅니다.

구체가 임계수치에 도달하면, 자기 중심성에 기초하여 고위직을 차지했던 지도자들은 매우 어려운 일련의 입문에 직면하게 됩니다. 이런 입문의 속성은 지도자에게는 생소한 것입니다. 왜냐하면 입문들이 알려져 있었다면, 그들이 통과하기 쉬울 것이기 때문입니다. 입문들은 존재들이 모든 분리감과 분리된 자아 감각의 잔재를 모두 극복할 수 있도록 세심하게 설계되었습니다. 따라서 구체의 진동수가 상승함에 따라, 입문 과정은 모든 존재의 이기적인 경향을 여지없이 드러낼 것입니다. 시험을 받을 위치에 있지 않다고 생각되는 고위직 존재들조차도 내면에 있는 이기적인 성향을 드러낼 것입니다. 모든 입문은 겸손함의 시험이라고 말할 수 있고, 누구도 이 시험을 면제받을 수 없습니다. 외부 사회에서의 계급 때문에 자신은 이 시험에서 면제되어야 한다고 생각하는 사람조차 이 시험을 피해 갈 수 없습니다. 신은 진실로 사람을 차별하지 않으십니다. (사도행전 10:34)

하나됨과 겸손이라는 마지막 시험은 어떤 것일까요? 새로운 구체가 만들어지면, 상승하는 구체의 존재들은 다음번의 구체를 창조하는 일을 돕도록 요청받게 됩니다. 그럼, 새로운 구체는 어떻게 창조될까요? 그것은 창조주로부터 시작된 창조 과정의 일부입니다. 앞에서 설명한 것처럼, 창조주는 자신의 존재와 의식으로부터 첫 번째 구체를 창조했습니다. 그 후, 창조주는 자신의 존재로부터 자기 의식하는 공동창조자들을 창조했으며, 그들에게 자유의지를 부여했습니다. 창조주는 자기 존재 일부가 형태 속에 갇히는 것을 허용했으며 그런 다음, 자기 인식하는 공동창조자들이 창조주 존재의 일부를 통제할 수 있게 허용했습니다. 창조주는 자기 존재의 일부를 가지고, 그들이 원하는 것은 무엇이든지 할 수 있도록 허용한 것입니다. 이것이 상승하는 구체에 있던 존재들(천사들과 공동창조자들)이 자신의 존재와 의식을 다음 구체의 창조물 속으로 내재화하면서 지금까지 계속되어온 과정입니다.

하나의 구체가 상승에 가까워지면, 그 구체의 존재들은 자신의 일부를 새로운 구체에 내재화(embedded)하도록 요청받게 됩니다. 물론, 새로운 구체에는 자유의지를 지닌 경험이 없는 공동창조자들, 심지어는 일부 추락한 존재들도 거주할 것입니다. 그들은 상위 구체에 있는 존재들이 내재화한 것으로 원하는 것은 무엇이든지 할 수 있습니다. 이것이 하나됨과 겸손함의 궁극적인 시험이라는 것을 알 수 있으리라 믿습니다. 나는 여러분이 이렇게 하는 것의 지혜로움을 알 것이라고 믿습니다. 새로운 구체에 자기 존재의 일부를 심어놓은 존재들은 새로운 구체와 하나라는 깊은 의식을 가지게 될 것입니다. 따라서 그 구체의 존재들이 상승할 수 있도록 돕는 일에 당연히 관심을 두게 될 것이며, 이렇게 함으로써 자신도 자유롭게 되어 상승할 수 있게 할 것입니다.

∽◦∽◦❀∽◦∽

이제 우리는 상승하는 구체의 일부 존재에게 이런 입문 과정이 매우 어렵고, 심지어는 충격적인 것이 될 수 있는 이유를 알게 되었습니다. 이런 존재들이 분리된 정체감을 극복하지 못한다면, 또한 다른 사람들과 자신을 비교하여 여전히 자신만 높이 세우려고 한다면, 그들에게는 내가 설명한 입문이 커다란 충격으로 다가올 것입니다. 높은 지위에 오르기 위해, 궁극적인 인정과 보상을 바라면서, 많은 시간과 노력을 들였지만, 그들에게는 이제 모든 것이 사라지려는 것처럼 보입니다. 그동안 얻기 위해 노력해왔던 인정과 보상을 얻는 대신, 자신들이 강등되고 지위가 떨어지게 되었다고 그들은 생각할 것입니다. 그들은 다른 사람들과 비교하여 궁극적인 인정을 받는 대신, 온 세상 앞에서 망신을 당하고 있다고 생각했습니다.

대부분의 존재는 기뻐하며 창조 과정에 참여할 기회를 잡았지만, 일부 소수의 존재는 자신들이 부당하게 대우받고 있다고 생각했습니다. 그들은 입문 과정을 하나됨 안에서 성장할 수 있는 커다란 기회로 여기지 않았습니다. 그들은 자신의 지위와 신분을 부당하게 박탈당하고, 온갖 실수를 저지를 것 같은 경험이 전혀 없는 존재들의 아랫사람이 되었다고 생각했습니다. 그들은 그야말로 대규모 군대를 통솔했던 장군이 일생을 흠잡을 데 없이 봉사하고 난 후, 강등되어 막사를 청소하고, 신병들의 지시를 받는 것과 같은 느낌을 받았습니다. 하지만, 나는 여러분이 이런 관점은 분리 의식의 영향을 받는 사람들만이 가질 수 있다는 것을 알 수 있으리라 믿습니다. 여러분이 새로운 공동창조자들을 자신의 확장체로 본다면, 그들에게 봉사하고 그들이 자기 인식을 키울 수 있도록 돕는 것이 어떻게 굴욕적인 일이 될 수 있겠습니까? 창조주로부터 시작하여 여러분 이전의 존재가 확장해 여러분이 된 것처럼, 똑같은 기회를 확장하여 다른 사람들에게도 그런 기회를 주도록 여러분에게 요청하는 것이 어떻게 불공평할 수 있을까요? 여러분은 실제로 모든 것 가운데 가장 위대한 모험, 생명이 생명을 낳는 과정에 참여하도록 요청받았던 것입니다.

이제 우리는 추락이 우연이나 필요 때문에 또는 계획에 의해 일어난 것이 아니라는 사실을 알게 되었습니다. 그것은 이원성 의식에 기초한 결정의 결과입니다. 존재들은 자신들보다 낮은 존재들에게 봉사하는 것을 거부하고, 형태의 세계를 창조한 기본 설계에 저항했습니다. 그들은 남들보다 뛰어나다고 느끼고 싶어 하는 욕망을 포기하지 않았기 때문에, 타인들과 분리되어 있다고 느낄 때만 가능한 정체감을 버리지 않았습니다. 이런 존재들은 삶이라는 과정 그 자체에 저항하는 것입니다. 특히 그들은 자기 존재의 일부가, (자신들이 만든 이원적인 잣대에 따라), 신분과 재능 면에서 자신들보다 낮은 공동창조자들의 지배를 받아야 한다는 개념에 저항합니다. 하위 구체들에 있는 일부 존재들은 최초로 추락한 천사들이 만든 최초의 거짓말을 믿었기 때문에 추락하였습니다. 그들은 새로운 공동창조자들에게 자유의지를 부여한 것이 창조주의 실수였으며, 창조주는 새로운 공동창조자들이 창조주의 법칙들을 거역할 기회를 가지지 않고 구원을 보장받을 수 있는 방식으로 우주를 설계했어야 했다고 믿었습니다.

여러분도 이런 믿음의 커다란 모순을 알 수 있으리라 믿습니다. 정확하게 말해, 창조주가 모든 존재에게 자유의지를 부여하게 됨으로써, 존재들은 창조의 과정에 저항할 수 있게 된 것입니다. 따라서 사실, 일반적으로 자기 중심적인 존재들은 자신들이 자유의지를 가지는 것에 대해서는 반대하지 않으며, 다만 타인들이 자유의지를 가지는 것에 대해서 반대할 뿐입니다. 이런 존재는 실제로 아주 강한 분리된 정체감을 구축했으며, 자신들은 자유의지를 가져야 할 뿐만 아니라, 자신들이 우월하므로, 자신들보다 신분이 낮은 존재들이 가지고 있는 자유의지를 자신들이 통제할 수 있어야 한다고 믿습니다.

이런 저항의 결과로 이런 존재들은 자신들이 태어난 구체가 상승할 때, 그 구체에 머물러 있을 수 없게 됩니다. 따라서 이런 존재는 새로 창조되는 구체로 내려가게 됩니다. 이런 존재들은 자기 존재의 전체 중에서 일부를 새로운 구체에 내재화시키는 것이 아니라 (존재의 주요 부분은 영적인 세계로 상승하게 됨), 자기 존재의 전부를 새로운 구체에 내재화시킵니다. 차이점은 이들이 새로운 구체 속에 있는 자신들의 존재를 완전히 통제할 수 있게 된다는 것인데, 자기 중심적인 존재에게는 이것이 주요한 관심사입니다. 하지만, 이들은 신으로부터 여전히 부당한 대우를 받고 있다고 느끼며, 자신들이 "아래로 강등"되었다는 사실에 대해 크게 분노하고 있습니다. (왜냐하면, 선택의 결과라기보다는, 오히려 강요 때문에 자신들이 고통을 받고 있다고 느끼기 때문에.) 따라서 바이블에서 추락한 존재들의 이런 사고방식을 다음과 같이 표현하는 것은 전적으로 옳은 것입니다.

그러므로 하늘과 그 가운데에 있는 자들은 즐거워하라. 그러나 땅과 바다는 화 있을진저! 이는 악마가 자기의 때가 얼마 남지 않은 줄을 알므로 크게 화를 내어 너희에게 내려갔음이라 하더라. (요한계시록 12:12)

요한계시록에 언급된 추락한 존재들은 땅과 바다, 두 군데로 추락했다고 합니다. "땅(Earth)"은 물질층을 상징하며, "바다(sea)"는 감정층을 상징합니다. 이 인용 문구는 사실상, 최초로 추락한 천사들에게 해당하는 것이지만, 현재 이 구체에 추락해 있는 모든 존재에게도 해당하는 말입니다. 이들 모두는 신에 대한 분노, 공동창조자들에 분노, 그리고 신성한 어머니, 즉 마터 빛에 대한 분노를 간직한 채 내려갔으며, 이들은 자신들의 자기 중심적인 선택의 결과를 경험하게 되는 것이 신성한 어머니 때문이라고 여기고 있습니다.

꽃장식

앞으로 더 나아가기 전에, 이 장에서의 가르침을 이용하여, 내가 앞에서 암시했던 것을 설명하고자 합니다. 많은 영적인 가르침에는 재탄생의 수레바퀴에서 벗어나, 더 이상 지구에 재육화할 필요가 없게 되는 의식 상태로 상승할 수 있다는 개념이 있습니다. 지구에서 만들어낸 모든 카르마를 청산하고 나면, 더 이상 지구로 되돌아올 필요가 없다는 것이 일반적인 개념입니다.

지난 한 세기 동안, 상승 호스트는 현재도 진행 중인, 진보적인 계시의 일부로, 몇 가지의 영적인 가르침을 전해 주었습니다. 이런 가르침을 통해, 일반적으로 상승 과정이라 부르는 것에 대해 훨씬 더 상세한 내용이 전해지게 되었습니다. 이런 가르침 때문에 뉴에이지 운동(New Age movement)이 전개되면서, 많은 사람이 지구에서 일단 상승하면 상승 마스터가 되고, 불멸의 존재가 된다고 믿게 되었습니다. 일부 학생들은 새로운 시혜(施惠), 즉 카르마의 51%만 청산하면 상승이 가능하다고 알고 있는데, 상대적으로 상승이 쉬워 보입니다. 상승이 성취할 수 있는 목표처럼 보이게 하는 것이 우리의 목표이기도 하지만, 보다 지각 있는 학생이라면 당연히 어떤 의문이 들었어야 합니다.

예를 들면, 카르마의 51%를 균형 잡는 것이 정말로 여러분을 이원성 의식에서 완전히 벗어나게 할까요? 만일 이원성 의식을 완전히 극복하지 못했다면, 어떻게 상승 마스터가 되어 영적인 세계로 들어갈 수 있을까요? 여전히 이원성의 영향을 받는 존재가 어떻게 불멸이 될 수 있으며, 만일 이원성의 영향을 받지 않았다면, 그 존재가 어떻게 불균형한 카르마를 가질 수 있을까요? 이제, 이런 개념에 대해 더욱 깊은 이해를 전해 주겠습니다.

지구에서 상승하는 것(물질적인 육체로 돌아올 필요가 없는 상태)과 영적인 세계로 상승하는 것(불멸의 존재, 즉 상승 마스터들이 되는 것)을 구별하는 것부터 시작하겠습니다. 앞에서 설명한 것처럼, 기원이 이 특정한 구체에 묶여 있는 존재들이 있습니다. 여기에는 아래로부터 진화해 온 존재들, 이 구체의 4개 모든 단계로 내려가기 위해 창조된 공동창조자들, 그리고 이 구체에 봉사하기 위해 창조된 천사들이 포함됩니다. 이런 존재들은 이 구체가 임계수치에 도달하여 상승 과정을 시작할 때까지 영적인 영역으로 영원히 상승할 수 없습니다. 이런 존재는 이 구체가 상승하도록 돕기 위해 창조되었으므로, 그들의 개별적인 상승은 전체 구체의 상승과 연결돼 있습니다.

여기서 나는 상승은 집단적인 과정이 아니라는 점을 분명히 밝혀 두겠습니다. 군중을 따른다고 해서, "자동으로" 상승할 수는 없습니다. 상승은 이원성을 영원히 극복하고, 하나됨에 기초한 정체감으로 들어가는 개별적인 과정입니다. 여러분은 반드시 영적으로 자급자족해야 합니다. 그렇게 됨으로써 여러분은 영적인 태양이 되어 내면에서 빛을 방사할 수 있게 됩니다. 여러분의 외부에 있는 누구도 여러분을 대신하여 이렇게 할 수는 없습니다. 따라서 여러분이 자신의 상위 존재, 그리고 존재의 사슬과 내면적으로 온전히 하나가 되어, 진주의 문[3]을 통과해야 합니다. 여기서 미묘한 차이점에 주목하세요. 여러분은 외적인 역량(skills)이나 외적 존재의 도움을 받아 상승할 수는 없습니다. 그렇게는 할 수 없습니다. 여러분은 오로지 자신의 상위 존재, 그리고 여러분 존재의 사슬과 하나가 되어야만 상승할 수 있습니다. 분리된 자아(separate self)와 더 큰 자아(greater self)라는 수수께끼를 풀어야만 여러분은 상승할 수 있습니다.

우리는 이제 상승은 개별적인 과정이지만, 자기 중심적인 과정이 아니라는 것을 알 수 있습니다. 따라서 여러분이 만약 이 특정한

---

[3] pearly gate: 하늘나라의 12문

구체에 봉사하기 위해 창조되었다면, 자기 중심적인 모든 성향을 극복해야만 상승할 수 있습니다. 그리고 여러분이 그렇게 된다면, 구체가 임계점을 통과하여 상승을 보장받을 때까지, 여러분도 상승하고 싶어 하지 않을 것입니다. 그 시점에 이르러서야 여러분은 개인적인 상승을 추구할 수 있고, 여러분의 구체에서 다른 존재들이 상승하기 전에 실제로 상승할 수 있습니다.

내가 지금 말하는 것은, 이 구체에 봉사하기 위해 창조된 존재들은 이 지구에서 상승하여 물리적인 육체로 돌아올 필요가 없다는 말입니다. 하지만, 그들이 불멸의 존재나 상승 마스터가 된다는 의미는 아닙니다. 그들은 여전히 감정, 멘탈, 정체성층에서 이 구체를 위해 봉사해야 합니다. 이런 봉사를 하는 동안, 그들은 이 구체가 이원성을 가질 여지가 전혀 없는 상태에 도달할 때까지, 이원성의 유혹을 받게 될 것입니다. 따라서 이론적으로는 내가 방금 설명한 것처럼, 최종 입문에 직면할 때까지는 그들은 곧바로 추락할 수 있습니다.

나는 이 말이, 일단 여러분이 상승하면, 비록 카르마 일부만 균형 잡았다고 해도 상승 마스터가 될 것이라는 인상을 주었던 이전의 가르침과는 모순되는 것처럼 보인다는 것을 알고 있습니다. 일부는 지구에서 상승한 후 상승 마스터가 된 예수를 언급할 것입니다. 하지만 앞에서 설명한 것처럼, 지구의 모든 사람이 이 구체에 봉사하기 위해 특별히 창조된 것은 아닙니다. 일부 존재들은 지금은 영적 영역인 곳에서 이곳으로 내려왔습니다. 이런 그룹 가운데 하나는 커다란 통달을 성취한 채 하강했으며, 인류의 성장을 돕기 위해 물리적으로 육화 중인 존재들입니다. 이런 존재들을 어떤 영적인 가르침에서는 아바타(avatar)라고 부릅니다.

이들 통달한 존재도 육화할 때, 자신이 누구인지를 망각하게 되며, 따라서 이원성의 유혹을 받아 추락할 수 있습니다. 불멸의 존재는 불멸입니다. 따라서 추락할 수 없습니다. 이 말은 불멸의 존재는 자신의 존재 전체를 하위 구체로 육화해 보낼 수 없다는 의미입니다. 따라서 그들은 자신의 개별적인 확장체를 보냅니다. 이런 존재는 새로운 공동창조자들보다 더 통달해 있고 더 높은 수준의 자기인식을 합니다. 이 존재는 자신의 성취를 망각하지만 되찾을 수 있습니다. 따라서 바닥에서 시작하여 계속 위로 올라가는 것이 아니라, 이런 재능을 지구에서 활용할 수 있습니다.

하강한 아바타는 독립적인 존재입니다. 그 존재는 길을 잃을 수 있으며, 상승의 자격을 갖추기 위해 하나됨의 길을 걸어야 합니다. 차이점은 이런 존재는 이원성을 극복하고 상승의 자격을 갖추게 되면, 곧바로 상승 마스터로서 불멸이 된다는 것입니다. 다시 말해서, 이 존재는 이 구체 내에서 새로운 공동창조자로 출발하도록 창조되지 않았기 때문에, 하강한 구체와는 상관없이 상승할 수 있습니다. 여러분이 예수로 알고 있는 존재도 상승의 과정을 시범 보이기 위해 이곳에 내려온 아바타로 출발했습니다. 하지만, 이 존재는 예수라고 알려지기에 앞서 여러 차례 육화했습니다. 이것은 그 존재가 카르마를 만들었으며 추락할 수 있었다는 의미입니다. 그런 존재는 상승한 후, 이 존재를 내려보냈던 마스터와 다시 하나로 섞이는 대신, 새로운 상승 마스터가 됩니다.

새로운 공동창조자들을 포함하여, 하강한 모든 존재는 영적인 영역에 있는 존재들의 확장체들입니다. 하지만, 문제는 영적인 존재가 하강한 존재에게 얼마나 많은 의식을 내려보내느냐 하는 것입니다. 이것은 벤처사업에 돈을 투자하는 것과 유사합니다. 여러분의 재산에 얼마나 많은 위험이 따르게 될까요? 불멸의 존재가 자신의 일부를 하강한 존재 속에 내재화시킬 때, 그 부분이 분실될 수 있습니다. 이것이 불멸의 존재가 자기 존재 전체로 하강할 수 없는 이유 가운데 하나입니다. 새로운 공동창조자는 영적인 존재의 작은 부분만을 내재하고 있지만, 아바타는 창조된 목적에 따라 크기가 좀 더 큽니다.

상위 영역에서 추락한 존재들은 어떻게 될까요? 이들은 이 구체를 위해 특별히 창조되지 않았기 때문에, 그들 역시 구체가 상승할 때까지 기다리지 않고 상승하여 불멸의 존재가 될 수 있습니다. 이것이 불공정해 보일 수도 있습니다. 하지만 추락한 존재들에게는 극복해야 할 심각한 장애물이 있다는 것을 기억하세요. 이들은 이원성 의식의 과거 추동력을 모두 극복해야 하는데, 이들이 여러 개의 구체를 거쳐 추락했다면, 이것은 상당히 까다로운 일이 될 것입니다. 따라서 그들이 성공한다면, 생명의 강을 빠르게 거슬러 올라가, 원래 계획대로 상승했더라면 그들이 머물러 있을 지점으로 상승할 자격을 얻게 됩니다.

따라서 상승에는 부분적인 상승과 최종적인 상승이 존재한다는 것을 깊이 이해해야 합니다. 최종적인 상승은 아니지만, 여러분은 물질, 감정 그리고 멘탈층으로부터 상승할 수 있습니다. 그리고 모든 이원성을 극복하고 영적인 영역으로 상승했을 때, 여러분은 상승 마스터, 즉 불멸의 존재가 됩니다.

열쇠 23
눈먼 지도자들이
종교에 접근하는 방식을 이해하기

이제 우리는 이원성 의식에 부분적으로 혹은 완전하게 눈이 먼 사람들이 종교에 어떻게 접근하는지를 정확히 알 수 있습니다. 이 존재들은 위에서(상위 구체) 추락했거나, 이원성 의식에 눈이 멀어 (세 상위 영역에서) 이곳으로 추락했습니다. 분명, 그들은 이 사실을 알지 못합니다. 그들 중 많은 존재가 자신이 신의 일을 하고 있다고 믿고 있으며, 심지어는 자신들이 지구에서 신의 진정한 대리자 역할을 하고 있다고 생각합니다. 따라서 우리는 그들을 눈먼 지도자들이라고 부를 것입니다. 이 사람들은 인간의 삶에서 종교의 역할과 종교 안에서의 자신의 역할에 대해 다음과 같은 신념을 가지고 있습니다.

눈먼 지도자들은 자신이 지식과 지성에 있어서 신보다 더 우월하다고 믿고 있으며, 신성한 계시나 영적인 스승들, 또는 육화해 있는 신의 대리자들을 존중하지 않습니다. 그것이 그들이 예수를 비롯해서 현재 상황을 변화시키려고 시도했던 많은 사람을 죽인 이유입니다. 그것이 그들이 종교적인 경전이나 예수의 가르침과 같은 신의 계시를 받을 권리가 자신들에게 있으며, 그것들을 자신들이 적합하다고 생각하는 대로 바꿀 권리가 있다고 전적으로 확신하는 이유입니다. 또한, 그들은 원래의 계시를 벗어나거나 이를 왜곡하는 외부 교리를 경전에 삽입할 권리가 자신에게 있다고 느낍니다. 요약하자면, 그들은 자신들이 지구에 자신의 종교를 만들 권리가 있으며, 자신들이 어떤 것이 참된 종교인지를 판단할 수 있는 최고의 재판관(judges)이 되어야 한다고 느낍니다. 그들은 말 그대로 자신들이 지구를 소유하고 있다고 느낍니다. 그래서 신은 인류에게 새로운 계시를 주고, 사람들을 깨우기 위해 예언자들을 보내 간섭할 권리가 없다고 생각합니다.

눈먼 지도자들은 근본적으로 자유의지에 동의하지 않습니다. 그들은 뛰어난 존재인 자신들의 통제를 통해 지구에 있는 사람들이 구원받아야 한다고 믿습니다. 그들은 비-이원적인 가르침의 목적, 즉 사람들을 자신의 상위 존재 그리고 영적인 스승들과 연결되게 해서 영적으로 자급자족하게 만드는 것에도 동의하지 않습니다. 그들은 자신들이 인류의 진정한 지도자들이며, 사람들은 자신을 따라야 한다고 믿습니다. 물론 이것은 사람들의 이익을 위한 것이라고 합니다. 눈먼 지도자들 자신이 우주가 어떻게 작동해야 하는지, 사람들이 어떻게 구원받아야 하는지를 더 잘 알기 때문입니다. 이 존재들은 종교가 사람들을 통제하는 힘이 되어야 한다고 믿습니다. 그들은 종교가 양을 전통적인 우리에 몰아넣는 것처럼, 사람들을 우리에 몰아넣고 무한정 머물러 있게 하는 힘이 되어야 한다고 믿습니다.

눈먼 지도자들은 자신이 최고라고 믿습니다. 그 때문에 지도자들이 정해 놓은 교리와 모순되거나 거기에서 벗어나는 관점에 대해서는 모르는 것이 사람들에게 이익이 된다고 생각합니다. 이런 이유로 그들은 자신들이 창조한 멘탈 박스를 벗어나는 것은 무엇이든지 사람들이 알지 못하게 함으로써, 종교를 사람들의 마음을 통제하기 위한 수단으로 이용하려고 합니다. 그들은 서적을 불태우고 사람들을 죽이며, 추종자들을 고문하는 등 가능한 모든 수단을 통해 모든 대안적인 지식을 억압하는 것이 전적으로 정당화된다고 느낍니다.

눈먼 지도자들은 항상 완벽한 종교를 만들려고 노력하며, 완벽하게 닫힌 상자를 형성하는 종교를 완벽한 것으로 봅니다. 일단 사람들이 이런 종교에 갇히게 되면, 눈먼 지도자들의 통제에서 벗어날 길이 없게 되고, 신과 참된 영적인 스승들과도 접촉할 수 없게 됩니다. 눈먼 지도자들은 이렇게 하려고 모든 수단을 동원하지만, 주로 속임수와 위협을 통해 이렇게 합니다. 그러므로 많은 종교가 명백한 두려움의 문화를 가지고 있는 것입니다. 두려움을 초월하여 사람들을 끌어올리기 위해 총력을 기울이지 않는 종교는, 어떤 종교든, 눈먼 지도자들의 영향을 받게 됩니다.

눈먼 지도자들에게는 자신이 옳고 신이 잘못됐다는 것을 증명하려는 끝없는 욕망이 있습니다. 무지 속에서, 그들은 지구의 모든 사람이 자신들이 정해 놓은 종교를 따른다면, 이것을 증명할 수 있다고 믿습니다. 실제로 그들은 자신을 지구에서 오류가 없는 존재로 설정하려고 합니다. 아니면 적어도 자신의 말이 법이며 의문의 여지나 반대가 없는 위치에, 자신을 세우려고 합니다.

눈먼 지도자들은 본질적으로 자신을 지구 위의 신으로 내세우려고 하며, 사람들이 자신을 신처럼 숭배하는 것에 대해 죄책감을 전혀 느끼지 않습니다. 우리가 지도자를 신이나 지구에서 신을 대리하는 유일한 존재로 숭배했던 특정한 문명들을 볼 수 있는 이유가 이것입니다. 이런 이유로 그렇게 많은 종교가 자신의 지도자가 오류가 전혀 없거나, 적어도 의심받을 수 없는 존재로 여겨지는 영적 계보를 가지고 있다고 말하는 것입니다. 그들은 이런 영적 계보(hierarchy)가 신을 대리한다고 주장하지만, 그것은 전적으로 이원성 의식에서 생겨난 것입니다. 영적 계보는 사람과 참된 신(true God) 사이에서 오는 것입니다.

눈먼 지도자들에게 종교는, 자신의 권력과 특권을 포함하여, 앞에서 설명한 모든 목표를 성취하기 위한 수단에 불과합니다. 그들에게 있어 종교는 신의 실재와 신의 진리로부터 완전히 단절된 것입니다. 신의 진리는 그들의 종교 안에 있을 곳이 없으며, 단지 그들의 이원론적 세계관을 바탕으로 정의된 "진리"만이 우주의 중심에 놓입니다.

눈먼 지도자들은 자신들이 하는 일을 할 권리가 있다고 믿고 있습니다. 그들이 도전받을 때 보이는 기본적인 반응은 분노이며, 때로는 모든 합리성이나 도전에 대한 일반적인 반응 정도를 넘어서는 격렬한 분노까지도 보여줍니다. 이런 이유로 유대교의 지도자들은 예수에 대해 무척 화가 나 있었고, 그래서 그렇게 빨리 예수를 죽였던 것입니다. 예수가 다음과 같이 말한 이유가 바로 그것입니다.

15 거짓 예언자들을 조심하여라, 그들은 양의 탈을 쓰고 너희에게 나타나지만, 속에는 사나운 이리가 들어 있다.

16 너희는 그들의 열매를 보고 그들을 알게 될 것이다. 가시나무에서 어떻게 포도를 딸 수 있으며 엉겅퀴에서 어떻게 무화과를 딸 수 있겠느냐? (마태 7장)

타락한 의식의 본질은 분리된 정체감에 봉사하는 것이 아니라, 모든 생명에게 봉사하는 것을 거절함으로써 자신을 초월하려고 하지 않는 것입니다. 따라서 눈먼 지도자들은 항상 영원하고 절대 전복될 수 없는 통제 상태를 만들려고 합니다. 이렇게 함으로써, 그들은 자기 초월인 생명 자체의 본질, 즉 허공이 빛으로 가득 차서 모든 자기 의식하는 존재가 충만한 신 의식을 얻게 될 때까지 그 이상이 되어가는 과정에 역행하고 있습니다. 그 결과는 눈먼 지도자들은 결코 성공할 수 없고, 그들의 창조물은 그 자체의 힘으로 무너질 것입니다. 눈먼 지도자들은 불가능한 탐구를 하는 것입니다. 인류가 이것을 깨닫게 된다면, 사람들이 자신의 존재 이유를 충족시키지 못한 채 평생을 이런 러닝머신(treadmill)에서 보내는 것에서 자유로워질 것입니다.

인류의 진정한 스승들은 언제나 모든 인류가 그리스도 의식을 성취할 수 있는 잠재력이 있음을 보여주는 가르침과 실례들을 사람들에게 주려고 합니다. 눈먼 지도자들은 언제나 이런 노력에 대항하려고 하면서, 어떤 본보기를 예외적인 것으로 격상시켜 버립니다. 그들은 사람들을 자유롭게 하려고 보낸 사람을 우상으로 바꾸어 놓습니다. 이것이 예수가 보인 본보기에 대해 눈먼 지도자들이 행해 온 일입니다. 따라서, 주류의 그리스도교 교회가 상승 호스트의 일원인 참된 예수를 따르고 있지 않음은 엄연한 현실입니다. 그들은 거짓된 예수를 따르고 있습니다. 눈먼 지도자들은 예수가 보여준 예를 이용하여, 반그리스도 마음에 바탕을 둔 종교를 만들었습니다. 대부분의 주류 크리스천이 실제로는 참된 그리스도가 아니라 반그리스도를 따르고 있다는 의미입니다.

─── ✣ ───

눈먼 지도자들은 자신의 세계관에 기초하여 자신을 지구의 신으로 내세우고, 자신이 만든 신들을 숭배하는 새로운 종교를 시작하는 것에 대해 어떤 죄책감도 느끼지 않습니다. 심지어 현대사에도 그런 종교의 예가 있습니다. 이런 예는 이전 시대에는 더 많았습니다. 일반적으로 이런 종교는 지역이 한정되어 있었고, 상대적으로 수명도 짧았습니다. 그 이유는 간단합니다. 종교를 유지하기 위해서는 영적인 빛이 채워져야 합니다. 그렇지 않으면 어머니의 수축하는 힘 때문에 바로 허물어질 것이기 때문입니다. 눈먼 지도자들과 이들을 따르는 사람들은 이런 빛을 가지고 있지 못하므로, 아직은 영적인 영역과 연결된 사람들에게서 그 빛을 받아야 합니다. 하지만 그런 사람들은 어느 정도 그리스도 분별력을 가지고 있으므로, 전적으로 이원성 의식에 토대를 둔 종교로 개종하지는 않을 것입니다.

명백히, 눈먼 지도자들은 이원적인 마음 상태를 초월한 것을 볼 수 없습니다. 따라서 그들 스스로 이원성을 초월한 가르침을 제시할 수는 없습니다. 이런 이유로, 경험이 더 많은 세련된 눈먼 지도자들은 상승 호스트에게 영감을 받거나, 상승 호스트가 전해 준 가르침을 왜곡하려는 전략을 구사해왔습니다. 다시 말해서, 그들은 상승 호스트가 후원한 가르침을 취하고, 그 믿음의 일부를 왜곡하여, 이를 점차 이원적인 투쟁으로 끌어들였습니다.

이런 일은 다양한 방법으로 행해질 수 있지만, 나는 경전의 왜곡에 초점을 맞추겠습니다. 현대의 많은 크리스천이 이런 일이 바이블과 관련되어 일어났다고 생각하지만, 지구에는 하늘에서 뚝 떨어진 종교 경전은 없습니다. 앞에서 설명한 것처럼, 신의 법칙은 지구에는 타당성 있어 보이는 부인(plausible deniability)이 반드시 있어야 한다고 말하기 때문입니다. 이 말은 많은 유대인이 예수에게 그랬던 것처럼, 사람들이 메신저를 불신하여 경전을 부정할 가능성이 항상 있다는 의미입니다.

따라서 종교 경전은 한 사람 이상의 육화한 사람을 통해 나옵니다. 경전은 다양한 과정을 통해 드러날 수 있지만, 예언자 혹은 메신저, 아니면 사람들이 뭐라고 부르든 봉사하는 사람의 마음을 거쳐 나옵니다. 법칙에 따르면 상승 호스트들은 육화한 어떤 사람이 내면화한 것보다 더 높은 진리를 줄 수가 없습니다. 우리는 누군가의 의식 내용을 증식할 수는 있지만, 메신저의 의식 상태와 영적인 성취도를 뛰어넘는 개념들을 전할 수는 없습니다. 따라서 비-이원적인 가르침을 받으려면, 메신저가 적어도 어느 정도는 이원성을 초월해야 합니다. 이것이 분명 밝혀질 수 있는 것에 대한 어떤 한계를 설정할 수 있습니다. 메신저는 처음부터 가르침에 덧씌울 수 있는 개인적이거나 문화적인 신념을 가질 가능성이 있습니다.

하지만 이런 것이 장점이 될 수도 있습니다. 어떤 가르침이 메신저의 문화적인 배경에 적합한 방식으로 표현된다면, 그 문화권에 속하는 사람들이 가르침에 더 쉽게 접근할 수 있습니다. 영적인 가르침의 목적은 어떤 그룹의 사람들과 접촉하여, 그들을 더 높은 의식 상태로 데려가는 것임을 항상 기억하기 바랍니다. 비록 가르침이 메신저의 의식에 영향을 받는다고 하더라도, 사람들이 외적인 가르침을 직접적이고 내적인 경험을 위한 디딤돌로 삼는다면, 그것은 사람들을 더 높은 상태로 데려갈 수 있습니다.

새로운 영적인 가르침이 널리 인정받게 되면, 그런 가르침이 주어진 문화의 영향을 받게 될 위험이 있습니다. 따라서 가르침이 자신의 의식을 끌어올리게 하는 대신, 사람들이 고의로 그리고 무의식적으로 가르침을 끌어내려, 초월하기를 거부하는 의식 상태를 정당화하는 데 이용할 수도 있습니다. 사람들은 가르침을 자신의 방식이나 자신의 의식을 변화시킬 필요가 없는 것처럼 보이는 방식으로 해석합니다(분명히, 의식의 변화는 모든 참된 영적인 가르침의 목적입니다.) 눈먼 지도자들은 이런 성향을 이용하여 진정한 계시의 결과로 나온 종교의 경전을 교묘하지만, 때로는 두루뭉술하게 바꾸어 놓는 데 아주 능숙합니다.

∽∼∾ C ∾∼∽

눈먼 지도자들이 종교의 경전을 어디까지 바꾸려고 했는지 예를 하나 들어보겠습니다. 많은 바이블학자가 창세기가 인간이 어떻게 창조되었는지에 대해 두 가지 설명을 하고 있다고 알고 있습니다. 먼저 창세기를 읽어봅시다.

신은 자기 형상 곧 신의 형상대로 사람을 창조하되, 남자와 여자를 창조하고. (창세기 1:27)

그런 다음, 바로 다음 장에서, 이런 설명을 볼 수 있습니다.

신은 땅의 흙으로 사람을 지으시고, 생기를 그 코에 불어 넣으시니, 사람이 생령이 되니라. (창세기 2:7)

그렇다면, 인간이 신의 형상으로 창조되었을까요? 아니면 땅의 흙으로 창조되었을까요? 두 개의 진술에 모순이 거의 없는 것처럼 보이지만, 서로 다른 진동의 진실을 이해한다면, 이것이 서로 양립될 수 없음을 알 수 있습니다. 여기서 이와 관련된 의문이 생길 수 있습니다.

인간은 더 높은 영역, 더 높은 진동 스펙트럼에서 창조되었는가? 아니면 물리적인 스펙트럼에서 창조되었는가?

인간은 지구로 내려가 지구를 다스리도록 창조되었는가? 자기 주인의 정원을 가꾸도록 지구에 창조되었는가.

인간이 창조될 때, 신이 상위 영역에 있었는가 아니면 지구에 있었는가.

인간을 창조하기 위해 신이 물리적 형태의 지구로 내려올 필요가 없었다는 것이 논리적으로 보입니다. 전능한 신은 분명히 영적인 영역에서 인간을 창조할 수 있었을 것입니다. 이것은 인간이 더 높은 영역에서 창조되었다는 개념을 뒷받침합니다. 이것이 인류가 신의 이미지와 그의 닮은꼴로 창조될 수 있는 유일한 방법인데, 인간을 창조하는 동안, 어떻게 형상 세계의 창조자인 창조주 자신이 그 자신을 물리적 스펙트럼에 있게 하는 형태를 취할 수 있었겠습니까? 다시 말해서, 신은 인간과 같은 물리적인 육체가 없습니다. 신의 이미지로 창조되었다는 말은 인간이 마터 빛 위에 정신적 이미지를 겹쳐 놓음으로써 공동창조할 수 있는 능력을 갖췄다는 의미입니다. 그 결과는 인류가 공동창조자이며, 신의 계획에 따라 지구를 정복하게 되어 있다는 것입니다. 창세기가 이것을 뒷받침합니다.

28 신은 그들을 축복하며 말씀하시되, "생육하고 번성하여 땅에 충만하라, 땅을 정복하라, 바다의 고기와 공중의 새와 땅에 움직이는 모든 생물을 다스리라. (창세기 1:28)

하지만, 2장에서는 인간이 상위 영역에서 창조된 것이 아니라, 지구의 먼지로 만들어졌다고 얘기하고 있습니다. 지구의 먼지는 물질 영역에 있는 에너지를 상징합니다. 또한 "살아 있는 영혼"을 창조한 존재가 정원을 만들고, 지구를 다스리도록 설계된 공동창조자와는 다르게, 인간을 관리인(farmer)으로 만들었다고 합니다.

신(LORD God)은 그 사람을 데려다가 에덴 정원에 두고 이를 지키게 하시어. (창세기 2:15)

여기에 지구를 정복하고 다스리라는 말은 전혀 없습니다. 두 번째 설명은 첫 번째에 비해 인간의 역할을 더 수동적으로 얘기하고 있습니다. 따라서 두 개의 설명이 같은 "신"에 대한 얘기인지 의문이 생길 수 있습니다. 두 번째 설명에 나오는 "신"은 왜 지구에 정원이 필요했을까요? 이 신은 실제로 지구 위에 있는 것처럼 보입니다.

　우리는 상식적인 선에서 접근할 수 있습니다. 창세기가 정말로 신의 계시에 의한 말씀이라면, 신은 왜 같은 말을 되풀이하면서, 인간 창조에 대해 두 가지로 설명하는 것일까? 무슨 이유로 한 가지 표현을 고수하지 않고, 두 번째 설명을 추가하여 첫 번째 설명과 섞이게 하였을까? 어떤 구절이 원래의 것이고 어떤 것이 나중에 삽입된 구절인지 구별하기 어렵게 만든 이유는 무엇일까. 물론, 두 번째 설명을 누가 무슨 이유로 삽입했는가 하는 의문이 생겨납니다. 우리가 지금 알고 있는 내용을 토대로, 내가 대답을 하겠습니다.

　앞에서 설명한 것처럼, 지구에는 현재의 과학으로 밝혀지지 않은 많은 문명이 있었습니다. 이런 문명 중 일부는 고도의 기술력에 도달했습니다. 여기에는 현대의 과학을 훨씬 넘어서는 유전자 공학 능력이 포함됩니다. 그런 문명 가운데 하나는 추락한 존재였던 특정한 황제가 통치했습니다. 그는 문명의 통치자뿐만 아니라 그들의 신으로 군림했습니다. 그는 지도자의 위치에 있던 큰 그룹의 다른 추락한 존재들의 지지를 받았고, 이들 중 일부는 유전자 조작에 대한 진보된 기술을 보유하고 있었습니다. 그런 문명이 늘 그렇듯이, 그 문명 역시 수축하는 힘으로 붕괴될 위협에 지속해서 노출되어 있었습니다. 확장하는 힘 또한 작용하고 있었고, 그 힘은 육체를 지닌 통치자가 최고 신이라는 것에 대한 반항심이 점점 커지는 것으로 나타났습니다. 점점 더 많은 숫자의 사람이 영적인 영역을 직접 경험하기 시작했으며, 그들은 국가가 통제하고 있는 종교가 신에 대해 말하는 것 이상이 존재한다는 증거를 얻게 되었습니다.

　증가하는 위협에 대처하기 위한 시도로, 통치자와 그의 사제들 그리고 과학자들은 유전적으로 인간의 몸을 바꿀 계획을 세웠습니다. 그들은 인간의 영적인 갈망이 유전자에 코드화되어 있지는 않지만, 물질우주 너머 뭔가를 경험하는 것을 촉진하는 어떤 센터가 뇌 속에 있다는 것을 알고 있었습니다. 따라서 그들은 사람들이 직접 영적인 경험을 하기 어려울 정도로까지 영적인 센터들을 퇴화시킨 인간 하위 종족(sub-race of humans)을 만들려고 시도했습니다. 이 사람들(인간 하위 종족)은 영적인 지도자들을 맹목적으로 따르기 쉬웠고, 외적인 교리들을 넘어설 수 있는 직접적인 경험을 할 기회가 없었습니다. 부수 효과로, 이 사람들은 물질우주를 벗어난 어떤 것도 동경하지 않게 되어서, 소박한 물질적 삶의 방식에 훨씬 쉽게 만족했습니다. 말하자면, 그들은 완벽한 일벌이었습니다.

지배 엘리트들은 (인간과 동물의 DNA를 혼합해서) 그런 노예 인종을 만들어내는 데 성공했습니다. 그들은 자신들의 피조물을 아주 자랑스럽게 여겼습니다. 그들은 종교의 경전을 고쳐서 자신들이 한 일에 대해 베일에 싸인 증언을 남겨두기로 결정했습니다. 그들은 지금 창세기로 알려진 것 이전의 전신(前身)을 변경했습니다. 비록 이 경전은 영적 개념에 대한 제한된 이해를 가진 문화에 전해졌지만, 원래는 상승 호스트의 진정한 계시로 전해진 것입니다. 창세기는 창조에 대해 완전한 설명을 하려고 했던 것이 아니며, 글자 그대로 받아들이도록 되어 있던 것도 아닙니다. 문명의 지배 엘리트들은, 유전학적 상징으로서, 그들이 "지구의 먼지로" 사람들을 창조한 방법과 시험관에 "생명을 불어넣은" 것을 묘사한 두 번째 창조 얘기를 삽입함으로써, 창세기를 변경했습니다. 이 두 번째 "창조"로부터 어떤 "위험한" 질문도 하지 않으면서 주인의 정원을 가꾸도록 설계된 인간이 나타났습니다. 동시에, 엘리트들은 뱀의 진정한 기원과 자신들을 노출하는 자료들을 창세기에서 제거해 버렸습니다.

참고로, 문명이 유전자에 대한 약간의 지식과 유전자를 조작할 수 있는 약간의 능력을 갖추는 것은 받아들일 수 있지만, 지구에서의 삶의 목적인 영적인 잠재력을 빼앗아가는 것은 용납될 수 없다는 점을 분명히 하겠습니다. 문명이 이런 법칙을 어기면, 수축하는 힘은 그 문명을 허물어뜨리기 시작할 것입니다. 따라서 지배 엘리트가 그들 자신을 위한 파라다이스(많은 일벌이 자신들을 대신하여 힘든 일들을 모두 해주는)를 지구에 건설했다고 생각하자마자, 문명은 붕괴하기 시작했습니다. 외적인 수단은, 내부로부터 문명을 약화시키고 외부 적에게는 문명을 공격할 수 있는 문을 열어준 지배 엘리트 내부의 경쟁 관계였습니다. 뒤이어 벌어진 전쟁은 핵무기로 치러졌으며, 문명이 몰락할 정도로 격렬한 자연재해를 가져왔습니다. 그 재해는 전 세계적인 홍수 신화를 가져올 정도의 사건이었는데, 이 역시 역사에서 지워졌습니다.

분명, 문명의 구성원 모두가 죽은 것은 아니지만 뿔뿔이 흩어졌습니다. 몇 세대가 지나지 않아 아틀란티스나 레무리아 대륙의 침몰과 같은 몇 가지 신화를 제외하고는, 옛 문명에 대한 기억은 모두 사라졌습니다. 생명의 확장하는 힘이 유전자 조작을 어느 정도 보상하기는 했지만, 현재 육화해 있는 사람 중에는 아직도 유전자가 영향을 받는 사람들이 있습니다. 지구의 너무 많은 사람이 영적인 데에는 관심이 없고, 내적인 경험을 직접 하기 위해 손을 뻗지도 않으며, 외부 종교를 맹목적으로 따르려고 하는 사실 뒤에는 이런 유전적 요소가 있습니다.

한 그룹의 생존자들이, 지금 창세기로 알려진 것을 포함하여 영적인 관습 일부를 간신히 유지하고 있지만, 그것은 변형된 버전입니다. 나는 이것이 일부 사람들에게는 조작하지 못할 것이 없다고 느낄 정도로 엉뚱한 얘기로 보일 수도 있음을 압니다. 하지만, 이것은 추락한 존재들이 종교적인 경전을 왜곡시키기 위해 어디까지 하려고 했는지를 보여주는 것입니다. 일단 원하는 것을 이루고 나면,

그들은 경전을 오류가 전혀 없는 신의 말씀으로 숭배하게 하는 문화를 만들 것이고, 그런 문화를 닫힌 상자가 되는 종교의 토대로 사용할 것입니다. 이런 존재들은 순수한 계시를 전혀 존중하지 않습니다. 그들은 자신들의 목적을 위하여, 심지어는 자신들의 영광을 위하여, 조금도 망설이지 않고 경전을 변경할 것입니다. 그것이 참된 영적인 구도자들이 기꺼이 외적인 모든 경전 너머를 보려고 해야 하며, 신의 진리를 알 수 있는 유일한 방법인 그리스도의 분별력을 추구해야 하는 이유입니다.

※

종교의 역사를 있는 그대로 살펴보면, 많은 종교가 매우 뚜렷한 패턴을 따라왔음을 알게 될 것입니다. 종교들은 영적인 영역과의 직접적인 연결을 성취한 한 개인으로부터 시작됩니다. 이 개인은 상승 호스트로부터 비-이원적인 가르침을 가져오는 메신저 역할을 할 수 있습니다. 또한, 여러분은 이런 지도자들 대부분이 매우 영적이거나 신비주의적인 사람이었음을 알게 될 것입니다. 즉 그들은 영적인 영역에 초점을 두었으며 세속적인 일, 특히 권력에는 거의 관심이 없었습니다. 따라서 그들이 시작한 것은 신비주의 운동으로, 다음과 같은 것에 초점을 맞추고 있었습니다.

신비적인 지식을 가져와 전파하는 것, 이것은 이원성 의식을 통해 만들어진 교리들과는 반대로 영적인 영역에서 온 지식을 의미합니다. 그런 운동은 언제나 인간의 의견에 앞서 영적인 계시와 신을 우선시합니다. 이런 운동들은 대개 한 사람 이상이 계시를 받게 합니다.

손길이 닿는 사람들에게 봉사하는 것. 신비주의 운동은 봉사 지향적입니다. 이 말은 사람들에게 봉사하는 것이 조직 자체보다 더 중요하다는 의미입니다. 조직은 목적을 위한 수단입니다. 사람들에게 봉사한다는 것은, 다른 무엇보다, 사람들이 진리의 영(Spirit of Truth)에 대한 내적인 경험을 직접 경험할 수 있도록 돕는다는 의미입니다. 이런 봉사 지향적인 집중의 결과로, 운동(movement)의 지도자들은 대체로 세속적인 권력과 특권에는 거의 관심이 없던 신비주의자들이었습니다.

알려진 역사에서도 이런 조직들은 많이 있었지만, 대부분은 오랫동안 존속하지 못했고, 지역적인 영역을 벗어나지 못했습니다. 이것은 인류의 의식이 아직은 이런 신비적인 가르침을 일반인들이 인식하는 단계, 즉 최종적으로 변화가 시작되는 상황에 도달하지 못했기 때문입니다. 하지만 몇몇 신비주의 운동들이 성장하기 시작했고, 어느 시점에 이르러 임계수치에 도달했으며, 변화가 일어나기 시작했습니다. 점진적인 변형의 기간이 지난 후, 때로는 몇 세대에 걸쳐, 때로는 단 몇 년 만에 조직은 변질되었고, 이제는 다음과 같은 특성을 보이게 되었습니다.

그것은 더 이상 위에서 내려오는 계시에 초점을 맞추지 않았습니다. 사실, 구원을 받는 데 필요한 모든 것을 사람들에게 공식적인 경전이 주고 있으므로 더 이상 계시가 필요하지 않게 된 것입니다. 구성원들은 자신의 상위 존재들과 영적인 영역과의 내면의 연결을 발전시키는 것을 단념했습니다. 그들은 외적인 조직과 그 교리들과 지도자들을 따르라는 말을 들었습니다.

조직은 구조나 교리에 있어서, 더 이상 위로부터의 또는 아래로부터의 변화에 열려 있지 않았습니다. 조직은 굳어지고 경직화되었으며, 동시에 조직이 신으로부터 권한을 위임받았다고 주장했습니다. 조직은 닫힌 상자가 되었습니다.

조직은 더 이상 사람들을 섬기는 데 초점을 맞추지 않고, 조직 자체나 조직의 지도자들을 섬기는 것에 초점을 맞추었습니다. 조직은 더 이상 사람들을 섬기기 위한 수단이 아니었습니다. 반면 사람이 조직을 튼튼하게 하기 위한 수단이 되어버렸습니다. 조직의 생존과 확장, 지도자의 힘이 목적 자체가 되어버린 것입니다.

이제 조직은 권력을 원하는 지도자들을 끌어당겼습니다. 어떤 사람들은 자신이 더 잘 알고 있다고 생각했고, 다른 사람들은 사람들을 지배하거나 사회에 영향을 미치려는 방법으로 조직을 이용했습니다. 권력은 빠르게 가장 중요해졌습니다. 이것은 아주 작은 계층 구조를 중심으로 이루어졌습니다. 조직은 더 이상 신비주의자들을 조직에 끌어들이지 않았고, 의도적으로 그들을 지도자의 자리에서 멀어지게 했습니다.

요컨대, 참된 영적인 운동으로 시작되었던 것이, 이제는 내가 앞에서 설명한 이원적 종교의 속성들을 대부분 또는 모두 보여주는 외부 종교가 되어 버린 것입니다. 새로운 조직이 포용적이지만 경직된 조직은 배타적으로 되었습니다. 조직은 "잘 지내려면 함께 가야 한다."라는 속담으로 묘사될 수 있는 문화를 만들었습니다. 조직의 교리와 지도자들을 맹목적으로 따르려고 하지 않는 한, 여러분은 조직에서 배제될 것이고, 어쩌면 지옥으로 직행한다는 낙인이 찍힐지도 모릅니다. 그런 변형의 대표적인 예를 알고 싶다면, 적게나마 남아 있는 초기 크리스천 운동에 대해 연구해 보고, 그것을 그리스도교가 로마제국 공식 국교가 된 이후 형성된 조직과 비교해 보기 바랍니다.

그런 변형을 어떻게 설명할 수 있을까요? 많은 종교인이 자신이 다니는 교회나 다른 사람들이 다니는 교회에서 이런 일이 일어나고 있는 것을 봐왔으며, 그 이유를 궁금해합니다. 인간에 대한 심리학과 조직의 역학을 살펴보거나, 사람들이 최선의 의도를 가졌음에도 불구하고 때로는 좋지 않은 일이 일어난다고 말함으로써, 부분적으로 설명을 할 수 있을지도 모르겠습니다. 하지만, 이런 접근 방식이 가지는 문제는 자신들의 실수가 명백해졌을 때, 종교 단체가 이를 바로잡으려고 하지 않는 이유를 설명할 수 없다는 것입니다. 예를 들면, 가톨릭교회가 아직도 현대 사회가 중세 사회와 크게 다르다는 사실에 자신을 맞추려고 하지 않는 이유는 무엇일까요? 무슨 이유로 어떤 종교는 파멸에 이를 때까지 변화를 거부했을까요? 조직의 변화를 가로막는 것이 과연 무엇일까요?

진정한 원인을 이해하기 위한 열쇠는 추락한 존재들의 작업방식(modus operandi)과 그들의 존재를 인정하는 것입니다. 단순한 사실은, 영적인 운동이 새롭고 규모가 작을 때는, 육화해 있는 추락한 존재들에게 제공할 것이 거의 없다는 것입니다. 왜냐하면 소규모 운동은 추락한 존재들에게 의미 있는 힘을 얻을 기회를 주지 않기 때문입니다. 그렇다고 해서 그런 사람들이 새로운 조직에 끌릴 수 없다는 말은 아닙니다. 그들 중 몇몇은 처음부터 그곳에 있는 경우가 많고, 가능한 한 초기 단계에 운동에 영향을 미치려고 합니다. 그럼에도 불구하고, 조직의 크기가 임계치(critical size)에 도달해 사람들에게 실질적인 영향을 미치기 시작하면, 그 조직은 권력을 원하고 특권과 우월한 위치에 자신을 내세우려고 하는 추락한 존재들을 끌어들이는 자석 역할을 할 것입니다.

조직에 들어가자마자 추락한 존재들은, 내가 앞에서 설명한 것처럼, 조직을 자신의 권력과 영광을 얻기 위한 수단으로 변질시키기 시작합니다. 일단 그들이 권력을 쥐고 나면, 조직의 전반적인 목적은 지도자들의 권력을 확장하거나, 적어도 유지하는 것이 됩니다. 이것이 조직이 스스로 변화할 수 없는 이유를 설명해 줍니다. 지도자들은 자신의 권력에 위협이 되는 것은 어떤 것이든 저항할 것입니다. 그들은 합리적으로 생각할 수 없을 정도로 계속 그렇게 할 것입니다. 시대가 변하면서, 조직은 더 이상 구성원들의 영적인 요구를 충족시킬 수 없게 됩니다. 하지만 지도자들은 이것을 보려고 하지 않습니다. 권력에 대한 이원적인 갈증에 눈이 먼 지도자들이 새로운 모든 것을 위협으로 여기기 때문에, 조직은 낡은 방식을 고수하게 됩니다.

이로 인한 피할 수 없는 결과는 조직을 바꿀 수 있는 잠재력을 지닌 사람들, 즉 신비적이고, 직관적이며, 봉사 지향적인 사람들을 효과적으로 제거하는 풍토가 조성되는 것입니다. 그들은 외부 조직의 위계질서에서 승진하기 위해 자신의 원칙과 내적인 신념을 타협하려고 하지 않으므로, 힘 있는 자리를 차지할 가능성이 거의 없습니다. 권력 추구 때문에 조직이 오염되면, 권력을 유지하기 위해 원칙과 진실을 타협하려고 하지 않을 사람들은 실제로 조직의 지도부에 있을 수 없습니다. 대체로 그런 사람은 집권하고 있는 지도부로부터 커다란 굴욕과 비난을 당하며 자발적으로 물러나거나 강제 퇴출당할 것입니다. 영적인 운동이 시작되면 상위 10%의 사람들을 끌어들이지만, 조직이 성장하면서 하위 10%의 사람을 끌어들이기 시작합니다. 그 후 상위 10%는 소외되고, 권력에 굶주린 사람들이 조직을 장악합니다. 영적인 운동에서 일어날 수 있는 모든 것을 이것이 다 설명한다고는 할 수 없지만, 이것은 좀 더 폭넓게 이해되어야 할 분명한 추세입니다.

종교 조직이 왜 권력을 원하는 사람들을 끌어들일까요? 그들은 왜 무력을 행사할 수 있는 황제나 장군이 되려고 하지 않는 것일까요? 자, 지구에 있는 추락한 존재 가운데 상당수가 황제나 장군이었으며, 그들은 힘으로 권력을 장악했습니다. 하지만, 또 다른 그룹의 추락한 존재들이 있고, 이들 가운데 일부는 다른 존재들보다 더 세련되었거나 더 교활합니다. 더욱 교활한 존재들은 무력이 권력을 행사하기 위한 원시적인 방법임을 잘 알고 있습니다. 사람들이 명백해 보이는 힘에 억압받게 되면 반드시 자유를 갈망할 것이고, 머지않아 반란을 일으킬 것입니다. 따라서 자신들이 억압받는다는 것을 알아채지 못하는 방법으로 사람들을 억누르는 것이 훨씬 더 좋습니다. 사람들이 현재 상황에 대한 대체 방안이 없다고 생각할 때, 그들은 훨씬 더 빨리 현재 상황을 따를 것입니다. 정확히 말하자면 이것이 종교가 추락한 존재들에게 매력적인 이유입니다. 종교는 그들에게 가능한 최고의 권위를 가지는, 즉 신의 교리들을 창조할 기회를 줍니다.

추락한 존재들은 종교를 이용하여, 자신들을 추종자들에게 절대적인 권위를 가지는 지도자로 내세우는 문화를 만들어내는 데 능숙합니다. 그들의 말은 부정될 수 없습니다. 왜냐하면 교회와 교리들, 그리고 지도자들에게 반대하는 것은 신에게 저항하는 것이기 때문입니다. 그들은 궁극적 형벌인 지옥에서 영원히 불타오르는 벌을 받게 될 것입니다. 여러분이 정말로 교회와 교회의 지도자들이 여러분에게 영원한 고통을 줄 수 있는 힘을 가졌다고 믿는다면, 여러분은 그들이 요구하는 어떤 것에도 복종할 가능성이 있습니다. 이것이 중세 시대 사람들이 가톨릭교회와 교회 지도자들의 공공연한 남용에 굴복했던 이유를 설명해 줍니다. 이들은 스스로 결정을 내리려고 하지 않았습니다. 그들은 그리스도 신성에 다가가고 싶어 하지 않았으며, 계속해서 외적인 지도자들을 따르려고 했습니다.

물론 퍼즐의 또 다른 부분은, 이원적인 종교가 또한 외적인 교리와 규칙들을 잘 준수하면, 하늘나라에 갈 수 있다고 보증을 한다는 점입니다. 영원한 형벌의 위협과 영원한 보상의 약속 사이에서, 대부분의 사람은 지구에서 어느 정도 억압을 감수하는 것이, 두 가지 악 중 덜한 것이라고 느낄 것입니다. 이것이 가톨릭교회가 천년 넘게 사람들을 억압할 수 있었던 이유를 설명해 줍니다.

여기서 이용되는 교묘한 심리 메커니즘을 볼 수 있나요? 영적이고 종교적인 많은 사람은 자신들의 교회에 뭔가 잘못된 것이 있다는 것을 마음속으로는 확실히 알고 있습니다. 하지만, 하늘에서 받게 될 영원한 보상에 더 관심이 있으므로, 사람들은 여기 지구에서는 교회에 맞서려고 하지 않습니다. 다른 한편으로는, 교회를 장악한 추락한 존재들은 하늘에서 보상을 받을 기회를 놓쳤다는 사실을 알고 있습니다. 따라서 그들은 여기 지구에서 가능한 최대의 권력을 가지기를 원할 뿐입니다. 그들은 권력을 얻기 위해 종교를 이용하는 것에 양심의 가책을 전혀 받지 않습니다. 그들은 자신들이 신의 일을 하고 있다고 주장하면서, 종교를 이용하는 것을 정당화합니다.

물론, 추락한 존재들은 언제나 보이지 않는 야수의 일부이며, 종교가 강력해지기 시작하면, 실제로는 더 큰 야수의 노두[4]로서 자신의 야수를 창조합니다. 앞에서 설명한 것처럼, 야수는 기본적으로 컴퓨터와 유사합니다. 컴퓨터는 프로그래밍된 것을 스스로 바꿀 수

---

[4] 露頭: 광맥*암석 등의 노출부

없습니다. 야수의 관점에서 보면, 외부 종교는 구성원들이 야수에게 영적인 빛을 내주게 함으로써, 야수를 섬기기 위해서만 존재합니다. 야수는 어떤 종교가 신자들을 자급자족하게 하는 참된 종교에 더 가까이 다가가게 하는 어떤 변화에도 저항할 것입니다. 야수는 보상과 벌이라는 시나리오, 그리고 다른 수단들을 통해서 구성원들의 멘탈체와 감정체를 잡아당겨 종교에 속박되게 할 것입니다.

이것이 큰 규모의 종교 조직이 바뀌는 것이 거의 불가능하고, 사람들이 종교를 떠나는 것이 그처럼 어려운 이유를 설명해 줍니다. 변화는 오로지 개별적으로만 가능합니다. 하지만 변화를 만들기 위해서 개인들은 변화를 원하지 않는 구성원들의 집단의식과 야수가 끌어당기는 전반적인 힘에 맞서야 합니다. 대부분의 개인, 심지어 그룹까지도, 야수의 힘을 극복할만한 영적인 성취를 이루지 못하고 야수에게 압도당합니다. 아니면, 소외당하거나 강제로 억눌려 있습니다.

따라서 조직이 시대와 함께 변할 수 없을 정도로 경직되는 경우가 많으며, 결국에는 붕괴로 이어질 것입니다. 조직의 뒤에 있는 야수는 자신이 변하지 않으면 죽게 된다는 것을 알 수 있을 정도의 충분한 지각력이 없습니다. 그런 야수에게 사로잡혀 있는 사람들이, 전체 문명이 붕괴하는 지경에 이르도록 자신들의 행동을 변화시키려 하지 않는 이유를 이것이 설명해 줍니다. 사람들은 야수를 넘어설 수 없고, 야수는 프로그래밍을 넘어설 수 없습니다. 따라서 누구도 임금님은 벌거숭이라고 외치지 않는다면, 자멸은 피할 수 없는 결과가 될 것입니다. 이것은 단지 자유의지의 궁극적인 결과일 뿐입니다. 자기 초월을 하려고 하지 않는 사람들은 필연적으로 자멸할 것입니다.

앞장에서 나는 형상 세계의 창조주는 모든 인간의 의식을 초월해 있음을 분명히 밝혔습니다. 창조주는 긴 흰 수염을 기른 노인 같은 존재가 아닙니다. 또한 분노나 증오 같은 인간적인 속성을 지닌 신인(god-man)도 아닙니다. 사실, 창조주 자체는 인간에게 숭배를 받을 이유가 전혀 없습니다. 창조주가 지구 위 인간에게서 무엇을 필요로 할 수 있을까요? 확실히, 사람들이 뭔가에 주의를 기울일 때, 사람들은 관심이라는 다리 너머에 있는 뭔가에 에너지를 향하게 하는 것입니다. 따라서 사람들이 교회에 나가 자신이 믿는 신을 숭배할 때, 그 신에게 에너지를 향하게 하는 것입니다. 하지만, 형상 세계의 창조주가 형태의 세계를 만든 에너지의 근원인데, 창조주가 어떻게 인간의 에너지를 필요로 할 수 있을까요?

신이 인간의 숭배가 필요하다는 개념은 인간의 세계관이 아주 좁았던 시대에서 유래된 것임을 알 수 있나요? 지구가 지금보다 훨씬 적고, 평평하며, 하늘이 지구를 덮고 있는 돔(dome)이며, 그 돔 위에 신이 살고 있다고 믿었던 시대가 실제로 있었습니다. 사람들은 우주가 매우 작고, 지구가 우주의 중심이며, 신이 지구와 매우 가깝다고 생각했습니다. 이런 세계관을 바탕으로, 인간적인 일에 깊이 관여하며, 숭배해야 하고, 심지어 인간의 희생까지 필요로 하는 인격 신이라는 전통적인 유신론적 관점을 창조할 수 있었습니다. 이것이 놀라운 일은 아닙니다. 하지만, 거의 모든 사람이 물질우주가 구약시대에 사람들이 믿었던 것보다 무한히 크다는 것을 깨달은 시대에도, 이런 유신론적 관점이 남아 있다는 것은 분명 놀라운 일입니다.

진실은 창조주는 인간에게서 필요한 것이 아무것도 없다는 것입니다. 창조주는 오로지 자신의 빛과 진리를 인간에게 전해 주어, 사람들이 그 빛과 진리를 이용해 지구에 신의 나라를 공동창조할 수 있게 하려는 열망만 있습니다. 예수는 "너희 아버지께서 왕국을 너희에게 주시기를 기뻐하시느니라"라고 말했습니다. (누가 12:32) 분명히, 창조주는 구름 위에 살지 않습니다. 또한 저 멀리 떨어진 하늘에 사는 먼 존재도 아닙니다. 사실은, 형태의 세계 어디에서도 창조주를 볼 수 없습니다. 창조주는 모든 형태를 초월하기 때문입니다. 영적인 영역에는, 다양한 수준으로, 그리스도 의식을 성취한 신의 형태를 가진 신의 대리자들을 볼 수 있습니다. 물질우주 바로 위는 영적인 영역의 가장 낮은 단계이며, 이곳에서 인류의 영적인 스승들을 볼 수 있습니다.

요점은 창조주가 구약에서 말하는 인격 신은 아니지만, 인간이 혼자가 아니라는 것입니다. 상승 호스트의 일원인 우리는 인간의 일에 매우 깊이 관여하고 있습니다. 우리는 사람들이 지구에 신의 나라를 공동창조하는 역할을 성취하도록 안내할 준비가 언제나 되어 있습니다. 하지만, 창조주와 상승 호스트 모든 구성원은 이원성 의식을 완전히 초월했습니다. 우리는 숭배받을 필요가 없으며, 인간들에게 에너지나 희생을 요구하지도 않습니다. 우리는 오로지 주려고 합니다. 하지만 사람들이 이원성에서 벗어나기 전에는 우리의 빛을 완전히 줄 수 없습니다. 우리는 인간들을 대하면서, 사람들을 이원성 위로 끌어올리려고 하는 것이지, 사람들을 이원성에 더 확고하게 고정시키려고 하지 않습니다.

※

창조주와 신의 참된 모든 대리자가 오로지 인간에게 주려고만 한다면, 어떻게 그렇게 많은 종교가 신이 인간에게서 기도와 숭배, 복종, 희생과 같은 뭔가가 필요하다고 말할 수 있을까요? 이 문제에 대한 이해를 돕기 위해, 구약의 몇 구절을 인용하겠습니다.

2 주님이신 신께서 그들을 네게 넘겨 네게 치게 하리니, 그때 너는 그들을 전멸할 것이라. 그들과 어떤 언약도 하지 말 것이요. 그들을 불쌍히 여기지도 말 것이며:

3 또 그들과 혼인하지도 말지니. 네 딸을 그들의 아들에게 주지 말 것이요. 그들의 딸도 네 며느리로 삼지 말 것이니라

4 그가 네 아들을 유혹하여 그가 신을 떠나고 다른 신들을 섬기게 하므로, 주께서 너희에게 진노하사, 갑자기 너희를 멸하실 것임이니라. (신명기 7장)

13 네 주께서 그 성읍을 네 손에 넘기시거든, 너는 칼날로 그 안의 남자를 다 쳐 죽이고: (신명기 20:13)

16 오직 네 주님이신 신께서 네게 기업으로 주시는 이 민족들의 성읍에서는 호흡 있는 자를 하나도 살리지 말지니

17 곧 헷 족속과 아모리 족속과 가나안 족속과 브리스 족속과 히위 족속과 여부스 족속을 네가 진멸하되, 네 신께서 네게 명령하신 대로 하라.

18 이는 그들이 그 신들에게 행하는 모든 가증한 일을 너희에게 가르쳐 본받게 하여, 너희가 너희의 주께 범죄하게 할까 함이니라. (신명기 20장)

19 그러므로 주께서 보시고 미워했으니, 그 자녀가 그를 격노하게 한 까닭이로다.

21 그들이 신이 아닌 것으로 내 질투를 일으키며, 허무한 것으로 내 진노를 일으켰으니. 나도 백성이 아닌 자로 그들에게 시기가 나게 하며, 어리석은 민족으로 그들의 분노를 일으키리로다.

22 그러므로 내 분노의 불이 일어나서, 스올(지옥)의 깊은 곳까지 불사르며, 땅과 그 소산을 삼키며, 산들의 터도 불타게 하는 도다.

23 내가 재앙을 그들 위에 쌓으며. 내 화살이 다할 때까지 그들을 쏘리로다.

24 그들이 주리므로 쇠약하며, 불같은 더위와 독한 질병에 삼켜질 것이라. 내가 들 야수의 이와 티끌에 기는 것의 독을 그들에게 보내리로다.

25 밖으로는 칼에, 방 안에서는 놀람에 파멸하리니, 젊은 남자도 처녀도 백발노인과 함께 젖 먹는 아이까지 그러하리로다. (신명기 32장)

많은 영적인 사람이 이것뿐만 아니라 구약의 유사한 많은 구절에 대해 궁금해합니다. 이 말들이 진정한 창조주의 말이 될 수도 없고, 창조주의 참된 대리자의 말씀일 수도 없다는 사실을 이제 알았기를 바랍니다. 이원성을 초월한 존재는 이원성 의식에서 비롯된 말을 절대 할 수 없습니다. 방금 설명한 것처럼, 신에게는 적이 없습니다. 그러니 신이 한 그룹의 사람들에게 다른 그룹의 사람들을 대량 학살하라고 말하는 것이 이치에 맞지 않습니다. 창조주 자신이 숭배받을 필요가 없고, 사람들에게 자유의지를 주었다면, 어떻게 우주의 창조주가 거짓된 신을 숭배하는 사람들에게 위협을 느낄 수 있겠습니까?

여기에서 요점은 창조주와 모든 참된 영적인 스승들은, 사람들에게 다른 그룹의 사람들과의 이원론적 투쟁에 관여하라고 지시함으로써 얻을 수 있는 것이 아무것도 없다는 것입니다. 이와는 반대로, 그렇게 하는 것은 인간을 이원성에서 벗어나게 하려는 우리의 목적에 역행할 뿐입니다. 이것은 또한 우리가 어떤 그룹의 사람들을 다른 사람들보다 우월하다고 내세우지 않으며, 적을 죽이는 신성한 권한을 가진 선택받은 사람들로 그들을 인정하지도 않음을 의미합니다.

이런 논리를 볼 때, 여러분은 신명기와 구약의 다른 부분에 기록된 말들이 참된 신에게서 나올 수 없다는 것을 깨닫게 될 것입니다. 그렇다면, 그런 말들은 어디에서 온 것일까요? 자, 다시 한번 수사관들이 오래전부터 사용해 온 기법을 사용하여, 지구에서 이원적 투쟁을 만들어내려는 의도를 누가 가졌는지 살펴보겠습니다. 명백히, 이것은 추락한 존재들입니다. 하지만 그 너머에는 추락한 존재들이 더 높은 영역에 창조한 정체성이나 야수들의 상부구조가 있습니다. 그것들은 그들의 창조자보다 더 강한 존재로 성장했습니다.

구약에서 신을 종종 분노, 복수, 질투심과 같은 매우 인간적인 감정을 지닌 존재로 묘사하는 경우가 많은 것을 숙고해 보세요. 사실, 그런 감정은 명백히 무언가로부터 위협을 받는 존재를 묘사하는 것입니다. 위협을 받는 느낌은 오로지 두려움에서만 나올 수 있습니다. 이 존재가 전능한 창조주였다면, 무엇을 두려워할 수 있을까요? 우리는 이 존재가 더 낮은 영역에 사는 존재임을 알 수 있습니다. 이 존재는 아주 강한 감정을 가졌으므로, 아스트랄계라고 불리는 감정층에 존재한다고 가정하는 것이 합리적입니다.

에고는 신을 자신의 외부에 존재하는 것으로만 이해할 수 있지만, 자신의 행동들이 전적으로 정당화되기를 바란다는 점도 생각해 보세요. 자신이 원하는 땅을 가진 다른 종족을 정복하기 위해 신의 승인을 받는 것보다 더 높은 명분이 있을까요? 여러분은 이제 거짓된 신들과 이들을 따르는 사람들 사이에 상호의존적인 공생 관계가 있음을 알 수 있습니다. 이원성에 갇힌 사람들은 거짓된 신을 따르는 것으로부터 특정한 이득을 얻게 됩니다. 하지만 그들이 지불해야 하는 대가는 영적인 자유, 즉 여러분의 근원인 하나이신 창조주 앞에 다른 신들을 두지 않을 때만 쟁취할 수 있는 자유를 희생하는 것입니다.

⁓⁓❀⁓⁓

나는 이 책의 서두부터, 직접적인 경험을 바탕으로 진리를 알 수 있는 능력에 관해 얘기했습니다. 모든 사람은 물질우주 너머 어떤 단계의 실재(reality)에 마음을 조율할 수 있는 능력이 있습니다. 하지만, 이 능력은 자신들의 의식 상태에 의해 영향받게 될 것입니다. 한 그룹의 사람들이 두려움, 분노, 질투 또는 다른 부정적인 감정의 영향을 심하게 받게 되면, 그들은 감정층 너머에 자신의 내면을 조율할 수 없게 됩니다. 따라서 그들은 정체성층과 그 위에 있는 인류의 참된 영적인 스승들과 접촉할 수 없게 될 것입니다. 대신에 그들은 감정층 또는 멘탈층에 있는 존재들과 접촉할 것입니다. 같은 것들이 서로 끌리는 것처럼, 사람들은 자기 의식 수준에 상응하는 존재와 조율될 것입니다.

엄연한 사실은 멘탈층과 감정층에는 자신을 지구의 신으로 내세우고 있는 존재들, 즉 추락한 존재들이 창조한 야수들이 있다는 것입니다. 여러분은 이에 대한 숨겨진 증거를 창세기에서 찾아낼 수 있습니다.

(창세기 3:5) 너희가 그것을 먹는 날에는 너희 눈이 밝아 신과 같이 되어, 선악을 알 줄을 신이 아심이니라. (창세기 3:5)

이것은 이브에게 말하는 뱀(Serpent)입니다. 지금쯤 여러분은 뱀이 신에 관해 얘기할 때, 그것이 가장 높은 신, 즉 창조주를 지칭하는 것이 아님을 알아야 합니다. 왜냐하면, 이원성에 갇힌 존재가 어떻게 가장 높은 신을 알 수 있겠습니까? 사실, 이브가 닮을 "신들(gods)"은 반그리스도의 마음에 기초하여 선악을 정의했으므로, 선악을 아는 이원적인 신들입니다. 참된 신, 창조주가 상대적인 선악을 모르는 것은 신(God)이 이원성을 완전히 초월해 있기 때문입니다.

다시 말하지만, 뱀은 이브에게 모든 얘기를 하지 않았고, 그녀가 그 열매가 신과 같은 힘을 줄 것이라고 믿게 하였습니다. 하지만 실제로는 그 열매를 통해 성장한 이원성 의식과 거짓 신들이 그녀를 노예로 만들 것입니다. 여러분이 자신을 이원성의 세계로 끌어당겨지게 허용하면, 여러분은 실제로 선악을 알게 될 것입니다. 이 말은 여러분이 이런 어두운 세계의 이원적인 상황들을 필연적으로 경험하게 된다는 의미입니다. 실제로 여러분은 진정한 스승이 알지 못하는 것을 알게 될 것입니다. 다시 말해 여러분은 모든 것이 환영인 세계, 즉 신의 속성을 왜곡하는 이원적인 상반되는 것들(대립쌍)이 상호 작용함으로써 창조된 모든 것을 알게 됩니다.

이들 거짓 신들은 물질우주가 형성되기 이전에 창조되었기 때문에, 오랜 기간에 걸쳐 힘을 키워왔습니다. 지구에 사는 인간에게는, 그들이 매우 강력해 보일 수 있습니다. 어떤 그룹의 사람들이 그리스도의 분별력을 가지고 있지 않으면, 이런 이원적인 "신"을 정말로 하늘과 지구를 창조한 전능한 창조주로 믿을 수 있습니다. 일단 이렇게 믿게 되면, 그들은 벗어나기가 매우 어려운 두려움의 나선에 갇히게 될 것입니다.

그런 존재들이 왜 자신의 추종자들에게 죽을 수도 있는 전쟁을 벌이게 하는지 그 이유가 궁금할지도 모르겠습니다. 그런 전쟁은 추종자들을 잠재적으로 파괴할 수 있으니까요. 하지만, 이런 거짓된 신들은 이원성 의식에 눈이 멀어 있으므로, 상식적으로 행동하지

열쇠 23: 눈먼 지도자들이 종교에 접근하는 방식을 이해하기

않습니다. 사실, 그들은 어찌됐든 자신들이 승리할 것이라고 믿고 있습니다. 왜냐하면 자신의 추종자들이 이기든 지든 상관없이, 그들은 이원적인 투쟁에서 오용된 모든 에너지를 흡수할 수 있고, 이것이 적어도 일시적으로라도 그들을 더 강하게 만들 것이기 때문입니다. 그들은 자신의 추종자들에게는 관심이 없고, 오직 자신들에게만 관심이 있습니다. 대부분의 인간은 헤아리기 어려울 정도의 이기심이지만, 하지만 그것은 (일시적인) 실제 상황입니다.

분명히, 모든 사람이 서로를 죽인다면, 결과적으로 이들 거짓 신들은 에너지 공급원을 잃게 되겠지만, 그들은 영적인 무지로 인해 거기까지는 생각을 못 합니다. 또 다른 요인은 이들 거짓 신들이 끊임없이 서로 경쟁하고 있다는 것인데, 이것이 그들이 지구를 완전히 점령하고 파괴하지 못하는 유일한 이유입니다. 앞에서 얘기한 것처럼, 이것은 부분적으로는 그들의 "신들(gods)"을 포함해 많은 생명체가 지구의 균형을 맞추기 위해 지구에 오도록 허용되었을 때 계획된 것입니다.

내 말의 요점은 여러분이 특정한 종교들이 이런 거짓 신들에 의해 창조되었거나 왜곡되었음을 실제로 깨닫게 된다면, 이 행성의 종교에 파고든 수많은 이원적인 믿음으로부터 자신을 자유롭게 할 수 있다는 것입니다. 이것은 여러분이 깊이 간직하고 있는 어떤 믿음을 놓아버릴 것을 요구하지만, 그것은 또한 여러분을 영적 자유를 주장할 수 있는 특별한 입장에 처하게 할 것입니다. 거짓 신들과 관련된 진짜 문제는 일단 거짓 신들을 받아들이게 되면 닫힌 상자인 종교가 만들어진다는 것입니다. 이 말은 신도들이 자신의 신에 대해 의문을 갖는 것을 극도로 두려워한다는 의미입니다. 거짓 신과 같은 존재가 있을지도 모른다는 상상할 수도 없는 생각을 기꺼이 해보지 않는다면, 어떻게 그런 우상을 숭배하는 것에서 스스로 자유로워질 수 있겠습니까? 진리만이 여러분을 자유롭게 할 것입니다. 진리의 영을 찾을 때까지, 현재의 멘탈 박스에 여러분을 계속 가두고 있는 환영을 기꺼이 의심해야 합니다.

또한, 여러분은 에고의 자만심을 초월하려고 해야 합니다. 그렇게 하면 사람들이 자신이나 자신의 종교가 잘못됐을 수 있음을 숙고하는 것을 거부하지 않을 것입니다. 이것에 대해 논리적으로 생각해 보기 바랍니다. 만약 여러분이 추락한 존재들 때문에 왜곡되었고, 그러므로 여러분을 더 이상 하늘나라로 데려가지 못하는 종교 안에서 성장해왔다면, 그렇다면 알고 싶지 않을까요? 아니면 차라리 무지한 채로 남아, 이원성의 어둠 속에 머물러 있는 자신을 계속 책망하고 싶을까요? 진정한 창조주나 이원론적인 다른 많은 신 중에서, 여러분은 어떤 신을 따르고 싶은가요? 나는 여러분의 자유의지를 전적으로 존중하지만, 내가 제안을 하나 한다면...

열쇠 24
지구에서의 임무를 발견하기

내가 이 모든 정보를 여러분에게 주는 이유가 무엇인지 살펴보겠습니다. 이 모든 정보를 가지고 여러분은 무엇을 할 수 있을까요? 자, 여러분이 초보자라면, 지구 행성에 육화해 있는 동안, 영적인 자유를 얻기 위해 무엇이 필요한지에 대한 새로운 관점을 얻을 수 있습니다. 이제 여러분은 영적인 자유란 이원적 의식을 초월하여 그리스도 마음의 비전인 비-이원적 비전을 얻는 것임을 알 수 있습니다. 이런 자유를 성취하기 위해 여러분은, 이 행성에서 볼 수 있는 이원적인 많은 종교 또는 영적인 교리를 포함하여, 이원적인 믿음에 기초한 정체성에서 분리돼야 합니다.

이것 말고 영적인 자유를 얻을 수 있는 방법은 없습니다. 이원성 의식의 영향을 받는 의식 상태는 어떤 것이든 여러분을 멘탈 박스에 가두기 때문입니다. 그런 상자 안에 있는 한, 여러분은 감독관(taskmaster)이 만든 상자에 의해 부분적으로 혹은 전적으로 노예가 될 것입니다. 그 상자를 여러분의 에고가 만들었든, 육화해 있는 추락한 존재들이 만들었든, 또는 멘탈층, 감정층에 있는 추락한 존재들, 아니면 다른 사람들, 대중의식, 혹은 반그리스도 마음으로부터 창조된 거짓된 신이 만들어냈든 마찬가지입니다.

여러분은 또한 이 행성의 삶이 가진 모든 측면이 이원성 의식에 영향받아 왔다는 것을 알게 됩니다. 따라서 어디에서 성장했든 이것과 관계없이, 여러분은 이런 의식 상태에 영향받게 될 것입니다. 그 영향은 다음과 같습니다.

여러분은 개인에 의한 폭력 행위에서부터, 사회에 의해 군중을 따라야 하는 양으로 취급당하는 것에 이르기까지, 어떤 형태로든 육체적 학대에 노출됐습니다.

여러분은 어리석거나 가치가 없다는 말에서부터 불완전한 존재로 태어난 죄인이라는 말까지 아주 다양한 정서적 학대를 받아왔습니다.

또한, 정신적인 학대에도 노출됐습니다. 이것은 여러분이 자기 자신에 대해, 신과 세상에 대해 특정한 믿음을 받아들이고, 이원성 의식에서 생겨났지만, 오류가 없는 진리로, 어쩌면 신의 절대적인 진리로 제시된 개념들을 받아들이도록 양육되었다는 의미입니다.

진정한 자신이 누구이며, 어디에서 왔는지에 대해 들은 적이 없다는 의미에서 여러분의 정체성도 학대에 노출됐습니다. 대신 여러분에게는 자신의 기원과 정체성에 대해 아주 왜곡된 이미지가 주어졌고, 여러분은 자신이 영적인 존재가 아니라 인간이라고 믿게 되었습니다. "좋은" 인간이 되도록 프로그래밍됐지만, 그래 봐야 그냥 인간일 뿐입니다.

기본적인 메시지는 평지풍파를 일으키면 안되고, 사회가 인간의 규범으로 정의한 것을 벗어나면 안 된다는 것입니다. 그 메시지의 핵심은 "정상적인" 인간으로 남아 있는 것이며, 그리스도가 된 존재가 되려고 해서는 안 된다는 것입니다. 이런 학대가 여러분 스스로 자신의 영적인 잠재력을 부인하게 했습니다. 이로 인해 여러분은 마음의 네 수준에 여러 가지 형태의 상처와 흉터를 가지게 된 것입니다.

　마음은 에너지로 구성되어 있습니다. 그래서 물리적 육체처럼 쉽게 상처를 받을 수 있습니다. 마음은 스스로 치유할 수 있는 능력이 있지만, 지구에서 볼 수 있는 위험한 환경에서 성장하며 받게 되는 영향을 극복하는 데에는 도움이 필요합니다. 따라서, 진지한 영적인 구도자로서, 여러분이 영적인 자유를 성취하려면 마음의 네 층에 있는 상처를 치유해야 한다는 것을 알 수 있습니다. 환생의 관점을 더해보면, 과거 생에서 받았던 상처 역시 치유해야 한다는 것을 알 수 있습니다. 인류의 폭력적인 역사를 볼 때, 여러분은 이번 생에서 경험했던 것보다 과거 생에서 더 가혹한 학대에 노출되었을 가능성이 큽니다. 따라서 치유해야 할 상처가 많이 있을 수 있습니다.

　내가 어떤 식으로든 여러분을 당황하게 하려는 것이 아닙니다. 이와는 반대로, 여러분이 이 책에 마음을 열고 있다는 사실은, 여러분이 이미 많은 상처를 치유했다는 증거입니다. 하지만, 어떤 상처가 여전히 어둠 속에 남아 있을 수 있고, 그 상처가 여러분에게 영적인 자유라는 햇살 속으로 들어가는 마지막 발걸음을 떼지 못하게 방해할 수도 있다는 점을 신중하게 인식해야 합니다. 따라서 여러분은 치유가 필요하다는 점을 깨달아야 합니다. 그렇게 함으로써, (적극적으로 책임지고 적극적으로 영적인 치유를 할 필요가 없다는 것을 포함하여), 여러분이 자라면서 믿게 된 것들을 계속 믿는 것보다 더 빠르게 진전해 갈 수 있습니다.

　물론, 심리적이고 영적인 치유를 위해 이용할 수 있는 많은 유용한 가르침과 기법들이 존재합니다. 오직 하나만이 효과가 있고, 나머지는 모두 잘못되었다고 말하는 것이 나의 목표는 아닙니다. 물론 여러분은 자신의 직관을 자유롭게 따라야 하지만, 나는 성모 마리아께서 준 도구들을 소개하고 싶습니다. 이 도구들은 내가 이 책에서 제공하는 것들을 보충하기 위해 우리가 설계한 것입니다. "풍요로운 삶에 이르는 핵심 열쇠(Master Keys to the Abundant Life)"라는 책에서 성모 마리아께서는 감정적인 상처를 만드는 많은 거짓된 믿음을 꿰뚫어 볼 수 있는 점진적이고 온화한 길을 제시하고 있습니다. 성모는 또한 많은 로자리를 전해 주고 있습니다. 이 로자리들은 이원적인 믿음과 그런 믿음의 결과로, 왜곡된 에너지를 해결할 수 있도록 돕기 위해 특별히 고안된 것입니다.

  그것은 여러 세대를 거쳐, 수많은 사람의 경험에서 증명되어온 사실입니다. 여러분은 두 가지 접근 방식을 통해 영적인 기법들을 배우고 실천하면서 가장 빠른 진보를 이룰 수 있습니다. 성모 마리아의 책과 로자리는 그런 접근 방식을 제공하도록 고안되어 있습니다. 나는 그것들을 강력하게 추천합니다. 이 책에서 내가 해야 할 일은 어떻게 하면 영적인 속박, 특히 이원적 종교에 의한 노예 상태로부터 자유롭게 될 수 있는지에 대해, 여러분이 더 큰 그림을 가질 수 있도록 하는 것입니다.

<center>~~~❀~~~</center>

  개인적인 삶과 사회에서 여러분이 한 걸음 뒤로 물러난다면, 행성 지구는 거대한 구조 작전이 펼쳐지는 곳이라고 말할지도 모르겠습니다. 어떤 행성의 본래 목적은 공동창조자 그룹이 분리된 정체성에서 시작하여, 그리스도 의식을 향해 성장할 수 있는 기회를 주는 것입니다. 분명, 지구에 육화한 많은 존재가 이런 궤도에서 시작

했습니다. 하지만, 추락한 존재들의 하강으로 지구의 목적이 변경되었습니다. 지구에 존재하는 대부분의 새로운 공동창조자는 이원성 의식으로 추락했습니다. 지구로 추락한 존재 대부분만이 아니라 물질우주의 다른 지역에서 이곳으로 온 존재들도 대부분 이원성의 덫에 빠져 있습니다. 따라서 지구 행성이라는 우주적 학습공간의 현재 목적은 가능한 많은 존재를 이원성 의식 위로 끌어올리는 것입니다. 어떻게 해야 이렇게 할 수 있을까요?

앞장에서 설명한 것처럼, 이원성 의식의 주된 문제는 이것이 자기-충족적 예언, 폐쇄계, 스스로 강화하는 하향나선이 된다는 것입니다. 어떤 사회에서 임계수치의 사람들이 이원성 의식으로 들어가면, 이원성 의식에 너무 눈이 멀게 되어 삶을 다르게 바라보는 방법이 존재하지 않는다고 믿게 됩니다. 마치 눈가리개를 한 사람이 하늘나라를 향해 가고 있다고 생각하면서, 심연을 향해 가고 있는 것과 같습니다. 심지어는 기록된 역사조차, 문명 전체가 완전히 잘못된 개념을 믿으면서, 그 개념이 오류 없는 진실이라고 어떻게 확신할 수 있었는지를 보여주는 많은 사례가 있습니다. 중세 유럽인들이 지구가 평평하다고 믿었던 것을 생각해 보세요. 그 결과 누구도 감히 지평선 너머로 항해하려고 하지 않았습니다. 그래서 일반 대중들이 소수 귀족계급의 노예로 살아가고 있었음에도, 신세계를 발견할 수 없었고, 지배 엘리트들의 폭정에서 탈출할 수 없었습니다. 대중들은 실제 물리적인 상황으로 인해 노예가 되었지만, 탈출구가 없었습니다. 게다가 잘못된 생각을 믿었기 때문에, 누군가가 주문을 깨고, "하지만, 임금님은 아무것도 입지 않았어요"라고 소리칠 때까지, 그 누구도 탈출할 방법을 발견할 수 없었습니다.

"임금님의 새 옷"이라는 동화를 읽어보았다면, 나는 여러분도 그렇게 하기를 권합니다. 이 동화는 사람들이 어떻게 해서 이원성 의식에 갇히게 되었고, 그 사실을 감히 말하거나 깨뜨리는 사람이 없었으므로, 모두가 그 환상을 어떻게 따르고 있는지를 멋지게 설명하고 있습니다. 어떻게 해야 지구에서 그 주문이 깨질까요? 어떻게 해야 인류가 이원성 의식과 그 영향에 대해 볼 수 있게 될까요? 자, 어떤 한계에서 벗어나는 첫걸음은 확장된 의식입니다. 하지만, 누군가 자신이 이원성 의식에 갇혀 있지 않다는 사실을 나머지 사람들을 위해 기꺼이 증명해 줄 때만, 인류의 의식이 확장될 것입니다. 누군가 용기를 내서 이원성의 황제는 아무것도 입지 않았다고 소리쳐야 합니다. 그리고 누군가는 이원성을 초월하는 길로 이어지는 참된 길, 즉 하나됨의 길을 보여주려고 해야 합니다. 이것이 이 특정한 시기에 여러분이 지구에 존재하는 이유에 대해 숙고하게 해 줄 것입니다.

❧

나는 지구의 역사가 매우 무질서하고 심지어는 완전히 무작위적인 것처럼 보일 수 있음을 잘 알고 있습니다. 나는 지구가 정말로 누구도 진정으로 통제할 수 없는 혼란스러운 행성임을 거리낌 없이 인정합니다. 거짓 신들조차 서로 싸우고 있으므로, 이들 가운데 누구도 궁극적인 통제력을 갖지 못합니다. 내 말의 요점은 많은 종교인과 심지어는 많은 뉴에이지 사람조차 신 혹은 상승 호스트들이 지구에서 일어나는 일을 궁극적으로 통제하고 있다고 믿고 있다는 것입니다. 그들은 어느 날 구원자 혹은 UFO가 하늘에 나타나서, 인류의 모든 문제를 해결해 줄 것이라고 믿습니다. 이것은 인간 에고가 만들어낸 또 다른 환영에 불과합니다. 이런 환영을 그처럼 많은 사람이 널리 믿고 있는 이유에 대해서는 나중에 살펴보겠습니다.

하지만 지금은 여러 차례 말했던 것처럼, 지구에 존재하는 모든 것은 육화해 있는 사람들의 자유의지 지배를 받는다는 점을 환기하고 싶습니다. 사람들이 지구를 파괴하기로 결정한다고 해도, 신은 말 그대로 인간이 그렇게 하도록 내버려 둘 것입니다. 우리 상승 호스트들은 신의 법칙을 따르고 있습니다. 이 말은 우리가 개입하여 인간의 문제를 해결할 수 없다는 의미입니다. 우리가 할 수 있는 것은 육화해 있는 사람들이 자신들의 문제를 해결할 수 있도록 그들을 일깨우고 힘을 실어주는 것뿐입니다. 우리는 사람에게는 불가능하지만, 신과 함께라면 모든 것이 가능하다는 것을 계속해서 사람들에게 가르치려고 합니다. 오직, 여러분 안에 있는 신만이, 신의 왕국을 다스리는 신만이 모든 문제를 해결할 것입니다. 따라서, 여러분의 바깥에서 신이나 해결책을 찾으려 한다면, 문제를 결코 해결하지 못할 것입니다. 우리는 이런 보편적인 진리를 오랫동안 가르쳐왔으며, 인류의 의식을 점진적으로 높여주는 특정한 영적 사이클들을 조정함으로써, 이 일을 합니다.

영적인 것에 관심이 많은 사람이라면 알고 있는 것처럼, 우주에는 2000년을 약간 넘는 동안 지속되는 어떤 시대나 우주적인 주기들이 존재합니다. 예수는 그런 주기 가운데 하나인 물고기자리 시대(Age of Pisces)를 시작하였습니다. 그의 목적은 가르침을 전하고, 그리스도 신성에 이르는 개인적인 여정의 본보기가 되는 것이었습니다. 그의 임무의 전반적인 목적은 사람들이 그리스도 신성을 구현할 수 있도록 도구들을 전해 주는 것이었습니다. 만약 수천 명이 예수의 발자취를 따랐다면, 인류의 의식도 집단으로 변형되었을 것입니다. 하지만, 분명히, 이런 일은 일어나지 않았습니다. 주된 이유는 특정한 추락한 존재들이 그리스도 운동에 침투하여, 예수를 모든 사람이 신의 태양(SUNs of God)이 될 수 있음을 보여주는 본보기가 아니라, 신의 독생자(Son of God)라는 예외로 만들어버렸기 때문입니다.

그 결과, 인간은 현재 의식에서 원래 계획된 것보다 더 뒤처지게 되었습니다. 하지만 우리는 여전히 다음의 우주적 주기인 물병자리 시대(Age of Aquarius)로 이동하고 있습니다. 이 시대는 영적인 자유의 시대가 되도록 설계되어 있습니다. 이 말은 인류가 최종적으로 이원성이라는 마법을 깨고, 대부분의 사람이 상상하는 것 이상으로, 영적이고 물질적인 자유와 풍요를 누리는 황금시대를 구현할 가능성이 매우 크다는 의미입니다. 그렇게 될 가능성이 있습니다. 실제로 지구는 대규모의 각성, 집단적인 깨어남이 일어날 수 있는 전환점에 가까워지고 있습니다. 그렇게 되면, 수백만 명의 사람이 이원성의 황제가 수많은 변장을 하고서 벌거벗고 있으며, 자신들을 지배할 힘이 없음을 알게 될 것입니다. 하지만, 이런 일이 일어나기 위해서는, 누군가가 과감하게 나서서 이원성 의식에 대안이 있다는 사실을 증명해야 합니다. 자신이 지구에 온 이유라고 예수가 선언했던 것을 누군가는 해야 합니다.

나는 오직 진리를 증언하려고 태어났으며 그 때문에 이 세상에 왔다. 진리 편에 선 사람은 내 말을 귀담아듣는다. (요한 18:37)

누군가는 물고기자리 시대의 들숨과 함께 흐르면서 그리스도 의식을 입어야 합니다. 그럼으로써 그들은 모두가 볼 수 있는 진리를 증명하는 물병자리 시대의 날숨을 위한 도구가 될 수 있습니다.

― · ❦ · ―

이 시대에 필요한 것, 즉 지구의 방정식을 근본적으로 변화시킬 수 있는 X-요소(X-factor)는, 수백만 명의 사람이 진리를 증명하기 위해 이 세상에 왔다는 사실을 의식적으로 깨닫는 것입니다. 그리고 가장 먼저 명확해져야 하는 진리는 이원성 의식에 대한 대안이 있다는 것, 이원성을 벗어난 뭔가가 존재한다는 것입니다.

하지만, 정말이지 이것은 논리적으로 설명될 수 있는 것이 아닙니다. 그것은 하나됨의 여정을 걷는 사람들에 의해 증명되어야 하는 것입니다. 따라서, 누군가가, 말과 행동 모두에서, 진정 이원성 의식을 초월하여 그리스도 마음을 입을 수 있음을 증명해야 합니다. 그리스도 마음이 영적인 자유에 이르는 열쇠인 이유는 무엇일까요? 그 이유는 그리스도 마음은 신에 속한 것과 이원성 의식에 속한 것을 분별할 수 있는 힘을 주기 때문입니다. 내가 설명하려고 했던 것처럼, 사람들은 이원성 마음으로부터 만들어진 멘탈 박스의 노예가 되어 있습니다. 따라서 어떤 것이 이원적 환영이고, 어떤 것이 실재하는지를 분별할 수 있을 때까지는 결코 자유로울 수 없습니다. 그것이 예수가 영적인 자유의 시대로 이어질 수 있는 그리스도 분별의 시대가 돼야 했던 시대를 시작했던 이유입니다. 분별력은 진실로 자유를 위한 토대입니다. 분별력이 없다면, 여러분은 교묘한 이원적 환영의 노예가 되어 있으면서도, 자신이 자유롭다고 생각할 것입니다.

이 특별한 시기에 정확히 지구에 육화하기로 선택한 수백만의 존재가 있었습니다. 그들은 이 시기가 지구에 얼마나 중요한지를 보았던 것입니다. 그들은 계획된 대규모 각성이 실현되도록 돕기 위해 이곳에 존재하기를 원했습니다. 하지만 이렇게 하려면, 이런 생명흐름들은 당연히 육체를 지녀야 했습니다. 이 말은 그들이 이곳에 온 이유를 잊어버렸다는 뜻입니다. 따라서 이런 생명흐름들에게 가장 우선시되는 것은 자신을 일깨우는 것이며, 자신들의 기원과 지구에 온 목적을 의식적으로 깨닫는 것입니다. 그런 다음, 타인에게 증명함으로써, 그들은 진정으로 자신의 목적을 이룰 수 있게 됩니다. 예수가 말했던 것처럼, 다른 사람 눈에 있는 티를 제거하는 방법을 명확히 알려면, 먼저 자기 눈 안의 들보부터 제거해야 합니다.

여기까지 이 책을 읽고 있다면, 여러분은 자신이 이런 생명흐름 가운데 하나이거나, 그런 생명흐름이 될 잠재력이 있다는 점을 진지하게 숙고해야 합니다. 나는 여러분이 자신의 삶에서 어떤 일들을 해왔고, 아주 영적이지 못한 의식 상태로 떨어졌을 수도 있다는 것을 잘 알고 있습니다. 하지만 여러분은 자신이 이원성 의식을 초월하는 방법을 보여주기 위해 이곳에 왔음을 이해해야 합니다. 그렇게 하려고, 많은 존재가 이원적 의식의 어떤 측면을 취한 채 잠시 살기로 자원했던 것입니다. 이것은, 어떤 형태의 이원적인 행위나 믿음에 갇혀 있다고 해도, 여러분은 여전히 그것을 초월할 수 있고 하나됨의 길을 따를 수 있다는 것을 보여주기 위해서였습니다. 내 말의 요점은 여러분이 처해 있는 상황이 어떤 것이든, 그것은 여러분이 누구인지에 대한 참된 표현이 아니라는 점을 진지하게 생각해 봐야 한다는 것입니다.

앞에서 설명한 것처럼, 여러분은 진실로 영적인 존재의 확장체이며, 여러분의 낮은 정체성의 핵심은 이원성 의식에서 창조된 많은 정체성 가운데 하나를 포함하여, 그것이 선택하는 어떤 정체감으로든 들어갈 수 있는 능력을 가진 의식하는 자아(conscious self)입니다. 따라서 여러분이 하는 모든 영적이지 않은 행위는, 여러분의 의식하는 자아가 이원적인 정체성에 발을 들여놓은 결과입니다. 여러분이 지금 해야 하는 것은 자신이 그런 정체성 이상이라는 것을 깨닫는 것입니다. 그런 다음 여러분은 이원적인 정체성에서 빠져나올 수 있고, 자신의 진정한 영적 정체성을 되찾을 수 있습니다. 이렇게 함으로써, 여러분과 같이 특정한 이원적 정체성에 빠진 다른 사람들에게도 이원성을 초월하여 영적으로 다시 태어나는 것이 가능하다는 것을 시범 보이게 될 것입니다. 정확하게는 이것이 여러분이 이 고통스러운 행성에 오기로 결정했던 이유입니다. 여러분은 예수가 제자들에게 했던 것을 하고 싶어 했습니다.

너희도 이처럼 너희의 빛을 사람들 앞에 비추어, 그들이 너희의 착한 행실을 보고, 하늘에 계신 아버지를 찬양하게 하여라. (마태 5:16)

여러분이 비추어야 할 빛은 여러분의 상위 존재가 지닌 빛이며 신의 화염입니다. 그 빛이 여러분의 하위 존재를 통해 비치게 함으로써, 여러분은 이원성 너머에 뭔가가 있음을 증명합니다. 여러분은 이원성 의식에서 창조된 모든 문제에 대한 신성한 해결책이 존재한다는 것을 증명해 보입니다. 그렇게 함으로써, 사람들은 "하늘나라에 계신 아버지"에게 영광을 돌리는 법을 배우게 되는 것입니다. 이는 사람들이 이원성에서 완전히 벗어나 있는, 심지어는 거짓 신들과 이원성에 갇힌 눈먼 지도자들에게서도 벗어난 영적인 존재들에게 도움받을 수 있음을 깨닫는다는 의미입니다. 그러므로 참된 영적인 스승들은 사람들이 이원성을 극복할 수 있도록 도울 수 있고, 그렇게 되면 사람들도 자신들이 영적인 존재의 확장체임을 이해하게 될 것입니다. 사람들이 여러분 안의 신성을 보게 될 때, 자신 안에 내재된 신성을 발견하는 데 도움을 받을 수 있습니다.

사람들이 여러분에게서 보게 될 선한 것이 무엇일까요? 그것은 예수가 다음과 같이 말했던 종류의 일(works)입니다.

예수는 그들에게 "내 아버지께서 지금까지 일하시므로, 나도 일을 한다."라고 대답했습니다. (요한 5:17)

예수는 육화한 개인이 이원성 의식에 기초하지 않은 방식으로 행동할 수 있음을 증명하기 위해 왔습니다. 그렇게 할 때, 여러분은 지구에 대한 지배권을 가지게 될 것입니다. 이 말은 이원성 의식으로는 불가능해 보이는 것을 여러분이 할 수 있다는 의미입니다. 예수가 말했습니다.

사람으로는 할 수 없으나, 신으로는 그렇지 아니하니, 신으로서는 다하실 수 있느니라. (마가복음 10:27)

이원성 의식으로는, 이원성 의식에서 생긴 문제와 갈등을 해결할 수 없습니다. 하지만, 여러분이 신의 빛과 그리스도 마음의 비전을 가져오면, 갑자기 해결책이 명확하게 보입니다. 임금님(이원성 의식)이 아무것도 입지 않았다는 것을 깨닫게 될 때, 사람들은 환영에서 벗어나 자유롭게 되고, 이제 분명한 해결책을 볼 수 있게 됩니다.

열쇠 25
이원적인 사고방식을 극복하기

　인류의 의식을 끌어올리는 전진 운동(forward movement)이 실제로 존재합니다. 이 움직임은 우리 상승 호스트가 감독하지만, 여러분, 즉 육화해 있는 존재들에 의해 만들어집니다. 수백만 명의 사람이 이 움직임의 일부가 될 수 있는 잠재력이 있습니다. 하지만 여러분이 자신의 역할을 하기 위해서는, 자신의 빛을 숨기거나 오용하게 했던, 이원성 의식에 눈이 멀게 만든 조건들을 극복해야 합니다. 다시 말해서, 여러분의 빛을 비추기에 앞서, 여러분은 자신의 빛을 비추지 못하게 만들었던 상황을 초월해야 합니다. 여러분의 진리를 증명하기에 앞서, 에고의 이원적인 "진리"를 극복해야 합니다. 여러분의 의식하는 자아(conscious self)는 여러분이 지금까지 동일시해 온 이원적인 정체성을 꿰뚫어 보고 이런 정체성과 자신을 분리해야 합니다.

　여러분이 이렇게 할 수 있도록 돕기 위해, 앞에서 설명한 이유, 즉 생명흐름들이 이원성 의식에 눈이 멀게 된 네 가지 주요한 이유에 관해 설명하겠습니다. 이것은 앞에서 설명한 것처럼, 의식의 네 가지 요소와 이에 상응하는 의식 상태에 연결되어 있습니다.

정체성 또는 에테르 단계는 아버지의 요소를 상징합니다. 따라서 아버지 원리의 왜곡, 즉 능동적 원리의 왜곡이 생겨나게 할 수 있습니다. 이것은 자신이 타인들보다 낫다는 믿음에 기초하여, 분리된 존재로서의 정체성을 유지하려는 유혹입니다. 존재들이 이런 환영에 눈이 멀게 되면, 그들은 자신보다 아래에 있는 존재들에게 봉사하는 것을 거부합니다. 이것은 결국 영적인 자만심을 가져오며, 이로 인해 그 존재들은 우주를 운영하는 방법에 대해 자신들이 신이나 다른 누구보다도 더 잘 안다고 느끼게 됩니다. 이런 존재들은 신이 되려는 욕망을 가집니다. 그들은 자신들이 신의 지위로 올라가는 세상을 만들려고 합니다.

어떻게 해야 이러한 환영에서 벗어날 수 있을까요? 음, 그것은 총체적 사실주의(total realism)에 도달해야만 이룰 수 있습니다. 그래야만 여러분은 모든 생명이 같은 근원에서 나왔고, 따라서 모든 생명이 하나임을 보며, 진정으로 이것을 이해하게 됩니다. 분리는 완전히 환영입니다. 어머니의 수축하려는 힘 때문에 분리는 고통으로 이어질 수밖에 없습니다. 불가피하게 생명의 힘 그 자체가 자만심을 통해 세워진 바벨탑을 모두 무너뜨릴 것입니다. 문제는 이런 의식 상태에 갇힌 사람들이 자신이 생각하는 것처럼 정말 영리한가 하는 것입니다. 이들이 과연 하나됨의 진리를 인식하고, 자발적으로 생명의 강으로 돌아올까요? 아니면 자신의 창조물들을 무너뜨리는 것에 지칠 때까지, 계속해서 분리의 환영에 따라 행동할까요? 자만을 버리고 진리를 받아들일 때까지, 그들은 얼마나 많은 고통을 겪어야 할까요? 그들은 통찰을 통해 자만심을 극복할 수 있을까요? 아니면 오로지 완전한 굴욕의 경험을 통해서만 자만심을 극복할 수 있을까요?

어떻게 해야 아버지의 왜곡을 극복할 수 있는 방법을 예증할 수 있을까요? 지구에서, 이런 왜곡의 가장 흔한 결과는 모든 종류의 독재자, 국민을 이용하기 위해 권력을 남용했던 지도자들입니다. 여러분은 지도자가 되어 공정한 방식으로 권력을 행사함으로써, 이런 왜곡을 극복하는 방법을 보여줄 수 있습니다. 또한, 독재적인 지도자에게 복종하기를 거부하고, 그들의 학대에 과감하게 맞서는 것으로 그렇게 할 수도 있습니다. 하지만 평화적인 수단을 통해서만 그렇게 해야 합니다. 이원적 투쟁을 영속화하는 방법으로 독재자와 맞서는 것은 의미가 없습니다. 극복의 길을 보여줄 수 있는 또 다른 길은 어떤 방법으로든 타인에게 사심 없이 봉사하는 것입니다.

이렇게 하려면, 여러분은 타인에게 힘으로 강요하려는 모든 욕망, 심지어 타인을 구원하려는 욕망마저 극복해야 합니다. 여러분은 타인의 자유의지를 절대적으로 존중해야 합니다. 그들이 한쪽 뺨을 때린다 해도, 설령 양쪽 뺨을 때린다 하더라도 이를 허용해야 합니다. 언제나 내밀 수 있는 다른 쪽 뺨이 있으므로, 여러분은 다른 쪽 뺨마저 내밀어 그들을 깨우쳐야 합니다. 가능하면 그들이 제일 나은 선택을 할 수 있도록 해야 하겠지만, 여러분이 최선이라고 생각하는 선택을 강요해서는 안 됩니다.

멘탈층의 오용은 아들의 요소인 마음의 오용을 나타냅니다. 이런 덫에 갇힌 존재들은 마음, 즉 분석적인 또는 지적인 마음을 사용하여 자신의 우월성을 확립합니다. 그들은 자신이 옳다는 것을 정당화하고 이를 입증하는 데 아주 능숙합니다. 그들의 작업 방식 (modus operandi)이 틀릴 수가 없다는 것입니다. 그들은 이원성 의식을 능숙하게 사용하여, 최소한 자신의 만족을 위해 자신의 요점을 증명할 수 있습니다. 다른 사람들이 동의하지 않는다면, 그들이 요점을 이해할 만큼 영리하지 않기 때문입니다. 이 존재들은 자신을 신의 대리자로, 인류의 참된 영적인 지도자로 내세우려 합니다. 그들은 우월한 지능을 이용하여 타인들이 자신을 맹목적으로 따르게 하려고 합니다.

이런 덫에서 빠져나오는 길을 어떻게 증명할 수 있을까요? 이원적인 논쟁에 관여하지 않음으로써 증명할 수 있습니다. 그렇다고 이 말이 논쟁에서 물러나야 한다는 의미는 아닙니다. 여러분은 비-이원적인 방식으로 논쟁에 참여해야 합니다. 분명히, 이렇게 하려면 사람들 속에서 옳은 존재가 되려는 모든 욕망을 극복해야 합니다. 그러니 여러분은 오로지 신과의 관계에서 옳게 되려고 해야 합니다. 여러분은 또한 교회와 국가에서 거짓된 지도자들과 맞설 수 있습니다. 하지만 이 일 역시 평화적으로 이루어져야 합니다. 그들이 여러분을 또 다른 이원론적 투쟁에 끌어들이게 허용하는 대신, 여러분은 그들의 이원론적 사고방식을 드러내려고 합니다.

감정층의 오용은 어머니 요소의 오용을 상징합니다. 이런 존재들은 신이나 자신들의 기대에 부합하지 않을 모든 사람에 대한 부정적인 감정에 사로잡힙니다. 어머니의 요소는 아버지의 능동적 극성에 대한 수동적인 극성입니다. 어머니의 오용에 갇힌 사람들은 종종 자신을 희생자로 여깁니다. 그들은 자신에 대한 책임을 지려고 하지 않습니다. 그들은 지도자들을 따르려고 하며, 자신의 삶을 변화시키기 위해 뭔가를 할 수 있다는 것을 의심합니다. 대체로 그들은 아버지와 아들을 오용하는 자들을 맹목적으로 따르는 추종자들입니다.

이런 남용에서 벗어나는 길을 어떻게 증명할 수 있을까요? 자신의 삶과 영적인 여정에 대해 충분한 책임을 지는 것으로 증명할 수 있습니다. 여러분이 해야 할 일을 지도자가 알려 주기를 바라는 대신, 그리스도의 분별력을 성취하려고 노력함으로써 그렇게 할 수 있습니다. 하지만, 또한 여기에는 참된 지도자와 거짓 지도자를 분별하는 것이 포함됩니다. 거짓된 지도자들을 폭로하고, 참된 지도자들을 받아들이는 것을 두려워해서는 안 됩니다. 이렇게 하려면, 여러분은 자신을 통제할 수 없는 힘의 희생자로 여기는 모든 성향을 극복해야 합니다. 여러분을 하늘나라로 인도할 수 있다고 주장하는 사람들을 맹목적으로 따르고 싶은 유혹도 극복해야 합니다. 기꺼이 스스로 결정하고, 어떤 결과를 경험하든지 기꺼이 배우려고 해야 합니다.

　물질계는 성령의 요소를 왜곡하는 것을 상징합니다. 이 덫에 갇힌 존재들은 종종 신이 존재하지 않는다는 환영을 만드는데, 이것은 더 높은 존재로부터 책임 추궁을 당하지 않고 원하는 것은 무엇이든 하려는 욕망입니다. 그런데, 이와 반대되는 극성이 있습니다. 그것은 외적인 시스템, 예를 들면 종교적, 과학적 또는 정치적인 철학을 오류가 없는 상태로 격상시킨 다음 그것을 바꾸기를 거부하는 것입니다. 이런 사람은 대개 외부 종교의 믿음, 규칙 그리고 관행들을 엄격하게 준수하는 것으로 하늘나라로 가는 길을 살(buy) 수 있다고 믿습니다. 그들은 자신의 의식 상태를 바꾸지 않고, 그리스도 마음을 입지 않았음에도 불구하고 신이 자신들을 받아들이도록 강요할 수 있다고 믿고 있습니다. 이것은 자기 초월이 없는 구원의 환상입니다

　성령은 진실로 물리적으로 육화해 있는 사람들이 물질계의 한계를 초월할 수 있게 해주는 힘입니다. 따라서 성령을 왜곡하는 사람들은 자신들이 인간에 불과하거나, 특정한 종교적 전통에서 벗어날 수 없다고 생각하면서, 초월을 거부하는 것입니다. 이들은 자기 초월을 거부합니다. 그들은 자신의 재능을 물질우주와 하위 마음을 상징하는 땅에 묻어두는 자들입니다. 그들 중의 일부는 단지 물질

적으로 즐거운 삶을 살기를 원하고, 이 세상이 제공하는 것을 즐기고 싶어 합니다.

그들은 어떤 영적인 가르침에도 방해받고 싶어 하지 않습니다. 이것을 극복할 수 있는 방법을 여러분은 어떻게 보여줄 수 있을까요? 물질계의 유혹과 즐거움을 기꺼이 뛰어넘음으로써 그렇게 할 수 있습니다. 어떤 종류의 신념 체계들에 대해 기꺼이 의문을 제기하고, 인간이 만든 그런 제한들을 뛰어넘어 더 충만한 삶을 찾을 수 있다는 것을 보여줌으로써, 여러분은 그렇게 할 수 있습니다. 삶에서 주어진 어떤 상황에서든 기꺼이 최선을 다함으로써, 여러분은 여러분이 증식한 재능들을 우주가 증식해 돌려준다는 것을 증명할 수 있습니다. 여러분은 신의 법칙이 정말로 작동하고 있으며, 자기 초월이 가능하다는 것을 시범 보일 수 있습니다. 이렇게 하려면, 여러분은 물질우주 자체를 목적으로 여기는 성향을 극복해야 합니다. 물질우주가 목적을 위한 수단임을 이해해야 합니다. 물질우주의 목적이 신의 완전한 의식으로 이끄는 자기 인식의 성장임을 깨달아야 합니다

~~~~~~~~~

만일 네 가지 범주에 대한 설명을 자세히 살펴본다면, 그 뒤에 공통분모가 있음을 알 수 있습니다. 각각의 범주는 특정한 사고방식, 즉 삶을 바라보는 특정한 방식을 상징합니다. 각각의 그룹에서 여러분은 자신들의 사고방식이 유일하게 옳은 것이라고 전적으로 확신하는 사람들을 볼 수 있습니다. 따라서 그들은 자신처럼 생각하지 않는 사람들과 마주쳤을 때 위협을 느낍니다. 위협받는다는 이런 감각은 이원성에 갇힌 존재들의 전형적인 특징입니다. 이원성

속에는 이런 특징이 내재되어 있습니다. 이원성 의식은 분리에 근거합니다. 여러분이 신으로부터, 자신의 근원과 전체로부터 분리되었다고 생각할 때, 필연적으로 길을 잃을 수 있다는 것을 두려워하게 됩니다. 길을 잃을 수도 있다는 개념은 오직 분리된 정체성 영역에만 존재할 수 있습니다. 여러분이 전체와 하나라는 것을 완전히 깨달았다면, 어떻게 길을 잃을 수 있겠습니까? 따라서 분리의 감각은 길을 잃을 수 있다는 두려움을 불러일으킵니다. 이런 두려움을 지닌 채로 사람들은 절대 살아갈 수 없습니다.

 길을 잃을 수도 있다는 두려움을 보상하기 위해, 추락한 존재들은 특정한 조건에 맞추어 살아가면 길을 잃지 않게 된다는 세계관을 만들어야 합니다. 따라서, 그들은 자신들의 사고방식을 우월한 것으로 묘사하는 세계관을 창조했으며, 모든 사람이 자신들의 사고방식을 따르는 세계나 사회를 창조하려고 합니다. 이것은 그들이 두려움을 지니고도 살아갈 수 있게 해주는 균형감(sense of equilibrium)을 줍니다. 그들은 생명의 강에 합류하기를 거부함으로써 필연적으로 생기는 두려움, 가장 깊은 내면에 있는 상실에 대한 두려움을 무시할 수 있다고 자신을 믿게 하려고 외부 조건들을 사용했습니다. 오로지 하나됨의 길만이 개별성으로서의 존재가 상실될 수 있다는 원초적 두려움을 극복할 수 있는 힘을 줍니다. 오로지 모든 생명과 하나라는 느낌에서 오는 완벽한 사랑만이 모든 두려움을 떨쳐버리게 할 것입니다. 하지만 생명의 강에 다시 합류하기 위해서는, 반드시 분리의 환영을 버려야 합니다. 그럴 의지가 없는 존재들은 필연적으로 피할 수 없는 두려움을 상쇄하려는 끝없는 게임에 갇히게 됩니다. 그들은 하늘에 닿게 되리라고 생각하면서 바벨탑들을 쌓으려 하지만, 어머니의 수축하는 힘은 끊임없이 이 탑들을 무너뜨리고 있습니다. 따라서 이런 사람들은 언제나 삶에서 위협을 느낍니다.

피할 수 없는 결과는 이런 사람들이 자신의 사고방식을 받아들이려고 하지 않는 사람들과 마주칠 때, 그들에게서 위협을 느낀다는 것입니다. 여러분이 그들의 노선을 따른다면 환영받겠지만, 그들을 따르기를 거부한다면 여러분은 위험한 인물로 여겨질 것입니다. 순수한 생존 메커니즘으로서, 이원성에 갇힌 존재들은, 위협을 제거하려고 해야 합니다. 그들이 위협을 제거하기 위해 얼마나 멀리까지 갈지는 전적으로 그들이 이원성에 어느 정도 갇혀 있느냐에 달려 있습니다. 이는 결국 목적이 수단을 정당화할 수 있다는 믿음을 불러옵니다. 위협을 말살하려는 그들의 시도는 여러분을 무시하는 것에서부터 여러분을 침묵시키기 위해, 실제로 죽이는 것까지 포함합니다. 역사를 통틀어 다양한 시나리오가 전개됐지만, 항상 근본적인 메커니즘은 사람들이 위협을 느끼게 되면 균형감에 위협이 되는 것을 제거하려고 한다는 것입니다.

내가 왜 이런 말을 여러분에게 할까요? 그것은 영적인 각성에서, 여러분의 역할을 완수하기 위해 사람들을 깨우는 것이, 불가피하게 사람들의 균형감을 위협한다는 것을, 여러분이 알아야 하기 때문입니다. 구원이 보장된다는 느낌이 드는 동안에는 사람들이 변화를 거부할 것입니다. 따라서 사람들을 일깨우고, 더 나은 삶의 방법이 있다는 것을 보여주는 첫걸음은, 그들의 균형감을 건드리는 것입니다. 이것은 언제나 적대감과 부닥칠 일이 될 것입니다. 일단 이것을 이해하고 예상하는 법을 알게 되면, 이원론적인 투쟁에 끌려가거나 (그럼으로써 여러분의 빛을 오용하거나), 여러분의 빛을 차단하는 방식으로 반응하는 것을 피하는 법을 배울 수 있습니다. 물론, 여러분은 에고의 특징인 위협받는다는 감각을 극복하는 것부터 시작해야 합니다. 늘 그렇듯이, 인류를 자유롭게 하려는 운동 일부가 되기 위해서는, 기꺼이 자기 눈 안의 들보를 뽑는 것부터 시작해야 합니다. 이원적인 정체성에 눈이 멀어 있는 한, 여러분은 다른 사람들이 이원성에서 벗어나도록 도울 수가 없습니다. 분명히 여러분은 이 책을 읽음으로써, 이런 과정을 기꺼이 시작할 수 있음을 증명했습니다. 더 지켜봐야 할 것은 여러분이 어디까지 갈 의지가 있느냐 하는 것입니다.

~~~~

여기서 나의 더 큰 요점은, 고의로 신에게 저항하는 존재들은 극히 소수에 불과했으며, 그들은 자신들이 무엇을 하고 있는지 제대로 이해하지 못했다는 것입니다. 하지만, 그들은 내가 설명한 분리된 정체성, 거짓 신들을 창조했습니다. 이런 신들이 일단 창조되고 나면, 그들은 어떤 개별적 존재보다도 더 강력해졌습니다. 그들은 개별적인 존재들이 자신에게 굴복하도록 조종함으로써, 생존하고 성장하려고 합니다. 그들은 다른 존재들을 자신들의 세계관, 즉 자신들이 창조된 환영에 복종하게 만들려고 합니다.

사회가 이원적인 환영에 갇혀 있을 때, 환영 그 자체가 더 큰마음에 압도당하고, 대중의식으로부터 거짓 신에게로 이르는 상부구조를 형성합니다. 자신이 이 사회의 일원이라고 받아들이는 모든 사람은 현재 상태를 유지하기 위해, 즉 거짓 신이 도전을 받지 않는 위치에 머물 수 있도록 균형을 유지하는 역할을 할 것입니다.

의심의 여지가 없는 어떤 개념을 설정함으로써, 사람들은 이렇게 합니다. 붕괴된 모든 사회 이면에는, 구성원들이 의심하려고 하지 않았던 일련의 개념들이 있었다는 것을 발견할 수 있습니다. 정확하게 말하면, 몰락으로 이어지는 하향나선으로 사회를 이끌었던 것은 이런 개념들에 대한 맹목적인 집착이었습니다. 물론, 이것은 개인에게도 마찬가지입니다. 생명의 힘 그 자체가 여러분을 가두고 있는 환영을 항상 무너뜨릴 것이기 때문입니다. 불행하게도, 사람들은 너무 갇혀 있는 나머지 자신의 환영에 집착할 수 있고, 삶을 자신에게 안도감을 주고 정체성을 주는 것을 빼앗으려는 적대적인 힘으로 느낄 수가 있습니다. 이것이 그들이 자신들을 자유롭게 해주는 힘에 저항하는 이유를 설명해 줍니다. 이로 인해 그들은 영적인 스승에게 닿을 수 없는 것입니다. 역사를 살펴보면, 나중에는 명백히 진보로 보이는 것에 사회가 어떻게 저항했는지 볼 수 있습니다. 또한, 여러분은 개인의 삶에 있어서, 사람들이 자신의 파멸을 막아주고 자유로 이끌어 주는 변화에 어떻게 저항했는지 보게 될 것입니다. 이것을 다른 사람들에게서 볼 때, 언젠가는 여러분도 자신 안에서 그것을 보게 될 것입니다. 그때가 여러분의 영적인 진전이 진정으로 시작될 돌파구입니다.

지구를 통제하려고 하는 네 가지 주된 거짓 신들(gods) 즉, 바로 앞에서 설명한 네 가지 왜곡에 해당하는 신들이 있습니다. 이것의 실제적인 결과는 지구상의 사람 대부분이 이 거짓된 신들과 그들이 만든 환영에 근거한 사회에 대한 복종으로 인해 몰락했다는 것입니다. 지구에 육화하면, 이런 거짓 신들의 영향을 받는 것을 피할 수 없습니다. 평범한 방식으로 성장하기 위해서, 여러분은 적당히 잘 어울려야 합니다. 여러분은 사회의 기본적인 사고방식을 따라야 합니다. 그 사고방식은 아버지, 어머니, 아들 그리고 성령의 왜곡 가운데 적어도 하나, 어쩌면 하나 이상의 영향을 받고 있습니다.

여러분은 최선의 의도를 가지고, 다시 말해 여러분의 진리를 증명하고, 여러분의 빛을 비추기 위해, 여기에 왔을지도 모릅니다. 하지만, 여러분은 집단적인 마음에 압도되었을 가능성이 큽니다. 그 결과, 다른 사람들과 어울리기 위해, 여러분의 빛을 차단하고 자신의 진리에 대해 침묵하고 있는 것입니다. 여러분의 진실과 빛 때문에 균형감을 깨트리고 싶지 않은 사람들에게서 여러분이 철저하게 거절당했을 가능성이 큽니다. 이것을 보편적으로 묘사하고 싶다면, 예수의 출현으로 위협을 느꼈던 지도자들과 변화를 원치 않았던 사람들에 의해 예수가 어떻게 거부당했는지를 간단히 살펴보기 바랍니다. 여러분이 예수가 독특한 존재라고 믿으면서 성장하도록 양육된 것을 알지만, 예수의 삶은 우주 구조 작전의 일원으로 지구에 온 수백만의 생명흐름에게 무슨 일이 일어났는지를 입증해 줍니다. 그리고 그것은 오늘날 구조팀의 일원이 되고자 하는 사람들이 다수와 함께하면서, 사람들의 환영에 도전하지 않기 위해, 그리고 그들의 우월감과 무력한 희생자라는 감각, 외부 종교가 그들의 구원을 보장해 줄 것이라는 믿음을 방해하지 않기 위해, 그들의 노선을 따르고 싶은 유혹과 협박에 어떻게 맞서야 하는지를 보여줍니다.

여러분이 인류가 각성할 수 있도록 돕고 싶다면, 기꺼이 그들을 불안하게 해야 합니다. 한 번 더 말하겠습니다. 사람들을 깨우는 유일한 방법은 지금 당장 그들이 볼 수 없는 것들을 그들이 볼 수 있게 돕는 것입니다. 그런데 사람들은 왜 그것을 볼 수 없을까요? 그 이유는 그들의 에고와 이원적인 힘이 그 사실을 보고 싶어 하지 않는 마음 상태, 즉 삶을 바꾸고 싶지 않은 마음 상태에 있게 하려고 그들을 관리해왔기 때문입니다. 그러므로 그리스도의 진리를 대변하는 모든 사람은 예수가 했던 일을 기꺼이 해야만 합니다. 여러분은 사람들의 마음과 사회 안에서 현재 상황을 유지하고 있는 이원적인 환영들에 도전함으로써 사람들의 균형감(sense of equilibrium)을 깨트려야 합니다. 이것은 분명 지구에서는 보상 없는 일이지만, 영적인 영역에서는 엄청난 보상이 주어집니다. 힘든 일이지만 엄청난 퇴직금이 따르는 일이라고 할 수 있습니다.

지구에 온 이유를 이루기 위해, 여러분은 무집착 상태가 되어야 합니다. 따라서 다른 사람들의 반응에 여러분이 개인적으로 거절당한다는 느낌을 받지 않아야 합니다. 왜냐하면, 여러분이 개인적으로 거절당한다는 느낌이 들 때, 여러분은 그들을 이원적인 투쟁으로 끌어들이거나, 여러분의 빛을 회수하고 유보하려는 유혹에 빠지기 쉽기 때문입니다. 선의를 가지고 지구에 온 수백만의 생명흐름이 이런 반응 가운데 하나에 유혹당해 임무를 마치지 못하고 도중에 하차했습니다. 이 책의 목적은 이런 반응 패턴에서 여러분을 벗어나게 할 가르침을 주는 것입니다. 여러분이 나의 가르침을 진실로 내면화한다면, 여러분은 이원성 너머의 길을 증명하는 임무를 완수할 수 있게 해주는 본질적인 태도, 즉 그리스도와 붓다의 중도를 채택할 수 있는 권한을 가지게 됩니다. 다음 장에서 우리는 행위의 결과에 집착하지 않으면서도 올바른 행동을 할 수 있는 접근법을 구축하기 위해 무엇이 필요한지 더 자세히 살펴보겠습니다.

～～～✿～～～

이제 앞으로 나아가기에 앞서, 존재들이 어떻게 추락했고, 추락한 존재들이 어떻게 종교에 접근하는지 요약해 보겠습니다. 우리는 네 가지 요소, 즉 아버지, 아들, 어머니 그리고 성령에 관해 얘기했습니다. 분명, 다른 이름을 사용할 수도 있지만, 나는 서구인들에게 가장 친숙한 이름들을 사용했습니다. 힌두 우주론에는 브라마(Brahma), 비슈누(Vishnu), 쉬바(Shiva)라는 삼위일체가 있습니다. 이들은 창조자(Creator), 유지자(Sustainer), 파괴자(Destroyer)를 상징하며, 서구의 삼위일체인 아버지, 아들, 성령에 해당합니다. 분명히 힌두 우주론은 서양의 종교들보다 어머니에 대한 인식이 훨씬 크고, 내가 이 책에서 설명한 것처럼, 어머니를 창조의 네 번째 요소로 보고 있습니다. 이제 네 가지 요소와 그들에게 봉사하게 되어 있는 존재들을 살펴보겠습니다.

아버지 - 창조자. 아버지 요소에 봉사하는 존재들은 자신들의 구체에 대한 창조주의 전반적인 비전과 그들 바로 위의 구체에 사는 존재들의 비전을 단계적으로 낮추거나 더 구체화하게 되어 있습니다. 실제로, 이런 존재들은 구체 내에서 가장 낮은 형태를 지니고 있지는 않습니다. 예를 들자면, 여러분의 구체에서 보통 그들은 정체성층 아래로 내려가지 않습니다. 이런 존재들은 그리스 신화에서처럼, 다양한 문명에서 신들로 여겨집니다. 이런 존재들이 많이 있으므로, 최고 신이 존재한다는 것을 인식하는 한, 그리고 일부 "신들(gods)"은 아직 불멸이 되지 못했다는 것을 인정하는 한, 많은 신에 관해 얘기하는 종교가 있다고 해서 반드시 잘못된 것은 아닙니다. 어떤 문화권에서는 추락하지는 않았지만, 아직 상승하지 못하고 정체성층에 있는 존재들이 신으로 존재했는데, 이것은 그런 신들이 인간 수준의 특정한 성격을 완전히 넘어서지 못한 이유를 설명해 줍니다. 하지만, 어떤 문화권에서는 멘탈층 또는 감정층에 있는 존재들을 신으로 숭배해왔다는 점 또한 주목해야 합니다.

아들 - 유지자. 아들의 요소에 봉사하는 존재들은 자신들 구체의 성장과 창조주의 비전 및 법칙이 하나가 되도록 유지해야 합니다. 그들은 자신들의 구체가 영적인 영역으로 상승할 때까지, 구체가 올바른 궤도에 오르도록 도와야 합니다. 이들 존재 가운데 일부는 지구를 다스리고, 지구에 신의 나라를 구현하기 위해, 육화한 공동창조자로 내려와 있습니다. 또한, 아들을 대변하는 천사들도 있습니다. 그들은 영적인 스승들과 공동창조자들, 기타 다른 존재 사이의 메신저 역할을 합니다.

　어머니 - 형태의 창조자들. 이 존재들은 실제로 형태를 구축하는 일을 책임지고 있습니다. 마터 빛이 그 위에 투사된 정신적 이미지 형태를 취하게 하는 것이 이들입니다. 이런 존재들은 인간보다 낮은 자기 인식을 가지며 봉사하도록 창조되었습니다. 그들은 통상적으로 난쟁이(gnomes), 엘프(elves), 요정(fairies)으로 알려진 존재입니다. 이런 형태의 엘리멘탈 구축자들은 네 개 그룹으로 되어 있으며, 이 구체의 네 단계에 각각 하나씩 존재합니다. 그들은 변환가 또는 메신저의 형태로 봉사합니다. 즉 그들은 어떤 비전을 정체성층에서 멘탈층, 그다음 감정층으로 가져오며, 마지막으로 인간이 볼 수 있는 형태를 지니도록 물질층으로 가져옵니다. 하지만, 이런 존재들도 봉사를 통해 진화해 가면서 육체를 지닐 수 있습니다.

　성령 - 초월. 힌두 신화에서 쉬바신으로 상징되는 성령은 파괴자로 인식됩니다. 실제로 성령은 자기 초월을 가져오고, 개별적인 존재들과 전체 구체가 영적인 영역으로 상승할 때까지 빛의 강도를 증가시킵니다. 성령은 존재들을 가두는 것을 파괴합니다. 이것은 실제 파괴를 의미하는 것이 아니고, 제한으로부터의 해방을 의미합니다. 성령을 표현하는 존재들은 구체의 가장 낮은 단계로 내려올 것이며, 말하자면, 이원성에서 벗어나는 길을 보여주기 위해 가장 지저분한 일을 하게 됩니다. 이런 존재들은 구조 임무를 띠고 하강한 존재들입니다. 그들은 물질우주에서, 존재들이 이원성을 극복할 수 있도록 돕습니다. 하지만 새로운 공동창조자들 역시 성장하여 성령의 임무를 수행할 수 있습니다. 분명 상위 10%의 영적인 사람은 어느 정도 이런 역할을 요구받고 있습니다.

　다양한 형태로 진화하는 존재들과 그들의 역할에 대해 더 상세하게 설명할 수도 있지만, 그것은 분명히 이 책의 목적이 아닙니다.

따라서 나는 큰 그림을 그릴 정도로만 설명하겠습니다. 중요한 사실은 네 가지 진화 형태에는 육화해 있는 대리자들이 있다는 것이며, 이것은 각각 요소들의 왜곡으로 추락한 사람들이 있다는 의미입니다. 또한, 아직 추락하지는 않았지만, 그런 왜곡으로 눈이 너무 멀게 되어, 그 왜곡을 꿰뚫어 볼 때까지는 영적인 자유를 성취할 수 없는 사람들도 있습니다. 마지막으로, 어떤 왜곡을 떠맡고 그것을 초월할 수 있는 방법을 시범 보이기 위해 내려온 존재들도 있습니다. 명백히, 그들은 자신의 임무를 완수하기 위해 왜곡을 꿰뚫어 보아야 합니다.

현재 상위 10%의 생명흐름들은 모두 네 가지 진화에서 나왔습니다. 따라서 모든 진화가 동일한 메커니즘 때문에 추락했다 하더라도, 각 그룹마다 변화가 있음을 이해하는 것이 도움이 됩니다. 각 그룹의 존재들은 자신이 창조된 구체의 다음번 구체에 있는, 즉 자신들보다 아래에 있는 존재들에게 봉사하기 위해, 자신의 삶(그들이 존재한 이후 성취한 모든 것)을 포기해야 하는, 핵심적인 입문 과정에서 실패했기 때문에 추락했습니다. 그들은 그리스도를 따르고 생명의 강에 합류하기 위해 자신의 삶을 포기하지 않고, 자신의 삶을 지키려고 합니다. 그들은 새로운 구체의 자기 의식하는 공동창조자들이 자유의지를 행사함으로써, 자기 존재의 일부를 잃을 수도 있음을 두려워하기 때문에 이런 입문에서 실패합니다. 각 그룹은 이런 두려움에 대한 자신만의 버전을 가집니다. 이것들을 살펴보겠습니다.

아버지 – 창조자. 이런 존재들은 아버지의 전반적인 비전과 목적에 관심의 초점을 집중합니다. 그들은 신의 목적이 적절한 방법으로 적절한 시간에 실현될 수 있을지에 관심이 매우 많습니다. 그들은 자신들이 낮은 공동창조자들에 의해 무한정 갇혀 있을 수 있다는 것을 염려하고 있습니다. 그들은 공동창조자들이 그리스도 신성을 성취하는 데 걸리는 시간을 통제하려고 합니다. 이런 욕망 때문에 그들은 추락합니다. 원래 이런 그룹에서 추락한 존재들은 전체적인 그림을 보는 데 아주 뛰어납니다. 대개 그들은 시간에 대해 걱정을 많이 합니다. 종교적인 환경에서, 그들은 종종 지도자의 지위를 얻고자 하며, 이를 이용하여 조직과 구성원들이 자신의 비전에 따르도록 통제하려고 합니다. 이들은, 세상의 파멸이 임박했다거나 예수와 같은 영적인 인물이 귀환한다는 등과 같은 시간적인 요소에 의해 동기부여를 받습니다.

아들 - 유지자. 이 존재들은 창조주의 비전과 법칙이 정한 틀 안에서 자신들의 구체가 진화하도록 돕는 책임을 맡고 있습니다. 추락 이후, 그들은 독창적이거나 창조적으로 생각하지 않습니다. 그들은 모든 것에 대해 법의 조문(the letter of the law)을 언급합니다. 하지만 창조주는 미리 정해진 궤도를 기계적으로 따르는 세상을 창조하지 않았다는 점에 유의하세요. 창조력과 개인적 표현의 여지는 많습니다. 따라서 유지자의 역할은 창조력을 허용하되 그것이 지속 가능한 범위 내에서 이루어지도록 하는 것입니다. 유지자들이 두려움에 갇히면 창조력을 허용하지 않을 수도 있습니다. 그들은 법칙을 엄격하게 해석하면서 법칙에서 벗어나지 않도록 창조력을 억제하려고 합니다. 원래 이런 그룹에서 추락한 사람들은 법칙과 법의 조문에 대해 크게 신경을 씁니다. 그들은 다른 사람의 행동들을 자신이 절대적인 기준이라고 여기는 것과 비교하는 것이 정당하다고 느끼면서 매우 비판적으로 됩니다. 종교적인 맥락에서, 이런 사람들은 경전을 글자 그대로 해석하고 전통을 유지하는 데 관심을 집중합니다. 그들은 자신의 종교가 변하는 것을 허용하지 않습니다. 통제를 통해 뭔가를 유지하려고 하면, 자기 초월이라는 창조력을 중단시키게 됩니다. 그러면 필연적으로 유지하려던 것을 잃게 됩니다. 이런 사람들은 법칙이나 오류가 없는 경전을 언급하면서 마음을 이용해 자신의 주장을 관철하는 데 매우 능숙합니다. 그들은 대체로 실수를 피하는 데 너무 급급한 나머지 차라리 아무것도 하지 않거나 다른 사람들이 창의적으로 되지 못하도록 막으려고 합니다. 이것은 재능을 땅속에 묻어두는 것입니다.

　어머니 – 형태의 창조자들. 이 존재들은 마터 빛을 진동시켜 형태를 취하게 함으로써, 다른 존재들의 비전과 정신적 이미지들을 물리적 형태로 변환하기 위해 창조되었습니다. 이렇게 하기 위해 그들은 빛에 에너지를 불어넣습니다. 즉 빛에 움직이는 에너지를 나타내는 감정들을 주입해야 합니다. 그들은 다른 사람들이 만들어 낸 디자인을 모방하거나 떠맡아서, 감정을 통해 표현한다고 할 수 있습니다. 이런 존재에게 어려운 과제는 이들의 구체가 상승 지점에 가까워짐에 따라 모방하는 것을 중단하고, 자신들의 내면으로부터 실제로 창조해야 한다는 것입니다. 만일 그들이 그렇게 하지 않고, 자신을 대신하여 다른 누군가가 결정해 주기를 원한다면, 그들은 추락할 것입니다. 그들은 감정적인 존재이기 때문에, 매우 강력한 힘을 가질 수 있습니다. 원래 이런 그룹에서 추락한 사람들은 자신의 이념을 실행할 수 있는 강력한 지도자가 될 수 있지만, 이념을 새롭게 만들 수 없고, 다른 사람들이 그렇게 하도록 허용하지도 않습니다. 그들은 감정을 표현하는 데 능숙한 가수나 배우가 될 수 있지만, 대본을 쓸 수는 없습니다. 종교적인 맥락에서, 그들은 무엇을 믿어야 할지, 어떻게 살아야 할지에 대해 다른 사람들에게서 듣기를 원합니다. 하지만 그들은 어떤 것도 바꾸려고 하지 않습니다. 이런 존재들은 같은 패턴을 변화시키지 않고 계속 반복할 가능성이 큽니다.

성령 - 초월. 이 존재들은 구체의 가장 낮은 단계로 내려간 후 다시 올라오게 되어 있습니다. 그들은 어떤 것을 있는 그대로 절대 받아들이지 않습니다. 항상 자신을 초월하고 주변의 모든 것을 변형시킴으로써, 언제나 그 이상이 됩니다. 그들의 과제는 항상 초월하는 것입니다. 그들은 자신이 창조한 어떤 것에 집착하거나, 그 이상이 되기를 거부하거나, 다른 사람들이 만든 한계에 도전하는 것을 거부함으로써 추락합니다. 원래 이런 그룹에서 추락한 사람들은 대체로 자신이 하는 일을 정확하게 하는 것을 아주 만족스러워하며, 현재 단계에서 벗어날 필요가 없다고 생각합니다. 사실 이런 사람들은 특정한 활동(분야)에서 더 나아짐으로써 자신을 초월하는 것처럼 보이지만, 그런 활동을 초월하려고 하지 않습니다. 예를 들면, 어떤 사람은 비즈니스나 스포츠에서 가능한 최고의 사람이 되려고 하지만, 실제로 자기 자신과 세상을 완전히 새로운 단계로 이끌어 줄 더 높은 활동을 추구하기를 거부합니다. 이런 사람들은 자신들이 육화한 목적, 즉 현재 상황에 도전하는 것이 아니라, 어떤 일에서 더 좋아지려고 노력하고 있다고 말할 수 있습니다. 그들은 특정한 나무에 집중해서 숲, 즉 큰 그림을 보려고 하지 않습니다. 종교적인 맥락에서, 이런 사람들은 종종 자신의 종교 안에서, 심지어는 자신의 종교를 시대의 변화에 적응하게 할 정도로 열심히 일합니다. 하지만 그들은 종교에 대한 보편적이고 비-이원적인 접근방법을 개발함으로써 자신의 종교 틀을 넘어서는 것은 거부합니다. 특정 경계를 넘어서는 종교를 거절하기 때문에, 이 존재들이 갇히게 되면, 스스로 자유롭게 되기가 대단히 어렵습니다.

영적 인식이 성장함에 따라, 여러분은 결국 내가 설명하는 왜곡 가운데 어느 하나, 또는 하나 이상에 영향을 받아왔다는 사실을 깨닫게 될 것입니다. 여러분은 자신이 구조 임무를 띠고 지구에 온 이후, 혹은 이 구체에서 진화하고 있는 동안, 그런 왜곡 때문에 추락했음을 깨달을 수도 있습니다. 하지만 중요한 점은 그런 깨달음을 추락한 존재이거나 추락한 천사로서의 영원한 이미지를 창조하는데 사용하지 않는 것입니다. 여러분 존재의 핵심은 의식하는 자아입니다. 여러분이 어떻게 추락했건 여러분은 그런 정체성에서 빠져나올 수 있으며, 그렇게 함으로써 여러분은 다른 사람들을 위한 하나됨의 길을 증명하는 것입니다. 여러분이 어떻게 해서 지구에 오게 되었냐 하는 것과 관계없이, 이것이 여러분의 가장 높은 잠재력이며, 진정한 존재 이유입니다.

내 말의 요점은 영적인 여정의 낮은 단계에서 사람들은, 요행히 자신들이 추락한 존재가 될 수 있는 잠재력이 있음을 모른다는 것입니다. 하지만, 여러분이 성장해 감에 따라, 결국은 자신이 왜 현재와 같은 의식 상태에 있는지를 인식하게 될 것입니다. 앞에서 말했던 것처럼, 지구 대부분의 사람은 타락한 의식에 갇혀 있습니다. 자신이 있는 곳에 어떻게 해서 이르게 되었는지를 알아야만, 그 과정을 되돌려 현재의 의식 상태를 초월할 수 있습니다. 여러분을 이 곳에 이르게 한 이원적인 선택들을 알아야만, 여러분은 그런 선택을 무효로 할 수 있고, 그것들을 그리스도의 비전에 기초한 선택들로 대체할 수 있습니다. 이원성 의식은 언제나 양극단 중 어느 한 쪽으로 여러분을 끌어당기려고 한다는 것을 명심하고, 이 점을 곰곰이 생각해 보기 바랍니다.

어떤 사람들은 자신이 추락했음을 쉽게 인정합니다. 하지만 그들은 죄의식이나 수치스러움이 너무 부담스러워, 다시는 신이나 영적인 스승과 마주할 수 없다고 느낍니다. 물론 이로 인해, 그들은 계속 거짓 교사의 통제 아래에 있게 됩니다. 어쩌면 그들이 처음 추락하게 된 것도 거짓 교사들이 자신들을 통제할 수 있도록 내버려 두었기 때문일 것입니다. 여러분은 이 모든 시나리오를 뒤로 하고, 의식하는 자아는 추락한 존재가 아님을 깨달아, 다시 한번, 모든 것을 되돌려야 합니다. 의식하는 자아는 신 자신의 존재로부터 창조되었으며, 진실로 그보다 작은 정체성에 영원히 갇힐 수 없습니다. 하지만 의식하는 자아는 자신이 무엇이라고 생각할 수 있는 존재입니다. 그러니 의식하는 자아는 추락한 존재로서의 정체성에 발을 들여놓거나, 그런 정체성을 구축할 수 있습니다. 의식하는 자아가 일단 그 정체성 내부에서 자신을 바라보게 되면, 자신이 영원한 현재인 신의 실재 안에 있는 것이 아니라, 여기 그리고 현재라는 시공간 안에 있는, 추락한 존재라고 생각할 것입니다. 여러분이 타락한 의식 안에 있는 동안은, 과거의 실수를 바로잡을 수 없고, 과거의 어떤 것도 고칠 수 없음을 깨달아야 합니다. 여러분이 할 수 있는 일은 여러분이 실수하게 했던 의식을 버리고, 그런 다음 과거를 놓아버리는 일입니다. 타락한 정체성을 버리는 순간, 여러분은 즉시 신에게 용서를 받는 것입니다. 또한, 여러분은 원래에 되기로 되어 있었던 영적인 존재로 다시 태어나는 것을 받아들여야 합니다.

반대 반응은 일부 사람들이 자신이 추락했다는 것을 인정하지 않는다는 것입니다. 심지어 그들은 자신들이 이원성 의식으로 눈이 멀었을 수도 있다는 가능성에 대해 전혀 숙고하려고 하지 않습니다. 이것은 일종의 영적인 자만입니다. 그것은 진실로 추락 이전의 자만입니다. 따라서 자만심 때문에 자신이 저지른 잘못을 인정하지 않을 때, 그것은 빠져나오기 매우 어려운 진퇴양난(catch-22)이 됩니다. 앞에서 설명한 것처럼, 이원성을 없었던 것으로 무효로 할 수는 없습니다. 단지 그것을 버려야 하며, 포기해야 합니다. 문제는 말 그대로 여러분이 소유하지 않은 것을 버릴 수는 없다는 것입니다. 타락한 의식에 자신이 갇혀 있음을 인정하지 않는 한, 다시 말해 자신이 처해 있는 상황을 소유하지 않는 한, 여러분은 그것을 버릴 수 없습니다. 다시 말하지만, 유일한 방법은 여러분의 의식하는 자아가 에고의 자만이나 타락한 정체성의 궤변 그 이상임을 깨닫는 것입니다. 여러분은 자신이 그 이상의 존재이며, 그 이상이 되기를 원한다는 것을 깨달아야 합니다. 덜한 것을 버려야만, 그 이상을 받을 수 있습니다. 그러니 타락한 정체성에 대한 소유권을 받아들이고 그것들을 죽게 하세요. 과거의 허상(ghost)을 버리면서, 의식하는 자아가 그리스도 안에서 새로운 정체성으로 다시 태어나게 하세요.

  입문 과정을 통과할 준비가 되기 전에는, 절대로 입문에 직면하지 않도록 하는 것이 영적인 법칙입니다. 따라서 그들이 준비되기 전에는, 누구도 그들이 추락한 존재임을 알 수 없을 것입니다. 하지만 입문을 통과할 준비가 된다는 것이 노력 없이 생기는 일이라는 의미는 아닙니다. 어떤 입문이든 통과하기 위해서는, 자신을 초월해야 하며, 특정한 의식 수준을 뛰어넘어야 합니다. 사실, 입문을 치르는 목적은 여러분이 어떤 의식 상태에서 벗어나도록 돕기 위한 것입니다. 그것은 성숙하지 못한 구도자들이 생각하는 것처럼, 외적인 기술이나 결과를 얻기 위한 것이 아닙니다. 자신이 추락하게 된 이유를 깨닫게 될 때, 또는 적어도 자신이 타락한 의식에 눈이 멀게 되었다는 것을 깨닫게 될 때, 여러분 스스로 심판하고 자책하는 의식에서 벗어나야만 입문을 통과할 수 있습니다. 미묘한 점에 주목하기 바랍니다. 여러분이 추락했다면, 여러분은 왜 추락했는지 그 이유를 알아야 합니다. 하지만 여러분이 자기 입으로 "나는 추락한 존재야"라고 말한다면, 이것은 그런 상황을 영원한 것으로 확언하는 것입니다. 실수하고 난 후, 그 실수에서 벗어날 수 없다는 믿음에 사로잡혀 있다면, 특히 그렇습니다. 내 말의 요점은 자신이 추락한 존재임을 깨닫는 데에는 오직 하나의 목적만이 존재한다는 것입니다. 그 상황을 초월하는 것입니다.

여러분은 당연히 그렇게 할 수 있습니다. 하지만 과거의 선택들에 대해 자책하지 않도록 의식적인 노력을 해야 하며, 더 이상의 것에 대한 사랑에 기초하여, 과거에서 벗어나겠다고 결심해야 합니다. 과거가 영원하다거나, 과거에서 벗어나지 못할 것이라는 두려움을 가지는 대신, 이전의 정체성을 버리고, 새로 태어나야 합니다. 신은 여러분에게 자유의지를 주셨으며, 여러분이 과거에 어떤 선택을 했는지와 관계없이 여러분이 그런 선택에서 벗어나 하나됨으로 돌아오기를 바라고 있습니다. 자책 또는 자만심이라는 자화자찬은 타락한 의식에서 생겨나는 느낌입니다. 여러분은 이것들 또한 버려야 합니다. 여러분이 특정한 이원론적인 환영을 뒤에 남기고 떠나면, 그 환영으로 눈이 멀어 있던 동안 여러분이 저지른 행위들은 즉시 용서받습니다. 여러분은 신의 용서를 받아들여야 합니다. 자기 자신도 용서해야 합니다. 이원성 의식을 사용하여 과거의 선택을 고치거나 무효로 하거나 보상할 수는 없습니다. 이원적 선택들을 놓아버려야만 여러분은 과거를 극복할 수 있습니다. 이 세상의 지배자가 오더라도 내면에 반응하는 것이 없을 때까지, 여러분은 계속 그렇게 할 수 있습니다. 성모 마리아의 책에서, 성모는 이런 과정에 대해 훨씬 더 상세한 가르침을 주고 있습니다. 과거를 어떻게 놓아버릴 수 있는지에 대해 배우고 싶다면, 이런 가르침을 공부해 볼 것을 강력하게 권합니다.

의식하는 자아는 자신이 누구라고 생각하는 존재입니다. 여러분이 자신을 추락한 존재라고 생각한다면, 최소한 일시적이라도, 여러분은 추락한 존재가 되는 것입니다. 여러분이 자신을 추락한 의식에서 분리해, 신의 자녀라는 진정한 정체성을 받아들이는 순간, 여러분은 더 이상 추락한 존재가 아닙니다. 비결(trick)은 여러분 스스로가 자신이 누구라고 생각하는 것과 신께서 여러분이 누구라고 생각하는 존재가 같아지는 지점에 도달하는 것입니다.

이제 우리는 인간 심리의 핵심이 신과의 관계이며, 영적인 성장의 본질이 신과 평화를 이루는 것이라는 사실을 알게 되었습니다. 존재들이 추락함에 따라, 그들은 신에 대한 우상을 만들었고, 그것들을 실재에 투사했습니다. 여러분이 신과 평화를 이루지 못하게 하고, 여러분의 창조주와 하나됨에 이르지 못하도록 하는 것은 여러분이 가진 우상 이미지입니다. 그것이 자신이 가진 신의 이미지를 의심해 봐야 하는 이유입니다. 여러분과 신 사이에 어떤 것도 존재하지 않을 때까지, 계속해서 이렇게 해야 합니다. 자신의 근원과 하나 되는 경험을 직접 할 때까지, 여러분은 모든 이미지를 계속 초월해야 합니다.

여러분이 타락한 의식을 극복할 수 있다면, 여러분은 분명 다른 사람들도 똑같이 하도록 도와줄 수 있는 영감을 주는 사람이 될 수 있습니다. 여러분이 과거에 누구였는지는 정말로 문제가 되지 않습니다. 문제는 여러분이 어떤 존재가 되고자 하느냐, 어떤 존재이기를 바라느냐 하는 것입니다. 여러분은 자신이 누구라고 생각하는 존재입니다. 하지만 이것은 여러분이 자신을 그 이상이라고 생각하게 될 때까지만입니다.

마지막으로, 상위 영역들에서 추락하여 아직도 지구에 육화하고 있는 네 가지 진화의 전형이 존재했음을 얘기하겠습니다. 그러나 아들의 왜곡으로 추락한 존재들이 특히 어려운 도전에 직면해 있다고 말할 수 있습니다. 아들은 실재(real)와 비실재(unreal)를 구분하는 그리스도 마음이기 때문입니다. 그리스도 마음을 왜곡한 존재들이 스스로 창조한 환영을 극복하기는 대단히 어렵습니다. 그들은 자신들의 환영이 진실하다고 매우 확신하고 있으므로, 그것들을 다르게 보고 이를 인정하는 것이 매우 어렵습니다.

게다가, 이런 존재들은 타인에 대해서는 매우 비판적인 경향이 있지만, 자기 눈의 들보는 보려고 하지 않는 경향이 있습니다. 그들은 그렇게 계발된 마음을 가지고 있으므로, 주위 사람들이 창조주의 법칙에서 벗어나는 때를 쉽게 알 수 있습니다. 따라서 그들은 사람들을 판단하고 통제하려는 유혹에 쉽게 빠집니다. 다른 사람들이 많은 실수를 하는 것을 보면서, 그들은 인간에게 자유의지를 부여한 것은 창조주의 잘못이라고 생각합니다. 그들은 법칙을 따르도록 사람들에게 강제함으로써, 법칙을 더 잘 집행할 수 있다고 생각하게 되는 유혹에 빠지기 쉽습니다.

상위 영역에서 추락한 존재 대부분은 실제로 아들의 왜곡 때문에 추락했습니다. 이 존재들 가운데 상당수가 여전히 지구에 육화해 있는데, 그들은 추락의 원인이 된 이원적 환영을 초월하기가 대단히 어려울 수 있습니다. 이런 사람들은 종종 매우 영적이며, 영적이거나 종교적인 운동에 쉽게 끌립니다. 그들은 대체로 삶의 영적인 측면에 대해 지식이 많고, 매우 진보한 사람으로 여겨집니다. 결과적으로, 그들은 일들이 어떻게 진행되어야 하는지에 대해 잘 알고 있다고 생각하면서, 대개는 지도자의 지위를 얻으려고 합니다. 하지만, 영적인 스승이 하나됨의 길에서 참된 본질과 이원적인 환영을 모두 초월해야 할 필요성을 이해하도록 그들을 돕기는 대단히 어렵습니다. 다시 말해서, 겉으로 보기에 영적인 사람들은, 대체로 가르침을 받으려고 하지 않습니다. 흔히 하는 말로, 이 사람들은 너무 똑똑해서 탈입니다.

  이 책의 가르침을 통해, 그런 사람들이 현재 자신들이 가지고 있는 영적인 여정에 대한 개념 너머를 보고, 자기 초월의 진정한 필요성을 깨닫게 되기를 희망합니다. 어쨌든, 나는 에덴 정원을 새로운 공동창조자들과 추락한 존재들 모두를 위한 혼합된 환경으로 이끌겠다고 자원했습니다. 나는 두 그룹 모두 집으로 돌아가는 길로 초월하는 것을 보고 싶습니다.

열쇠 26
지구에서 임무를 수행하는 방법

이 시대에 내가 창조하려고 하는 것은 기록된 지구의 역사에서 볼 수 있는 것과는 아주 다른 새로운 계획, 새로운 운동입니다. 나는 이원성의 오류를 보고 이를 넘어서서, 다른 사람들에게 길을 보여주는 일에 절대적으로 헌신하는 사람들을 위한 운동을 전개하려고 합니다. 하지만 이렇게 되기 위해서는, 이 운동의 일원이 되려는 사람들이 이원성이 얼마나 교묘하며, 우리 삶 구석구석에 얼마나 널리 스며들어 있는지를 꼭 이해해야 합니다. 예를 들어보겠습니다.

이원성에 갇힌 존재들은 자신의 원초적 두려움을 억누를 수 있는 환영을 만들었습니다. 따라서 그들은 이런 균형 상태를 유지하기를 바라며, 여러분이 그들의 환영에 이의를 제기한다면 위협을 느낄 것입니다. 그들은 위협을 제거하려고 할 것이고, 그렇게 함으로써, 여러분을 두 가지 반응 중 어느 하나로 끌어당기려고 할 것입니다. 대부분의 사람이 의식적으로 이렇게 하지는 않지만, 결과는 같습니다. 반응은 이렇습니다.

그들은 여러분이 자신의 환영을 받아들이고 굴복하여 자신의 일원이 되기를 바랍니다.

그들은 여러분이 자신을 반대하기를 바라며, 여러분이 반대를 통해 자신의 적이 되기를 바랍니다.

하나는 그들의 환영을 인정하지만, 나머지는 그들의 환영에 반대하는 것으로, 두 반응이 반대되는 것처럼 보일 수 있습니다. 하지만 겉으로 보이는 것을 넘어서면, 더 정교한 이해가 있음을 알 수 있습니다. 모든 추락한 존재의 기본적인 환영은 신을 비롯한 다른 형태의 생명들과 자신이 분리되어 있다는 것입니다. 그들은 분리된 존재입니다. 여러분이 그들 삶의 방식을 따른다면, 여러분은 그들의 사고방식이 여러분이 가진 낡은 사고방식보다 뛰어나다고 확신하게 됩니다. 이것은 여러분이 그 분리된 상태(separate status)를 인정한다는 의미입니다. 만일 그들의 사고방식에 반대한다면, 여러분은 그들의 사고방식이 여러분의 사고방식과 반대된다고 확신하는 것이며, 이것 역시 분리 상태를 인정해주는 것입니다.

두 반응 모두 추락한 존재들의 기본적인 환영, 즉 그들이 다른 생명들과 분리되어 있다는 것을 인정해주는 것임을 알 수 있나요? 그들을 따르든 반대하든, 여러분은 그들이 여러분과 별개임을 인정하는 것입니다. 그들이 놓지 않으려는 기본적인 환영은 분리의 환영입니다. 따라서 어느 방식으로 반응하든, 실질적으로 여러분은 그들이 그런 환영을 지속할 수 있도록 힘을 불어넣어 주고 있는 것입니다. 그들을 따른다면, 여러분은 자발적으로 그들에게 빛을 주는 것입니다. 반대한다면, 신의 에너지를 왜곡하는 이원적인 투쟁에 관여하는 것이며, 그렇게 됨으로써 여러분의 빛을 이원적 투쟁을 조장하는 거짓 신들에게 제공하게 됩니다. 진짜 문제는 여러분이 그들의 환영에 굴복하든 반대하든, 분리의 피할 수 없는 결과인 이원론적 극단 가운데 어느 하나에 놓이게 된다는 것입니다. 그리스도와의 하나됨에서 분리되면, 여러분은 필연적으로 반그리스도의 이원성으로 들어가게 됩니다. 이런 이원성에는 두 개의 반대되는 극성이 존재합니다. 양극단을 가진 저울 어디에 있든, 오른쪽 또는 왼쪽, 혹은 그 사이 어디에 있든, 여러분은 이원적 투쟁 안에 있는 것입니다.

어느 쪽이든 비-이원성의 요인이 사라지므로, 여러분은 언제나 비-이원적 방식으로 반응하려고 노력하면서 이런 패턴에서 벗어나야 합니다. 여러분은 다른 사람들이 분리의 환영에 갇혀 있음을 인식하는 것부터 시작해야 하고, 그러고 나서 그 일부가 되는 것을 거절해야 합니다. 이렇게 하려면 그들의 환영을 따르지 말아야 하고, 이원적 투쟁에도 참여하지 말아야 합니다. 다음 단계로, 그들의 마음속에 있는 환영을 강화하는 것을 피해야 합니다. 다시 말해, 이것은 따르지도 말고 반대하지도 말 것을 요구하는데, 그렇다면 무엇이 남을까요? 이원성에 갇힌 사람들이 여러분의 빛과 진실을 거부할 때, 여러분은 어떻게 반응할 수 있을까요?

이원적인 사람들에게 비-이원적인 방식으로 반응하는 법을 시범 보이는 것이 붓다와 예수에게 주어진 임무의 일부였습니다. 이런 이유로 예수가 여러분에게 악에 저항하지 말고 다른 쪽 뺨마저 내밀라고 말했던 것입니다. 실제 사례를 들어보겠습니다. 이 행성에서 가장 긴 기간 동안 이원적인 투쟁이 벌어지고 있는 장소 가운데 하나는 중동 지역입니다. 서로 반대하는 여러 파벌이 있습니다. 그들은 아주 오랫동안 서로를 적대시하고 있는데, 그들이 어떻게 해서 서로를 적대시하게 되었는지는 누구도 알지 못합니다. (그 이유는 그런 일이 이 행성에서 시작되지 않았기 때문입니다.) 우리가 보는 것은 한 그룹이 다른 그룹이 저지른 공격에 대해 복수를 하는 하향 나선입니다. 하지만 그들의 공격은 첫 번째 그룹이 자행한 공격에 대한 보복행위였습니다. 따라서 양측은 누구도 멈출 수 없는 광란 상태에서 복수를 위한 복수를 하는 것입니다.

여기서 실제로 일어나고 있는 일은 양쪽 모두 서로의 분리 환영을 강화하고 있는 것임을 알 수 있나요? 한쪽이 다른 쪽의 환영을 강화하는 방식으로 반응하는 것을 거부할 때까지는, 어떤 것도 이런 나선을 깨트릴 수 없습니다. 말하자면, A그룹은 B그룹의 사람들은 나쁜 사람들이며, 자신들의 문제에 대해 그들이 책임져야 한다고 느끼면서 B그룹에 대해 커다란 증오심을 키워왔습니다. 어느 순간 자기 강화하는 증오의 나선이 폭발 직전의 상태(flash-point)에 도달하게 되면, A그룹 구성원 중 가장 약한 사람들(그들 스스로는 자신을 가장 강한 구성원으로 봄)이 B그룹에 대해 폭력 행위를 저지르게 됩니다. B그룹은 A그룹의 구성원들은 나쁜 사람들이며 처벌받아 마땅하다고 판단하면서, 보복성 폭력 행위를 자행하게 됩니다. B그룹의 구성원들이 방금 A그룹 구성원들의 마음속에 한 일은 무엇인가요? 그들은 B그룹은 나쁜 사람들로 구성되어 있고, 자신들의 문제에 대한 책임을 져야 한다는 A그룹의 환영을 강화했습니다. 그들은 또한 두 그룹이 분리되어 있다는 근원적인 환영도 강화했습니다. 따라서 A그룹은 첫 번째 폭력 행위가 정당화되며, B그룹의 보복에 대해 자신들도 보복해야 한다고 느끼게 됩니다. 이렇게 되기까지 수천 년 동안 수많은 보복행위가 있었고 셀 수 없이 많은 사람이 죽었지만, 양쪽 모두 실질적인 진보를 이루지 못했습니다. 이런 악순환을 끊을 수 있는 방법은 무엇일까요?

B그룹이 폭력에 폭력으로 반응하지 않겠다고 결심하면 그렇게 될 수 있습니다. 예수의 가르침을 따라 그들이 다른 쪽 뺨마저 내밀겠다고 결심하면 됩니다. A그룹의 즉각적인 반응은 놀라움입니다. B그룹이 늘 하던 방식으로 반응하지 않았기 때문입니다. 무슨 일인

가요? 지금 무엇을 하는 거죠? A그룹은 다른 폭력 행위를 저질러 상황을 살펴볼 가능성이 큽니다. 한동안 A그룹은 비폭력적인 반응을 약점으로 이해하고, 더 많은 폭력을 자행할 수도 있습니다. 하지만, B그룹이 계속해서 폭력에 폭력으로 대응하지 않는다면 어떻게 될까요? 어느 시점에 이르면, 더욱 성숙한 A그룹의 구성원들은 B그룹에 대한 자신의 신념에 의문을 품기 시작할 것이며, 심지어는 자신의 자아상도 의심하기 시작할 것입니다. 만약 B그룹이 A그룹의 분리된 정체성을 긍정하지 않는다면, 이 그룹의 구성원들은 결국 그 정체성을 의심하기 시작할 것입니다. B그룹의 구성원들이 정말 그렇게 나쁘다면, 그들이 어떻게 반격하지 않을 수 있는 것일까? 만일 우리가 반격하지 않는 누군가에게 계속 발사하는(shooting) 것이라면, 이것은 우리가 나쁜 사람들이고, 그들이 나쁜 사람들이 아니라는 말은 아닐까?

나는 인류의 역사에 폭력에 비폭력으로 대응한 사람들의 예가 많지 않았다는 것을 깨달았습니다. 그러나 몇 가지 예는 분명 있습니다. 하나의 훌륭한 예로 마하트마 간디의 비폭력적인 지도로, 인도가 대영제국의 탄압에 어떻게 대응했는가 하는 것을 들 수 있습니다. 인도인들은 영국의 악을 명백하게 만드는 데 성공하였고, 영국인들은 인도에서의 자신들의 행동이 고도로 문명화된 국민이라는 자신들의 자아상과 일치하는지 의문을 가지기 시작했습니다. 마침내 이런 불일치가 영국인들에게 명백해지자, 그들은 인도에서의 행동을 바꾸었습니다. 비슷한 접근법이 이 행성에서 볼 수 있는 모든 갈등을 해결할 수 있습니다.

하지만, 이런 계획이 시작되어 완성되기 위해서는, 이원적인 반응에 끌려가지 않고 이를 초월하기 위해 육화한 사람들이 있어야 합니다. 어떻게 하면 여러분이 이런 사람 가운데 하나가 될 수 있을까요?

<center>~~~❦~~~</center>

핵심적인 단계는 이원성 의식에 갇히게 된 그 메커니즘을 이해하는 것입니다. 이런 일들은 대개, 추락한 존재들이 자신들을 인류의 진정한 스승으로 교묘하게 내세우기는 했지만, 여러분이 인류의 거짓 교사인 추락한 존재들에게 현혹되었기 때문에 발생했습니다. 이런 존재들은 여러분이 가장 취약한 시기, 즉 앞장에서 설명한 것처럼, 여러분이 자신의 정체성을 확립해야 하는 시점에 이르렀을 때를 이용했습니다. 이 시기는 여러분이 영적으로 자급자족할 수 있는, 즉 살아 있는 그리스도가 될 잠재력을 지닌 시기입니다.

이런 일이 일어나기 위해서, 여러분은 자신의 길과 구원에 대한 모든 책임을 기꺼이 받아들여야 합니다. 여러분은 기꺼이 핵심적인 결정, 즉 생명의 결정(LIFE decisions)을 내려야 합니다. 이런 결정은 여러분이 모든 분리감을 초월해 앞으로 나아가도록 하고, 여러분의 상위 존재와의 하나됨, 모든 생명과의 하나됨, 창조주와의 하나됨에 기반을 둔 새로운 정체감 속에서 새롭게 태어나도록 힘을 줍니다.

앞에서 설명한 것처럼, 그것이 물질우주든 지금은 영적인 영역으로 상승한 곳이든, 여러분은 추락한 존재가 이미 존재하고 있는 구체로 내려가도록 창조되었을 가능성이 큽니다. 따라서 여러분의 상위 존재는 여러분이 추락한 존재들과 만나고, 그들의 의식 상태에 갇힐 위험을 무릅쓴다는 것을 알고 있었습니다. 하지만 이것이 신의 더 큰 계획 일부라는 것을 알았기 때문에, 여러분의 상위 존재, 즉 여러분의 진정한 자아는 위험을 감수하기로 결정했습니다. 내가 이런 말을 하는 이유는, 여러분이 상위자아의 결정, 즉 여러분을 빛과 어둠이 혼재된 구체로 보내기로 한 결정을 받아들이도록 돕고 싶어서입니다. 이런 사실을 받아들임으로써, 여러분은 삶에 대한 접근 방식을 빠르게 조정할 수 있고, 상위자아의 결정, 즉 타락한 의식이 되거나 타락한 의식에 갇혀 있지 않겠다는 결정에 연결될 수 있습니다. 그렇게 됨으로써 여러분은, 자신이 마음의 네 층에 들어오도록 허용했던 모든 이원적인 환영에서 벗어나기 위해, 온갖 노력을 다해야 한다는 것을 깨닫게 될 것입니다. 일단 그런 결정을 하게 되면, 여러분은 자유를 향한 가장 중요한 발걸음을 내디딘 것입니다. 사실, 진심으로 생명의 결정(LIFE decision)을 내리는 것은 절반의 승리입니다. 나머지는 대개 엉망진창인 것들을 치우는 일입니다.

나는 이원성 의식이 대단히 미묘해 보일 수 있다는 것을 알고 있습니다. 따라서 여러분이 그 환영에서 벗어날 수 없을까 봐 두려워할 수도 있다는 것을 압니다. 하지만 자유롭게 되겠다고 결심하면, 여러분은 빠르게 이원성의 환영을 꿰뚫어 볼 수 있는 분별력을 성취하기 시작합니다. 이런 노력의 과정에서, 여러분은 그리스도 자아라고 하는 자신의 상위자아와 기꺼이 여러분의 스승이 되어줄 상승 호스트들을 활용할 수 있으므로, 결코 혼자가 아닙니다. 하지만 이 신성한 안내(divine direction)를 내면에서 활용하기 위해서는, 먼저 거짓 교사들이 여러분의 마음속에 집어넣은 주된 방해물들을 극복해야 합니다. 에덴 정원에서 뱀이 이브를 어떻게 유혹했는지 하는 얘기에 이것이 잘 설명되어 있습니다.

이브는 금단의 열매를 먹으면 죽게 될 것이라는 말을 들었습니다. 뱀은 이런 믿음을 서서히 허물어뜨려 이브가 진정한 스승과 그의 신성한 안내를 이해하고 따르는 자신의 능력을 의심하게 만들었습니다. 이런 의심 때문에, 이브는 뱀의 유혹에 생명의 결정(LIFE decision)으로 반응할 수 없었습니다. 그 대신, 그녀는 죽음의 결정(Death decision)을 내렸으며, 나머지는 이른바 알려진 대로입니다.

이브의 얘기는 여러분 역시 정확한 안내를 받을 수 있는 자신의 능력과 생명의 결정을 할 수 있는 능력, 즉 육화한 그리스도가 될 수 있는 자신의 능력을 의심하게 됨으로써 추락했다는 것을 보여줍니다. 그 이후, 거짓 교사들은 여러분이 정확한 안내를 받고 생명의 결정을 할 수 있는 자신의 능력을 계속 의심하도록 만들었습니다. 그들은 여러분이 자신을 맹목적으로 따르도록 겁을 주기 위해, 여러분의 두려움을 이용해서 그렇게 했습니다.

지구상 대부분의 사람은 지도자를 맹목적으로 따르는 경향이 있지만, 영적으로 성숙해 있는 대부분의 사람은 지도자를 맹목적으로 따르는 것을 충분히 피할 수 있을 정도의 자급자족을 성취했습니다. 하지만 거짓 교사들은 진정한 스승과 진정한 스승을 따르는 자기 능력에 대한 여러분의 의심을 강화해서, 여러분이 자급자족하는 것을 방해하려고 했습니다. 그들은 여러분이 자신을 맹목적으로 따르게 할 수 없다면, 어떤 스승을 따르거나 스스로 결정을 내릴 수 있는 여러분의 능력을 파괴하여, 여러분을 영적인 마비 상태에 빠지게 하려고 할 것입니다. 그들은 외적인 기준을 만들고, 그들의 뜻에 부응하지 못한다면, 여러분은 실패한 것이라고 믿게 함으로써 이렇게 합니다. 따라서 실패의 위험을 무릅쓰기보다 시도하지 않는 것이 더 안전합니다.

어떻게 해야 의심을 극복할 수 있을까요? 의심은 오직 어슴푸레한 어둠 속에서만 존재할 수 있습니다. 이런 사실은 "의혹의 그림자 없이(Without the shadow of a doubt)"라는 말 속에 담겨 있습니다. 의심은 마음의 모호한 영역(gray area)에 존재합니다. 이곳은 여러분이 의식적으로 본 적이 없는 뭔가가 존재하는 곳이므로, 여러분이 지배하지 못하는 영역입니다. 의심을 극복하기 위해서는, 모호한 영역을 찾아 그곳을 진리의 빛에 드러내기 위해 의식적인 노력을 해야 합니다. 그렇게 해야만 의심의 그림자가 사라질 것입니다. 이것이 의심을 극복하는 유일한 방법입니다. 그것이 보이는 것처럼 힘들거나 위협적이지 않다는 사실에 주목하세요. 다시 말하지만, 에고와 이원적인 세력들은, 여러분이 모호한 영역을 보는 것을 두려워하게 하고, 거기에 숨어 있을지도 모르는 무언가를 두려워하는 진퇴양난의 상황에 여러분을 집어넣으려고 합니다. 하지만 모든 두려움은 알지 못하는 것에 대한 두려움입니다. 알지 못하는 것들을 실제로 빛에다 꺼내 놓으면, 상황은 절대 나쁘지 않습니다. 잘 알려진 속담처럼 두려움 말고는 두려워할 것이 없습니다. 의심들을 살펴보는 것이 자신을 자유롭게 하는 방법임을 경험하게 되면, 여러분은 의심을 극복하는 데 긍정적인 추동력을 만들 것입니다.

예를 들어, 내가 개인적인 그리스도 신성을 성취한 사람에 대해 말할 때, 이것이 많은 사람에게 비현실적인 목표로 보인다는 것을 잘 알고 있습니다. 하지만, 이런 생각의 주된 이유는 지난 2000년 동안 추락한 존재들이 예수 주변에 구축해온 심각한 우상 숭배입니다. 그 누구도 그와 같이 될 수 없을 정도로, 예수는 완벽하다고 묘사됐습니다. 여러분이 거짓 교사들의 말에 귀를 기울인다면, 예수의 완벽함에 압도당하고, 여러분은 시도조차 할 수 없을 것입니다. 여러분은 지구에서 그리스도가 되는 것은 완벽하게 되어야 하는 것으로 생각할 것입니다. 하지만 나는 이 책 전체를 통해 삶이 점진적인 여정이라고 설명했습니다. 따라서 그리스도 신성은 단계적으로 성취되어야 합니다. 비록 온전한 그리스도 신성이 아닐지라도, 여러분은 현재 단계에서의 그리스도 신성을 표현할 권리가 있습니다.

사실, 여러분이 다른 사람들에게 사심 없이 봉사할 수 있기 전까지는, 일정 수준의 그리스도 신성을 뛰어넘을 수 없습니다. 여러분은 그리스도 신성을 땅에 묻어두게 되고, 그것을 증식할 수 없게 됩니다. 거짓 교사들은 이것을 알고 있습니다. 이런 이유로 그들은 여러분의 그리스도 신성을 이 세상에서 표현하려는 모든 시도를 중단시키려고 합니다. 그들은 여러분이 지배권을 취하기 전에, 모든 사람이 예수의 발자취를 따를 수 있는 본보기를 만들기 전에, 여러분을 막으려고 합니다. 따라서 문제는 여러분이 거짓 교사들의 말에 귀 기울일 것이냐, 아니면 예수의 말에 귀를 기울일 것이냐 하는 것입니다.

내가 진실로 진실로 너희에게 말한다. 나를 믿는 사람은 내가 하는 일을 할 뿐만 아니라 그보다 더 큰 일도 하게 될 것이다. (요한 14:12)

거짓 교사들이 일하는 또 다른 방법은 어떤 것이 진짜인지 의심하게 만드는 것입니다. 그들은 어떤 것이 궁극적인 사실인지 받아들일 수 없을 정도로 사람들을 혼란스럽게 만들기 위해, 실체가 없는(착각하게 만드는) 이원성 의식의 속성을 이용합니다. 이런 방법은 진리의 영을 내적으로 직접 경험하지 못하고, 단지 이원적인 모습만을 접했던 사람들에게는 아주 효과적입니다. 이것들(이원적인 겉모습)은 모두 실재하는 것이 아니고, 영적으로 성숙한 사람들은 이것을 보기 시작했으므로, 그들이 모든 것을 의심하게 만들 수 있습니다. 어떻게 하면 이런 딜레마를 극복할 수 있을까요?

이미 언급했듯이, 깨달음의 열쇠는 상실에 대한 모든 두려움이 분리된 정체성에서 비롯된다는 사실입니다. 자신을 분리된 존재로 여길 때, 여러분은 필연적으로 다른 사람들의 정체성이 자신의 정체성에 반대될 수 있음을 믿게 될 것입니다. 이런 반대는 손실과 승리(loss and victory)를 암시합니다. 이 말은 누군가가 잠재적으로 여러분의 정체성을 파괴하거나 통제할 수 있다는 의미입니다.

 분리된 정체성을 구축하기 위해 치른 대가는 불가피하게 자신의 정체성, 자신의 개체성이 상실될 수 있다고 믿는 것입니다. 그리고 여러분이 창조한 분리된 정체성은 진실로 상실될 수 있습니다. 이와는 대조적으로, 모든 생명이 하나라는 진실을 알게 될 때, 여러분은 모든 것이 신에서 나왔으며, 따라서 실제로는 어떤 것도 신으로부터 분리될 수 없다는 것을 깨닫게 됩니다. 그리고 분리는 환영이므로, 따라서 상실도 환영입니다. 실재하지 않는 것만 상실될 수 있습니다. 반면에 실재하는 것, 즉 여러분의 영적인 정체성은 어떤 것에도 위협받을 수 없습니다.

 이것을 설명하는 또 다른 방법은, 앞에서 설명한 것처럼, 여러분의 진정한 정체성과 개체성이, 물질우주 위나 물질우주 너머에 존재하는 여러분의 아이앰 현존(I AM Presence)에 정의되어 있다고 말하는 것입니다. 이 세상에서 일어나는 어떤 것도 여러분의 아이앰 현존에 부정적인 영향을 미칠 수 없습니다. 따라서 여러분의 진정한 정체성은 결코 상실될 수 없습니다. 상실감은 오로지 여러분의 의식하는 자아(conscious self)가 자신의 아이앰 현존과의 접촉을 잃어버리고, 이원성 의식에서 창조된 일시적이고 분리된 정체성으로 들어갔기 때문에 올 수가 있습니다. 하지만, 여러분의 의식하는 자아는 창조주 존재의 확장체이므로, 결코 상실될 수 없습니다. 상실될 수 있는 것은 여러분이 이 시점까지 동일시해 온 일시적인 정체감일 뿐입니다. 이런 정체성을 놓아버림으로써, 여러분은 분리된 정체감을 극복할 수 있으며, 정체성의 상실에 대한 궁극적인 두려움에서도 벗어날 수 있습니다. 분리감을 놓아버릴 때, 여러분은 자신의 상위 존재와 그 위에 존재하는 전체 존재의 사슬(entire Chain of Being)의 조건 없는 사랑을 느끼게 됩니다. 이것은 모든 두려움을 몰아내는 완벽한 사랑입니다. 문제는 여러분이 분리된 정체감을 고수하는 한, 이 사랑을 받을 수 없다는 것입니다.

∽·∾

여기서 진짜 문제는, 이원성의 의식에 갇히게 되었기 때문에, 자신이 모든 것을 이원성의 필터를 통해 본다는 것을 여러분이 깨닫기 전에는, 분리된 정체성을 놓아버리기가 매우 어렵다는 것입니다. 이것은 자신이 전체성으로부터 자아감을 분리했기 때문에, (전체성으로) 돌아올 수 없는 끔찍한 실수를 저질렀다는 환영에 여러분을 취약하게 만듭니다. 거짓 교사들은 정말로 이런 환영을 믿고 있으며, 여러분 역시 그런 환영을 믿기를 바랍니다. 차이점은 그들은 (전체성으로) 돌아가고 싶지 않다고 생각하는 것이고, 여러분은 자신이 (전체성으로) 돌아가고 싶어 하는 것을 안다는 것입니다. 하지만, 여러분의 에고, 즉 분리된 정체감은 애초 신에게서 오지 않았기 때문에 절대로 하늘로 돌아올 수 없습니다. 그것이 예수가 "하늘나라에서 내려온 자 외에는 하늘나라에 올라간 자가 없느니라(요한 3:13)"라고 말한 이유입니다. 오로지 그리스도 의식에서 창조된 것만이 내려왔으며, 오로지 의식하는 자아가 그리스도 의식에서 창조한 것만이 하늘나라로 돌아갈 수 있습니다.

실상은 의식하는 자아가 자신이 누구라고 생각하는 그 존재라는 것입니다. 여러분이 자신을 분리된 자아라고 여긴다면, 그런 믿음을 고수하는 한 여러분은 길을 잃습니다. 하지만, 이런 이원적인 정체감을 놓아버리는 순간, 여러분은 구원을 받게 될 것입니다. 그리고 여러분은 언제든지 이렇게 할 수 있습니다.

이원성 의식은 상실의 개념을 가져옵니다. 이 말은 여러분이 실수를 저지를 수 있고, 심지어는 탈출구가 없는 실수도 저지를 수 있다는 의미입니다. 여러분이 깨닫기를 바라며 내가 도왔던 것처럼, 물질우주는 단지 일시적인 세상일 뿐이고, 분리와 상실의 개념은 빛의 강도가 임계점에 도달할 때까지만 존재할 수 있으며, 빛을 밝히면 어둠이 사라지는 것처럼 이런 환영도 사라질 것입니다. 이 세상의 어떤 것도 영원하지 않다는 것은, 하나됨으로 돌아오지 못하도록 여러분을 영원히 방해할 수 있는 것은 없다는 의미입니다. 여러분이 하나됨으로 돌아오지 못하게 방해하는 것은, 여러분의 네 하위체 안에 있는 이원적인 믿음과 추락한 이후 왜곡시킨 에너지, 즉 카르마뿐입니다. 하지만 이 둘 모두 변형될 수 있습니다. 그렇게 되면 결국 여러분은 마음의 숲에 있는 나무들 너머를 보게 될 것입니다. 여러분은 자신이 마음보다 그 이상이며, 과거보다 그리고 믿음보다 그 이상의 존재임을 얼핏 보게 될 것입니다. 여러분은 필사의 정체감보다도 더 큰 존재입니다.

이원성의 필터를 초월해 보기 시작하면서, 여러분은 상실에 대한 두려움과 실패에 대한 두려움이 없는 더 높은 관점이 존재한다는 것을 깨닫게 될 것입니다. 그러면 여러분은 삶을 배움의 과정으로, 자기 인식을 키우는 과정으로 여기게 됩니다. 당연히 이것은 실험의 과정입니다. 그리고 진정한 열쇠는 모든 실험이 발전을 위한 디딤돌이 될 수 있음을 깨닫는 것입니다. 사실, 실험이 실패라거나 성공이라고 얘기하는 것조차 의미가 없습니다. 여러분이 하는 모든 일은 결과를 가져옵니다. 진짜 질문은 실험의 결과가 자신이 되려는 존재와 일치하는지, 아니면 자신의 최고의 비전에 어긋나는지를 묻는 것입니다. 그 답이 후자라면, 여러분은 행동을 바꿔 그런 행동이 여러분의 존재와 정렬하도록 해야 합니다. 어느 쪽이든, 실험은 자신이 누구인지에 대한 여러분의 정의를 높이는 데 도움이 될 수 있습니다. 즉 모든 실험이 앞을 향해 내딛는 발걸음이 될 수 있다는 의미입니다. 실패 또는 성공의 개념은 아무런 관련이 없습니다. 아니면 여러분은 성공과 실패, 승리와 패배처럼 두 상반되는 것들이 규정한 상대적 척도가 판단하는 모든 의식을 초월한다고 말할 수도 있습니다.

─── ❦ ───

두 가지 예를 들어보겠습니다. 토머스 에디슨이 전구를 발명하려고 했을 때, 중요한 문제는 빛을 내는 가느다란 줄, 즉 필라멘트를 만드는 물질을 발견하는 것이었습니다. 에디슨은 수많은 물질로 시도해 보았지만 작동하는 것을 찾아내지 못했습니다. 하지만 그는 그것들을 단지 배우는 경험으로 보았습니다. "나는 전구를 만들지 못하는 2000가지 방법을 찾아냈어"라고 말한 것처럼, 그가 첫 번째 시도에서 물질을 찾아내지 못한 것을 실패로 보고 자신을 책망했다면, 제대로 작동하는 물질을 찾아내기 전에 그는 감정적으로 자신을 파괴했을 것입니다.

또 다른 예로, 자신이 지하 탄광에서 길을 잃었다고 상상해 보세요. 여러분은 5개의 터널로 갈라지는 어떤 방에 이르게 되었습니다. 여러분은 하나를 골라 따라갔다가 막다른 지점에 이르게 됩니다. 그 터널을 선택한 것이 실패일까요? 아니면 하나의 가능성을 배제함으로써 앞으로 나아가는 진일보를 한 것일까요? 쓰러져서 자신이 실패했다고 여기고 다시는 시도하지 않겠다고 한다면, 여러분은 틀림없이 탄광에서 죽게 될 것입니다. 하지만, 방으로 돌아가 다른 터널을 선택한다면, 결국에는 어둠에서 벗어나 새로운 날의 빛으로 안내해 줄 터널을 찾아내게 될 것입니다.

거짓 교사들과 여러분의 에고는 상실에 대한 두려움, 분리로부터 생겨난 두려움을 통해 여러분을 통제하려고 합니다. 새로운 방식으로 삶에 접근하는 법, 즉 이원성 기준에 따라 정의한 성공과 실패를 뛰어넘는 접근 방식을 적용해서, 이런 통제에서 벗어날 수 있음을 알 수 있나요? 이원성을 벗어나는 것은 더 높은 기준, 즉 신의 기준입니다. 그리고 그것은 어떤 경험이든, 여러분의 진정한 정체성을 정의하는 여정을 향한 발걸음으로 사용할 수 있도록, 여러분에게 힘을 줄 것입니다. 이런 더 높은 접근 방식으로 올라가려면 무엇이 필요할까요? 여러분은 모든 것에 대해 의심하고 모든 것을 살펴보면서, 반드시 여러분 눈 안의 들보를 찾아내야 합니다.

상실에 대한 두려움으로 많은 사람이 자신을 들여다보려고 하지 않습니다. 만일 그들이 자기 눈 안의 들보를 발견한다면, 그들은 자신을 책망하거나, 아니면 다른 사람들 또는 신을 비난할 것입니다. 생존의 메커니즘으로서, 삶을 바라보는 방식에 변화가 필요하다는 것을 사람들은 인정하려고 하지 않습니다. 하지만, 성공과 실패를 초월함으로써, 죄의식과 수치심, 비난 그리고 자책에서 벗어날 수 있습니다. 상실의 두려움은 실수를 하면 자신이 나쁜 사람이라는 것을 증명하게 되는 것이며, 나쁜 사람들은 지옥에 가게 된다고 생각하게 만듭니다. 따라서 그들은 차라리 잘못을 모르는 것이 낫다고 생각하는데, 이것은 잘못을 인정하지 않으면, 잘못이 존재하지 않으므로 자신이 다치지 않을 수 있다는 가정에 기초합니다.

하지만, 이런 가정은 어디에서 오는 걸까요? 그것은 오직 이원성 의식에서만 올 수 있습니다. 이원성 의식은 물질계가 유일한 세계이며, 빛과 어둠 둘 다 실재한다고 믿고 있습니다. 따라서 잘못을 어둠 속에 숨길 수 있다고 믿게 됩니다. 이로 인해, 상대방에게 어떤 것을 숨길 수 있으면 신에게도 숨길 수 있다는 흔히 볼 수 있는 환영이 생기게 됩니다. 물론, 진실은 신과 인류의 영적인 스승들에게 숨길 수 있는 것은 아무것도 없다는 것입니다. 앞에서 나는 여러분이 영적인 스승과 분리된 것은, 영적인 스승에게 무언가를 숨길 필요가 있다고 생각했기 때문이고, 숨기려는 여러분의 욕망 때문에 스승이 여러분을 돕지 못하게 된 것임을 설명했습니다.

진실은 나에게 어떤 것도 숨길 수 없다는 것입니다. 하지만 내가 여러분이 한 어떤 일에 관해서도 판단하지 않는다는 것 역시 사실입니다. 가치 판단에 대한 통속적인 개념은 이원성 의식과 상실에 대한 두려움의 결과임을 곰곰이 생각해 보기 바랍니다. 거짓 교사들은 일단 진정한 스승에게 등을 돌리면, 스승에게 절대로 되돌아갈 수 없다고 믿기를 바랍니다. 이것을 받아들인다면, 여러분은 분리된 환영에 빠지게 될 것입니다. 그렇게 되면 그들은 정확히 자신들이 원하는 대로 여러분을 통제할 수 있게 됩니다. 나는 진정한 여러분을 압니다. 또한 모든 불완전한 것들은 의식하는 자아가 일시적으로 지닌 무엇일 뿐이라는 것도 알고 있습니다. 그것이 실재가 아님을 인식하자마자, 여러분은 그것을 놓아버리고 진정한 자신으로 되돌아올 수 있습니다. 나는 여러분이 과거에 무엇을 했느냐에 대해서는 관심이 없습니다. 나는 단지 여러분이 위에서 모든 것인 것처럼 여기 아래에서도 그러함을 보고 싶을 뿐입니다.

～～～⚜～～～

여러분을 책망하는 것은 나의 역할이 아닙니다. 내 역할은 여러분이 자신의 상위 존재와의 하나됨에 기반을 둔 정체성을 구축하여 영적으로 자급자족할 수 있도록 돕는 것입니다. 나는 단 한 순간도 여러분이 제한된 정체감에 갇히는 것을 보고 싶지 않습니다. 나는 단지 여러분이 모든 제한에서 벗어나기를 바랄 뿐이며, 여러분이 그렇게 할 수 있도록 항상 돕고 싶을 따름입니다. 문제는 여러분을 대신해서 내가 그렇게 할 수 없다는 것입니다. 이원적인 환영을 받아들이겠다고 선택한 것은 여러분입니다. 따라서 여러분은 이원적인 환영을 놓아버리고 그리스도의 진리로 대체하겠다고 선택해야 합니다. 자신이 무엇을 하고 있는지 정말로 알지 못한 채 여러분은 이원적 환영을 선택했을 수 있지만, 이것을 놓아버리겠다고 의식적으로 선택하지 않으면 그런 환영을 극복할 수 없습니다. 따라서 환영에서 벗어나기 위해서는, 기꺼이 환영을 바라봐야 합니다. 그렇게 하기 위해서는, 자신이 환영에 속았으며, 환영에 근거하여 행동했다는 사실을 반드시 인정해야 합니다.

거짓 교사들은 많은 사람을 조종하여 신 또는 진정한 영적인 스승들이 자신의 실수에 대해 엄한 심판을 내릴 것이라고 믿게 만들었습니다. 그 한 가지 예가 아담과 이브가 불타는 검을 가진 천사들에 의해 낙원에서 추방당했다는 얘기입니다. 진실로, 신과 신의 대리자들은 그 누구에 대해서도 가치 판단을 하지 않습니다. 이원적인 기준에 근거하여 사람들을 판단하고 비난하는 데 이원적 의식을 사용하는 것은 거짓 교사들입니다. 거짓 교사들은 자신들의 의식 상태를 신과 진정한 스승들에게 투사했고, 이로 인해 사람들은 거짓 교사들은 신뢰하지만, 진정한 스승들은 두려워하게 되었습니다. 진정한 스승들이 자신을 심판할 것이라고 사람들이 생각해서, 진정한 스승에게 의지하는 것을 두려워할 때, 그들이 실제로 두려워하는 것은 자신의 에고가 지닌 이원적인 판단입니다. 예수가 말한 두 가지 신비로운 말을 숙고해 보세요.

15 너희는 사람의 기준으로 사람을 판단하지만 나는 결코 아무도 판단하지 않는다.

16 혹시 내가 무슨 판단을 하더라도 내 판단은 공정하다. 그것은 나 혼자서 판단하지 아니하고 나를 보내신 아버지와 함께 판단하기 때문이다. (요한 8장)

하지만, 예수는 이렇게도 말했습니다.

내가 심판하러 이 세상에 왔으니 보지 못하는 자들은 보게 하고 보는 자들은 맹인이 되게 하려 함이라 하시니. (요한 9:39)

예수가 한 말의 숨은 뜻은, 판단하기 위해 고안된 것이 아들의 의식이지만, 그것이 이원적인 가치 판단은 아니라는 것입니다. 참된 판단은 실재와 비실재를 구별하여 사람들이 이원적 환영과 그리스도의 진리 사이에서 참된 선택을 할 수 있게 하는 것입니다. 그리스도 마음의 역할은 사람들이 진정한 선택을 할 수 있게 하는 것이며, 그리스도에 도달하려고 하는 사람들이 실재와 비실재의 차이를 알게 하는 것입니다. 그렇게 하려고 하지 않는 사람들은 실재와 비실재를 구별할 수 없게 하는 이원적인 믿음에 눈이 멀게 될 것입니다. 왜냐하면 모든 것이 이원적인 환영이기 때문입니다.

그리스도 의식은, 외적인 행동에 기초하여 어떤 사람은 좋은 사람이고 어떤 사람은 나쁜 사람이라고 말하는, 이원적인 기준을 바탕으로 판단하지 않습니다. 그리스도 마음은 가치 판단을 하지 않습니다. 어떤 방식으로든, 여러분이 다른 사람들보다 못하다고 비난하거나, 다른 사람들보다 뛰어나다고 치켜세우지도 않습니다. 그리스도 마음은 오로지 여러분이 하는 일이 생명을 높이는지, 즉 여러분과 모든 생명을 끌어올리는지, 아니면 생명을 낮추는지, 즉 여러분과 모든 생명을 제한하는지를 판단합니다. 어떤 행동이 생명을 낮춘다면, 그리스도 마음은 여러분이 단지 그것을 놓아버리고 그 이면의 의식을 초월하기를 바랄 뿐입니다. 그리스도는 오직 여러분이 자유롭게 되기를 바랄 뿐, 여러분이 계속 갇혀 있기를 바라지 않는다는 사실을 명심하세요. 그러니 진정한 스승들이 정말로 여러분을 책망하고 죄의식을 느끼도록 만들었다면, 우리는 여러분을 이원성 의식에 계속 갇혀 있도록 한 것입니다. 그렇게 하는 것은 우리의 임무와 비-이원적 속성에 전혀 맞지 않습니다.

지금 내가 하는 말을 이해하겠습니까? 이원적인 판단은, 여러분이 이것 또는 저것을 한다면, 여러분은 영원히 나쁜 사람이 된다고 말합니다. 그리스도의 심판은, 여러분이 자신의 행위 중 일부는 실재하지 않는 믿음에서 생겨났음을 알게 합니다. 하지만 그 목적은 여러분을 영원히 비난하는 것이 아니라, 여러분을 영원히 자유롭게 하는 것입니다. 여러분은 어떻게 자유롭게 될까요? 그리스도 비전의 실재를 받아들임으로써 그리고 이원적 믿음을 놓아버림으로써 여러분은 자유롭게 됩니다. 그렇게 하자마자 여러분은 그리스도 안에서 완전히 용서받게 됩니다. 잘못을 저질렀던 "여러분"은 죽고, 진정한 여러분, 즉 의식하는 자아(Conscious You)가 새로운 정체성으로 다시 태어납니다. 이 새로운 여러분은 과거의 잘못을 저지르지 않았으며, 설령 과거의 잘못을 통해 교훈을 배웠다 할지라도, 과거의 잘못에 부담을 느끼지 않아도 됩니다.

※

이제 한 걸음 더 나아가겠습니다. 여러분의 존재 안에 있는 그리스도는 누구인가요? 음, 여러분의 의식하는 자아가 그 역할을 하게 되어 있는데, 그렇게 될 때 의식하는 자아는 재빨리 모든 이원적인 믿음과 행위를 드러낼 것이며, 그것이 무엇이든 모든 것을 부정적인 느낌 없이 놓아버리게 할 것입니다. 자신이 그 이상의 존재라는 것을 충분히 깨닫게 되면, 여러분은 더 작은 모든 것을 손쉽게 놓아버릴 수 있습니다.

자신의 정당한 역할을 받아들이겠다고 결심할 때, 여러분은 모든 두려움과 죄책감, 수치심을 극복할 수 있습니다. 왜냐하면 이제 여러분은 자신의 실수에 대해 좋지 않게 느끼고, 이로 인한 이원적 반응에 자신을 계속 가두어 두면, 어떻게든 자신의 실수에 대해 보상받게 된다는 환영을 포함해서, 여러분이 가진 이원적 환영들을 모두 초월하기 때문입니다. 신은 오로지 여러분이 영적인 자유를 얻게 되는 것만을 바라고 계심을 여러분은 알게 됩니다. '잘못을 잘못으로 바로잡을 수 없다'라는 말처럼, 자신이 한 행위에 대해 나쁘게 느껴 봤자 아무 소용이 없습니다. 그런 행동을 하게 했던 이원적인 환영들을 버리고, 영적으로 다시 태어나야만 합니다.

여러분이 나에게 이원론적 환영 가운데 하나를 꿰뚫어 볼 수 있도록 도움을 요청하는 바로 그 순간, 나는 언제든 도와줄 준비가 되어 있습니다. 여러분이 요청하지 않는다면, 자유의지의 법칙에 따라 나는 여러분을 도울 수 없습니다. 하지만 여러분이 요청하자마자, 여러분과 나의 관계는 다시 복원될 것입니다. 시간이 흐르면서 그런 관계는 여러분을 이원성과 분리의 유혹으로부터 영원히 자유롭게 해줄 하나됨의 감각으로 자라날 것입니다. 바이블에서는 다음과 같이 말하고 있습니다.

32 내 어린 양떼들아, 조금도 무서워하지 마라. 너희 아버지께서는 하늘나라를 너희에게 기꺼이 주시기로 하셨다. (누가 12:32)

너희는 온전한 십일조를 창고에 들여놓아, 내 집에 먹을거리가 넉넉하게 하여라. 이렇게 바치는 일로 나를 시험하여, 내가 하늘 문을 열고서, 너희가 쌓을 곳이 없도록 복을 붓지 않나 보아라. 나 만군의 주의 말이다. (말라기 3:10)

거짓 신들의 기본 전략은 여러분을 유혹하여 이원성 의식의 일부를 떠맡게 한 다음, 여러분이 절대 도망갈 수 없으며, 그 실수를 보상할 방법은 없다고 믿게 만드는 것입니다. 그들은 여러분이 돌아가려고 한다면, 신과 참된 영적인 스승들이 여러분을 엄하게 심판할 것이라고 믿기를 바랍니다. 스승의 심판을 피하기 위해서는 스승으로부터 숨는 것이 더 낫습니다. 하지만 모든 판단은 이원성 의식으로부터 나옵니다. 여러분을 판단하는 것은 진실로 여러분의 에고와 이원적인 세력들입니다. 여러분은 스승에게서 숨으려고 함으로써, 이런 판단을 끝없이 경험하는 의식 상태에 자신을 머무르게 하고, 자신을 책망하는 것입니다. 그렇게 되면 여러분은, 자신이 상상하는 어떤 지옥에서 영원히 불타야 한다고 비난받는 심판을 피하고자, 상실의 두려움을 상쇄시켜 줄 게임에 계속 참여해야 합니다. 이 모든 것은 단지 환영에 불과합니다. 하나됨의 길로 돌아오지 못하도록 방해하는 것은 진실로 아무것도 없습니다. 하나됨의 여정에서 여러분은 인류의 참된 스승으로부터 조건 없는 사랑을 받게 될 것입니다.

내 말의 요점은 실수처럼 보이는 것에서도 기꺼이 배우려고만 한다면, 여러분이 행한 어떤 행위일지라도, 여러분이 더 높은 자기 인식을 향한 한 걸음을 내딛는 데 도움이 될 수 있다는 것입니다. 신은 여러분이 자기 인식에서 성장하기만을 바랍니다. 따라서 어떤 행위를 통해 성장할 수만 있다면, 신은 그 행위를 잘못이라고 판단하지 않습니다. 신은 한쪽의 끝은 성공이고 다른 쪽의 끝은 실패인 이원적인 기준에 기초하여 여러분이 한 행위들을 심판하지 않습니다. 그런데 왜 여러분은 그런 기준에 기초하여 자신을 계속 심판하고, 혹은 그런 기준에 근거한 다른 사람들의 심판을 받아들이나요?

~~~

성공과 실패라는 이원성에서 행위를 분리하는 단계를 밟으면, 여러분은 궁극적인 단계를 밟을 수 있습니다. 하지만 자신의 행동, 자신의 의식 상태 그리고 자신의 구원에 대해 충분한 책임을 받아들일 때까지는, 이런 단계를 밟을 수 없다는 점을 분명히 해두겠습니다. 전적인 책임을 받아들여야만, 행위와 결과를 분리하는, 즉 행위와 반응을 분리하는 단계를 밟을 수 있기 때문입니다.

그렇게 하면 여러분은 물질세계의 핵심적인 이원성을 극복할 수 있습니다. 다시 말해 여러분은 이 세상에서 벗어나려면 반드시 균형 잡아야 하는 카르마의 형태로, 여러분이 물질우주로부터의 반응을 일으키는 행동을 유발하게 하는, 이원성을 극복할 수 있습니다. 그 대신, 여러분은 자신을 이 세상에 묶어 두는 카르마를 생성하지 않고도, 반응이라는 궁극적인 이원성을 만들지 않고도 행동하는 방법을 배울 수 있습니다. 여러분이 반응하지 않고 행동할 때, 빛과 어둠의 공존(coexistence)으로 인해 작용과 반작용이라는 궁극적인 이원성이 존재하게 된 물질세계에, 여러분을 묶어 두는 어떤 것도 존재하지 않게 될 것입니다. 분명, 이것이 불가사의하게 들리겠지만 설명해 보겠습니다.

앞에서 설명한 것처럼, 수많은 존재가 자신의 빛과 진리를 나누기 위해 상위 영역에서 물질우주로 내려왔습니다. 이들 가운데 많은 수가 이원성 의식의 덫에 갇혀 있습니다. 이 덫에 갇히게 된 가장 흔한 이유는 물질계에서 행위에 따른 특정한 결과를 얻으려고 집착하게 되었기 때문입니다. 이들은 어떤 행위를 하면 확실한 결과를 얻을 수 있어야 한다고 기대하게 되었고, 이를 바랐으며, 심지어 요구까지 하게 되었습니다. 그들은 결과가 구현되지 않으면, 부정적인 반응을 보였고, 이로 인해 이원성의 구덩이, 절망의 구덩이로 이어지는 계단 아래로 더 깊이 내려가게 되었습니다.

자신이 한 행동에 대해 특정한 반응을 원하는 욕망은 종종 종교가 부추겼고, 내가 앞장에서 얘기했던 것들조차, 이런 욕망을 부채질했음을 잘 알고 있습니다. 많은 종교가 자신을 구하고 세상을 구하고, 타인을 구원해야 할 필요성에 관해 얘기합니다. 많은 종교인이 자신의 종교가 미리 규정한 희생을 감수하거나, 다른 사람들을 자신의 종교로 개종시킨다면, 특정한 결과를 얻을 자격이 있다고 기대합니다. 이 책에서 전하는 나의 가르침은 인류를 일깨우고, 지구와 심지어는 전체 물질우주까지도 끌어올려, 영적인 영역 일부가 되게 하는 것에 대한 것입니다. 많은 영적인 사람이 종교와 관련된 결과에 대해 특정한 기대감을 쌓기 위해서, 특정한 영적 가르침을 이용해왔습니다. 많은 사람이 외적인 규율을 따르고 정해진 희생을 함으로써, 자신들의 개인적인 구원이 보장될 것이라고 기대합니다. 다른 사람들은 자신이 믿는 종교, 정치 체계 또는 과학적 물질주의라는 종교가 지구를 지배하기를 바라면서, 타인을 개종하려는 강한 열망을 가집니다. 예를 들면, 많은 주류 크리스천이 자기 자신을 진실로 변화시키지 않고도 예수에 의해 구원을 받는다고 믿고 있습니다. 육체를 떠난 후 그들은 이것이 사실이 아님을 알게 되고, 다시 육화해야 하는 것을 알게 되면서 매우 실망합니다. 그들 중 많은 수가 그리스도교에 대한 불신이나 분노를 가지고 돌아옵니다. 대개 그들은 복수(復讐)의 형태로 과학적 물질주의에 참여하는 경우가 많습니다. 하지만 다행스럽게도, 이런 사람들은 결국은 균형 잡힌 접근 방식으로 돌아올 것이며, 교회에서 가르치는 것과는 반대로 예수가 가르쳤던 참된 길을 발견하게 됩니다.

이제 여러분도 이런 기대감과 열망들이 여러분을 이원성 의식에 묶어 둔다는 사실을 이해하기를 바랍니다. 왜냐하면, 이원성의 본질은 분리감이기 때문입니다. 그러니 행위와 결과를 분리했을 때, 여러분은 자신의 행위가 가능한 최선의 결과를 내지 못할 수도 있게 하면서, 자신을 분리의 쳇바퀴에 묶어 둔 것 아닐까요? 어떤 행위가 외면의 마음이 바라는 결과를 만들어야 한다는 기대를 극복하기 전에, 어떻게 그 회전목마에서 벗어날 수 있을까요? 여기서 열쇠는 어떤 행위에는 어떤 결과가 뒤따라야 한다는 기대감, 특히 자신의 행위에 대해 다른 사람들이 어떤 반응을 보여야 한다는 기대감을 극복하는 것입니다.

나는 여러분에게, 상승 호스트가 이 우주적인 주기에서 가능한 대규모의 각성을 가져올 수 있도록 도울 수 있는 사람 가운데 하나가 되어 달라고 요청했습니다. 하지만 이런 각성을 가져오기 위해서는, 이원성을 극복하는 길, 하나됨의 길을 증명해야 합니다. 여러분이 분리의 환영에 갇힌 그대로 머물러 있다면, 분명 이런 길을 입증하지 못할 것입니다. 따라서 여러분은 가장 교묘한 환영까지도 극복해야 합니다. 모든 것 가운데 가장 교묘한 환영은 여러분의 행위에 대해 다른 사람들 또는 물질우주가 어떤 식으로든 반응을 해야 한다는 바람입니다. 그들이 반응을 보이지 않는다면, 조건 없는 사랑보다 덜한 느낌으로 반응하는 것이 정당하다고 여러분은 느끼게 됩니다. 이것은 필연적으로 조건 없는 사랑보다 덜한 것에서 나온 행위들, 신의 순수한 빛을 오용해 카르마를 만들고 이원성 투쟁을 영속시키는 행위들로 이어집니다. 다시 말해서 여러분의 행위가 기대했던 결과를 얻지 못할 때, 여러분의 마음속에 어떤 반응이 생깁니다. 정확히 말하면 이런 반응이 여러분을 이원적인 쳇바퀴에 묶어 두는 것입니다. 어떻게 해야 이런 딜레마에서 벗어날 수 있을까요?

◦◦◦◦◦◦◦

자신의 가장 기본적인 열망, 추동력이 영적으로 자급자족하려는 열망임을 인식하는 것에서 시작해야 합니다. 이는 여러분이 전체가 되어야 한다는 의미입니다. 여러분이 외부에서 어떤 것도 필요로 하지 않는 완전한 존재가 되어야 한다는 뜻입니다. 전체가 될 때만, 다른 사람들에게서 오는 어떤 것도 필요하지 않다는 것을 알게 될 때만, 여러분은 돌아오는 반응을 기대하지 않고 타인에게 줄 수 있습니다. 그래야만 자신이 준 것에 대한 결과로써 어떤 것도 기대하지 않고 줄 수 있습니다. 여러분은 사심 없이 줍니다. 오직 이런 완전함을 성취해야만, 행위와 반응이라는 사이클을 깨트릴 수 있습니다.

분리의 환영에 갇히게 되면, 필연적으로 자신이 불완전하다는 느낌이 듭니다. 여러분이 자신을 더 큰 전체 중의 일부로 여기는 것을 거부할 때, 자신의 행위가 전체에 어떤 영향을 미치는지 고려하지 않고, 원하는 것은 무엇이든 할 가능성이 있습니다. 하지만 그 대가는 스스로 완전하다는 느낌을 결코 느끼지 못하는 것입니다. 자신의 근원으로부터 자신의 창조주와 분리되어 있다는 모든 느낌을 극복할 때만, 여러분은 비로소 완전하다는 느낌이 들 수 있습니다. 왜냐하면, 여러분이 창조주의 개체화된 확장체라는 사실을 깨달게 될 때, 그리고 자신의 내면에서 창조주의 충만함에 접근할 때, 그때 진정으로 온전하다는 느낌이 들 수 있기 때문입니다. 온전해지기 위해서 여러분은 외적인 어떤 것도 필요하지 않음을 알게 될 것입니다. 필요한 것은 오로지 위에서처럼 여기 아래에서도 모든 것이 될 수 있는 올바른 정체감을 구축하는 것뿐입니다.

이 말을 주의 깊게 들으세요. 여러분이 분리된 존재로 처음 존재했을 때, 여러분에게는 더 큰 전체와의 연결감이 있었습니다. 이것은 하나됨의 씨앗, 여러분을 위해 떼어낸 그리스도의 몸이었습니다. 여러분은 내면의 연결감을 상실하지 않고도, 그것을 신의 완전한 의식으로 확장할 수 있게 되어 있었습니다. 이원성으로 추락하면서, 여러분은 직접적인 연결감을 내면에서 상실하게 되었고, 그 결과 자신의 근원과 단절된 채, 완전히 분리된 존재로서의 새로운 정체성으로 다시 태어나게 되었습니다. 이런 정체성이 여러분에게 상실의 두려움, 위협받는다는 느낌 그리고 삶이 고통이라는 느낌을 줍니다. 이 분리된 정체성에 집착하는 한, 이런 감정을 유발하는 분리감을 결코 극복할 수 없습니다. 분리감을 극복하기 위해서는, 분리된 정체성을 반드시 죽게 하고, 자신의 근원과 연결된 존재로서, 다시, 새로운 정체성으로 태어나야만 합니다. 그리스도 의식을 의미하는 그리스도의 몸과 피를 여러분의 존재 속으로 받아들이고, 그것이 여러분 의식의 덩어리 전체를 부풀어 오르게 하는 누룩이 되게 해야 합니다. (마태 13:33) 하지만 여러분은 이원성으로 추락했으므로, 자신의 내부로부터 더 이상 누룩을 얻을 수 없습니다. 따라서 반드시 이원성을 벗어난 존재, 즉 상승 호스트에게서 그것을 받아야 합니다. 여러분은 존재의 사슬과 다시 연결되어야 하며, 여러분 위에 존재하는 영적인 계보와 학생과 스승이라는 관계를 맺어야 합니다. 분리된 정체성으로는 분리를 극복할 수 없습니다. 그것은 오로지 여러분이 나왔던 영적인 계보를 통해서만 극복될 수 있습니다.

~~~ ❦ ~~~

여러분이 전체와 하나됨에 따라, 자신이 개별적인 정체성을 지니게 된 목적이 어둠이 여전히 존재하는 구체로 내려가기 위한 것임을 깨닫게 될 것입니다. 그런 다음 여러분은 다른 사람들과 신의 빛을 나눌 수 있습니다. 그렇게 함으로써 자신이 누구인지를 아직 깨닫지 못하는 사람들을 일깨울 수 있습니다. 전체와 하나가 될 때, 어떤 대가도 바라지 않고, 노력의 결과로 타인들이 깨닫게 되어야 한다는 기대도 하지 않고, 자신의 빛과 진리를 다른 사람들과 나눌 수 있습니다. 이런 봉사의 예로, 지구에서 어떤 대가도 바라지 않고 기대도 하지 않으며, 지구에 있는 모든 것에게 빛을 주는 태양을 생각해 보세요. 지구에서 여러분이 부여받은 제 역할은 영적인 태양, 신의 태양(Sun of God)이 되는 것입니다. 이 태양은 어떤 대가를 기대하거나 요구하지도 않고 자신의 빛을 사심 없이, 조건 없이 내뿜습니다. 자신의 빛을 나누는 것에 만족하며 빛을 나눔으로써 스스로가 완전해진다고 느낍니다. 다시 말해서, 지구에서 여러분의 일은 빛을 퍼트리고, 진리를 증명하며, 다른 사람들이 자신의 선택에 따라 자유롭게 반응할 수 있도록 내버려 두는 것입니다. 여러분은 다른 사람들로부터 어떤 보상도 바라지 않고 줍니다. 사심 없이 줌으로써, 위로부터 보상을 받을 것입니다. 여러분의 아이앰 현존이 조건 없는 사랑으로 여러분이 준 모든 것을 증식하기 때문입니다. 여러분은 다른 사람들에게 어떤 대가도 바라지 않고 주지만, 더 많이 줄 수 있도록 신으로부터 충분한 보상이 돌아온다는 기대감을 가지고 줄 수 있으며, 결국에는 신의 온전한 태양(SUN of God)이 됩니다.

 이와는 반대로, 분리의 환영에 갇히면, 자신의 내면에서 완전함을 찾을 수 없습니다. 따라서 여러분은 외부에서 완전함을 찾을 것입니다. 이 말은 다른 사람들이 여러분을 완전하게 해주거나, 여러분의 정당성을 입증해 주기를 바란다는 의미입니다. 그래서 여러분이 자신의 진리를 그들과 나누려 할 때, 그들이 여러분의 진리를 거절한다면 여러분은 자신이 거절당하고 있다고 느낄 것입니다. 이것이 여러분을 무집착의 상태에 있을 수 없게 하고, 그러면 여러분은 이원성에서 벗어나는 길을 증명해야 하는 역할을 수행할 수 없게 됩니다. 완전함의 결핍으로 생기는 정체감에 집착하면서, 어떻게 완전해지는 것을 증명할 수 있겠습니까? 여러분이 다른 사람들에게 무언가를 바라면서, 어떻게 영적인 자급자족을 입증할 수 있을까요?

 여러분이 완전해지면, 다른 사람들이 여러분이 비추는 빛을 받아들이지 않을 때, 그들이 실제로는 여러분을 거부하는 것이 아님을 알게 됩니다. 그들의 반응은 개인적인 여러분과 아무런 관계도 없습니다. 그들은 단지 자신의 의식 상태에 기초해서 반응할 뿐입니다. 그들이 이원성에 더 깊이 빠질수록, 그들의 반응은 더 자기 중심적이거나, 더 적대적으로 될 것입니다. 여러분이 그들의 적대감을 유발하지 않았으니, 그런 적대감을 개인적으로 받아들일 이유가 없습니다. 여러분은 단지 그들이 그런 적대감을 볼 수 있는 기회를 얻게 해주려고 그것을 드러내고 있는 것입니다. 그들은 자신의 이원적인 이미지들을 여러분에게 투사하지만, 여러분이 무집착 상태에 있으면, 그들이 그 이미지 너머를 볼 수 있도록 도울 수 있습니다. 이원적인 방식으로 대응한다면, 여러분은 그들의 이미지를 더 강화할 뿐입니다.

 덧붙여 말하자면, 이렇게 하는 것은 자유의지의 법칙 안에서 완전히 허용됩니다. 여러분은 다른 사람에게 선택을 강요할 권리는 없지만, 그들이 해결하지 못한 심리를 초월할 수 있는 기회를 주기 위해, 그런 심리를 끄집어낼 권리는 가지고 있습니다. 그들이 그런 심리를 초월하지 못하고 여러분에게 화풀이를 해도, 여러분은 무집착 상태에 있어야 합니다. 여러분은 진실로 그들이 제한된 의식 상태에서 행동한다는 것을 이해해야 합니다. 여러분은 이원적 방식으로 대응함으로써 그곳에 끌려들어 가고 싶은 욕망을 가지지 않습니다. 그러면 여러분은 조건 없는 사랑의 상태에 머물 수 있으며, 자기 자신과 다른 사람에게 최대한의 자유를 줄 수 있습니다.

~~~~~~~

여기에서 내가 말하는 것에 주목하세요. 이원성을 극복함으로써, 여러분은 이원성의 환영으로부터 인류를 일깨우는 운동 일부가 될 수 있습니다. 하지만 이런 운동의 일원으로서 여러분이 해야 할 일은 다른 사람들을 일깨우거나, 그들을 구원하고, 지구를 구하는 것이 아닙니다. 여러분의 일은 여러분의 빛을 발산하고, 여러분의 진리를 증명하는 것입니다. 그렇게 했을 때, 여러분은 자신의 역할을 행한 것입니다. 여러분이 사람들에게 제공한 것을 가지고, 그들이 무엇을 하건, 아니면 무엇을 하지 않건, 여러분에게는 중요하지 않습니다. 여러분의 보상은 다른 사람들의 반응에 달려 있지 않습니다. 그것은 오로지 조건 없는 사랑으로 기꺼이 주려고 하는 여러분의 의지에 달려 있습니다. 여러분의 보상은 물질우주에서 오는 것이 아닙니다. 그 보상은 신에게서 오며, 다른 사람들이 무엇을 하든 그것과는 관계가 없습니다. 그것은 오로지 여러분이 조건 없는 사랑을 기꺼이 주려고 하는지, 그리고 조건 없는 사랑에 머물려고 하는지 하는, 여러분의 의지에 달려 있습니다.

가장 교묘한 이원성의 환영, 즉 행위와 반응이라는 환영에서 벗어나게 되면, 여러분은 물질계에서 특정한 반응을 끌어내기 위해 행동하지 않습니다. 그렇다고 수동적이거나 아무것도 하지 않는 것은 아닙니다. 여러분은 자신의 빛과 진리를 함께 나누게 되며, 나누는 행위를 통해 완전해집니다. 여러분은 행위 그 자체의 순수한 기쁨에 기초하여 행동합니다. 기쁨으로 충만하게 되는 것은 자신의 빛이 퍼져나가는 것을 보는 것이지, 빛이 이 세상에서 어떤 특정한 변화를 일으키는 것을 보는 것이 아닙니다. 구체적인 결과와 관계없이, 여러분의 빛을 자유롭게 나누면 이 구체에서 빛의 강도도 증가할 것입니다. 따라서 자신의 빛을 사심 없이 나눌 때마다, 여러분은 신의 전반적인 목적이 이루어지도록 돕고 있는 것입니다. 이보다 더 좋은 어떤 반응을 바랄 수 있을까요? 따라서 여러분은 다른 사람들이 여러분에게 어떤 반응을 보이든, 이원적인 반응을 보일 이유가 전혀 없음을 알게 됩니다. 그리고 여러분의 행위가 이원적인 반응으로 이어지지 않는다면, 여러분은 비상승 구체의 기본적 도전인 행위-반응의 이원성(action-reaction duality)을 피하게 됩니다.

시간을 가지고 이 개념들을 진지하게 살펴보기 바랍니다. 왜냐하면, 이 개념들이 엄청나게 중요하기 때문입니다. 나는 인류의 진정한 스승들은 자유의지의 법칙을 절대적으로 존중한다고 설명했습니다. 우리 상승 호스트는 자기 선택의 결과로, 즉 완전한 자유로부터 이루어진 선택 그리고 신에 대한 사랑에 기반을 둔 선택의 결과로, 사람들이 구원받을 수 있도록 영감을 불어넣으려고 합니다. 이와는 반대로 거짓 교사들은 자유의지를 존중하지 않습니다. 그들은 사람들이 지식의 결핍에 근거하여 선택하고 두려움에 동기부여를 받도록 조종하면서, 사람들에게 구원을 강요합니다. 나는 누군가가 내 가르침을 잘못 해석하여, 타인에게 이원성을 극복하라고 강요하는 것을 정당화하는 데 내 가르침을 이용하는 것을 보고 싶지 않습니다. 이것은 불가능하기 때문입니다. 나는 이 책을 읽는 모든 사람이 이원성에서 벗어나는 것을 보고 싶고, 어떤 대가도 바라지 않고 줌으로써, 사람들을 일깨우는 참된 운동에서 자신의 자리를 찾는 모습을 보고 싶습니다.

진실은 사람들이 이원성 의식이 창조한 멘탈 박스에 갇혀 있다는 것입니다. 그것들은 단지 실체가 없는 환영에 불과합니다. 여러분의 의식하는 자아들은 그런 멘탈 박스 밖으로 언제든지 걸어 나올 수 있으며, 여러분이 그것들을 존재하지 않았던 것처럼 놓아버리기만 하면 된다는 것을 보여주기 위해 진정한 스승들은 노력하고 있습니다. 진퇴양난(catch-22)은 사람들이 멘탈 박스 안에서 삶을 바라보기 때문에 그 상자가 실체를 가지고 있다고 생각하면서, 그곳에서 벗어나기 쉽다는 사실을 상상조차 못하는 상태입니다. 이 때문에 사람들은 이원적인 상자에서 벗어날 수 없다거나, 벗어날 필요가 없다고 하는 거짓 교사들을 믿는 경향이 있습니다.

여러분이 진실로 조건 없이, 사심 없이 그리고 자신의 행위에 대해 타인들이 어떤 반응을 보여야 한다고 기대하지 않고 진심으로 줄 때, 여러분의 노력은 실패할 수 없습니다. 다른 사람들이 반응을 보이든 말든, 여러분의 노력은 성공할 것입니다. 어느 쪽이든 여러분은 승리할 것이며, 지구와 상승 호스트의 노력 역시 그러할 것입니다. 이것을 설명해 보겠습니다.

물질우주의 목적은 존재들에게 자기 인식에서 성장할 기회를 주는 것입니다. 여러분은 오로지 자발적이고 의식적인 노력으로만, 성장할 수 있습니다. 다시 말해, 여러분은 이해를 바탕으로 자유로운 선택을 할 때만 성장할 수 있다는 말입니다. 여러분이 강요로 어떤 행위를 하거나 어떤 믿음을 받아들인다면, 여러분은 성장할 수 없습니다. 더 높은 이해를 내면화하지 못함으로써, 더 높은 자기 인식을 성취하지 못했기 때문입니다.

다른 사람들에게 특정한 종교의 구성원이 되도록 강요하고, 심지어 여러분의 믿음을 받아들이도록 강요하는 것은 인류를 일깨우는 데 도움을 줄 수 없습니다. 영적인 각성은 정말이지 강요되거나 기계적인 수단을 통해 이루어질 수 없습니다. 그것은 사람들의 깨어난 선택이 필요한 창조적인 노력입니다. 그들은 이원적이지 않은 선택을 해야 합니다. 사람들은 이원성을 버리는 선택을 해야 하며, 자신들이 무슨 일을 하고 있는지, 그 일을 왜 하고 있는지에 대한 완전한 이해를 하고서 그렇게 해야 합니다. 그렇게 함으로써, 사람들은 이원성이 미치지 못하는 곳으로 자신을 끌어올릴 수 있으며, 또다시 쉽게 유혹당하지 않게 됩니다.

지구의 문제는 대부분의 사람이 자유롭고 깨어난 선택을 할 수 있는 상태에 있지 않다는 것입니다. 그 이유는 사람들이 이원성 의식이 완전히 지배하고 있는 사회와 문화 속에서 성장했기 때문입니다. 그들이 접해왔던 대부분의 개념은 이원성의 영향을 받았거나, 이원성에서 생겨난 것들입니다. 따라서 대부분의 사람은 이원성 너머에 어떤 것이 존재하며, 더 높은 방식으로 삶을 보는 방법이 존재한다는 사실을 알지 못합니다. 이런 사람은 이원성이 무엇인지도 이해하지 못하고, 이원성이 자신의 삶에 미치는 영향도 알지 못합니다. 그리고 사람들이 이원성에 대한 대안이 있다는 것을 알지 못한다면, 어떻게 이원성에서 분리되겠다는 선택을 할 수 있겠습니까? 사람들이 수평선 너머 새로운 세상이 있을지도 모른다는 생각조차 할 수 없다면, 어떻게 그 세상을 향해 출항할 수 있겠습니까? 더 잘 알 수 있는 잠재력에 대해 알지 못한다면, 어떻게 그들이 더 잘 하려는 내재된 열망을 따를 수 있겠습니까?

필요한 것은 지구에서 가장 영적인 사람들인 상위 10%가 새로운 종교를 만들고, 그 종교를 가장 우수한 종교로 장려하는 것이 아닙니다. 필요한 것은 가장 영적인 사람들이 자신을 이원성 위로 끌어올려, 자신의 빛을 비추고 자신의 비-이원적인 진실을 사람들이 볼 수 있게 하여, 이원성에 대안이 있음을 알게 하는 것입니다. 그런 대안이 있음을 다른 사람들에게 증명해 줄 때, 여러분의 일은 이루어진 것입니다. 사람들이 반응을 보이든 보이지 않든, 그것은 전적으로 사람들의 자유의지에 맡겨야 합니다. 여러분의 일은 그들에게 대안을 보여주는 것이지, 그들을 대신하여 선택하는 것이 아닙니다. 자신의 빛이 사방으로 퍼져나가게 할 때, 여러분은 해야 할 역할을 다하는 것입니다. 그 결과로서 다른 사람들이 무엇을 하든, 그것이 여러분에게 중요하지 않습니다.

이 말은 그들이 여러분의 빛과 진리를 거부한다고 해서, 여러분의 노력이 이 행성의 진보에 아무런 영향을 미치지 않는다는 뜻은 아닙니다. 신의 법칙은 존재들에게는 자유의지라는 권리를 주었지만, 무임승차할 수 있는 권리를 준 것은 아닙니다. 법칙은 이원성으로 추락한 생명흐름들이 이원성을 놓아버리고 비-이원성에 기초한 선택을 할 수 있는 일정한 횟수의 기회를 주어야 한다고 규정합니다. 따라서 사람들이 비-이원성을 증명할 수 있는 사람들을 만날 때, 그들에게는 이원성에서 벗어날 기회가 주어집니다. 어느 개인이 그 기회를 받아들이지 않는다면, 그 거부로 인해 그 생명흐름에게 주어진 기회가 줄어들 것입니다. 이 숫자는 그들이 추락하기 전 획득한 영적인 성취를 포함하여, 그들의 과거 역사에 따라, 생명흐름들마다 모두 다릅니다. 하지만 지구에 존재하는 각 개인에게는 지구에 재육화할 권리를 상실할 때까지, 일정한 수의 기회가 있습니다.

예를 들면, 아돌프 히틀러(Adolph Hitler)와 같은 개인은 자신의 기회를 모두 써버렸기 때문에, 이 행성에 다시는 육화할 수 없습니다. 따라서, 행성과 모든 인류가 아돌프 히틀러의 개인적인 의식이 끌어당기는 힘에서 영원히 자유로워지게 되었습니다. 예수가 유대교의 지도자들에게 거부당했을 때, 이 생명흐름들은 자신의 심판을 자초했으며, 이들 중 일부는 지구에 재육화할 수 없었습니다. 예수가 "나는 심판하러 왔다(요한 9:39)"라고 말했던 이유가 그것입니다. 육화한 살아 있는 그리스도를 받아들이지 않음으로써, 특히 살아 있는 그리스도를 박해하거나 죽임으로써, 추락한 생명흐름은 자신의 기회를 모두 써버리게 되었고, 지구로 돌아올 수 있는 권리를 빠르게 상실했습니다. 추락한 존재들은 결국 모든 기회를 잃게 될 수 있으며, 요한계시록에서 2차 죽음(요한계시록 20:14, 21:8)이라고 한 의례를 통해 그들의 생명흐름 자체가 소멸될 수 있습니다.

∾⋰⋱∾

여러분이 자신의 빛을 진실로 조건 없는 사랑으로 비출 때, 여러분의 노력은 반드시 인류의 의식을 높이는 효과를 가져올 것입니다. 한 가지 선택권은, 여러분이 만나는 모든 사람이 여러분이 보이는 본보기를 보고 깨달음을 얻게 되고, 그 깨달음을 통해 자신들을 이 원성 위로 끌어올리는 것입니다. 다른 선택권은, 어떤 사람이 여러분을 거부함으로써, 결국에는 행성에서 제거되는 것입니다. 어느 쪽이든, 타락한 의식이 아래로 끌어당기는 힘이 줄어들게 되어, 인간은 더 높은 의식으로 상승할 수 있게 됩니다.

옳은 일을 함으로써, 즉 행위의 결실에 집착하지 않으면서 여러분의 빛을 나누고 여러분의 진리를 증명함으로써, 여러분은 행성 지구와 상승 호스트의 명분에 대한 궁극적인 봉사를 하게 됩니다. 다른 사람들이 영감을 받게 되는지, 아니면 심판을 받게 되는지는 여러분에게 중요하지 않습니다. 따라서 그것들이 여러분의 관심사가 되어서는 안 됩니다. 여러분을 거부함으로써 사람들이 심판을 받을 수 있음을 알아야 하지만, 여러분을 받아들이지 않는다고 해서, 여러분이 그들을 심판할 필요는 없습니다. 어떤 것이든 여러분은 부정적인 감정을 가지면 안 됩니다. 그런 감정은 집착을 나타내는 것이며, 어떤 집착이든 카르마를 만들 것입니다. 내가 앞에서 설명하려고 한 것처럼, 많은 사람이 선하다고 분류하는 행위들 역시 카르마를 만들 수 있습니다. 많은 영적인 사람과 종교인들이 인정하려 하지 않는 냉엄한 현실은, 조건 없는 사랑에서 나오지 않은 모든 행위는 카르마를 만들며, 자기 자신과 인류의 구원에 불리하게 작용할 것이라는 점입니다.

이것을 다른 방식으로 말해 보겠습니다. 여러분이 행하는 모든 일은 신의 에너지를 가지고 하는 것으로, 여러분 마음의 네 수준을 통해 흐르는 모든 에너지에 대한 책임은 여러분에게 있습니다. 여러분이 에너지를 왜곡한다면, 또한 조건 없는 사랑보다 낮은 진동을 보낸다면, 그 에너지는 여러분의 아이앰 현존에게 다시 올라갈 수 없고 증식되지 못합니다. 따라서 여러분은 영과 물질 사이의 무한 8자 형상의 흐름을 깨트리게 되며, 그렇게 됨으로써 여러분의 아이앰 현존으로부터 흘러나오는 빛의 흐름은 감소할 것입니다. 이와 동시에, 여러분은 지구의 끌어당기는 힘(중력)에 왜곡된 에너지를 더함으로써 물질계에 불균형을 만들어냅니다. 따라서 여러분이 지구에 처음 내려왔을 때보다 지구가 더 나빠지지 않도록, 오용된 에너지를 여러분이 정화할 때까지, 여러분은 지구로부터 결코 자유로워질 수 없을 것입니다.

하지만, 여러분의 아이앰 현존이 여러분을 지구로 보내기로 결정했을 때, 여러분이 이곳에 와서 카르마를 만들고, 카르마를 균형 잡은 후 지구를 떠날 것을 원했던 것은 아닙니다. 그것은 여러분이 이 행성의 진동수를 끌어올리는 데 기여할 수 있도록 조건 없는 사랑을 내보내기 위해서였습니다. 이상적으로는 여러분이 조건 없는 사랑으로 행동하는 것입니다. 완전한 사랑과 무집착의 마음 자세로 모든 상황에 접근함으로써, 여러분은 자신의 재능을 증식합니다. 그렇게 함으로써 여러분의 네 하위체를 통과하는 모든 에너지는 여러분의 아이앰 현존에게 되돌아가고, 증식될 것입니다. 그러면 증식된 에너지는 정체성층에 있는 행성 원인체의 일부가 되어 지구에 긍정적인 에너지를 보태게 될 것이며, 따라서 전체 행성을 끌어올리는 자기력(磁氣力)을 만들 것입니다. 이것이 여러분이 지구에 온 이유입니다. 이런 목적을 이루지 못하고 떠난다면, 여러분은 보람을 느끼지 못할 것입니다. 이런 신성한 계획을 성취하는 열쇠는 전체와 하나됨을 이루는 것입니다. 그래야만 여러분은 진리를 증명할 수 있고, 여러분의 빛을 조건 없는 사랑으로 빛을 비출 수 있게 됩니다. 사람들이 결과에 집착하게 될 때, 이원성 의식을 통해 자신의 신성한 계획을 이루려고 하는데, 정말이지 이원성 의식으로는 이런 계획을 이룰 수 없습니다. 바라는 결과를 얻지 못할 때, 사람들은 더 강하게 밀어붙여야 한다고 생각하지만, 이것은 작용과 반작용(저항)이라는 이원적인 쳇바퀴에 그들을 가둘 뿐입니다. 전체 행성을 끌어올린다는 관점에서, 가장 큰 성과를 낼 수 있는 때는 노력의 가시적인 결과에 집착하지 않을 때입니다. 가장 큰 성과를 내기 위해서는, 결과에 집중하지 않고 행위 자체에 집중해야 합니다. 행위를 하는 것보다 존재하는 것에 집중해야 합니다.

※

나는 이것이 매우 엄격하고, 누구도 부응할 수 없는 비현실적인 요구처럼 보일 수 있음을 충분히 알고 있습니다. 결국, 뱀들은 여러분이 사심 없이 행동할 때와 그렇지 못할 때를 알 수 있는 능력을 포함하여, 여러분 자신을 의심하게 만드는 데 아주 능숙합니다. 여러분은 자신의 행동이 조건 없는 사랑에서 비롯될 때와 그렇지 않을 때를 실제로 어떻게 알 수 있나요?

나는 여러분이 의심에 시달리게 내버려 두고 싶지 않습니다. 그러니 여러분이 조건 없는 사랑에 기초하여 행동하는지 어떤지를 평가할 수 있는 방법을 알려주겠습니다. 솔직하다면, 여러분은 절대로 실패하지 않을 것입니다. 내가 설명한 것처럼, 개인적인 여정의 기본적인 목표는 전체와 하나됨을 성취하는 것입니다. 여러분이 전체와 하나됨을 이룰 때, 비로소 다른 사람들로부터 아무것도 필요로 하지 않게 됩니다. 따라서 다른 사람들의 행위와 반응들은 여러분의 전체성에 절대로 위협이 될 수 없습니다. 오직 여러분이 허락할 때만, 다른 사람들이 여러분의 완전함을 빼앗을 수 있습니다. 여러분이 전체와 하나가 되었다면, 진정 여러분은 여러분과 신 사이에 그들이 끼어들도록 허용하지 않을 것입니다.

내 말의 요점은 진지한 영적인 구도자로서, 삶에서의 여러분의 근본적인 열망은 전체와 하나됨을 성취하는 것이어야 한다는 것입니다. 여러분은 마땅히 자신을 전체와의 하나됨에서 멀어지게 하는 것을 인식해야 하고, 이를 바로잡으려고 해야 합니다. 위협받거나 거절당한다고 느끼는 한, 여러분은 이원성을 극복하지 못했고 전체와 하나됨을 이루지 못한 것이 분명합니다. 그러니 다른 사람의 행위와 반응들이 자신이 위협받고 있다고 느끼게 하고, 자신의 존재 속에 있는 뭔가가 삶에 저항하게 하며, 자기 초월을 하지 않으려고 할 때를 기꺼이 인식하세요. 저항의 요소를 발견할 때, 이원성 의식 상태에 여러분을 묶어 두는 환영을 기꺼이 살펴보아야 합니다. 여러분을 자신의 상위 존재로부터 분리하고, 여러분을 신으로부터 분리하는 거짓말을 찾아보세요.

　이것을 다른 방식으로 말해 보겠습니다. 여러분에게 자신의 왕국을 주는 것이 아버지의 큰 즐거움인데, 이 말은 신은 여러분이 전체와 하나됨(wholeness)에서만 나올 수 있는 영적인 자유를 누리기를 정말로 바란다는 의미입니다. 이원적인 집착에서 벗어날 때, 여러분은 생명의 강과 함께 자유롭게 흐릅니다. 그러면 별다른 노력을 하지 않아도, 모든 것이 여러분 앞에 나타나는 것처럼 보입니다. 마치 전체 우주가 여러분이 하는 것을 지원하는 것 같습니다. 정말 그렇습니다. 내 말의 요점은 여러분이 삶과 함께 자유롭게 흐르는 생명의 강에 머물러 있음으로써, 자신의 창조력을 표현하게 되어 있다는 것입니다. 생명의 강을 떠나 분리의 환영에 갇힐 때, 여러분은 비정상적인 상태로 들어갑니다. 나는 평생 이원성 의식에 갇혀 있었던 대부분의 사람이 지구에서의 제한과 고통을 당연한 것으로 받아들인다는 것을 압니다. 하지만, 사실, 풍요로운 삶은 인간에게 자연스러운 상태입니다. 여러분이 생명의 강 속에 있을 때, 삶의 어떤 것에도 저항할 필요가 없습니다. 여러분을 강에서 분리하는 것은 바로 저항의 행위입니다. 이런 행위는 투쟁 의식, 즉 삶에 저항해야 한다는 이원적 환영이며, 투쟁만을 불러옵니다.

이원성에 발을 들여놓게 되면, 여러분은 생명의 흐름으로부터 분리되지만, 이것은 비정상적인 상태이므로 분리된 상태로 남아 있으려면 노력이 필요합니다. 다시 말해서, 분리된 정체감에 머물기 위해서, 여러분은 자연스러운 생명의 흐름에 저항해야 합니다. 그러면 여러분의 에고는 저항, 즉 자연스러운 생명의 흐름에 저항하는 행위에 기초를 두게 됩니다. 여기에 주의를 기울인다면, 자신이 삶에 저항할 때를 감지하는 능력을 비교적 빠르게 키울 수 있습니다.

∞∞∞

이것은 상당한 숙고를 해야 합니다. 생명의 강에 저항하지 않고, 생명의 강과 함께 흐르는 것이 어떤지를 잠시라도 보기 전에는, 자신이 저항하고 있다는 것을 어떻게 알 수 있을까요? 하지만 대부분의 영적인 사람은 내면의 평화, 내면의 자유 또는 확장된 순수한 의식 상태를 경험했습니다. 여러분이 이 책에 마음이 열려 있다는 사실은, 에고가 삶에 저항할 때를 알 수 있는 능력을 키울 수 있는 토대를 여러분이 이미 지니고 있다는 의미입니다. 그런 다음, 이런 인식을 이용하여 여러분이 저항하게 만드는 이원적인 믿음을 찾아낼 수 있습니다. 그리스도 마음에서 나오는 더 높은 이해를 통해 이런 이원적인 믿음을 해결하고 난 후, 그런 믿음을 놓아버리고, 여러분은 어린아이의 순수한 마음으로 이동해 갑니다. 여러분은 예수가 "어린아이처럼 되지 않으면, 신의 나라에 들어갈 수 없다(마가복음 10:15)"라고 말했다는 것을 기억할 것입니다. 이 말의 의미는 여러분이 더 이상 생명의 강의 흐름에 저항하지 않는 순수한 상태에 이르지 못하면, 어떤 저항도 필요 없는 자연스러운 상태에 있을 수 없다는 뜻입니다. 지구에서 볼 수 있는 저항과 투쟁을 신의 나라에서도 볼 수 있다고 정말로 믿는 것은 아니겠지요?

나의 가르침을 솔직하게 곰곰이 생각해 보고, 여러분의 상위자아와 영적인 스승에게 안내를 요청한다면, 여러분은 엄청난 진보를 이룰 것입니다. 그리고 여러분은 이원성 의식과 동일시하는 존재들이 벌이고 있는 어떤 게임에도 더 이상 위협받을 수 없음을 곧바로 알게 될 것입니다. 예수와 함께 여러분도 "이 세상의 지배자는 내게서 가져갈 것이 없다(요한 14:30)"라고 말할 수 있게 됩니다. 이원적인 세력들은 여러분에게서 가져갈 것이 아무것도 없게 되고, 그렇게 됨으로써 그들은 여러분을 사랑보다 덜한 반응으로 끌어들일 수 없습니다. 따라서, 그들은 여러분을 통제할 방법이 없게 됩니다. 여러분은 더 이상 그들을 두려워할 이유가 없게 됩니다. 여러분은 붓다가 한 일, 즉 마라(魔羅)의 유혹에 저항할 수 있고, 지구에서 살아 있는 그리스도, 살아 있는 붓다가 될 여러분의 권리를 주장합니다. 수천, 심지어 수백만 명의 사람이 이렇게 주장할 때, 이원적인 세력들이 구축한 요새들을 휩쓸어버리는 해일처럼, 이 행성에 퍼져나갈 깨달음을 보게 될 것입니다. 사람들이 이원적인 힘에 저항하는 것을 멈추면, 이런 세력들은 무저항(non-resistance)의 힘, 조건 없는 사랑의 힘에 저항할 수 없을 것입니다. 인간에게는 이것이 불가능하지만, 지구에 존재하는 신의 확장체를 통해 행동하는 신과 함께라면, 모든 것이 가능합니다.

열쇠 27
누가 이원적인 종교로부터
세상을 자유롭게 할 수 있는가?

이원적인 종교나 다른 종교의 영향을 받지 않고, 이 행성에서 성장한다는 것은 사실상 불가능합니다. 과학적 물질주의마저 신의 존재와 여러분의 정체성 그리고 삶의 목적에 대해 오류가 없는 진리를 제시한다고 주장하는 이원론적인 종교이지만, 실제로는 물질우주 속에 내재된 타당성 있어 보이는 거부(deniability)로 종교를 만든 자들의 교리를 제시할 뿐입니다. 내 말의 요점은 진지한 영적인 구도자로서, 여러분이 이원적인 종교의 영향에서 벗어나 자유롭게 되기 위해 노력하지 않는다면, 영적인 자유를 구현할 수 없다는 것을 이제 알 수 있어야 한다는 것입니다. 하지만, 여기서 말하는 것에 주목하기 바랍니다. 내가 지금 말하는 것은 여러분이 이원적인 종교의 영향에서 벗어나 자신을 자유롭게 해야 한다는 것이지, 모든 종교 또는 특정한 종교에서 자유로워져야 한다는 것이 아닙니다. 차이가 미묘해 보일 수 있지만, 대단히 중요한 점입니다. 이에 대해서는 이 장에서 명확하게 알게 될 것입니다.

이원적인 종교를 넘어서는 첫 번째 단계는 그런 모든 종교 뒤에 숨어 있는 기본적인 속임수를 극복하는 것입니다. 여러분은 올바른 종교를 따르지 않는다면, 다시 말해 모든 교리와 관행을 따르지 않는다면, 지옥에서 영원히 불타게 된다는 속임수를 극복해야 합니다. 종교에 대한 이런 두려움 기반의 접근법은 이 행성에 사는 사람들에게 매우 오랫동안 영향을 끼쳐왔습니다. 지금은 대부분의 영적인 사람이, 이 우주적 주기 안에서, 두려움 기반의 접근법을 완전히 버릴 시간입니다. 구원을 받기 위해 지구에서 종교가 필요하다는 개념은 인류에게 행해진 가장 큰 거짓말 중 하나입니다.

앞장에서 설명한 것처럼, 여러분은 종교 이상이며, 신 역시 종교 그 이상의 존재입니다. 따라서 형태의 세계 전체를 창조한 신은 이 행성의 특정한 종교에 한정될 수 없습니다. 신에게 이 행성은 무한한 바다에 있는 플랑크톤 하나에 불과합니다. 여러분은 창조주 존재의 확장체이므로, 특정한 종교에 제한될 수 없으며, 실제로 구원받기 위해 어떤 종교도 필요하지 않습니다. 여러분은 신의 확장체이므로, 구원을 위한 열쇠는 지구에서 뭔가를 하는 것이 아니라, 여러분의 상위 존재와 하나가 되는 것입니다. 구원의 열쇠는 뭔가를 하는 것이 아니라, 여러분이 되기로 되어있는, 창조된 목적대로 되는 것입니다. 따라서 여러분이 해야 하는 가장 중요한 일은 누군가가 또는 여러분 외적인 어떤 것이, 여러분의 면류관을 빼앗지 못하게 하는 것입니다. (요한계시록 3:11) 여러분과 신과의 직접적이고 내적인 접촉, 그리고 여러분의 타고난 권리인 상위자아와 여러분 사이에 어떤 것도 존재하게 하지 마세요.

구원을 받는 데 필요한 것은 의식의 전환, 즉 정체감의 재탄생입니다. 그렇게 함으로써 여러분은 자신의 상위 존재와 하나가 될 수 있습니다. 여러분이 분리된 정체성을 유지한다면 절대로 구원받을 수 없습니다. 여러분은 개체성을 유지하면서도, 자신의 더 큰 존재와 하나가 되어야 합니다. 분리된 존재로서가 아니라, 여러분을 태어나게 한 더 큰 존재의 개체화로서 말입니다. 이 말이 수수께끼나 모순처럼 들릴 수 있지만, 이원성에서 벗어나면 해결될 수 있습니다. 오직 분리의 환영만이 이것이 모순처럼 보이게 합니다. 일단 이원성의 필터를 벗어나면, 여러분이 개체성을 상실하지 않고도 자신의 근원과 어떻게 하나가 될 수 있는지가 완벽하게 명확해집니다.

내 말의 요점은 구원의 유일한 참된 길은 하나됨의 길(Path of Oneness)뿐이라는 것입니다. 하지만, 이 길은 내적인 과정입니다. 이 말은 외부 종교를 따른다고 해서, 구원이 보장되지 않는다는 의미입니다. 다른 한편으로, 외적인 어떤 종교도 구원을 막을 수는 없습니다. 따라서 하나됨의 길을 따르면서도 여러분은 어떤 종교의 구성원이 될 수 있고, 아니면 어떤 종교도 가지지 않을 수 있습니다.

영적인 자유에 이르는 마스터키는 여러분이 전체와 하나가 될 때, 다시 말해 자급자족할 때 비로소 자유로울 수 있음을 깨닫는 것입니다. 여러분의 의식하는 자아(conscious self)가 창조주 존재의 확장체이므로, 신과의 직접적이고 내적인 하나됨을 통해 자신이 신으로부터 모든 것을 얻을 수 있음을 깨닫게 될 때, 여러분은 완전해집니다. 따라서 여러분은 외부 종교나 구원자를 포함하여, 어떤 개인 또는 물질우주로부터 어떤 것도 필요로 하지 않게 됩니다.

여기서 미묘한 차이에 주목하기 바랍니다. 지금 내가 여러분이 구원을 받기 위해서는, 여러분의 의식하는 자아 또는 하위 존재 이외에 다른 어떤 것도 필요하지 않다고 말하는 것이 아닙니다. 여러분의 하위 존재는 진실로 자신을 구원할 수 없습니다. 따라서 구원을 받기 위해서는 신의 은총이나 영적인 존재의 도움이 필요하다는,

많은 종교에서 말하는 믿음은 어느 정도는 사실입니다. 문제는 이런 종교들이 신을 하늘에 있는 외적인 존재로 묘사하는 경향이 있어, 신의 은총이 외부 근원에서 오는 것처럼 보인다는 것입니다. 여러분과 신 사이에 분리가 존재하게 되며, 이로 인해 신의 은총과 여러분의 은총 받음 사이에 간격이 생깁니다. 그런 틈이 있었다면, 여러분이 어떻게 신의 은총을 받을 수 있었겠습니까?

영적으로 가장 진보한 사람들이 해야 할 가장 중요한 분별은 신이 외부에 있는 존재가 아니라는 것입니다. 여러분의 근원은 궁극적으로 창조주이지만, 창조주에게 도달하기 위해서는 창조주로부터 내려오는 존재들의 계층구조를 통해야 하며, 이런 계보의 가장 낮은 연결고리가 여러분의 아이앰 현존(I AM Presence)입니다. 여러분은 그런 계보의 개체화입니다. 구원에 이르는 유일한 길은 여러분이 이런 계보와 하나가 되는 것입니다. 따라서, 에고를 포함하여 여러분의 하위 존재가 자신을 구원하고 있다는 의미에서는, 여러분은 자신을 구원할 수 없습니다. 여러분은 자신의 하위 존재가 상위 존재와 정렬하도록, 즉 하나됨으로 들어가도록 하면서 자신을 구원합니다. 따라서 여러분의 상위 존재가 여러분의 하위 존재를 구원하는 것이지, 하위 존재가 노력을 통해 또는 자신의 빛을 통해 자신을 구원하는 것이 아닙니다. 신의 은총이란 여러분의 아이앰 현존의 빛입니다. 비결은 오로지 여러분의 내면에서만 그 빛을 받을 수 있음을 깨닫는 것입니다. 신의 왕국은 여러분의 내면에 있습니다. 그 이외 어떤 곳에서도 찾을 수가 없습니다.

상승하기 위해서 의식하는 자아는 은총, 즉 영적인 영역에 있는 존재의 빛을 받아야 합니다. 여러분이 신과 분리되어 있다고 여기는 한, 이런 빛을 받을 수 없습니다. 자신의 상위 존재 그리고 존재의 사슬(Chain of Being)과 반드시 하나가 되어야만, 여러분은 상승 화염(ascension flame)을 받을 수 있습니다. 상승 화염은 여러분의 하위 존재 전체의 진동수를 가속하고, 그렇게 함으로써 모든 이원적인 이미지와 정체감들을 태워버린다는 점에 유의하세요. 그것이 여러분의 하위 존재가 이원적인 정체감에서 벗어나 정화될 때까지, 여러분이 상승 화염을 받을 수 없는 이유입니다. 그런 필사의 정체성이 갑자기 불타서 사라져 버리면, 여러분은 영적인 공황 상태에 빠지게 되고, 일시적으로 영속성과 정체성이 없는 것처럼 느낄 것입니다. 하나됨의 길은 자신의 정체감을 잃지 않고도, 상승으로 가속될 준비가 될 때까지, 필사의 분리된 정체성을 점차 초월하는 과정입니다.

인류의 참된 영적인 스승들은 여러분을 구원할 수 있다고 주장하지 않는다는 점에 주목하기 바랍니다. 그들은 구원의 상태에 도달할 때까지, 여러분이 의식을 바꿀 수 있도록 도와줄 것입니다. 이와는 반대로, 거짓 교사들은 분리에 갇혀 있습니다. 그리고 여러분과 신 사이에 간격이 존재한다는 바로 그 생각이 그 간격을 뛰어넘기 위해 필연적으로 외부의 구원자가 필요하다는 개념을 가져옵니다. 다시 말해서, 여러분을 구원할 수 있다고 주장하는 모든 종교, 개인 또는 비물질적인 존재는, 고의든 고의가 아니든, 거짓된 주장을 하고 있습니다. 겉보기에는 자신의 선택에 대해 전적인 책임을 지지 않아도 되는 것처럼 보이기 때문에, 성숙하지 못한 많은 종교인은 실제로 이런 주장을 믿고 싶어 합니다. 성숙한 영적인 구도자로서 여러분은 그런 주장을 더 이상 믿어서는 안됩니다. 여러분은 자신의 의식을 변화시켜야 하는 사람이 바로 자기 자신이라는 궁극적인 책임을 받아들이고 진정한 구원, 즉 내면으로부터의 구원을 위한 열린 문이 되어야 합니다.

종교와 여러분의 관계에 관해 물어야 할 궁극적인 질문은 여러분의 종교가 자신을 구원해 줄 것인가 하는 것이 아닙니다. 진짜 질문은 여러분의 종교가 여러분이 전체와 하나됨에 더 가까이 갈 수 있도록 돕느냐, 아니면 여러분에게서 전체와 하나됨을 빼앗아가느냐 하는 것입니다. 이런 질문을 평가할 수 있는 가장 확실한 방법은 종교에 접근하는 데 있어, 여러분에게 두려움의 흔적이 조금이라도 있는지를 솔직하게 따져보는 것입니다.

우리가 보아온 것처럼, 두려움은 근원과 분리되어 있을 때만 작동할 수 있습니다. 그러므로 종교에 접근하면서 어떤 두려움이 감지된다면, 아직은 전체와 하나됨을 성취하지 못했다는 것을 알 수 있습니다. 이 경우, 성모 마리아의 책과 로자리와 같은 올바른 도구들을 사용하여, 두려움을 극복할 필요가 있습니다. 여러분은 종교 활동에 참여할 때 사랑과 기쁨에 기초한 마음 상태를 얻으려고 노력해야 하며, 두려움과 의무감이 없는 상태여야 합니다. 지옥에 갈까 두렵거나 신의 일을 해야 한다는 의무감이 있다면, 종교 활동을 해서는 안 됩니다. 자신의 상위자아를 사랑하고 창조주를 사랑하고, 타인들을 사랑하며, 지구를 사랑하고, 진리를 사랑하기 때문에, 종교 활동을 해야 합니다. 다른 사람을 돕고, 신의 왕국을 이 행성에 가져오는 일을 도우면서 신의 화염을 표현하는 활동에 참여하는 것은 최상의 기쁨입니다.

내가 이 책에서 참된 신, 즉 창조주와 거짓 신들에 관해 얘기한 것을 살펴보기 바랍니다. 참된 신이 여러분이 종교에 다가가기를 원한다고 생각하나요? 거짓된 신들이 여러분이 종교에 다가가기를 원한다고 생각하나요? 참된 신은 예수가 "신은 영이시니, 신께 예배드리는 사람은 영과 진리로 예배드려야 한다(요한 4:24)" 그리고 "어린아이처럼 되어야 한다(누가 18:17)"라고 설명했던 것처럼, 이런 방식으로 여러분이 종교에 접근하기를 바랍니다. 창조주는 숨길 것이 아무것도 없으며, 여러분이 모든 환영에서 벗어나 자신을 자유롭게 해줄 진리를 발견하기를 바랍니다. 그렇게 함으로써 여러분은 창조주가 창조하면서 경험하는 놀라운 기쁨을 경험할 것입니다. 여러분은 창조주의 더없이 행복한 영(blissful Spirit)을 경험할 것입니다. 이와 반대로, 거짓된 신들은 두려움을 통해서만 사람들에게 동기를 부여할 수 있습니다. 그들은 분리의 상태에서 모든 참된 기쁨을 상실했기 때문입니다. 그들은 반대되는 극성이 있어야만 존재하는 이원적인 기쁨만을 알고 있습니다. 거짓 교사들은 여러분이 종교를 두려워하기를 바랍니다. 왜 그럴까요? 왜냐하면, 여러분이 더 잘 알게 된다면 그들을 따르지 않을 것이므로, 그들의 생존이 여러분을 무지의 상태에 두는 것에 달려 있기 때문입니다. 종교를 이용하여 사람들을 무지한 상태에 있게 만드는 최상의 방법은 사람들이 어떤 의문도 감히 물어보려고 하지 않는 두려움에 기반을 둔 문화를 만드는 것입니다. 물어보려고 하지 않는다면, 어떻게 답을 얻을 수 있을까요? 그리고 여러분을 제한된 정체감 속에 가두고 있는 환영에서 어떻게 벗어날 수 있을까요?

간단한 사실은 외부 종교가 여러분에게 강요한 것들을 포함해서, 현재 가진 모든 믿음에 대해 여러분이 의문을 제기하려고 하지 않는다면, 여러분은 현재의 정신적인 감옥에서 결코 벗어날 수 없다는 것입니다. 거짓된 신들은 여러분이 금지된 의문을 가지면 끔찍한 일들이 일어나고, 자신들을 맹목적으로 따른다면, 구원이 보장된다고 믿기를 바랍니다. 바라건대, 의심스러운 것을 묻는다고 해서 결코 나쁜 일이 생기지 않을 것이고, 거짓된 지도자들을 맹목적으로 따른다고 해서 여러분이 하늘나라에 갈 수도 없다는 것을 여러분이 알게 되기를 바랍니다. 따라서 현재 여러분이 종교에 접근하는 모든 측면에 대해, 신을 대하는 태도와 같이 가장 일반적인 것에서부터, 여러분이 노출되었던 교리들과 의례들처럼 아주 특정적인 것에 이르기까지, 기꺼이 의심해 봐야 합니다.

분명한 것은 이 책을 읽음으로써 여러분은 이런 과정을 이미 시작했지만, 여러분의 마음을 이원적인 믿음에서 정화하는 과정이 상대적으로 짧은 시간, 즉 이 책을 읽는 데 걸리는 시간에 완성되리라고 기대할 수는 없다는 것입니다. 이것을 평생 해야 하는 과정으로 생각해야 합니다. 여러분이 내면의 안내를 요청하고, 종교에 대해 폭넓은 시야를 가지게 하는 가르침을 공부하며, 영적인 기법들을 실천한다면, 일어날 변화를 보고 놀라게 될 것입니다.

───── ⚜ ─────

이 책을 읽으려고 하는 의지는 여러분이 어린 시절에 가졌던 종교에 대해 의문을 가지기 시작했음을 보여주는 것이라고 할 수 있습니다. 아무튼, 여러분이 어떤 외적인 신념 체계의 맹목적인 추종자였다면, 이 책은 오래전에 여러분 마음의 문을 닫게 했을 것입니다. 결과적으로, 여러분은 이미 어린 시절의 종교를 버려야 하는 두려움, 심지어 모든 종교에서 발을 빼야 하는 두려움을 이미 많이 극복했을 수도 있습니다. 여러분은 현재 또는 과거에 믿었던 종교에 대한 대안을 찾고 있을 수도 있고, 아니면 다시는 어떤 형태이든 조직화된 종교에 관여하지 않겠다고 체념했을 수도 있습니다. 하지만, 그렇게 하는 것이 가장 좋은 방침은 아니라는 것을 알기를 바랍니다.

앞에서 설명한 것처럼, 수백만의 존재가 지구 역사상의 이 특정한 전환기에 육화하겠다고 자원했습니다. 주된 이유는 앞에서 얘기한 것처럼 그들이 대규모의 영적인 각성이 일어나는 것을 돕고 싶어 했기 때문입니다. 하지만, 어떻게 해야 이런 각성이 일어날 수 있을까요?

나는 거짓 신들의 교묘한 프로그래밍에 근거해, 지구에서 유일한 참된 종교인 새로운 종교의 출현을 통해 각성이 이루어져야 한다는 것이, 영적으로 가장 성숙한 사람들에게조차 매우 유혹적임을 알았습니다. 수백만 명의 사람이 전통적이거나 주류인 종교를 떠나, 올바른 종교가 될 새로운 종교나 구루들을 찾아 나서기 시작했습니다. 하지만 이런 사고방식이 근본적으로 이원적임을 알 수 있게 되기를 바랍니다. 수백만 년 동안, 거짓 신들은 자기들만의 종교를 만들어 왔으며, 그들의 특별한 종교가 언제나 유일한 참된 종교처럼 보이게 하려고 애써왔습니다. 따라서 영적인 사람들에게조차 이처럼 미묘한 방식으로 종교를 바라보는 것, 즉 하나뿐인 참된 종교 또는 영적인 최고의 가르침이 존재해야 한다는 것이 솔깃해 보이기 쉽습니다. 그들은 성장하면서 믿었던 종교에 대해 의심을 하게 되면, 예전에 믿었던 종교를 버리고, 완벽한 종교의 기준을 모두 충족시킬 새롭고 신비스러운 종교를 찾아 나서야 한다고 생각합니다.

하지만 설명했던 것처럼 엄연한 현실은, 이 행성에 있는 서로 다른 모든 생명흐름에게 똑같이 적용될 수 있는 하나뿐인 종교는 존재할 수 없다는 것입니다. 우월한 종교에 대한 꿈은 분리의 사고방식에서 생겨난 이원적인 꿈에 불과합니다. 메커니즘은 간단합니다. 여러분이 지구상의 우월한 종교의 구성원이라면, 여러분은 영적으로 우월한 사람 가운데 하나여야 하며, 따라서 에고는 여러분의 구원이 보장된다는 것을 여러분이 믿게 만들 수 있습니다. 그렇게 되면, 길을 잃을 수도 있다는 두려움이 억제되어, 그런 믿음을 가지고 살아갈 수 있습니다.

이 시대에 정말로 일어나야 하는 것은 완전히 새로운 방식으로 종교에 접근하는 방식, 즉 본질적으로 비-이원적인 접근 방식이 출현하는 것입니다. 이런 접근을 위해서는 인간의 에고, 이원성 의식 그리고 거짓 신들에 대한 이해를 통합해야 합니다. 하지만, 이런 접근 방식은 진실로 보편적이어야 하며, "하나뿐인 유일한" 종교의 출현을 위한 기준이 되어서는 안 됩니다. 그것은 기존의 거의 모든 종교를 쇄신하는 데 사용될 수 있는 새로운 접근 방식의 기초가 되어야 합니다. 이런 새로운 접근 방식이 새로운 운동을 가져올 수 없다는 말은 아니지만, 만약 어떤 종교가 하나뿐인 유일한 참된 종교이거나 우월한 종교라고 주장한다면, 그 종교는 새로운 접근 방식의 본질을 완전히 구현하지 못한 것입니다.

내 말의 요점은 여러분이 이 시대에 육화하기로 결정했을 때, 종교에 대한 새롭고 보편적인 접근법을 촉진하기 위해 일하겠다고 서약했을 가능성이 매우 크다는 말입니다. 또한, 여러분은 기존의 종교 중 어느 한 종교에 이런 접근 방식을 적용할 수 있도록 돕겠다고 약속했을 가능성이 큽니다. 정확히 말하면 바로 그런 이유로 여러분은 특정한 종교의 영향을 받는 가정과 문화에 육화하기로 선택했던 것입니다. 그런 환경에서 성장하면서, 여러분은 그런 문화 안에서 사람들이 어떻게 생각하는지를 직접 경험했습니다. 따라서 여러분은 이 사람들이 여러분이 경험했고 앞으로도 경험할 것과 같은 의식의 변형을 겪도록 도울 수 있는 독특한 위치에 있는 것입니다. 다시 말해서, 여러분의 신성한 계획에는 어린 시절에 믿었던 종교를 버리거나, 모든 조직화된 종교에서 물러나는 것이 들어 있지 않을 수도 있다는 것입니다. 종교와 어느 정도 관련이 있는 상태에서,

비-이원적이고 보편적인 접근 방식에 따라, 종교를 일신하는 데 기여하는 것이 여러분의 계획 일부일 수 있습니다.

나는 많은 진지한 영적인 구도자들이 경직되고 독단적이며, 두려움에 기반을 둔 종교와 관련됨으로써, 깊은 상처를 입었다는 것을 잘 알고 있습니다. 많은 사람이 외부 종교가 너무 많은 두려움과 너무 많은 이원적인 믿음을 삽입하며, 그들과 신과의 천진한 관계를 심각하게 왜곡시켰기 때문에, 영적으로 강탈당했다고 느낍니다. 하지만, 내가 이 책을 통해 전해 주는 영적인 치유의 과정을 거치면, 이런 상처를 극복할 수 있다는 것을 고려하기 바랍니다. 또한, 여러분과 같은 배경을 가진 개인이 두려움에 기초한 종교에서 벗어나, 새로운 사랑에 기반을 두어 종교와 신에게 접근하는 방식을 찾아낼 수 있다는 것을 시범 보일 수 있습니다. 이것이 다른 사람들에게 놀라운 영감을 줄 수 있습니다. 정확히 말하면 이것이 여러분이 이런 환경에 육화하기로 결정했을 당시 가졌던 의도일 수도 있습니다.

여러분과 다른 많은 사람에게 상처를 준 것이 종교에 대한 두려움 기반의 접근 방식임을 알 수 있나요? 슬프게도, 이 행성의 기록된 역사에는 진실로 사랑에 기초한 큰 규모의 종교가 존재한 적이 없습니다. 그러니 상상해 보세요. 수백만 명의 사람이 사랑에 기초한 보편적인 방식으로 종교에 접근하기 시작하고, 이런 방식을 두려움에 기초한 전통적인 종교의 맥락에서 표현하고, 그 종교를 사랑 기반의 종교로 변모할 것을 요구한다면, 그 충격이 얼마나 클지를 상상해 보세요. 이것이 잠재적으로 종교의 지형을 영원히 바꿀 수 있다는 것을 알 수 있나요? 그것은 모든 두려움을 몰아낼 완벽한 사랑입니다. 따라서 조건 없는 사랑, 즉 비-이원적인 사랑이 이 행성의 종교적인 삶으로 도입된다면, 그것은 전례 없는 치유 효과를 가질 수 있습니다. 그것은 수십억의 사람을 치유하고, 거짓된 신들과 추락한 존재들이 예상할 수 없는 방식으로, 따라서 이에 대처하기가 대단히 어려운 방식으로, 외부 종교를 변화시킬 수 있습니다. 흔히 하는 말처럼, 그들은 무엇이 자신들을 강타했는지도 알지 못할 것입니다. 어떤 것도 실제로 그들을 강타하지 않았기 때문입니다.

～～～❦～～～

이 행성에서 볼 수 있는 종교들을 솔직하게 살펴본다면, 매우 명확한 패턴을 볼 것입니다. 대부분의 종교는 오직 하나뿐인 참된 종교가 될 수 있다는 의식에 영향을 받고 있으며, 각 종교의 구성원들은 자신들의 종교가 그 하나라고 믿습니다. 이로 인해 배타주의, 엘리트주의, 극단주의, 심지어 광신주의까지 조장하는 문화가 만들어집니다. 그 결과 자신을 매우 종교적이라고 보는 많은 사람이 자신들의 종교를 매우 적극적으로 홍보하지만, 다른 모든 종교는 악마의 일이라고 매도하는 경향이 있습니다. 그들은 자신들의 종교 교리와 모순되거나 이를 넘어서는 모든 영적인 개념에 대해서는 매우 비판적인 성향을 보입니다. 그리고 그들은 다른 모든 신념 체계를 믿는 사람들을 경멸하는 성향이 있습니다. 물론, 그 이유는 그들이 다른 종교로부터 위협받고 있다고 느끼기 때문이며, 위협받는다고 느끼는 이유는 자신의 믿음을 충분히 통합하지 못했기 때문입니다. 여러분이 진리의 영을 찾는 데 전념하고 있음을 알고 있다면, 무엇 때문에 다른 사람들의 믿음에 의해 위협받는다고 느끼겠습니까?

나는 여러분이 이런 심판하려는 성향에 대해 아주 잘 알고 있다고 확신합니다. 아마도 그것이 여러분이 종교에서 멀어진 주된 이유 가운데 하나일 것입니다. 나는 상위 10%의 영적인 사람 대부분이 이런 유형의 불균형한 행위를 보여주는 종교를 떠났다는 것을 잘 알고 있습니다. 내가 이것을 이해할 수 없다는 말이 아닙니다. 하지만, 아주 단순한 의문에 대해 숙고해 보세요. 그처럼 많은 종교가 불균형한 접근 방식에 빠져 있는 이유는 그들이 이원성에 갇혀 있기 때문입니다. 이원성을 극복할 잠재력을 가진 사람들은 상위 10%에 해당하는 사람들뿐입니다. 그러니 이 사람들이 모두 특정한 종교를 떠나게 된다면, 그 종교가 어떻게 변화할 수 있겠습니까? 분명한 대답은 이 종교들은 변하지 않는다는 것입니다. 그러면 피할 수 없는 결과는 무엇일까요? 그 결과는 이런 종교들은 이원적인 게임에 계속 머물러 있을 것이고, 그 종교의 구성원들도 그 게임에 갇혀 있게 되어, 종교의 대안이 있다는 사실을 알지 못한다는 것입니다.

여러분은 비-이원적인 새로운 대안이 나타난다면, 다른 종교의 구성원들도 새로운 종교에서 이원적인 종교에 대한 대안을 볼 수 있으리라고 생각할지도 모르겠습니다. 문제는 낡은 종교가 이원성에 갇혀 있는 한, 구성원들은 새로운 종교를 (심지어 비-이원적인 종교조차) 적으로 여기게 된다는 것입니다. 그들은 새로운 종교를 위협으로 볼 것입니다. 따라서 그들은 이원성이라는 필터를 통해서만 새로운 종교를 보고, 새로운 종교의 비-이원적인 본질은 전혀 보지 못할 것입니다. 하지만, 그 종교를 믿는 일부 사람들이 비-이원적인 접근 방식에 관해 얘기하면, 그리고 그 종교의 가르침과 용어를 사용하여 이를 제시한다면, 낡은 종교의 지도자들과 구성원들은 그들을 그 종교의 적으로 분류하기가 더 어려워질 것입니다.

내가 여기서 한 번의 거대한 도약으로 종교를 이원성에서 벗어나게 하는 것에 관해 얘기하는 것이 아닙니다. 나는 그 종교의 가르침 속에 있는 비-이원적인 요소들에 주의를 환기함으로써, 낡은 종교를 쇄신하는 점진적인 운동에 관해 얘기하고 있습니다. 사실상 세상의 모든 종교는, 그리스도 마음이 명료하게 이해될 때가 비-이원적이거나 혹은 이원성을 벗어난 지점이라는 가르침을 가지고 있습니다. 따라서 이런 요소를 사용함으로써, 현존하는 종교의 일부 구성원들이, 위협감을 느끼고 즉시 마음의 문을 닫지 않도록 만들어, 최소한이라도 생각할 수 있게 하는 것이 가능할 것입니다.

그리스도 진리의 참된 대리자들의 근본적인 목적은 사람들이 이원성에서 벗어난 사람이나 개념을 만나게 하여, 그들이 이원성과 비-이원성 사이에서 진정한 선택을 할 수 있게 하는 것입니다. 따라서 기존의 종교 안에서 일하는 것이 명백히 적수로 보일 새로운 종교를 만드는 것보다 더 효과적일 수 있습니다. 예수가 유대교를 개혁하려고 했고, 붓다도 힌두교를 개혁하려고 했음에 주목하세요. 결과적으로 그리스도와 붓다의 가르침은 분리된 종교가 되었지만, 내가 앞에서 설명한 것처럼, 이것이 원래의 의도는 아니었습니다. 원래의 의도는 비-이원적인 바람을 가져와 낡은 종교를 개혁하는 것이었습니다.

요컨대, 이원성의 베일을 벗어버리기 시작한 사람들, 상위 10%의 사람들이, 종교가 이원성을 초월할 수 있게 할 잠재력을 가진 사람임을 여러분이 알게 되기를 바랍니다. 따라서 이런 사람들이 모두 전통적인 종교를 떠나 새로운 종교에 가담하거나, 궁극적인 종교를 창시하려고 한다면, 이 행성은 수백만 년 동안 되풀이되어 온 똑같은 낡은 패턴에 갇히게 될 것입니다.

열쇠 28
사람들이 이원적인 사고방식에서 벗어나도록 돕는 방법

　상위 10%의 영적인 사람이 최대한 긍정적인 영향을 끼칠 수 있게 하기 위해서는, 공공연히 광신적이고, 적대적이며, 공격적이 되는 종교인들과 마주쳤을 때, 그들이 어떻게 반응하는 경향이 있는지를 알아둘 필요가 있습니다. 상위 10%의 사람 중에서 하위 절반에 해당하는 사람들부터 살펴보겠습니다.
　이 사람들은 삶에 영적인 측면이 존재한다는 것을 인정합니다. 따라서 전통적 종교의 경직성 너머를 볼 수 있지만, 이원성의 본질에 대해서는 아직 충분히 이해하지 못합니다. 그 결과, 그들은 종종 이원적인 투쟁에 끌려들어 가서, 철저하게 이원성에 갇혀 있는 사람들과 논쟁을 벌이게 됩니다. 그들은 전통적인 종교의 오류를 분명하게 봅니다. 따라서 다른 사람들을 설득하는 데 매우 열성적으로 되는데, 대체로 그렇게 하는 것이 신 혹은 어떤 대의명분을 위한 것이라고 느낍니다. 하지만, 상위 10%의 사람들은 이원성 의식의 낮은 징후를 초월했으므로, 상대방을 이기기 위해 하위 10%까지 내려가려고 하지 않습니다. 그들은 목적이 수단을 정당화할 수 있다는 것을 전혀 믿지 않으며, 적어도 절대로 정당화될 수 없는 수단들이 존재한다는 것을 깨닫고 있습니다. 그 결과, 상위 10% 사람들은 하위 10%와의 권력 투쟁에서 거의 언제나 패하게 되고, 하위 10%는 대체로 상위 10% 사람들을 전통적인 교회의 지도자 자리에서 배제시킵니다. 이것은 종종 더욱 영적인 사람들을 좌절하게 하며, 그들이 희생양이나 순교자가 된 듯이 느끼게 하는 수동-공격적 반응[5]으로 들어가게 합니다.

이들 중 많은 사람이 자신은 이미 어린 시절의 종교를 개혁하려고 했지만 실패했다고 느낍니다. 따라서 이제는 그 종교만이 아니라 여타 어떤 종교와도 관계 맺고 싶어 하지 않습니다. 하지만, 이것은 한쪽 극단에서 다른 쪽 극단으로 옮겨 가는 흑백논리 사고 형태라는 것을 알게 되기를 바랍니다. 여러분이 믿는 종교의 지도자들이 여러분의 말에 귀 기울이지 않는다면, 여러분은 그들과 관계할 것이 없습니다. 그러니 그곳을 떠나면 됩니다. 하지만, 이런 사람은 심한 좌절감을 지닌 채 떠나게 되며, 대개 모든 종교 또는 특정한 종교에 대해 적대적으로 됩니다. 분명히 말해, 이것은 그들이 자기 행동에 대한 결과에 여전히 집착하고 있음을 보여주는 것입니다. 따라서 그들은 이원성을 극복하지 못했습니다.

나는 이런 사람 상당수가 선하며, 매우 성실하다는 것을 잘 알고 있습니다. 다른 사람들이 자신의 말을 들어주지 않으면, 물러나는 것 외에 다른 대안이 없다고 느끼므로, 그들이 자주 답답하게 여긴다는 것도 나는 잘 알고 있습니다. 하지만, 나는 이 사람들이 이 책

---

[5] passive-aggressive response; 사회적 또는 직업적 수행을 위해 요구되는 것에 대해 수동적으로 저항하는, 즉 암묵적으로 순응하지 않는 성향

에서 전하는 가르침을 이용하여, 두 이원적 극단에서 벗어날 수 있는 대안이 존재한다는 것을 깨닫게 되기를 바랍니다. 그 대안은 진실로 이원성을 초월하는 것입니다. 따라서 여러분은 특정한 외적 결과를 기대하지 않고도 종교적인 토론에 참여할 수 있습니다. 그렇게 함으로써, 거절당한다는 느낌을 피할 수 있고, 실제로 바라는 결과들이 실현될 수 있도록 열리게 될 것입니다.

이제는 상위 10%의 윗부분, 즉 상위 5%를 살펴보겠습니다. 이들은 어떤 종류이든 이원적 투쟁에 관여하는 것이 헛되다는 것을 알고 있습니다. 하지만 그들은 비-이원적 접근법의 실재를 의식적으로 보지 않았으므로, 더욱 광신적인 사람들을 건설적으로 참여시킬 방법이 없다고 느낍니다. 이들 중 일부는 전통적인 종교의 구성원으로, 그들은 대개 아무 말도 하지 않고 종교 활동에 참여합니다. 외적인 의례에도 참여하면서, 그들은 혼자 마음속으로만 생각합니다. 다른 사람들은 특정한 종교 또는 모든 종교에서 조용히 물러났으며, 여전히 영적이지만 외적인 활동은 하지 않습니다.

이런 사람들은 자주 사람들이 자신이 살고 싶은 대로 살아야 하고, 믿고 싶은 대로 믿게 놔둬야 하며, 자신도 살고 싶은 대로 살고 믿고 싶은 대로 믿을 수 있어야 한다는, 모호한 사고(gray thinking)를 채택합니다. 여러분은 자신이 믿고 싶은 것을 믿어야 하고, 마찬가지로 다른 사람들도 똑같이 하도록 해야 하며, 어떤 식으로든 그들의 믿음에 간섭하거나, 이의를 제기해서는 안 됩니다. 따라서 위에서 설명한 그룹이 대개 수동-공격적 반응을 하지만, 후자 그룹에 속하는 사람들은 공격성은 이겨냈습니다. 이것은 좋은 일이지만, 그들은 완전히 소극적으로 되어 막다른 골목에 봉착하게 됩니다. 그런데 이런 접근 방식에 잘못이 있을 수 있을까요? 이런 사람은 악에 저항하지 않고, 다른 쪽 뺨마저 내밀고 있는 것 아닌가요?

우리는 이제 상위 10%가 성장하여 원래 계획했던 역할을 수행할지, 아니면 이원성에 갇혀 있는 사람들이 종교적 논쟁을 계속 통제하고 있는 상태에서, 마냥 소극적인 자세로 앉아 있을지를 결정해야 핵심적인 문제에 이르렀습니다. 상위 10%가 이 행성을 영적인 자유와 풍요를 가져다줄 황금시대로 이끌지, 아니면 수천 년에 걸쳐 구축해 놓은 상향 추세를 하위 10%가 거꾸로 되돌리도록 내버려 둠으로써, 행성을 또 다른 하향나선 속으로 끌고 가게 하는지가 문제입니다. 좀 더 자세히 살펴보겠습니다.

~~~~~

지구 행성에 있는 모든 것을 형성하는 기본 역학은 아주 간단합니다. 내가 설명한 것처럼, 모든 것은 의식을 지닌 마터 빛으로 만들어집니다. 형상 세계의 모든 구조물은 구성단위(unit)로 조직되며, 주어진 단위 안에는 그 구성단위 내의 모든 것에게 영향을 미치는 집단의식이 있습니다. 지구 행성이라는 구성단위에서 지배적인 요소는 인류의 의식입니다. 따라서 인간 사회, 자연의 균형, 자연재해, 지각의 움직임, 심지어 물질의 밀도까지, 이 행성에서 삶의 모든 측면은 인류 의식의 영향을 받습니다. 자유의지의 법칙 때문에, 가장 크게 영향을 미치는 것은 중간층인 대중 80%의 의식 상태입니다. 하위 10%는 그들의 힘만으로 지구를 파괴할 수 없고, 상위 10% 역시 그들만의 영향력으로 지구를 끌어올릴 수 없습니다. 이 행성이 어느 방향으로 갈지를 결정하는 것은 80%의 대중입니다. 상위 10%와 하위 10%가 할 수 있는 일은 일반 대중을 위로 끌어올리거나 아래로 끌어내리는 것입니다.

과거에 이 행성에는 황금시대가 존재했습니다. 그 시대의 지식,

기술, 풍요로움은 가장 낙관적인 공상과학 저자들이 상상할 수 있는 것을 훨씬 능가했습니다. 그 황금시대는 상위 10%가 지구에 대한 지배권을 취하고, 일반 대중을 그들과 함께 끌어올리기로 결정했을 때 도래했습니다. 예수가 말한 것과 같습니다. "내가 땅에서 들리면 모든 사람을 내게로 이끌겠노라."(요한 12:32) 이 행성은 또한 거대한 문명의 몰락을 이끌었던 하향나선을 목격했고, 그중 일부는 말 그대로 대격변의 자연재해를 거쳐 흔적도 없이 사라졌습니다. 인구수가 크게 줄어, 원숭이보다 적은 상태로까지 감소한 시기도 있었습니다. 현대 고고학자들이 인류의 시작, 즉 동굴 거주자들의 시대로 고려하는 것은 그런 저점 가운데 하나입니다. 이런 하향나선은 상위 10%가 지배권을 취하지 않겠다고 결정해서, 하위 10%가 일반 대중을 이기적인 수준의 의식 단계로 끌어내릴 수 있도록 허용했을 때 발생했습니다. 빛의 유입을 통해 상위 10%가 하위 10%와 평형을 이루지 못하면, 하위 10%의 수축하는 힘이 사회를 무너뜨릴 때까지 끌어내릴 것입니다.

상승 호스트는 수백만 년 동안 인류와 함께 일하고 있고, 하향나선을 막고 황금시대를 가져올 수 있도록 언제나 노력하고 있습니다. 하지만 우리는 언제나 자유의지의 법칙에 충실합니다. 이 말은 우리가 오직 육화해 있는 사람들을 통해서만 일을 할 수 있다는 의미입니다. 실제로 우리는 상위 10%를 통해서만 일을 해야 하는데, 그들만이 우리의 존재를 인정하고 비-이원적 가르침과 안내의 유효함을 볼 수 있을 정도로, 영적으로 충분히 성숙해 있기 때문입니다.

현재 여러분이 지구 행성에서 보는 것은, 마지막 저점 이후, 상승 호스트가 매우 점진적이고 신중하게 인류를 돌파 지점에 가까이 가도록 이끌었다는 것입니다. 우리는 상위 10%와 함께 일해왔지만, 솔직하게 말하자면, 이것은 매우 어려운 일이었습니다. 영적으로 가장 성숙한 사람들조차도 지배권을 취하기를 꺼렸기 때문입니다.

지금 지구 행성이 황금시대의 문턱에 와 있지만, 상위 10%가 상황의 실상에 눈을 뜨고, 지배권을 취하겠다고 결정해야만 황금시대가 도래할 수 있습니다. 그리고 이런 일이 일어나기 위해서는, 이 사람들이 사랑과 친절에 대한 가장 흔한 환상 가운데 하나, 즉 사랑은 단지 부드럽고, 온화하며, 수동적이라는 환영을 극복해야 합니다. 많은 영적인 사람이 신에게 봉사하기 위해, 자신이 해야 할 모든 일은 사랑이 넘치고 친절해지는 것으로 생각하는 마음의 틀 안에 자신을 가두고 있습니다. 이것이 실제로 틀린 것은 아닙니다. 하지만 문제는 너무 많은 사람이 자애롭고 친절하다는 것이 다른 사람들과 그들의 행동에 대해 무한한 관용을 베푸는 것으로 생각한다는 것입니다. 그들은 사랑이 수동적이거나 아니면 모든 것을 인내하는 것으로 생각합니다.

많은 영적인 사람은 사랑이 다른 사람들을 비판하지 않는 것으로 생각합니다. 이것이 틀린 말은 아니지만, 문제는 이원성이 모든 것, 심지어 사람들의 사랑에 대한 개념조차도 왜곡한다는 것입니다. 많은 종교에서 여러분이 볼 수 있는 것은 외부 종교가 정한 기준에 따라 살지 않는 사람들에 대한 이원적인 판단의 어떤 형태입니다. 많은 영적인 사람은 이것의 위선을 보지만, 그들은 모든 것을 수동적으로 용인하는 정반대의 이원적 극단 속으로 뛰어들어야 한다고 생각합니다. 이것은 매우 위험한 환영입니다. 사실, 상위 10%는 이원적인 양극단을 극복하기 위해 그리스도의 분별력을 사용해야 하기 때문입니다. 참된 사랑은 수동적이지 않습니다. 또한 모든 것을 인내하지도 않습니다. 참된 사랑은 조건 없는 사랑이며, 모든 생명이 자유로워지기를 원하는 힘입니다. 따라서 참된 사랑은 비판을 통해 사람들을 끌어내리지 않으며, 그들을 돕지 않음으로써 사람들이 불필요한 고통을 받게 하지도 않습니다. 예수가 독선적인 유대인이 무시했던 사람을 선한 사마리아인은 도와준 비유를 말했던 이유가 그것입니다. (누가 10:30) 조건 없는 사랑은 사람들이 그 이상이 되지 못하게 하는 상황에서 자유롭게 해주는 적극적인 힘입니다. 조건 없는 사랑은 생명 그 자체의 힘입니다. 나는 창조주가 존재들에게 자유의지를 주셨다는 것을 압니다. 하지만 여러분은 자애로운 창조주가 존재들이 자기 자신을 파괴하는 데 자유의지를 사용하는 것을 원한다고 생각하는 것은 아니겠지요? 정확히 말해 그것이 창조주가, 어느 정도의 그리스도 신성을 지닌 존재의 형태로 자신의 대리자를 지구로 보내, 자기 파괴적인 방식으로부터 인류를 일깨우려 한 이유입니다. 아마 여러분도 이런 대리자 가운데 하나일 것입니다. 문제는 여러분이 이런 역할을 기꺼이 수행하려고 하느냐, 아니면 수동적인 상태에 계속 머물러 있기 위해 이원적인 핑계를 이용하느냐 하는 것입니다.

내가 추락한 존재들, 악의 존재 그리고 이원성 의식에 대해 너무 직설적으로 얘기하고 있으므로, 상위 10% 가운데 많은 사람이 이 책을 읽거나 받아들이기를 꺼린다는 것을 알고 있습니다. 가장 영적인 사람 대부분이 악이 존재하지 않는다고 믿고 싶고, 이 행성에 잘못된 것은 정말로 존재하지 않거나, 자신들이 무시하면 악이 사라질 것이라고 믿고 싶어 하는 모호한 사고 상태(state of gray thinking)에 있습니다. 우리가 모든 사람에게 친절하다면, 결국 모든 것이 잘 된다는 것입니다. 가장 영적인 성향을 지닌 사람들이 사랑과 평화에 대한 영적인 가르침에는 마음의 문을 열어놓을 수 있지만, 이 행성에서 일어나는 현실, 즉 전쟁의 가능성, 테러리즘, 증가하는 아동에 대한 성적인 학대, 빈곤, 기아 그리고 황금시대에는 분명 존재할 수 없는 많은 상황을 무시하는 것은, 상승 호스트에게는 놀라운 일입니다. 가장 영적인 사람들은 인류가 그런 상황을 뛰어넘을 수 있도록 돕고 싶어서 육화했으므로, 이것은 특히 놀라운 일입니다. 내 말의 요점은 모든 사람이 지구에 육화하면서 자신의 신성한 계획을 잊어버리지만, 지금은 영적인 사람이 이런 기억상실증을 극복해야 할 바로 그때라는 것입니다.

분명하지만 사람들이 그다지 좋아하지 않는 진실이 있습니다. 그것은 상위 10% 가운데 많은 수가 영적으로 어느 정도 성숙한 단계에 도달했지만, 온전한 그리스도 신성으로 나아가는 대신, 에고와 거짓 교사들이 자신을 막다른 골목인 아주 교묘한 형태의 이기주의로 데려가도록 허용했다는 사실입니다. 이 사람들은 자기 자신과 자신의 영적인 성장에만 관심을 너무 집중한 나머지, 삶의 목표가 개인적인 깨달음을 추구하는 것으로 생각합니다. 그들은 자신들이 그렇게 하는 동안, 지구가 위로 들어올려지고, 모든 어둠이 사라질 수 있도록 많은 양의 긍정적인 진동이 내보내 질 것으로 생각합니다. 하지만, 예수가 악에 저항하지 말라고 말했지만(마태 5:39), 악을 무시하라고는 말하지 않았음을 상기하기 바랍니다. 대신 그는 너희는 뱀같이 지혜롭고, 비둘기처럼 악의를 품지말라고(harmless)고 말했습니다. (마태 10:16)

명백한 사실은 지구는 상위 10% 또는 하위 10% 중 누가 대중을 지배하기로 결정하느냐에 따라, 위로 끌어올려지거나 아래로 끌어내려진다는 것입니다. 슬픈 사실은, 지금까지는, 하위 10%가 지배권을 가지려는 노력 면에서, 상위 10%보다 훨씬 더 단호하고 공격적이며 조직적이었다는 것입니다. 사실, 상위 10%는 대체로 하위 10%의 존재, 그리고 그들이 스스로 창조한 지옥으로 인류를 공격적으로 끌어내리려고 하는 이원적인 힘을 무시합니다. 앞에서 말한 것처럼, 이원적인 힘이 승리하기 위해서는, 상위 10%가 그저 아무것도 하지 않으면 됩니다.

―――

　이미 상세하게 설명한 바와 같이, 상위 10%가 하위 10%와 이원적인 싸움에 휘말리지 않는 것은 필수적입니다. 하지만, 지구의 에너지장에는 여전히 너무 많은 어둠이 존재합니다. 그러므로 마터 빛에 내재된 진화적인 힘만으로는 황금시대가 저절로 실현될 수 없다는 것을 상위 10%가 반드시 알아야 합니다. 현재 지구에는 이원적인 힘이 너무 강력합니다. 따라서 상향의 힘이 이를 상쇄시키지 못한다면, 지구는 아래로 끌어당겨질 수밖에 없습니다. 내가 여러 차례에 걸쳐 설명한 것처럼, 이 힘은 상위 10%의 사람을 통해서만 올 수 있습니다.

　지구가 임계치를 넘어, 진정으로 황금시대로 진입하려면, 상위 10%가 내가 설명한 현실에 눈을 떠야 합니다. 그들은 상위 10%와 하위 10% 사이의 주도권 다툼의 역학을 인정해야 하며, 그런 다음 이원적이지도 않고, 싸우기를 거부하지도 않는 방식으로, 거기에 참여하기로 결정해야 합니다.

　이원적 양극단 너머에 있거나 이를 초월해 있는 중도(Middle Way)를 찾는 열쇠는 대부분의 사람이 사랑이라고 알고 있는 것과 내가 신의 조건 없는 사랑이라고 하는 것 사이에 근본적인 차이가 있음을 깨닫는 것입니다. 일반적으로, 인간의 사랑은 자기 중심적이며 소유적입니다. 많은 사람이 누군가를 사랑한다고 고백하지만, 사실, 이들은 자기 자신이 무언가를 얻고 싶은 기대에서 그렇게 하는 것입니다. 자신이 원하는 것을 얻을 수 있도록 다른 사람을 통제하기 위해 사랑을 이용한다는 점에서, 그들의 사랑은 소유적입니다.

그들은 자신의 사랑에 걸맞기 위해 반드시 부응해야 하는 특정한 조건을 설정함으로써, 다른 사람들을 통제합니다. 그런 다음, 그들은 자신의 사랑을 받기 위해 자신들이 정해 놓은 조건에 다른 사람들이 순응하도록 만듭니다.

이와 반대로, 신성한 사랑은 조건 없는 사랑입니다. 지구의 모든 생명체에게 무상으로 주어지는 햇빛과 같은 것입니다. 하지만, 신성한 사랑은 평화주의적인 것이 아닙니다. 그 사랑은 받은 사람에게 미치는 영향이 그 사람이 그것으로 무엇을 하느냐에 따라 결정된다는 점에서 햇빛보다 더 지적입니다. 또한, 신성한 사랑은 받는 사람의 의식 속에 존재하는 모든 것을 확장한다고 말할 수 있습니다. 만약 그 사람이 성장하려고 한다면, 그 사람은 자신의 재능을 증식할 것이며, 신성한 사랑은 그런 성장을 가속할 것입니다. 만약 그 사람이 성장하려고 하지 않는다면, 그 사람은 자신의 재능을 땅속에 묻어버릴 것입니다. 그러면 신성한 사랑은 그 사람의 이기심을 확대해서 그것이 더 잘 보이게 함으로써 이를 외면하기 어렵게 만들 것입니다. 이것이 왜 그럴까요?

조건 없는 사랑은 조건이 없습니다. 한 가지 측면은 그것이 모든 존재에게 무료로 주어진다는 것입니다. 이것은 수동적인 측면 또는 모든 생명을 양육하는 어머니의 측면입니다. 하지만, 다른 측면은 어떤 존재든, 그 존재가 제한된 정체성 속에 영원히 갇히게 하지 않으려는 아버지 측면, 적극적인 측면입니다. 신성한 사랑은 진실로 우주의 추동력입니다. 모든 생명이 성장하여 그 이상이 되도록 추진하는 힘입니다. 따라서 조건 없는 사랑은 모든 생명의 성장을 막는 어떤 조건도 받아들이지 않을 것입니다.

신성한 사랑은 당연히 자유의지의 맥락 안에서 작용합니다. 따라서 존재 자체의 힘, 성장과 자기 초월하는 힘에 저항할 권리를 받아들입니다. 존재는 자기 초월을 하지 않아도 되는 것을 정당화하는 것처럼 보이는 조건을 만들어냄으로써 이렇게 할 수 있습니다. 그리고 비록 존재가 그런 조건을 정의할 권리를 가지고 있지만, 오로지 이원성 의식을 통해서만 그렇게 할 수 있고, 그 조건들을 무한정 유지할 권리는 없습니다. 따라서 조건 없는 사랑의 힘은 존재가 성장할 수 없도록 방해하는 조건들에 도전할 수 있는 권리가 있습니다. 이것은 두 가지 방식으로 이루어집니다.

하나는 인류의 영적인 스승들이 보여주는 온화한 방식입니다. 우리는 사람들에게 적극적으로 영감을 불어넣어 그들이 처한 상황에 대해 의문을 가지게 하려고 하는데, 영적인 가르침을 제공함으로써 그렇게 합니다. 사람들이 이런 가르침을 받아들인다면, 자신이 스스로를 제한하는 조건들을 정의했다는 것을 알게 될 것입니다. 그리고 그들은 자발적으로 그런 상황을 살펴보고 그것들을 놓아줄 수 있는 지점까지 자연스럽게 성장할 것입니다.

사람들이 이런 고무적인 힘에 저항한다면, 두 번째 힘, 즉 고난의 학교로 가게 됩니다. 그러면 조건 없는 사랑은 사람들이 자신이 하는 것을 보고 이를 중단하겠다고 결정하기를 바라면서, 사람들의 상황을 더 부풀려, 그것들이 더 잘 보이게 합니다. 이렇게 되는 이유는 우주가 사람들이 보낸 것을, 조건 없는 사랑의 힘으로 증식하여, 반사해서 돌려주는 거울이기 때문입니다. 사람들이 증오심을 더 많이 보내면, 더 많은 증오가 돌아올 것입니다. 이런 하향나선은 사람들이 경험할 만큼 충분히 경험했다고 결정하고, 자신을 변화시키려고 할 때까지 계속될 것입니다.

조건 없는 사랑의 힘은 성장할 수 있는 기회를 계속해서 제공해줄 뿐입니다. 사람들이 그 기회를 이용하여 이원적 환영의 일부 또는 전부를 버리겠다고 결정할 때까지 말입니다. 하지만, 이것은 언제나 삶을 자유롭게 하기 위한 노력이라는 것에 주목하세요. 기본적인 역학은 사람들이 더 잘 안다면, 더 잘할 수 있다는 것입니다. 어떤 사람들은 영적인 가르침의 영감을 통해 더 잘 알게 되고, 다른 사람들은 특정한 상황에 눈이 멀게 됩니다. 그러니 사람들은 그 상황들을 어떻게 극복할 수 있을까요? 오로지 선택을 통해서만 그렇게 할 수 있습니다. 하지만 사람들이 조건들을 보고 그런 조건들을 자신을 제한하는 문제로 보게 될 때까지는, 그들은 생명의 결정(LIFE decisions)을 내릴 수 없습니다. 따라서 그런 상황이 일시적으로 사람들을 불안하게 할지라도, 그들의 이원적인 상황에 도전하고 이를 부풀리는 것이, 실제로는 사람들이 자신에게 최선이 무엇인지를 알도록 도와주는 유일한 기회입니다.

~~~~~~~~~

지구상의 상위 10%의 사람들은 조건 없는 사랑의 일부가 될 잠재력이 있습니다. 상승 호스트의 대변자가 되어 영적인 가르침과 예로써 사람들이 깨어나도록 도움으로써 그들은 이렇게 할 수 있습니다. 또한, 그들은 조건 없는 사랑의 힘의 확장이 되어, 사람들이 자신이 보낸 것을 되돌아보게 하고, 자신의 이원적인 믿음을 더 잘 볼 수 있게 할 수 있습니다. 이것은 사람들에게 이원성과 비-이원성 사이에서 선택할 기회를 줍니다. 이제 사람들은 이원성을 대체할 대안이 있다는 것을 알았기 때문입니다. 이것이 예수가 서기관들, 바리새인들, 성전의 제사장들, 율법학자들에게 적극적으로 도전했을 때 했던 일입니다.

예수는 모든 사람에 대한 조건 없는 사랑을 가졌으며, 이것이 그들을 비참함 속에 홀로 남겨두지 않은 이유입니다. 그는 외면받는 모든 사람에게 손을 내밀었고, 고통받는 사람들을 보살펴주었으며, 사람들에 대한 통제권을 놓으려 하지 않는 오만한 자들에게 도전했습니다. 수많은 영적인 사람이, 영적인 사람이 된다는 것은 히말라야 동굴에 앉아서, 하루 24시간 내내 신에 대해 명상을 하는 것이라는 비전을 가지고 있습니다. 하지만, 그렇다면, 예수는 왜 40일간의 명상 후에 광야에 머물지 않았을까요? 그는 왜 그냥 산에 머물러 있으면서 굴욕과 십자가형을 피하지 않았을까요? 붓다는 열반을 성취한 후, 왜 그런 의식 상태에 머물러 있지 않았을까요? 그는 왜 사회로 돌아와 다른 사람들을 가르치기 시작했을까요? 그것은 예수와 붓다는 자기 중심적인 사랑을 가지지 않았기 때문입니다. 그들은 조건 없는 사랑을 지녔었습니다. 결과적으로, 그들은 사람들이 이원성 의식 상태에 갇혀 있는 한, 자신들만 더 높은 의식 상태에 머물러 있을 수 없었던 것입니다. 그들은 자신들이 성취한 의식 상태를 사람들이 경험하지 못하게 방해하는 조건들을 받아들일 수 없었습니다. 이렇게 된 이유는 그들이 분리된 정체감을 극복했으므로, 자신을 모든 생명과 하나로 보게 되었으며, 이런 깨달음으로 인해 모든 생명을 끌어올리려는 열망이 생겨났기 때문입니다. 여러분이 땅에서 들리면, 당연히 모든 사람을 여러분에게로 끌어올리고 싶어집니다. (요한 12:32)

눈가리개를 한 사람이 심연을 향해 걷고 있는 것을 본다면, 여러분은 어떻게 반응하겠습니다? 눈가리개를 하고 걸으려고 했던 것은 그 사람의 선택이므로, 자신의 선택을 통해 배울 수 있도록 그 사람을 내버려 두어야 할까요? 아니면 다른 사람들이 그에게 눈가리개를 씌웠고, 눈가리개를 하지 않은 것이 어떤지를 그 사람이 경험해 보지 못했으므로, 자신이 눈가리개를 하고 있다는 것을 깨닫지 못하는 한, 그가 자유로운 선택을 한 것은 아니라고 추론해야 할까요?

  엄연한 사실은 상위 10% 중 많은 사람이 자신을 매우 사랑이 많고 영적인 사람으로 생각한다는 것입니다. 하지만 그들은 단지, 적극적이고 광신적인 태도의 반대되는 이원적 극성인 수동적인 태도를 보이고 있습니다. 그런 사람은 눈가리개를 하고 심연을 향해 걷고 있는 사람을 보고도, 그들을 일깨우기 위해 아무것도 하지 않습니다. 그들은 자기 자신에 대해 너무 집중한 나머지, 즉 자신은 사랑이 많고 친절해야 한다는 이원적인 이미지에 집중해서, 단 하나의 의미 있는 일을 하지 않는 것입니다. 다시 말해 그들은 지붕 위에 올라가서 임금님은 아무것도 입지 않았다고 소리치지 않습니다. 여러분은 진실로 이것이 사랑이 많은 것이라고 생각하나요? 이것이 정말로 영적인 것이라고 생각하나요? 나는 그렇게 생각하지 않습니다. 나는 그것이 정말로 이기적인 것이라고 생각합니다!

~~~

  이제 이기심에 대해 살펴보고 한 걸음 더 나아가 궁극적인 극단으로 가보겠습니다. 대부분의 영적인 사람은 이기심을 잘못된 것으로 생각하기 때문에, 이기적으로 되지 않기 위해 매우 신경을 쓰고 있습니다. 따라서, 내가 그들에게 이기적이라고 말한다면, 받아들이기를 매우 꺼릴 것입니다. 하지만, 이기적인 것에 무슨 문제가 있나요? 간과되고 있는 이기심의 미덕에 대해 살펴보겠습니다.

  자신에게 진실로 최선인 것이 무엇일까요? 자, 그것은 "자신"을 어떻게 정의하느냐에 달려 있습니다. 여러분은 자신을 분리된 자아로 정의하나요? 아니면 신의 몸으로, 전체로 정의하나요? 여러분이 분리와 이원성의 환영에 기초하여 자신을 정의한다면, 필연적으로 투쟁과 고통이라는 끝없는 순환을 겪고 있는 것에 대해 자신을 책망하게 될 것입니다. 그런데 이것이 정말로 여러분에게 최선일까요? 여러분이 모든 생명이 하나라는 실제에 기초하여 정의한다면, 여러분은 생명의 강으로 들어갈 것이며, 여러분의 삶은 긍정적인 모든 것이 더욱더 많아지는 끝없는 성장의 과정이 될 것입니다.

여러분이 생명의 강으로 들어가는 데 무엇이 필요할까요? 아주 간단합니다! 여러분이 해야 할 일은 분리된 자아(separate self)라는 환영을 놓아버리고, 하나의 자아(one Self)에 대한 진실을 받아들이는 것뿐입니다. 그런 다음 여러분은 더 큰 자아에게 최선인 것을 행하기 시작합니다. 그러면 전체 우주가 여러분의 모든 노력을 지원하고 증식할 것입니다. 삶은 틀림없이 여러분의 개인적인 자아와 (이제 여러분이 그 일부분임을 알게 된) 더 큰 자아에게 상승나선이 될 것입니다.

영적인 여정에는 자신의 영적 성장에 초점을 맞추는 것이 자연스럽고, 이를 받아들일 만한 단계가 존재합니다. 대중의식을 따르는 것으로는 영적으로 성장할 수는 없습니다. 왜냐하면 대중의식은 영적인 노력으로부터 여러분을 떼어놓으려고 할 것입니다. 그러므로 대부분의 사람은 한동안 영적인 성장에 초점을 맞추기 위해, "정상적인" 물질주의 삶에서 물러나야 합니다. 하지만 내가 말하는 것은 상위 10%의 사람 가운데 수백만 명이 이제 그들의 삶에서 그 단계를 완성했다는 것입니다. 그들은 내가 앞에서 설명한, 어떤 존재의 성장에서 가장 중요한 전환점에 도달했습니다. 이것은 자신의 성장에 대해 전적인 책임을 져야 하며, 영적으로 자급자족해야 하는 지점입니다. 이렇게 하기 위해서는 분리된 자아감을 버리고, 더 이상 자신만의 성장을 위해 일하지 않으며, 하나인 자아(one Self), 즉 모두(All)를 위해 일해야만 합니다. 그리스도를 따라 모든 생명이 하나인 영원한 생명으로 들어가기 위해서는, 여러분이 자신의 생명, 즉 삶에 대한 분리감을 기꺼이 버려야 합니다.

그리스도와 붓다의 삶을 살펴보면, 그 둘 모두 자기 자신의 의식 상태를 끌어올리는 데 초점을 맞췄던 시기가 있었음을 알게 됩니다. 하지만, 그들은 어떤 전환점, 즉 비-이원적 의식 상태로 가는 문턱에 도달했습니다. 그 시점에 그들은, 그들이 실패할 리 없다고 생각하면서, 그리스도와 붓다를 우상화하는 사람들이 완전히 이해하지 못했고 지금도 이해하지 못하는 선택에 직면했습니다. 그들이 직면했던 선택은 간단합니다. 계속 개인적인 자아에 집중할 것인가? 아니면 모두에게 집중할 것인가? 그것은 분리된 자아를 포기하고, 자신이 모든 생명과 하나임을 깨달은 의식하는 자아, 깨우친 자아가 되겠다는 선택이었습니다. 이런 선택이 왜 그렇게 중요할까요?

앞에서 나는 추락한 존재들을 영적 영역에서 추락하게 만든 것이 무엇인지 설명했습니다. 그 이유는 그들이 모든 생명에게 사심 없이 봉사하기를 거부하고 분리된 자아에게만 봉사하려고 했기 때문입니다. 영적인 사람들 사이에는 일단 의식 수준이 어떤 단계까지 끌어올려지면, 실패하거나 되돌아갈 수 없다는 순진한 믿음이 있습니다. 하지만, 엄연한 진실은 여러분이 상승하지 못한 구체에 있는 한, 아무리 높은 영적 이해를 성취했다 하더라도 실제로 여러분은 추락할 수 있다는 것입니다. 지구에 있는 사람 중에 어느 정도 물질에 대한 마음의 통달을 이룬 사람이 실제로 있습니다. 그들은 대부분의 사람에게 기적처럼 보이는 것을 해낼 수 있습니다. 하지만 그들은 분리된 자아를 높이기 위해 이렇게 합니다. 그들이 예수가 경고했던 바로 그 사람들입니다.

거짓 그리스도들과 거짓 예언자들이 일어나, 큰 징후들과 기적들을 행할 것이며, 할 수만 있으면, 선택받은 사람들까지도 홀릴 것이

다. (마태 24:24)

현재 상위 10% 가운데 많은 사람이 그리스도 신성으로 들어갈지, 아니면 추락한 존재들의 이기심을 취할지를 선택하는 중요한 시점에 있습니다. 방정식은 단순합니다. 다른 사람들에 대한 사심 없는 봉사로 표현되지 않는 것은 그리스도 신성이 아닙니다. 그것은 단지 이기심을 영적인 재능으로 가장한 것입니다. 이것이 징표나 기적처럼 보인다 할지라도, 그것은 변장한 타락한 의식에 불과합니다. 성 바울이 이렇게 말하지 않았나요.

13 그런 자들은 거짓 제자이며 사람을 속여 먹는 일꾼이며 그리스도의 제자로 가장하는 자들입니다.

14 그러나 그것은 조금도 놀라운 일이 아닙니다. 사탄도 빛의 천사라는 탈을 쓰고 나타나지 않습니까. (고린도후서 11장)

요점은 여러분이 이 책을 여기까지 읽었다면, 여러분은 이 행성에서 가장 영적인 상위 10% 가운데 한 사람일 가능성이 크다는 것입니다. 따라서, 여러분은 이 행성을 진정한 황금시대로 나아가게 할 운동의 일원이 될 가능성이 있습니다. 하지만, 이런 가능성을 충족시키기 위해서는, 내가 이 장에서 설명한 아주 교묘한 이원적인 환영을 극복해야 합니다. 여러분은 분리된 자아가 만든 환영의 마지막 흔적을 극복하고, 진실로 하나인 자아(one self)를 일으키기 위해서 노력해야 합니다. 여기에는 하위 10%에게 도전하고 그들을 드러내는 것이 포함됩니다. 그렇게 하는 것에 대해 그들이 공격할 때도 여러분은 그렇게 해야 합니다. 또한, 여기에는 중간의 80%를 일깨우는 것이 포함됩니다. 설령 그들이 필사의 상태로 그대로 잠들어 있으려 하고, 영원한 삶으로 자신들을 일깨우려고 하는 여러분의 노력에 전혀 감사하지 않는다 해도 여러분은 그렇게 해야 합니다.

열쇠 29
거짓 교사에게서 벗어나는 방법

나는 지금 상위 10%만이 지구를 이원적인 종교에서 벗어나게 할 잠재력이 있다고 설명했습니다. 하지만, 이러한 임무를 수행하려면, 언제나 그렇듯이, 내 안부터 시작해야 하며, 자기 눈 안의 들보를 제거하는 것부터 시작해야 합니다. 내가 상위 10%에게 반드시 해달라고 요청하는 것은, 나머지 인류가 거짓 교사의 영향에서 벗어나도록 도와달라는 것입니다. 여러분 스스로가 거짓 교사의 영향에서 벗어나지 못한다면, 어떻게 이 일이 가능하겠습니까?

상승 호스트가 직면한 가장 미묘한 문제 중 하나는 어떻게 해야 영적으로 가장 성숙한 사람들이 자신이 거짓 교사들의 영향을 받고 있음을 인식하고, 그들과 그들의 거짓된 개념들에서 빠져나올 수 있는가 하는 것입니다. 이 문제에는 몇 가지 측면이 있으며, 그것들을 이번 장에서 살펴보겠습니다.

가장 확실한 문제부터 시작하겠습니다. 모든 영적인 사람은, 우리가 그것을 신, 근원, 상승 호스트 또는 그 밖의 무엇이라고 부르든, 물질우주 너머에 뭔가가 존재한다는 것을 인식합니다. 당연히, 영적인 사람은 그 뭔가에 대해 커다란 충성심을 느끼며, 신 또는 영적인 스승에게 헌신해야 한다고 느낍니다. 분명히, 여기에 잘못된 것은 없습니다. 영적인 계보에서 여러분보다 위에 있는 존재에게 충성심을 느끼는 것은 실로 타당합니다. 앞에서 설명했듯이, 여러분은 분리된 개인으로 진보하는 것이 아닙니다. 여러분은 자신의 영적 계보인 생명의 강(River of Life)과 하나가 됨으로써 진보해 나갑니다. 영적인 사람들은 이것을 무의식적으로 알고 있습니다. 그러므로 그들은 계보(hierarchy)에서 자신들보다 위에 있다고 보는 존재들의 비전에 충실해야 한다고 의식적으로 느끼고 있습니다.

충실에 대한 건설적이고 필연적인 열망이 있기는 하지만, 두 가지 잠재적인 문제가 있습니다. 첫 번째는 여러분이 지구 너머에 있는 영적인 존재에게 충실한다고 하지만, 잠재적으로는 감정층 혹은 멘탈층에 존재하는 거짓 신 중 하나에게 충실할 수 있다는 것입니다. 아니면 여러분은, 자신을 영적인 스승으로 묘사하는, 심지어 상승 호스트의 대리자로 묘사하는, 이 영역 중 한 곳에 있는 존재에게 충실할 수도 있습니다. 상승한 존재들을 사칭하고, 자신이 진짜 예수 또는 진짜 마이트레야라고 주장하는 존재들이 있습니다. 그런 존재들은 사칭자입니다. 여러분이 그런 거짓 신이나 거짓 교사에게 충실하다면, 그곳에서 빠져나오는 것이 대단히 어려울 수 있습니다. 그 존재를 의심하지 않는 한 어떻게 그에게서 벗어날 수 있으며, 의심하는 것이 충실성의 부족으로 보이는데 어떻게 그렇게 할 수 있겠습니까? 따라서 이것이 진퇴양난의 상황을 만듭니다. 그것을 깨트릴 수 있는 유일한 사람은 여러분입니다.

여러분은 기꺼이 신이나 스승을 의심하는 것이 충실성의 부족이 아님을 깨달아야 합니다. 왜 그럴까요? 여러분의 신 혹은 스승이 진실하다면, 의심받는다 해도 아무런 문제가 없을 것입니다. 신의 참된 대리자들은 숨길 것이 전혀 없으며, 질문을 통해서만 여러분이 성장한다는 것을 압니다. 따라서, 여러분에게 자신의 스승 또는 신에 대한 의문을 가지게 되는 시점이 오는 것은 당연합니다. 내가 설명하려고 했던 것처럼, 창조주는 형태의 세계를 초월해 있습니다. 따라서 창조주 존재의 충만함을 정확하게 그려낼 수 있는 영적인 가르침이나 이미지가 존재하지 않습니다. 그러니 어떻게 그 충만함을 알 수 있겠습니까? 여러분은 오로지 직접적인 경험을 통해서만 알 수 있고, 여러분이 모든 외적인 가르침을 뛰어넘으려는 의지를 가질 때만 이 경험을 할 수 있습니다. 기꺼이 질문하려고 할 때만 그 너머로 갈 수 있습니다. 따라서 창조주는 질문이 모든 진보의 알파요 오메가이며, 시작과 끝이라는 것을 알고 있습니다. 모든 것을 알고 있다고 생각하는 사람들은, 그들이 자신을 얼마만큼 세련되었다고 여기는지와 상관없이, 창조주의 참된 영으로부터 항상 멀리 벗어나 있습니다.

첫 번째 문제는 영적인 사람들이 물리적 세상 너머에 있는 거짓 신이나 거짓 교사에게 충실할 수 있다는 것입니다. 두 번째 문제는 많은 영적인 사람이 자신의 신에게 충실한 것이 지구에서 신을 대리한다고 주장하는 조직, 교리, 종교의 지도자 또는 구루에게 충실한 것이라고 믿게 되었다는 것입니다. 따라서 그들은 감히 외부 조직, 그 교리나 지도자들을 의심하려고 하지 못하며, 그렇게 하는 것은 신에게 충실하지 않는 것이라고 느낍니다. 하지만, 내가 설명하려는 것처럼, 대부분의 영적이고 종교적인 조직들은 이원성 의식의 영향을 받았습니다. 그리고 구성원들이 질문하려고 하지 않는데, 어떻게 그런 의식에서 벗어나 자유롭게 될 수 있겠습니까?

여러분 자신의 에고와 추락한 존재들을 포함한 이원적인 힘은, 참된 신에게 조금도 충실하지 않습니다. 따라서, 그들의 영향력에 대해 의심하지 않는다면, 여러분은 신에게 충실하는 대신 실제로는 그들에게 충실하는 것입니다. 그들은 여러분의 종교를 왜곡했고, 신이 원하는 것을 빼앗았으며, 여러분은 침묵을 지키면서 이를 묵인하고 있는 것입니다. 신에게 충실한다는 명목으로 침묵하는 것은 전혀 이치에 맞지 않는 일입니다. 신 또는 진정한 영적인 스승에게 진심으로 충실한 사람들은 이원성의 영향을 받는 외부 종교의 모든 것에 대해 의문을 품게 될 것입니다. 그리고 긍정적인 변화를 보거나, 아니면 그곳을 떠나 다른 곳으로 나아가겠다고 결정할 때까지, 그들은 계속 그렇게 할 것입니다.

오로지 거짓 신들과 거짓 교사만이 숨겨야 할 것이 있습니다. 그러므로 그들은 신에 대한 충성이라는 이름으로 자신들에 대해 여러분이 의문을 가져서는 안 된다는 것을 믿게 하려고 합니다. 그들은 자신들이 철저한 검증을 견딜 수 없다는 것을 알고 있습니다. 그들이 영적인 사람들을 계속해서 속일 수 있는 유일한 방법은 질문하지 못하게 하는 것입니다. 사람들은 질문을 하자마자, 답이 전혀 없거나 답이 전혀 이치에 맞지 않는다는 것을 분명히 알게 될 것입니다. 그러면 사람들은 거짓된 교리를 꿰뚫어 보게 될 것이고 진정한 스승을 찾아야 한다는 것을 깨닫게 될 것입니다. 따라서 상위 10%가 거짓 교사들의 영향으로부터 지구를 자유롭게 하기 위해서는, 자신들의 신과 교리, 외적인 조직이나 외적인 스승을 포함한 영적인 삶과 관련된 모든 것에 대해 의심해야 합니다. 만약 여러분이 기꺼이 질문하려고 하지 않는다면, 여러분에게 건드릴 수 없다고 여겨지는 정신적인 성스러운 젖소가 있다면, 여러분은 영적인 자유에 이르는 참된 여정을 가고 있는 것이 아닙니다.

옳지 않은 존재에게 충실하는 부적절한 충실성이 있고, 초월적 신이 아닌 외적인 대리자에게 충실하는 거짓된 충성심도 있습니다. 여러분은 이 둘 모두를 극복해야 합니다. 어떻게 시작할까요? 결국, 이 모든 것은 분별로 요약됩니다. 이원적인 대립이 없는 하나의 진리(one truth)와 반그리스도 마음의 많은 "진리(truths)"를 분별하는 능력 말입니다. 명백히, 이것은 그리스도 신성의 주된 특성 가운데 하나이지만, 이것이 지적이거나 분석적인 능력을 말하는 것은 아닙니다. 이것은 내면의 직접적인 경험에 기초하는 직관적인 것입니다. 그리스도 신성을 성취해 가면서, 여러분은 신의 실재에 대한 직접적인 경험을 합니다. 따라서 신의 실재와 하나인 것과 실재로부터 분리된 것 사이의 차이, 진동의 차이를 경험할 수 있습니다. 예를 들면, 여러분은 영적인 스승의 말을 들을 수 있고, 비록 외면의 마음으로는 그가 하는 말 속에서 어떤 결함도 찾아낼 수 없다 하더라도, 그 사람의 진동이나 의도에 무언가가 결핍되어 있음을 경험합니다. 분석적인 마음으로 파악하거나 받아들일 수 있는 방식으로 표현할 수 없다 할지라도, 뭔가 옳지 않은 것이 있다는 사실을 여러분은 압니다.

요점은 모든 영적인 사람이 어느 정도 그리스도 분별력을 가지고 있다는 것입니다. 그렇지 않다면 그들은 삶의 영적인 측면에 관심을 가지지도 않았을 것입니다. 따라서 분별력을 추상적이거나 어렵다고 생각할 수도 있지만, 여러분은 이미 분별력을 가지고 있습니다. 여러분이 이 책을 읽고 있다면, 어느 정도의 그리스도 분별력을 가지고 있다는 것은 의심의 여지가 없습니다. 하지만, 물어보아야 할 두 가지 질문이 있습니다.

첫 번째는 여러분의 분별력이 최대치로 충분히 개발되어 있느냐

하는 것이며, 그 대답은 분명히 "아니오"입니다. 어떻게 이렇게 말할 수 있을까요? 왜냐하면, 분별력이 완전히 개발되어 있다면, 여러분은 지구에 육화해 있지 않고 상승해 있을 것이기 때문입니다. 여러분을 실망시키려고 이런 말을 하는 것이 아니라, 여러분이 지구에 있는 한, 분별력을 가다듬는 데 빈틈이 없어야 한다는 것을 인식하도록 도우려는 것입니다. 그러면 어떻게 그렇게 할까요? 다른 모든 기술을 개발하는 방식과 똑같은 방식입니다. 다시 말해 연습을 통해서 그렇게 할 수 있습니다. 그러면, 여러분이 물어봐야 할 두 번째 질문으로 넘어가겠습니다.

모든 영적인 사람은 분별력이 있다고 내가 말했지만, 진짜 질문은 그들이 이런 분별력을 사용하고 있느냐 하는 것입니다. 더 정확히 말하자면, 더 이상 질문이 필요하지 않은 영적인 삶의 어떤 부분이 존재한다고 느끼면서, 그들이 그 분별력을 선택적으로 사용하지 않느냐 하는 것입니다. 에고는 안전함을 느끼고 구원받았다는 것을 느끼려는 영원한 탐구를 하고 있습니다. 이것의 한 측면은 에고는 언제나 궁극적이고 여러분의 구원을 보장할 수 있는 신이나 영적인 스승, 가르침, 혹은 외적인 조직을 찾고 있다는 것입니다. 다시 말해서, 이런 조직의 일원이 되거나, 또는 이런 구루의 추종자가 되는 것만으로도, 에고는 자신이 구원받는다고 느낍니다. 에고가 이런 믿음을 받아들이자마자, 에고는 자신의 안도감의 근원에 대해 질문하려고 하지 않습니다. 따라서 에고는 마음속에 "안전지대(safe zones)"나 정신적인 성스러운 소(mental holy cows)를 만들려고 할 것입니다. 그곳은 의문을 제기할 필요가 없어 보이고, 그리스도의 분별력을 적용할 필요도 없어 보입니다. 여러분은 다른 영적인 스승들에 대해서는 의심할 수 있지만, 자신의 영적인 스승에 대해서는 의심하면 안 됩니다. 여러분은 다른 종교의 신들은 의심할 수 있지만, 자신의 신에 대해서는 의심하면 안 됩니다. 다른 종교의 교리는 의심할 수 있지만, 자신의 교리를 의심하면 안 됩니다. 다른 영적 지도자들의 행동에 대해서는 의심할 수 있지만, 자신의 지도자들 행동에 대해서는 의심하면 안 됩니다. 많은 개념에 대해 의심할 수는 있지만, 특정한 믿음에 대해서는 절대로 의심해서는 안 됩니다. 다시 말해서, 다른 사람들의 눈에 있는 티를 의심할 수는 있지만, 자기 눈 안의 들보는 의심하지 않습니다.

최대한 진보를 이루기 위해, 여러분은 이런 모호한 영역(gray areas), 자신이 그리스도의 분별력을 적용하지 않는 어두운 영역에 대해 알고 있어야 합니다. 그런 다음, 에고와 거짓 교사들이 숨으려고 하는 어둠을 모두 소멸시킬 수 있도록, 여러분의 빛을 비추어야 합니다. 이것은 몇 가지 분명한 결정을 내리는 문제입니다. 여러분은 진실로 인류를 거짓 교사로부터 벗어나게 하려는 운동의 일원이 될 의향이 있습니까? 만일 그렇다면, 자신을 자유롭게 하는 것부터 시작하세요. 그러면 여러분은 다른 사람들을 자유롭게 해줄 방법을 명확히 알게 될 것입니다. 여러분은 이 세상에 그리고 이 세상 너머에 거짓 교사들이 존재한다는 것을 기꺼이 인정할 것인가요? 여러분이 그들에게 영향받았다는 것을 기꺼이 인정할 건가요? 아니면 차라리 무지 속에 남아 있겠습니까?

여러분이 영적인 신성한 소(holy cows)를 가지고 있는지를, 에고가 의심하기를 저항하는 영적인 삶의 영역이 있는지를 평가할 수 있는 유용한 척도를 주겠습니다. 앞에서 얘기한 것처럼, 에고의 본질은 생명의 흐름, 생명의 강에 저항하는 것입니다. 따라서 에고는 진리의 빛에 맞서 자신의 환영을 끊임없이 방어하려고 합니다. 실제로, 진리의 빛 안에서는 어떤 환영도 존재할 수 없습니다. 그것은 불을 켜면 어둠이 사라지는 것과 같습니다. 따라서 에고는 여러분이 자신의 이원적 환영을 넘어서는 이해를 찾아내고 이를 받아들임으로써, 마음속의 빛을 켜는 것을 막기 위해 끊임없이 노력합니다. 자신의 신념에 의문을 제기하는 것을 주저하거나, 새로운 지식을 고려하는 것을 꺼리는 것을 발견할 때마다, 에고가 작동하고 있음을 알아야 합니다.

문제는 아주 간단합니다. 이것은 예수가 모래 위에 집을 짓는 것과 반석 위에 집을 짓는 우화를 통해 설명했던 것입니다. (마태 7:24) 만약 여러분의 영적인 믿음이 이원성 의식이라는 쉽게 변하는 모래 위에 세워져 있다면, 그것들은 필연적으로 진리의 빛에 의해 위협받게 될 것이며, 따라서 여러분은 진리에 저항할 것이고, 질문에 저항할 것입니다. 하지만, 여러분의 믿음이 그리스도의 반석 위에 세워져 있다면, 진리에 저항할 필요가 없습니다. 따라서 여러분에게 오는 모든 개념을 공개적으로 검토해 볼 수 있으며, 진리와 공명하지 않는 것들은 놓아버리고, 진리와 공명하는 것들은 받아들일 것입니다. 붓다가 이렇게 말했습니다. "불합리한 것은 어떤 것도 받아들이지 말라. 적절한 검토 없이 어떤 것이든 불합리하다고 거절하지 말라." 새로운 개념을 무시하거나 받아들이기에 앞서 적절하게 검토하는 데 저항하는 것은 오직 에고뿐입니다.

∽∽∽⚘∽∽∽

이원성의 세력들에게 속아 왔다는 사실에 부끄러워할 것이 전혀 없음을 분명히 하겠습니다. 그것들은 매우 미묘하며, 실제로 여러분이 지구에서 성장하면서 의심할 생각조차 못할 정도로 이원적인 개념들에 세뇌당하지 않기는 불가능합니다. 하지만, 영원한 질문은 여러분이 속아 왔다는 것을 인정하고 더 이상 속지 않으려고 할지,

아니면 거짓 교사들이 축복이라고 말하는 무지에 계속 남아 있는 것을 더 좋아할 것인가 하는 것입니다. 진실한 영적인 추구자의 특징은 환영의 노예로 남기보다는 자유로워지는 것이 낫다고 생각하는 것입니다. 그리고 환영을 극복하기 위해서는 그것을 어둠으로부터 그리스도 진리의 빛으로 끄집어내야 합니다. 그렇게 하려면, 여러분은 그리스도의 분별력을 행사해야 합니다. 그것은 그 누구도 물어보려고 하지 않거나, 여러분이 과거에 물어보려고 하지 않았던 것들에 대해 기꺼이 질문하는 것에서 시작됩니다.

여러분은 솔직하게 자신의 영적인 삶과 믿음들을 살펴보아야 합니다. 묻기를 꺼리는 부분이 있습니까? 충실해야 한다는 열망 때문에 또는 지옥에 가는 두려움 때문에 질문하기를 두려워하지는 않나요? 영적인 지도자가 자기 말대로 실천하지 않는 것을 인정하기가 꺼려지나요? 그래서 여러분의 분석적인 마음이 지도자가 자신의 가르침대로 살아가지 않는 이유를 합리화하거나 변명하는 이유를 찾도록 허용하지는 않나요?

말이 나온 김에 수준을 높여서, 이제 여러분 존재의 일부가 자신이 틀렸음을 발견하고 싶지 않으므로, 질문하는 것을 꺼리는 것은 아닌지 살펴보기 바랍니다. 영적인 여정에서 가장 분명한 시험은 두려움이며, 가장 교묘한 시험은 자만심입니다. 자만심은 자신이 옳지 않다는 것을 드러낼지도 모르는 질문을 하려고 하지 않기 때문에 위험합니다. 따라서 자만이라는 금박 입힌 새장 속에 갇히고 나면, 자만이라는 쇠사슬을 기꺼이 끊으려고 하지 않는 한, 탈출하기가 매우 어렵습니다.

그런데 자만은 어디에서 올까요? 나는 그것이 여러분의 의식하는 자아(conscious self)나 여러분의 아이엠 현존(I AM Presence)에 고정된 영적인 정체성의 일부가 아니라는 것을 확신합니다. 자만은 오로지 에고로부터 옵니다. 그것은 여러분의 진정한 존재의 일부가 아닙니다. 따라서 자만의 징표들을 적극적으로 찾아내고, 그런 흔적을 이용하여, 자만을 통해 여러분을 통제하려는 에고의 그림자를 밀어내야 합니다. 에고가 아무리 설득력이 있어 보인다고 하더라도, 에고는 오로지 이원성의 영역에만 존재하기 때문에, 에고의 믿음은 모두 환영이라는 것을 깨달아야 합니다. 따라서, 에고는 필사적으로 자신이 절대로 틀리지 않았다는 인상을 만들어내려고 합니다. 하지만, 에고는 언제나 옳지 않습니다. 이원성은 언제나 옳지 않다는 사실을 깨닫고 나면, 여러분이 이원적인 믿음을 받아들였을 때를 아는 것이 진정한 여러분인 의식하는 자아에게 더 좋다는 것이 명백해집니다. 무한정 잘못을 계속하는 것보다는 자신이 틀렸다는 것을 인정하는 것이 더 좋습니다. 그러면 여러분은 잘못을 중단하게 됩니다. 잘 알려진 속담이 있습니다. "한 번 속이면 속인 사람 탓. 두 번 속이면 속은 사람 탓." 분명히 말하지만, 여러분이 부끄러움을 느끼게 하려고 내가 이러는 것이 아닙니다. 나는 지금 여러분이 속았다는 것을 솔직하게 인정하고, 그냥 앞으로 나아가라고 여러분을 격려하는 것입니다.

여러분이 에고의 자만을 의식적으로 꿰뚫어 보고, 의식적으로 이것과 분리되려고 한다면, 대부분의 사람, 심지어 가장 영적인 사람들조차 상상하지 못하는 영적인 자유를 경험할 것이라고 나는 확신합니다. 그 이유는 여러분이 에고의 자만과 환영을 끊임없이 방어하려는 쳇바퀴에 갇혀 있는 한, 영적인 자유가 어떤지를 정말로 알 수 없기 때문입니다. 비록 에고의 자만이 안정감과 우월감 같은 특정한 감정적 이점을 여러분에게 주는 것처럼 보였을지라도, 두려움과 자만을 유지하는 것이 전혀 논리적이지 않다는 것을 그 자유가 깨닫게 만들 것입니다. 절대로 상실할 수 없는 자신의 상위 존재와의 하나됨 안에 여러분이 있는데, 무슨 이유로 거짓된 안도감이 필요할까요? 따라서 에고의 감옥을 뒤로 하고, 여러분 아이앰 현존의 밝은 햇빛을 맞이하세요. 왜냐하면, 진리가 여러분을 자유롭게 할 때, "감춰진 것이 드러나지 않을 것이 없고, 숨은 것이 알려지지 않을 것이 없기"(마태 10:26) 때문입니다.

~~~~~

상승 호스트가 직면한 딜레마 가운데 하나는 어떻게 해야 영적인 구도자들이 특정한 스승이나 가르침에 대한 믿음을 파괴하지 않고도, 거짓 교사에 대한 충성심과 집착을 극복할 수 있도록 도울 수 있느냐 하는 것입니다. 자신이 거짓 종교나 거짓 교사들을 따랐다는 결론을 내리고, 절대 다시는 속고 싶지 않다고 결심한 사람들이 실제로 많이 있습니다. 그리고 그들은 속는 것을 피할 수 있는 유일한 방법이 어떤 스승 혹은 어떤 가르침이든 다시는 신뢰하지 않는 것이라고 추론합니다.

이 문제를 극복하는 가장 좋은 방법은, 그것이 여러분 에고의 도움을 받는 거짓 교사들이 의도적으로 고안한 음모(plot)라는 것을 깨닫는 것입니다. 내가 말했던 것처럼, 이원적인 세력들은 신이 틀렸다는 것을 증명하려고 합니다. 이렇게 할 수 있다고 그들이 생각하는 한 가지 방법은, 가능한 한 많은 사람이 그리스도 신성의 참된 길을 발견하고 이를 따르지 못하게 막는 것입니다. 그들은 지구에서 그 누구도 그리스도가 되지 못한다면, 그러면 자신들이 지구를 정복하는 것이며, 신에게서 지구를 빼앗는 것으로 생각합니다. 따라서 거짓 교사들은 여러분이 계속해서 자신을 따르기를 바랍니다. 그렇게 하는 한, 여러분은 분명히 그리스도가 되지 못합니다.

그들은 사람들이 그리스도 신성에 도달하지 못하도록 하면서, 자신이 영적이라고 느껴야 하는 사람들의 욕구를 충족시키기 위해, 이원론적인 온갖 종류의 영적인 운동을 전개하려고 합니다. 그들은 추종자들이 진정한 목표, 즉 내가 그리스도 신성이라고 한 영적인 자급자족에 이르지 못하게 하면서도, 겉으로는 영적인 진보를 하고 있는 것 같은 모습을 만들어냅니다.

여러분이 거짓 교사를 따르기 시작하면, 이원적인 세력들은 여러분이 멈추는 것을 바라지 않습니다. 그럼에도 불구하고, 여러분이 스승에 대해 질문하고, 더 이상의 무언가에 가서 닿으려고 한다면 어떤 일이 일어날까요? 음, 그들의 전반적인 목표는 여러분을 참된 여정에서 벗어나게 함으로써 신이 틀렸다는 것을 증명하는 것입니다. 그러므로, 여러분이 참된 스승에게 가서 닿으려고 할 때, 거짓 교사들과 여러분의 에고는 모든 스승에 대한 여러분의 믿음을 파괴함으로써, 여러분이 그렇게 하는 것을 막으려고 할 것입니다. 그들은 여러분이 참된 길을 찾아내는 것을 보느니, 차라리 영적인 모든 것에 대한 여러분의 믿음을 파괴하려고 할 것입니다. 이런 사실을 알게 되면, 여러분은 이런 음모에서 벗어날 필요가 있음을 알게 되며, 자신이 거짓 교사를 뒤에 남겨두고 떠나기만 하면 된다는 것을 알 수 있다고 나는 믿습니다. 또한, 나는 뱀이 이브의 마음에 의심의 씨앗을 뿌려 이브를 조종했다는 것을 여러분이 기억하리라 믿습니다.

하지만, 나는 자신이 거짓 교사를 추종했다는 것을 인식하게 되면, 그것이 치유해야 할 상처를 만들 수 있다는 것도 압니다. 결국, 여러분이 한번 속았다면, 다시 속는 것을 막아주는 것은 무엇이고, 그것을 어떻게 신뢰할 수 있을까요? 나의 첫 번째 논평은 자신이 속았음을 인식했다는 바로 그 사실이 여러분을 더 현명하게 만들었으며, 따라서 다시 속을 가능성이 줄어들었다는 것입니다. 다음 논평은 여러분은 경험을 통해서만 성장할 수 있다는 것을 상기하는 것입니다. 따라서 여러분이 한 번 이상 속았다 하더라도, 자신이 속았다는 것을 인정하고 앞으로 나아가려고만 하면, 그것을 가치 있는 배움의 경험으로 바꿀 수 있다는 것입니다. 그럼에도 불구하고, 나는 여러분이 궁극적인 스승이나 가르침을 찾아 궁극적인 안전감을 만들어내려고 하는 것은 에고임을 인식하기 바랍니다. 내가 이 책에서 설명하려고 한 것처럼, 궁극적인 안전은 여러분의 외부에 있지 않습니다. 완벽한 스승일지라도 여러분의 구원을 보장할 수 없습니다. 구원은 의식이 성장하는 문제이기 때문입니다. 이것을 충분히 인정할 때, 여러분은 오류 없는 스승이라는 에고의 꿈을 놓아버릴 수 있습니다.

거짓 교사를 따르는 것과 관련한 진짜 문제는 여러분이 스승은 오류가 있을 수 없다고 생각해서, 자신의 그리스도 분별력을 차단할 수 있다는 것입니다. 내가 설명하려고 했듯이, 여러분은 자신의 분별력을 차단하면 안됩니다. 그러니 오류가 전혀 없는 스승들은 존재하지 않는다고 말할 수 있습니다. 나는 여러분이 이 책을 오류 없는 가르침으로 바꾸기를 원하지 않습니다. 왜냐하면, 인류의 의식이 높아짐에 따라 분명 더 많은 것이 주어질 것이기 때문입니다. 내 말의 요점은 여러분이 거짓 교사를 따르게 하고, 그런 다음 스승은 오류가 없다고 믿게 하려고, 에고는 스승에 대해 의문을 가져서는 안 된다고 한다는 것입니다.

어떤 사람들은 자신이 추종했던 스승이 무오류의 존재가 아님을 인식하고, 즉시 무오류의 또 다른 스승을 찾기 시작합니다. 어떤 사람들은 몇 년, 몇십 년, 또는 여러 생을 통해, 이 스승에서 저 스승으로 여러 스승을 거칩니다. 하지만, 좀 더 성숙한 반응은 이런 "스승 찾아 돌아다니기(Guru-hopping)"를 그만두고 오류 없는 스승이 필요하다는 개념 자체를 버리는 것입니다. 여러분에게 필요한 것은 하나됨의 길에, 즉 모든 외적인 스승이나 가르침을 초월하는, 여러분을 자급자족으로 이끄는 길에, 자신을 고정시키는 것입니다. 영의 진리를 직접적이고 내적으로 경험하게 되면, 더 이상 외적인 스승이나 가르침이 필요하지 않게 됩니다. 이 말은 여러분이 외적인 가르침이나 종교에 관여하지 않는다는 의미가 아닙니다. 이 말은 외부 활동이 여러분의 구원을 보장하거나 구원을 막을 수 있다고 생각하지 않는다는 의미입니다.

근본적인 차이를 알 수 있나요? 오류가 없는 스승을 찾고 있는 사람들은 자신들을 대신하여 모든 것을 해줄 수 있는 스승을 찾고 있습니다. 그런 꿈을 놓아버리기만 하면, 여러분은 자기 초월의 길로 나아갈 수 있습니다. 그러면 여러분은 물질세계에는 그런 표현이 존재하지 않는다는 것을 알게 되고, 그렇기 때문에 진리에 대한 궁극적인 표현을 찾는 것을 그만둘 수 있습니다. 그 대신, 여러분은 자신의 직관력을 신뢰하면서 그것을 계속해서 다듬을 것입니다. 직관이 여러분을 지금 있는 그곳으로 데려갔다는 것을 믿고, 그것을 계속 갈고 다듬으면, 직관은 여러분을 그리스도 신성의 나머지 길로 데려다줄 것입니다. 이렇게 접근하면, 영적인 여정에서 결코 믿음을 상실할 수 없습니다. 여정은 계속 진행되는 과정이며, 외부의 구원자를 찾는 문제가 아니라는 것을 여러분은 알게 됩니다.

여러분은 궁극적인 스승을 찾는 대신, 자신을 다음 단계로 데려다줄 스승을 찾고 있을 뿐입니다. 여러분은 진정한 스승이 내면에 있다는 것, 진짜 스승은 자신의 상위자아라는 깨달음을 얻게 될 것입니다. 외적인 스승이나 가르침은 내면의 스승이 외면의 마음을 일깨우기 위해 사용하는 도구일 뿐입니다. 따라서 하나의 스승이 목적을 이루고 나면, 내면의 스승은 여러분을 또 다른 스승에게 안내해 줄 수 있습니다. 그러니 여러분은 각각의 스승을 진실과 거짓의 관점에서 생각하는 대신, 단지 성장의 진행 과정에 있는 디딤돌로 보는 것입니다. 내가 말했던 것처럼, 실패한 실험이라고 해도 진전으로 바뀔 수 있습니다. 여러분은 거짓되거나 혹은 불완전한 스승과의 관계에서도 실제로 엄청나게 배울 수 있습니다.

─── ⚜ ───

모든 영적인 추구자는 학생이 준비되면 스승이 나타난다는 말을 숙고해 보면서 도움을 받을 수 있습니다. 요령은 여러분이 발견한 스승이 여러분의 현재 의식 상태를 반영한다는 것을 깨닫는 것입니다. 따라서, 스승은 여러분의 개인적인 여정에서 여러분이 배워야 할 특정한 교훈을 배울 수 있도록 도움을 주는 데 가장 적합한 사람입니다. 따라서 만약 여러분이 거짓 교사를 끌어들인다면, 그것은 여러분이 거짓 교사를 넘어서는 데 필요한 뭔가를 배워야 하기 때문입니다. 과거의 결정을 방어하거나 변명하지 않고, 숨겨진 교훈을 찾기만 하면, 여러분은 다음 단계로 넘어갑니다. 사람들을 관찰한다면, 어떤 사람이 자신이 배워야 할 교훈을 배우지 않으면, 자신에게 똑같은 교훈을 줄 또 다른 스승을 끌어들인다는 것을 알게 될 것입니다. 하지만, 교훈을 배우자마자, 여러분은 여정의 더 높은 단계로 올라가게 되고, 이제는 더 높은 스승을 끌어당기게 될 것입니다. 따라서, 배워야 할 것을 배우고 나면, 여러분은 거짓 교사를 초월하여 인류의 진정한 스승을 발견할 수 있습니다.

여러분이 지금까지 깨달았다고 하지만 실제로는 거짓 교사를 추종해왔다면, 여러분이 그 스승과 관계 맺겠다고 선택한 데는 이유가 있습니다. 여러분은 신성한 계획 일부로 이런 스승을 따르겠다고 결정했을지도 모릅니다. 이런 선택을 하는 데에는 여러 가지 이유가 있을 수 있습니다.

여러분은 거짓 교사를 따르는 것으로부터 뭔가를 배우기를 원했습니다.

여러분은 어떤 순진함(naivete)을 극복하고, 분별력을 키우고 싶었습니다. 거짓 교사를 따르면서 다양한 형태의 남용 대상이 되는 것이 이것을 성취할 수 있는 가장 빠른 길이었습니다.

여러분은 스승의 판단을 끌어내는 것을 돕고 싶었습니다.

여러분은 스승을, 혹은 일반적으로 거짓 교사를 세상에 드러내는 것을 돕고 싶었고, 그렇게 하려고 그런 조직 안에 있는 것이 어떤지를 알 필요가 있었습니다.

여러분은 길을 증명하고 싶었습니다. 그리고 지구에 사는 대부분의 사람이 거짓 교사를 따르고 있으므로, 여러분은 맹목적인 추종자가 되는 것에서 벗어나, 그리스도 신성의 참된 여정으로 나아가는 방법을 보여주고 싶었습니다.

이것을 깨달았을 때, 여러분은 거짓 교사를 따랐던 자신을 용서할 수 있으며, 스승을 용서하고, 앞으로 나아갈 수 있습니다. 지금 내가 거짓 교사가 종종 추종자들을 학대하는 것을 정당화하려는 것이 절대 아닙니다. 단지 나는 여러분에게 분노와 비난의 의식으로 들어가는 것은 비생산적인 반응이라고 말하는 것입니다. 그렇게 하는 것은 정신적으로 그리고 감정적으로 스승과 여러분을 묶어 둠으로써, 자신의 성장을 멈추게 하는 것일 뿐입니다. 그것은 또한 스승을 비난하고 싶어 하는 것이 에고와의 동일시임을 보여줍니다. 실제로는, 다른 사람들이나 자기 자신을 비난할 필요가 없습니다. 여러분은 단지 경험에서 배우고, 그것을 이용하여 여정의 다음 단계로 나아갑니다. 기본적으로 어떤 것을 부정하거나, 저항하고 정당화하거나 혹은 비난하는 방식으로 접근하지 말고, 어떤 것이 자신의 성장을 돕는지, 혹은 방해하는지만 살펴보세요. 그것이 성장을 방해하면 거기에서 교훈을 찾으세요. 교훈을 배우고 나면, 여러분은 그냥 과거를 놓아버리고 앞으로 나아갑니다. 이것은 중요하게 고려해야 할 또 다른 사항으로 이어집니다.

∽∽∽⚜∽∽∽

내가 설명한 것처럼, 여러분이 자신의 진리와 빛을 다른 사람들에게 나누어 주기 시작하는 것은 그리스도 신성에 이르는 길의 자연스러운 일부입니다. 예수는 제자들에게 진리를 증언하라고 하였고(요한 18:37), 그들의 빛을 비추어서(마태 5:16), 진리와 빛이 모두 신에게서 온다는 것을 다른 사람들이 알 수 있도록 하라고 하였습니다. 그런데 이 말이 다른 사람들을 가르치려고 하기 전에, 여러분이 어느 정도 완벽한 상태에 도달해야 한다는 의미일까요? 여러분은 완전한 깨달음에 도달할 때까지 히말라야의 동굴 속에 은둔해야 할까요? 아니면 현재의 의식 단계와 성취에 근거하여 가르치기 시작해야 할까요?

내가 지금 누군가를 가르치기 전에 더 높은 의식의 단계에 이를 때까지 뒤로 물러나는 것이 옳다고 여기는 사람들을 비난하는 것이 아닙니다. 하지만, 이 시대는 모든 사람이 그런 방식으로 접근할 때가 아닙니다. 인류는 개인적인 그리스도 신성에 대한 예수의 가르침을 이해하고 적용한다는 관점에서, 원래 있어야 할 곳에서 많이 뒤처져 있습니다. 따라서 사람들이 그들의 현재의 의식 수준으로 여정을 이해하는 것에 따라 가르쳐야 할 필요가 큽니다. 그래서 많은 사람이 다양한 종류의 영적인 스승이 되는 역할을 하기 시작해야 합니다.

영적인 스승 역할을 하는 사람 가운데 일부는, 분명히 어떤 면에서는 완벽하지 않습니다. 하지만 그것은 정말로 문제가 되지 않습니다. 그들과 그들로부터 배우는 영적인 추구자들이 모두 오류가 없는 스승을 찾겠다는 에고의 꿈을 놓아버릴 수만 있으면 말입니다. 따라서, 지구상의 어떤 존재도 궁극적인 이해를 하고 있지는 않지만, 어떤 사람들은 다른 사람들에게 영감을 주고 그들을 도울 수 있는 더욱 진보된 이해를 지니고 있다는 것을 알 수 있습니다. 하지만 가르치는 사람 역시 자신의 배움이 끝나지 않았음을 인정해야 합니다. 따라서 이전에 자신이 가르쳤던 것을 뛰어넘거나 수정하여서라도, 기꺼이 자신을 초월해야 합니다.

내 말의 요점은 지구에는 영적인 스승의 자격으로 봉사하는 것이 옳은 많은 사람이 있다는 것입니다. (많은 사람이 과감하게 이 역할을 맡을 수 있기를 바랍니다.) 하지만, 이 사람들이 가르치는 것이 항상 옳은 것은 아닐 것입니다. 왜냐하면 그들은 가능한 최고 수준이 아닌, 자신의 현재 수준의 의식과 그리스도 신성으로 가르치기 때문입니다. 이 말은 그들이 가르치면 안 된다거나 그들이 거짓 교사라는 말이 아닙니다. 다시 말해서, 진정한 스승은 절대로 "잘못된" 말을 할 수 없으며, 잘못된 말을 하는 사람들은 모두 거짓 교사라고 말하면서, 이것을 흑백의 관점에서 정의할 수는 없다는 것입니다. 나는 여러분이 거짓 교사와 불완전한 스승을 구별하기를 바랍니다.

완벽한 기준을 정하고, 그런 기준에 따라 살아가지 않는 사람들은 모두 거짓 교사라고 하는 것은 타락한 의식이 만들어낸 또 다른 음모입니다. 거짓 교사들은 이원성 의식을 이용해 이렇게 하므로,

자신들만이 진정한 스승인 것처럼 보이게 하고, 다른 사람들은 모두 거짓 교사로 보이게 합니다. 그렇다면 진짜 차이는 무엇일까요?

이 책에서 내가 설명하려고 한 것처럼, 영성이란 오류가 없는 외적인 가르침이나 조직, 또는 스승을 찾는 것이 아닙니다. 참된 영성은 지속적인 자기 초월의 과정인 하나됨의 여정을 따르는 것입니다. 다시 말해서, 진정한 스승이 되는 것은 궁극적으로 참된 뭔가를 얘기하는 것이 아닙니다. 궁극적인 진리는 말로 표현될 수 없습니다. 진정한 스승이 되는 것은 언제나 외적인 가르침을 모두 초월하는 진리의 영에게 도달하는 것입니다. 그 길은 자기 초월이라는 참된 길을 실천하면서 이를 증명하는 것입니다.

어떻게 해야 그렇게 할 수 있을까요? 궁극적인 진리를 찾아냈다고 생각하지 않고, 언제나 현재의 의식 상태를 초월하려고 노력하면서 그렇게 할 수 있습니다. 내 말의 요점은 아직도 영적인 개념에 대해 다소 제한되어 있고, 인간적인 결함과 특성을 가진 스승들도 많이 있지만, 그들은 자기 초월의 길을 증명한다는 점에서 여전히 진정한 스승이라는 것입니다.

그러면 무엇이 거짓 교사가 되게 할까요? 그것은 자기 초월의 길을 따르지 않으면서, 자신을 잘못될 수 없고 따라서 의문을 받거나 부정의 대상이 될 수 없는, 오류 없는 권위자로 내세우려고 하는 것입니다. 종교의 역사를 살펴보면, 사람들과 조직들이 오류가 없다고 주장하는 이런 패턴이 반복되었다는 것을 알 수 있습니다. 가톨릭교회에서, 교황을 의심하면 신을 의심하는 것이라고 주장하는 가톨릭 지도자들을 분명히 볼 수 있습니다. 내가 설명한 것처럼,

신에 대해 질문하는 것에는 아무런 잘못이 없습니다. 참된 신은 숨길 것이 전혀 없으며, 여러분이 신의 진리를 찾기를 바랍니다. 이것이 정확하게 예수가 이렇게 말한 이유입니다. "찾으라, 그러면 찾을 것이요. 두드려라, 그러면 너희에게 열릴 것이니. 왜냐하면, 구하는 이마다 받을 것이요. 찾는 이는 찾아낼 것이요. 두드리는 이에게는 열릴 것이기 때문이니라."(마태 7:7~7:8) 예수는 의문을 품는 것이 지혜의 시작임을 알았습니다.

또한, 여러분은 자신이 신 또는 마이트레야 같은 궁극적인 존재의 화신이라고 주장하면서, 자신을 의심할 여지가 없는 권위로 추켜세우려는 사람들을 볼 수 있습니다. 이런 사람은 언제나 거짓 주장을 하는 것입니다. 창조주 또는 상승한 존재는 지구로 육화하여 내려갈 수 없기 때문입니다. 나는 이것이 미묘한 것임을 알고 있으므로, 이에 관해 설명하겠습니다. 창조주는 궁극적으로 특정한 정체성 그 이상도 그 이하도 아닙니다. 그것은 대부분의 인간 정체성을 훨씬 초월한 정체성이지만, 그래도 여전히 정체성입니다. 그 정체성은 창조주이며, 이 형태의 세계가 존재하는 한(허공이 채워질 때까지) 그렇게 남아 있을 것입니다. 따라서 창조주인 정체성은 물리적인 몸으로 지구 행성에 하강하지 않을 것이며, 신이 육화했다고 주장하지도 않을 것입니다. 이것은 자신이 신이라고 절대 주장하지 않았던 예수에게도 해당하며, 이런 주장을 할 수 있는 현존하는 모든 구루에게도 해당합니다.

모든 존재의 의식하는 자아들은 창조주 존재의 확장체입니다. 하지만, 그들은 개별적인 정체성을 부여받았습니다. 따라서 그들이 창조주의 존재에게서 나왔다고 하더라도, 창조주와 같은 존재는 아닙니다. 내가 설명한 것처럼, 신과의 하나됨을 성취한다는 것은 신과 똑같아진다는 의미가 아닙니다. 여러분은 자신의 개체성을 유지하면서, 그것을 신의 단계로까지 확장하게 되어 있습니다. 따라서 창조주와 똑같은 단계에 이르게 되지만, 창조주와 똑같지는 않은, 개별적인 신이 되어가는 것입니다. 하지만, 이 행성이 아직은 상승하지 않은 구체 속에 존재하기 때문에, 여러분이 지구에 있는 동안에 이런 정체성의 확장은 이루어질 수 없습니다.

내 말의 요점은 어떤 사람을 신의 화신이라고 말할 수 있지만, 어떤 사람이 신이 육화한 존재라면, 다른 사람 역시 신이 육화한 존재임을 이해할 때만, 이런 주장이 옳은 것이 될 수 있다는 것입니다. 따라서 혼자만이 신의 완전한 화신이라고 정당하게 주장할 수 있는 사람은 지구에 존재한 적도 없고 앞으로도 존재하지 않을 것입니다. 어떤 사람이 그렇게 주장한다면, 그것은 그 사람이 자신의 분리된 자아를 다른 모든 사람 위에 올려놓고, 분리된 자아를 신으로 바꾸어 놓으려는, 가장 교묘한 형태의 이원적 환영에 갇혀 있는 것입니다. 이런 주장을 함으로써 그 사람은 거짓 교사가 됩니다.

어떤 사람이 자신이 신이 육화한 존재이며, 자신이 창조주의 개체화이자 확장체라는 사실을 기억하게 되었고, 이를 받아들이게 되었다고 하는 것은 타당합니다. "나와 내 아버지는 하나(요한 10:30)"라는 것을 온전히 깨닫는 것은 실제로 그리스도 신성의 여정 일부이며, 분명히 그것은 여러분을 대다수 다른 사람과 구별되게 합니다. 따라서 신성(Divinity)이 인간의 형태로 나타났다고 말할 수는 있지만, 그렇다고 그 완전한 창조주가 인간의 몸으로 구현되었다거나, 특정한 육체에만 화신했다고 말할 수는 없습니다.

여러분이 정말로 자신의 근원과 하나가 되면, 다른 모든 사람 역시 창조주 존재의 확장체라는 것을 깨닫습니다. 따라서 자신을 다른 사람들 위에 세우려 하지 않으며, 다른 사람들이 자신을 지구의 신으로 흠모하거나 숭배하게 하려고 하지 않을 것입니다. 여러분은 신이 한사람 안에 존재한다면, 신은 마땅히 모든 사람 속에도 존재해야 한다는 것을 사람들이 알 수 있도록 돕기 위해 이곳에 왔습니다. 사람들이 여러분 안에서 신성한 뭔가를 본다면, 그것은 그들이 자신의 신성이 반영된 것을 보고 있는 것입니다. 여러분을 받침대 위에 올려놓고 숭배하는 대신, 그들 역시 타고난 자신의 신성을 받아들일 수 있을 때까지, 여러분이 따라왔던 길을 따라갈 필요가 있습니다. 다시 말해서, 여러분이 정말로 신의 화신이라면, 사람들이 여러분을 지구의 신으로 떠받들게 하는 것이 아니라, 모든 사람 속에 존재하는 신을 일으켜 세우려고 이곳에 온 것입니다. 창조주는 궁극의 봉사자(ultimate servant)이므로, 자신이 창조주의 확장체라고 깨달은 사람들은 당연히 창조주가 봉사하는 것처럼 봉사할 것입니다. 오직 거짓 교사들만이 다른 사람들이 자신을 섬기거나 숭배해야 할 필요가 있습니다. 따라서 예수가 말한 것처럼, 그들의 열매로 그들을 알게 될 것입니다. (마태 7:15-20)

※

이제 우리는 하나됨의 길이 지속적이고 내적인 과정이라는 것을 알 수 있습니다. 어떤 스승도 여러분을 대신하여 여러분이 진보하게 할 수 없습니다. 여러분은 그런 이해를 확장하고 이를 내면화하면서 진보해야 하며, 그렇게 함으로써 자신의 의식을 끌어올릴 수 있습니다. 스승은 영적인 여정에서 여러분이 하나 혹은 몇 단계를 나아가도록 도울 수 있습니다. 그 속임수를 꿰뚫어 본다면, 거짓 교사까지도 여러분이 특정한 환영을 극복하는 데 도움이 되는 도구가 될 수 있습니다. 많은 사람이 자신의 성장에 대한 책임을 회피하려는 경향이 있으므로, 지도자를 맹목적으로 따르고 싶어 합니다. 오로지 거짓 교사로부터 심각한 남용을 경험해 봐야만, 그들은 자신의 구원에 대해 자신에게 궁극적인 책임이 있다는 사실을 받아들이겠다고 결정합니다.

요점은 여정이 계속 진행되는 과정이며, 여러분이 진실로 충실해야 하는 것은 이 여정과 지속되고 있는 여러분의 과정이어야 한다는 것입니다. 어떤 스승이 여러분이 더 높이 오르도록 돕는다면, 그 스승으로부터 배우세요. 하지만, 그 스승이 여러분을 더 높은 곳으로 데려갈 수 없는 시점이 올 수 있다는 것을 알아야 합니다. 따라서 다른 스승을 찾으라는 내면의 자극에 귀 기울이세요. 학생이 준비되면 스승이 나타난다는 것은 신의 법칙입니다. 하지만, 새로운 스승을 맞을 준비가 되어 있다는 신호가 반복해서 나타나지만, 학생이 옛 스승에 너무 집착해 있어, 새로운 스승이 나타났는데도 알지 못합니다. 보편적인 스승에 대한 충실이 아니라, 특정한 스승에 대한 잘못된 충실성이, 영적인 여정에서 많은 학생을 나아가지 못하게 했습니다. 이제 여러분은 항상 여러분이 볼 수 있는 가장 높은 스승을 따르는 동시에, 계속해서 더 높은 스승을 알아볼 수 있도록 여러분의 안목을 꾸준히 넓혀가는 새로운 접근법에 다가가야 합니다.

물론, 그것은 이 책에도 적용됩니다. 앞에서 말한 것처럼, 나는 이 책이 궁극적인 가르침이라고 주장하지 않습니다. 나는 이 책이 지금까지 이런 주제에 대해 이 행성에 주어진 가장 직접적인 계시라고 주장합니다. 이것이 최종적인 계시는 아닌데, 그 이유는 최종적인 계시는 절대 존재하지 않을 것이기 때문입니다. 훨씬 많은 것이 말해질 수 있으며, 훨씬 더 자세한 것들이 주어질 수 있습니다. 왜냐하면 여기서 주어진 것은 인류의 의식과 가르침을 가져오는 메신저 의식의 반영이기 때문입니다. 하지만 실망하지 마세요. 이 책으로 인해, 여러분과 수백만 명의 사람이 자신의 의식을 끌어올리고, 하나됨의 여정에 자신을 고정하게 될 테니까요. 여러분이 더 높은 단계로 올라가면, 외적인 스승을 통해서, 혹은 자기 존재의 내면으로부터 더 높은 계시를 받게 될 것입니다.

항상 기꺼이 질문해야 하며, 현재의 스승 너머를 보아야 합니다. 스승이 진정한 스승이라면, 그렇게 하는 것이 스승의 가르치는 능력을 강화해 주고, 스승에 대한 학생의 이해도 증대시킬 것입니다. 만약 스승이 거짓 교사라면, 여러분의 의문은 여러분을 자유롭게 할 것이며, 잠재적으로 스승을 드러내거나 스승에 대한 심판을 이끌어낼 것입니다. 이것은 다른 사람들을 현재 수준에 갇혀 있게 하는 것이 아니라, 더 높은 스승에게로 자유롭게 옮겨가게 할 수 있습니다. 진지한 질문은 의식의 지속적인 성장을 발전시키는 원인이며, 거짓 교사들은 여러분이 이런 성장을 하지 못하게 하려고 그들이 할 수 있는 모든 것을 다합니다. 세상을 이원적인 종교로부터 해방하는 일에서 여러분의 역할을 발견함으로써, 거짓 교사들이 실패하게 하는 데 여러분이 기여하기를 바랍니다.

열쇠 30
종교 논쟁에서 새로운 개방성을 창조하기

앞에서의 논의를 토대로, 지구가 이원적인 종교로부터 해방되기 위해, 무엇이 필요한지를 어렵지 않게 알 수 있습니다. 분명히, 우리는 이원성 의식, 타락한 의식의 모든 요소로부터 종교를 자유롭게 할 필요가 있습니다. 이렇게 하는 방법 또한 명확해야 하는데, 우리가 보아왔던 것처럼, 이원성 의식은 오로지 그것이 보이지 않거나, 그것이 무엇인지를 알 수 없는 어둠 속에서만 생존할 수 있기 때문입니다. 사람들이 더 잘 안다면, 더 잘할 수 있습니다. 그래서 이원성 의식은 속임수와 기만의 베일 뒤에 숨어 있을 때만, 사람들에게 영향을 미칠 수 있습니다.

하지만, 이원성의 환영을 밖으로 드러내는 데는 특별한 노력이 필요합니다. 이런 사실은 주류 종교들이 이원성 의식과 인간 에고에 대해 공개적으로 얘기하지 않고 있으며, 인류를 기만하면서 신의 계획에 고의로 반대하고 있는 존재들에 대한 더 깊은 이해를 제공하지 않는다는 사실에서도 알 수 있습니다. 사실, 어떤 인간적인 노력도 이것을 끌어낼 수 없지만, 신과 함께라면, 그리고 신이 이원성을 초월하려는 인간을 통해 활동한다면, 종교 논쟁의 분위기와 내용을 완전히 바꿀 수 있습니다.

이런 변화를 끌어올 수 있는 육화해 있는 상위 10%의 사람들은 이미 충분합니다. 이들은 이원적인 세력들이 만든 베일들을 재빨리 꿰뚫어 볼 수 있는 의식 상태에 이미 도달해 있습니다. 하지만, 이원성을 이해하는 것은 절반의 승리일 뿐인데, 왜냐하면 영적인 사람들 역시 종교적 주제에 대해 자유로운 토론을 하지 못하게 하는 위협이 옥죄는 것을 극복해야 하기 때문입니다. 이런 위협은 다양한 정도로, 각 교회에서 세계적인 규모로 이루어지고 있습니다. 수 세기 동안, 심지어는 수천 년 동안 많은 종교인이 이런 위협을 받으면서, 종교에 대해 특히 자신들의 종교에 대해 공개적으로 비판적인 질문을 하는 것을 두려워하게 되었습니다. 상위 10%는 이런 위협을 빠르게 극복할 수 있지만, 도전 과제는 특정한 종교의 신도 중 임계수치에 달하는 사람들이, 종교와 신에 대한 주제로 자유롭게 얘기하고 생각하는 것에 대한 두려움을 극복하도록 돕는 것입니다.

이원적인 세력들은 매우 단호하고, 인간을 조종하는 측면에서 능수능란합니다. 이들은 아주 오랫동안 이 행성을 실제로 마음대로 지배해왔습니다. 이렇게 된 것은 사람들이 추락한 존재들과 그들의 영향력에 대해 전혀 몰랐기 때문입니다. 이런 상황은 분명히 추락한 존재들이 과거에 창조한 것입니다. 그 시기에 그들은 이 행성에 자신들이 존재한다는 사실과 자신들의 정체성과 관련된 모든 것을 제거해 버렸습니다. 따라서 인간이 박테리아에 대해 알기 전에 질병에 대해 무방비 상태였던 것처럼, 인류는 추락한 존재들과 거짓 신들의 조작에 대해 무방비 상태였습니다. 무지는 진실로 축복이 아닙니다.

이로 인해, 많은 사람이 내가 이 책에서 폭로한 많은 사실을 인정하는 데 저항을 느낄 것으로 예상합니다. 서두에서 밝힌 것처럼, 나는 직접적인 방식으로 진리를 제시해왔습니다. 그 이유는 상위 10% 중 많은 사람이 이런 진리를 받아들일 준비가 되어 있다는 것을 알기 때문입니다. 하지만 나는 일반 대중 가운데 많은 수가 진리를 온전하게 받아들일 준비가 되어 있지 않다는 것도 압니다. 현대의 심리학자들은 "투쟁 혹은 도피 반응[6]"이라는 메커니즘을 알고 있습니다. 위협에 직면하면 사람들은 본능적으로 피하려고 할 것이며, 피할 수 없다면 돌아서서 싸울 것입니다. 하지만 이와 관련하여, 대부분의 사람이 알지 못하는 메커니즘이 있습니다. 너무 압도적인 위협에 직면하게 되면, 사람들은 도망가거나 싸우려고 하지 않고 타조가 모래 속에 머리를 묻는 것처럼, 그 위협을 인정하려고 하지 않을 것입니다. 그들은 이원성 의식의 상대적인 논리를 이용하여, 메시지 또는 메신저를 경시하거나, 위협을 무시하는 것을 정당화할 수 있는 다른 방법을 찾으려고 할 것입니다.

많은 사람에게는 이 책에서 내가 주는 모든 진리가 너무 압도적이어서 이것을 인정할 수 없을 것입니다. 신의 권능이 어떤 이원적인 힘보다 훨씬 우월하다는 내적인 앎이 없다면, 그들은 이원적인 힘이 존재한다는 사실을 알려고도 하지 않을 것입니다. 정확하게는 이것이 이원적인 세력들이 그처럼 오랫동안 알려지지도 않고 인식되지도 않은 채 남아 있을 수 있었던 이유이고, 사람들이 무지의 베일을 제거하지 못하게 했던 메커니즘입니다. 다시 말하자면, 이것은 딜레마(catch-22)입니다.

---

[6] fight or flight response: 스트레스를 받거나 응급상황에 처할 때, 교감 신경계를 사용해 위협에 반응하여 싸울지, 도망갈지를 준비하는 현상

많은 사람이 무지 상태에 남아 있으려고 하는 또 다른 이유는 자신이 이원적인 세력의 존재를 인정하게 된다면, 그들이 자신의 자유에 심각한 위협이 된다는 것을 알게 되고, 그들을 무시할 수 없게 되기 때문입니다. 그리고 그들은 신이 자신들을 통해 이런 세력을 물리칠 수 있다는 것을 믿지 않으므로, 그것에 대해 어떤 것도 알려고 하지 않습니다. 마찬가지로, 그들은 자신이 위협을 인식한다면, 지금 같은 방식으로는 계속 살아갈 수 없다는 것을 무의식적으로 압니다. 그들은 삶의 방식을 바꾸고 싶지 않으므로, 메시지를 무시하는 것을 정당화할 방법을 찾을 것입니다.

여기에서 요점은 상위 10%가 밖으로 나가, 이 책에서 내가 전하는 직접적인 진리에 근거하여 메시지를 전파하라는 것이 아닙니다. 이 책을 쓴 내 의도는 이원성을 초월하는 것에 근접해진 사람들을 교육하는 것입니다. 그래서 그들이 마지막 단계를 밟아 이원성 의식과 이원적 세력들로부터 자신을 자유롭게 해줄 완전한 진리를 얻을 수 있게 하는 것입니다. 여러분이 자신을 위해 그런 자유를 주장하게 되면 밖으로 나가 다른 사람들을 자유롭게 해주는 역할을 할 수 있지만, 그렇게 하는데 있어서 가능한 기술을 연습해야 합니다. 내가 설명한 것처럼, 여러분은 특정한 환경에서 사람들이 어떻게 생각하는지를 배우기 위해 특정한 환경에 육화했을 가능성이 큽니다. 여러분은 이런 경험을 활용해서, 그런 사람들이 들을 준비가 된 것은 무엇이며, 어떻게 해야 그들에게 진리를 가장 잘 전해 줄 수 있는지를 알 수 있습니다.

나는 이것이 사람들에게 도전이 될 것이며, 일부 사람들은 내가 더 자세한 지침을 주기를 바란다는 것을 압니다. 하지만, 더 성숙해진 학생이라면, 영적으로 자급자족하게 되는 시험에 직면해야 한다는 것을 기억하기 바랍니다. 성모 마리아의 책과 이 책에서, 우리는 여러분 외면의 마음이 자신의 상위 존재와 연결하는 데 필요한 모든 것을 제공했습니다. 그리고 여러분이 상위 존재와 연결이 된다면, 여러분은 친숙한 사람들에게 더 높은 진리를 표현할 수 있는 방법에 대해 내면에서 지침을 받을 것입니다. 다시 말해서, 이 책의 진정한 목적은 여러분이 필요한 모든 것을 말해 주는 것이 아니라, 여러분이 누구이며, 여기에 왜 왔는지에 대한 기억을 일깨워 주는 것입니다. 여러분은 자신이 누구인지를 받아들이고, 외부로 여겨지는 근원에서가 아니라 여러분의 상위 존재에서 오는 정확한 안내를 받는 것이 여러분 임무의 일부임을 받아들여야 합니다. 여러분은 가르침을 체화하고, 그럼으로써 본보기가 되어 다른 사람들을 가르칠 수 있어야 합니다. 상위 10%가 이원성에서 벗어나 이런 사실을 공개적으로 증명하는 것을 볼 때, 일반 대중도 점차 이원성에서 벗어날 수 있는 힘을 가지게 됩니다.

이 장에서 내가 전해 줄 것은 드러나야 하는 것이 무엇이며, 이 시기에 대부분의 사람이 무엇에 준비되어 있는지에 대한 몇 가지 일반적인 지침들입니다.

☙◦⚜◦❧

서구 세계 대부분의 사람은, 그들의 내면에서, 종교에는 뭔가 잘못된 것이 있다는 것을 압니다. 많은 사람이 가톨릭교회의 소아성애나, 종교 지도자들이 자신의 말과는 다르게 행동하고, 그들 종교의 영적인 가르침에 따라 살아가지 않는다는 것을 증명하는 다른 많은 사건이 교회에서 일어나서는 안 되는 일임을 깨닫고 있습니다. 또한, 많은 사람이 많은 종교에 기만의 요소가 존재하며, 수 세기 전에 그리스도교에서 삭제된 것들이 있음을 깨닫고 있습니다. 많은 사람이 종교 지도자들의 행동이나 외부 기관의 경직성에 대해 실망했습니다. 많은 사람은 자신의 성장을 위해 믿어왔던 교회들이 현대에 필요한 영적인 욕구를 더 이상 충족시켜 줄 수 없다고 느낍니다. 많은 교회가 과거에 갇혀서, 빠르게 변화하는 세상에서, 삶에서 마주치는 여러 가지 도전에 적응할 수 없거나 적응하려고도 하지 않습니다.

내 말의 요점은 서구에서 사람들 대다수가 일반적으로 불만을 품고는 있지만, 자신의 종교에 뭔가 잘못되어 있으며 뭔가가 빠진 것처럼 느끼는 이유가 무엇인지에 대한 명확한 비전을 가지고 있지는 않다는 것입니다. 하지만, 사람들은 전통적인 근원을 넘어선 설명을 찾는 것에 빠르게 개방되고 있습니다. 이것은 대부분의 영적인 사람과 상승 호스트가 사람들의 비전을 확장할 수 있는 기회입니다. 서구 세계 대부분의 사람이, 개인적인 삶뿐만 아니라 사회에서 그리고 교회에서, 상황들을 잘못되게 하는 원인이 인간의 에고와 이원성 의식이라는 이해를 받아들일 준비가 되어 있습니다. 이런 사람들은 조금만 도와주면, 종교에서 잘못되었다고 느껴지는 모든 것은 종교 원래의 목적을 왜곡하기 위해 이원성 의식을 이용하는 에고에 의해 야기된다는 것을 빠르게 알 수 있습니다. 대부분의 사람은 종교의 원래 목적을 마음속에 어느 정도 인식하고 있습니다.

많은 사람이 자기-계발 운동(self-help movement)을 통해 에고에 대해 어느 정도 알고 있으므로, 제 눈 안의 들보인 에고를 찾을 준비가 되어 있습니다. 이 운동은 수십 년 동안 에고의 존재를 포함하여, 인간 심리에 관해 더 깊이 이해할 수 있도록 사람들의 마음을 열어왔습니다. 사람들은 인간 에고가 어떻게 수천 년 동안 종교에 영향을 미쳐왔으며, 에고의 특성이 어떻게 종교적인 삶의 모든 측면을 왜곡했는지, 끊어진 선의 점들(dots)을 연결하는 돌파구를 찾을 준비가 돼 있습니다. 이것은 아직도 종교와 연관된 많은 사람이 종교를 더 높은 단계로 가져가는 것이 가능하며, 이것이 필요하다는 것을 깨닫고 볼 수 있게 해줄 것입니다. 그것은 또한 종교를 포기한 많은 사람이 자신이 받아들일 수 없었던 것은 실제로 종교 자체가 아니라, 에고를 기반으로 하는 종교였음을 보게 해줄 것입니다.

내 말의 요점은 임계수치의 사람들이 종교가 이원성 의식이 작용하게 해서는 안 되는 사회의 한 영역임을 볼 준비가 되었다는 것입니다. 그들은 또한 에고의 영향력을 상쇄하기 위해서는, 이원성 의식이 반드시 공개적으로 논의되고 폭로되어야 한다는 것도 알 준비가 되어 있습니다. 이제 종교에 아무런 문제가 없는 것처럼 가장하거나 침묵하는 접근법에서 벗어나야 합니다. 사람들은 위선자를 위선자라고 부를 준비가 되었습니다. 그들은 종교에서 모든 위선을 제거하기 위한 새로운 시도를 할 준비가 되어 있습니다. 다시 말해서, 사람들은 새로운 개방에 준비가 되어 있습니다. 그러므로 이전에는 종교적인 토론에서 금기시되던 많은 것에 대해 논의할 수 있게 되었고, 심지어 그것이 필요하게 되었습니다.

사실, 이것은 추락한 존재들과 거짓 신들도 잘 알고 있는 상황입니다. 그들 가운데 일부는 이런 흐름을 늦출 수는 있지만, 멈출 수는 없다는 것도 알고 있습니다. 그들은 이런 흐름을 늦추려고 최선을 다하고 있습니다. 예를 들자면, 사람들의 관심을 과거의 경전에는 오류가 없다고 주장하는 근본주의 종교로 돌리기 위해 그들은 두려움을 이용하고 있습니다. 하지만 추락한 존재 가운데 진보한 일부는 개방을 멈추게 할 수 없다는 것을 깨닫고, 논쟁을 자신들이 선택한 영역으로 향하게 하려고 합니다. 추락한 존재들의 좌우명(motto)은 항상 "이길 수 없으면, 함께하라(beat 'em – join 'em)"입니다. 따라서 그들은 종교 논쟁에서 진짜 문제를 모호하게 하여 가능성 없는 일로 만들고, 이 행성을 계속 통제하려고 하는 것입니다. 일부 추락한 존재들은 모든 종교에 대한 현대인들의 믿음을 파괴할 준비가 되어 있습니다. 그들은 과학적 물질주의를 "하나뿐인 참된 종교"로 격상시키려고 합니다. 따라서 대부분의 영적인 사람이 논쟁에 참여하여, 논쟁을 올바른 선상에 올려놓을 필요가 있습니다. 즉 자신의 영적인 자유를 빼앗아가는 것이 무엇인지를 사람들이 알게 하여, 자신을 자유롭게 해줄 진리를 찾을 수 있도록 이끌어 주는 길이 필요합니다.

이것은 여러분이 해야 할 도전 과제입니다. 다시 말해 여러분은, 그들이 무의식적으로 그렇게 하든, 아니면 자신들이 봉사하는 세력에 대해 얼마간의 지식을 가지고 그렇게 하든, 종교 논쟁에 참여하여, 이원성 의식에 갇혀 있는 사람들로부터 주도권을 빼앗아와야 합니다. 주된 목표는 종교에 대한 새로운 접근법을 마련하는 것입니다. 다시 말해 현 사회에서 지금이 종교를 이원성과 인간의 에고 너머로 끌어올려야 할 때임을 분명히 하는 접근법이 필요합니다. 지금은 이 행성에 비-이원적인 종교를 세워야 할 때입니다. 에고의 영향력이 노출되어야 할 특정 영역들에 대해 몇 가지 조언을 하겠습니다.

─※─

일부 사람들은 모든 종교를 위험으로 보고 있지만, 그것은 진실로 극단적이고 균형 잡히지 않은 광신을 조장하는 접근법입니다. 역사적으로, 이것은 십자군 전쟁, 종교재판, 마녀사냥, 그 외에 종교적인 동기에서 유발된 일련의 전쟁들을 포함한, 명백히 잔혹한 다른 행위들에서 찾아볼 수 있습니다. 현대 사회에서는 과격한 이슬람과 테러의 정당화, 자살 폭탄 등을 정당화하는 것에서 이것을 아주 분명하게 찾아볼 수 있습니다. 무슬림과 그리스도교 국가 간의 문명 충돌에 관한 얘기가 증가하고 있으며, 이로 인해 많은 사람이 사회에서의 종교의 역할에 대해 비판적인 시각을 갖게 되었습니다. 잠재적으로는 이것이 긍정적인 발전이지만, 그렇게 되기 위해서는, 토론이 외부 종교와 그 영향력을 논하는 데 그쳐서는 안됩니다.

이렇게 되는 데 필요한 것은, 종교 자체가 잔혹 행위를 유발한 것이 아니라는 데 토론이 열려 있어야 합니다. 따라서, 완전히 세속적인 사회를 만드는 것이 평화로운 사회를 보장하지 않을 것입니다. 이와는 반대로, 종교는 누구도 피해 갈 수 없는 영원한 벌에 대한 두려움을 준다는 측면에서, 인간이 저지를 수 있는 최악의 행위에 대한 한계를 설정하는 데 중요한 효과가 있습니다. 그렇다고 이것이 가능한 최고의 동기라는 말은 아닙니다. 나는 단지 세속적인 사회에서 이런 동기가 사라진다면, 필연적으로 더 극단적인 행위들로 이어진다는 것을 말하는 것입니다. 이것은 이미 몇몇 서구 국가에서도 볼 수 있었습니다. 젊은이들은 갱단을 조직하여, 행동에 대한 어떤 제한도 존중하지 않고 마음대로 행동했습니다. 마찬가지로 물질우주를 벗어나면 어떤 것도 존재하지 않으므로, 기회가 있을 때 가질 수 있는 것은 다 가지는 것이 좋다는 철학에 근거해서, 조직 범죄가 증가하는 것도 볼 수 있습니다. 이것은 과학적 물질주의와 세속주의가 서구 세계에 추파를 던지면서 생긴 유산으로, 명백히 이원성 의식에 의해 유발된, 과학과 종교의 분열로 거슬러 올라갑니다.

앞으로 일어나야 할 일은 사회에서 종교의 역할에 대한 논의에 인간 에고와 이원성 의식을 통합하는 것입니다. 실제로, 종교적인 광신은 모든 주제를 이원적인 양극단 중 하나로 가져가는 에고와 에고의 성향 때문에 발생합니다. 이것이 흑백논리의 원인이 되는데, 이것은 자연스럽게 참된 종교는 오로지 하나뿐이며, 만약 "우리" 종교가 승리하지 못한다면, 전체 행성이 파괴되고 인간은 지옥에서 영원히 불타게 될 것이라는 극단적인 사고로 이어지게 됩니다. 따라서 궁극적인 재앙을 막기 위해, 폭력이나 다른 극단적인 수단을 사용하는 것이 정당화됩니다. 영원한 저주로부터 영혼을 구하기 위해, 사람들의 육신을 죽이는 것이 용인되는 것입니다.

많은 사람이 목적이 수단을 정당화할 수 있다는 전체 개념이 이원적인 인생관에서 생겨난다는 것을 이해할 준비가 되었습니다. 이것이 이기심을 이타심으로 위장하는 에고의 위선의 전형적 예임을 볼 준비가 되었습니다. 정확히 말해 그것은, 예수가 자기 눈 안의 들보를 외면하기 위한 변명으로, 모든 수단을 동원해 싸워야 할 희생양을 만들기 위해, 다른 사람의 눈에 있는 티끌에 초점을 맞추었던 사람들에 대해 언급한 내용입니다. 많은 사람이 종교적인 광신의 진짜 원인을 이해할 준비가 되었으며, 지금이 하나뿐인 참된 종교가 존재한다는 생각을 버려야 할 적기임을 인정할 준비가 되었습니다.

하나의 종교가 다른 종교보다 우월하다는 생각은, 자신의 종교와 다른 종교를 비교하는 것에서 생겨나며, 이것이 에고의 자만심을 부채질한다는 것을 사람들이 볼 수 있도록 도울 수 있습니다. 따라서 종교는 에고에게 장악되었고, 어떤 경우에는 에고가 종교를 일으켰으며, 극단적인 방식으로 너무 멀리 가서, 자주 폭력으로 이어졌습니다. (어떤 종교도 여기서 완전히 벗어날 수 없었습니다.) 따라서 이제는 세상 사람들이 이런 경향을 이해하고, 인간 에고의 손아귀에서 종교를 되찾기 위해 맞서 싸우겠다고 결정할 때입니다.

많은 사람이 개방성과 토론이 존재하지 않을 때, 균형의 결핍이 심화되는 것을 볼 준비가 되어 있습니다. 광신주의는 사람들이 위협을 받아, 논리적이고 이성적인 질문을 하려고 하지 않기 때문에 번성합니다. 이로 인해, 똑같은 신의 이름으로 두 개의 종교 단체가 서로를 죽였던 십자군 전쟁의 광기같은 온갖 종류의 폭력이 이어져 왔습니다. 현대 세계에서는, 이런 일이 이슬람에서 펼쳐지고 있습니다. 이슬람의 온건주의자들은 급진주의자들에게 너무 자주 위협당해 침묵하고 있습니다. 서구에서는, 수십 년 동안 가톨릭교회의 소아성애 추문이 비밀에 부쳐져 왔음을 볼 수 있습니다. 교회의 많은 신도와 지도자들이 사제들의 비밀을 폭로하면, 교회가 자신을 지옥으로 보낼 것이라는 두려움 때문에 협박을 받아, 침묵을 지키고 있습니다. 중세의 가톨릭교회처럼, 현대의 일부 근본주의 교회들이 두려움으로 가득 차 있는 것을 볼 수 있습니다. 그리고 더욱 온건한 크리스천들은 근본주의를 반대한다는 사실을 공개적으로 밝히기를 꺼린다는 것을 알 수 있습니다.

지금 이 시기는, 종교적인 논쟁에서, 새로운 개방성과 솔직함을 가져와야 할 때라는 것을 사람들이 반드시 깨달아야 합니다. 지금은 외적인 교회가 여러분을 지옥으로 보낼 힘이 있으므로, 권력을 남용하는 것을 보고도 침묵해야 한다는 생각을 버려야 할 때입니다. 진실로, 폭력을 선동하는 데 종교를 이용하는 모든 종교 지도자들은, 권력 남용의 최악의 형태인 폭력을 선동한 것에 대한 책임이 있습니다. 그들은 스스로 균형 잡기 매우 어려운 카르마를 만들고 있습니다. 따라서 그들의 광신을 폭로하고, 대중들이 겁을 먹지 않고 더 이상 이런 행위들을 끝내도록 하는 것이, 차라리 그들에게는 자비로운 일입니다. 또한, 종교에 대한 극단적인 접근법을 장려하는 서구의 근본주의 지도자들에게도 마찬가지입니다.

이제 세계는 어떤 종교의 경전이 오류가 없는 신의 말씀이며, 따라서 영원히 의심해서는 안 된다는 믿음을 포함하여, 종교적 근본주의에 대한 모든 개념을 버릴 준비가 되었습니다. 사람들은 내가 이 책에서 전해 준 가르침, 즉 모든 경전은 받는 사람들의 의식 상태에 맞추어져 있다는 사실을 받아들일 준비가 되어 있습니다. 따라서 신은 수천 년 전 유목 민족에게 전해 주었던 것보다 더 많은 것을 현대인에게 전해 줄 수 있습니다. 창세기는 세상이 어떻게 창조되었는지에 대한 최종적인 말씀이 아닙니다. 오늘날에는 훨씬 더 많은 것을 줄 수 있습니다.

그리고 많은 사람이 내가 이 책에서 전해 주는 가르침을 받아들일 준비가 되어 있지 않을 수도 있지만, 그들은 확실히 종교와 과학을 하나로 통합하는 더 높은 가르침을 받아들일 준비가 되어 있습니다. 사실, 많은 사람이 과학과 종교 간의 전쟁이 또 다른 이원적인 싸움일 뿐이라는 것을 내면에서 알고 있으므로, 과학과 종교가 서로를 조화롭게 받아들이는 세계관에 준비가 되어 있습니다. 사실, 과학과 종교는 인류의 의식을 확장하기 위한 두 가지의 서로 다른 방식입니다. 양쪽 모두 광신을 제거한다면 둘 다 서로에게서 배울 수 있으며, 이로 인해 그들의 세계관도 더 확장되고 세련될 것입니다.

인류의 의식 성장을 이끄는 영적인 주기들이 있습니다. 행성은 물병자리 시대로 진입하고 있으며, 이 시대는 영적인 자유의 시대입니다. 그 결과, 상승 호스트들은 사람들에게 영향을 미치고, 모든 측면에서 자유의 중요성에 대해 사람들의 눈을 돌리게 할 특정한 영적 에너지를 방출하고 있습니다. 그렇다고 모든 종교인이, 어떤 사람들에게는 "새로운 시대(New Age)"가 될, 물병자리 시대에 대해서 들을 준비가 되어 있다는 말은 아닙니다. 하지만 모든 사람이 이 에너지의 영향을 받고 있습니다. 사회에서도 이것을 목격할 수 있는데, 예를 들면, 3차 세계 대전이 일어나지 않고도, 공산주의가 붕괴하지 않았나요? 또한, 여러분은 세계적으로 자유의 가치에 대한 인식이 나날이 증가하는 것을 볼 수 있으며, 이로 인해 사람들이 압제에 맞서게 됩니다. 서구에서는, 많은 사람이 잠들어 있었지만, 이제는 깨어나 자신들의 자유를 빼앗으려는 세력들이 존재한다는 것과 이런 세력들이 민주주의 국가에서는 언제나 어둠 속에서만 움직인다는 것을 깨우칠 준비가 되었습니다. 끊임없는 경계는 자유를 위해 치러야 할 대가입니다.

사실, 많은 사람이, 역사를 통틀어, 이용할 수 있는 모든 수단을 동원하여 일반 대중을 억압하는 등, 권력을 얻기 위해 무슨 짓이든 할 수 있는 소수 엘리트가 존재했다는 사실을 알 준비가 되었습니다. 사람들은 대부분의 역사적 잔혹한 행위들 배후에서 이런 파워 엘리트들의 보이지 않는 손이 어떻게 작용했는지를 이해할 준비가 되었습니다. 자유를 위한 투쟁은 진실로 일반 대중이 파워 엘리트들의 존재를 알아채고, 더 이상 그들의 억압에 굴복하지 않겠다고 결정하는 과정입니다. 사람들이 파워 엘리트들을 추락한 존재들로 인식할 준비가 아직 안됐을 수는 있지만, 그들이 존재하며, 그 구성원들이 자신들의 에고에 눈이 멀어 있음을 알 준비가 되어 있습니다. 여러분이 에고를 이해하게 되면, 에고가 직접 언급되지 않고 어둠 속에서 번성하도록 허용된다면, 필연적인 결과는 자신이 갈망하는 권력과 특권을 얻기 위해 일반 대중을 억압하는 파워 엘리트가 되는 것임을 알 수 있습니다. 그리고 민주주의 사회에서 이런 억압은 주로 정보의 억압을 통해 일어나므로, 일반 대중은 무슨 일이 일어나는지 모르게 됩니다.

종교 분야에서, 사람들을 물질적인 감옥에 가두는 것이 매우 원시적인 통제방법임을 많은 사람이 이해하고 있습니다. 자신들이 억압받는 것을 알게 되면, 사람들은 자유를 동경할 것이며 조만간 반란을 일으킬 것입니다. 따라서 대중을 통제하는 가장 효과적인 방법은, 사람들을 마음의 감옥에 머물도록 프로그래밍해서, 마음을 이용하는 것입니다. 일단 감옥에 갇히게 되면, 그들은 달리 살아갈 방법이 없다고 생각하거나, 적어도 지구에 존재하는 한 빠져나갈 방법이 없다고 생각할 것입니다. 많은 사람이 역사적으로, 소수 엘리트가 절대 권력에 가까운 지위를 유지하는 현재 상황을 받아들이도록 대중을 세뇌하는 가장 효과적인 도구가 종교였음을 인정할 준비가 되어 있습니다. 사람들이 외부 종교의 성직자들을 영원히 지옥에 보낼 수 있는 권한을 지녔다고 믿을 때, 성직자들은 사람들에 대해 거의 절대적인 힘을 가지게 됩니다. 인간 에고는 언제나 상황을 극단으로 몰고 가므로, 앞에서 말한 것처럼, 절대 권력은 절대적으로 부패하게 됩니다. 따라서 어떤 개인도 다른 사람들에 대한 절대 권력을 감당할 수 없습니다.

명백한 사실은 두려움과 보상에 대한 약속을 영리하게 결합하여 대중을 억압하기 위한 수단으로 종교가 이용됐다는 것입니다. 한편으로, 사람들은 외적인 교회를 따르지 않으면, 지옥에서 영원히 불타게 될 것이라고 믿으면서 성장했습니다. 더 나쁜 형태의 형벌은 상상조차 할 수 없지만, 내가 설명했듯이, 그런 벌은 결코 창조주가 상상한 것이 아닙니다. 이것은 이원성 의식에서만 나올 수 있는 산물이며, 어떤 것이든 이런 벌에는 실체가 존재하지 않습니다. 신은 어떤 사람도 결코 지옥으로 보내지 않습니다. 사람들은 자신만의 정신적인 지옥을 창조할 수 있고, 그들은 감정층과 물리적 지구 특정 장소에서 집단적인 지옥을 창조하기까지 했습니다. 하지만, 생명의 힘 그 자체는 누구도 그런 지옥에 영원히 갇혀 있게 하지 않을 것입니다. 사실, 끊임없이 초월하는 우주에 영원한 것은 존재하지 않습니다.

궁극적인 형벌이라는 이런 두려움은, 멀리 떨어진 하늘나라에서의 영원한 삶의 형태로, 궁극적인 보상이 주어진다는 약속과 결합되어 있습니다. 이것의 심리적인 효과는 많은 사람이 하늘나라에서의 영원한 보상을 받을 자격이 생긴다고 생각했으므로, 지구에서의 억압과 학대를 받아들이도록 프로그래밍 되어왔다는 것입니다. 이것은, 오랫동안, 소수 파워 엘리트들이 종교를 이용하여, 종교 조직뿐만 아니라 사회에서도 권력을 유지할 수 있는 현재 상황을 유지하도록 만들었습니다. 교회와 국가의 불경스러운 동맹은 종종 사람들을 극한까지 억압했습니다.

이제 많은 사람이 이런 억압은 종교 그 자체의 피할 수 없는 부산물이 아니라는 사실을 알 수 있게 되었습니다. 그것은 이원성 의식에 의해 눈이 멀고, 에고의 통제를 받는 사람들이 종교를 지배할 수 있도록 허용했기 때문에 생겨난 필연적인 결과입니다. 따라서 이제, 종교 조직에서도, 에고의 영향력을 드러내고 에고가 어떻게 파워 엘리트를 만드는지를 폭로할 때가 되었습니다. 사실, 종교 조직들은 에고에 눈이 아주 멀어 다른 사람들에 대한 절대적인 권력을 원하는 사람들을 끌어들이는 성향이 있습니다. 내가 설명한 것처럼, 종교는 지도자들에게 지구에 있는 신과 같은 힘을 주는 데 있어서 독보적입니다. 그것은 외부 종교를 믿는 사람들이 실제로 의심하거나 반대할 수 없는 힘입니다. 분명히 말해, 이것 때문에 육화해 있는 추락한 존재들은 대개 가장 강력한 교회의 지도자 위치에 매료됩니다.

아직은 많은 사람이, 유명한 종교 지도자들 가운데 많은 수가 실제로 반그리스도의 대의명분에 절대적으로 헌신하고, 심지어는 신이 틀렸음을 증명하려는 명분에도 헌신하는 추락한 존재들이라는 진실을 받아들일 준비가 되어 있지 않았음에 주의하기 바랍니다. 하지만, 많은 사람은 에고에 눈이 아주 멀어 자신을 위한 권력을 추구하는 사람들에게 종교가 독특한 기회를 준다는 사실을 이해할 수 있게 되었습니다. 그들은 자신의 구원이 보장된다는 환영을 만들기 위한 최고 방법으로 권력을 추구하는 것입니다. 만일 사람들이 교회에서 절대적인 권력을 가진 위치에 있고, 그들이 신의 일로 정의된 일을 하는 데 그 권력을 사용한다면, 신이 자신들을 구해줘야 한다고 그들은 생각합니다. 지금 나는 이것이 사실이라고 말하는 것이 아니라, 이것이 일부 사람들이 믿는 것이라고 말하고 있습니다.

결론적으로, 사람들은 종교에서 모든 두려움과 힘을 제거해야 한다는 것을 분명히 하는 메시지에 대해 준비가 되어 있습니다. 종교는 대중을 통제하기 위해 공포를 이용하려는 에고의 시도와 사악한 영향에서 자유로워져야 합니다. 사실, 지금은, 상반되는 양극성 사이의 오래된 이원적 투쟁, 즉 역사를 통해 보아온 폭력과 모든 잔혹 행위를 창조해온 투쟁에서, 종교가 벗어날 수 있는 적기입니다. 이제 종교에는 더 이상 두려움과 이런 세력이 존재할 여지가 없습니다. 그 대신 우리는 기쁨과 사랑에 바탕을 둔 종교에 대한 접근법을 구축해야 합니다. 그것은 오로지 조건 없고, 신성한 사랑이어야 하며, 통제하려는 자기 중심적이며 에고에 기반을 둔 사랑이 되어서는 안 됩니다.

영적으로 더 성숙한 사람들은 추락한 존재들과 거짓 신들의 표식

(hallmark)이 교묘한 자만과 우월감이 혼합된 두려움의 분위기임을 인식할 수 있습니다. 그 결과, 누구도 감히 어떤 것에 대해 의문을 제기하지 않기 때문에 개방성도 없고 대화도 없습니다. 많은 사람이 이원성 의식은 어둠 속에서 번성하며, 개방성이 없을 때 어둠이 무한정 남아 있을 수 있으므로, 인간의 에고가 종교를 장악할 수 있게 한다는 것을 이해할 수 있을 것입니다. 이것은 반드시 바뀌어야 합니다. 가장 영적인 사람들이 조직적인 종교에서 물러나기보다는 공개적으로 목소리를 내겠다고 결정해야만 변화가 일어날 수 있습니다.

~~~~~~~~

음모, 비밀, 엘리트주의와 파워 게임이 무대 뒤에 숨어 있으면서 종교적인 삶을 지배하도록 더 이상 허용되어서는 안 된다는 것을 많은 사람이 볼 준비가 되어 있습니다. 그들은 종교가 어떤 종류의 비밀과 속임수를 가지는 것이 용납될 수 없는 모순임을 볼 준비가 되어 있습니다. 이것이 왜 그럴까요? 그 이유는 지구상의 모든 파워 게임이 상황을 비밀로 유지하는 데 토대를 두고 있기 때문입니다. 따라서, 결정을 내리는 엘리트만이 "알고 있는(in the know)" 반면, 종교 구성원들은 겉모습 뒤에서 무슨 일이 진행되고 있는지에 대한 완전한 지식에 접근하지 못합니다. 이런 일이 종교 분야에서 일어나고 있다고 생각해 보세요. 종교는 아마도 신과 인간 사이의 중개자 역할을 하게 되어 있습니다. 지구의 다른 사람들에게 숨길 수 있는 것을 신에게도 숨길 수 있다고 생각하게 만드는 이 광기(insanity)는 무엇일까요?

자, 그 광기는 인간의 에고가 가진 영적인 무지입니다. 그것은 말 그대로 다른 사람을 속일 수 있다면, 신도 속일 수 있다고 생각하면서, 신으로부터 숨을 수 있다고 사람들을 믿게 만듭니다. 이것은 에덴 정원에 있던 학생들이 스승에게 뭔가를 숨길 수 있다고 생각했던 믿음으로 거슬러 올라갑니다. 지금이 이런 논리적 오류를 폭로하고, 이 행성의 종교적인 생활에서 그것을 뿌리 뽑아버릴 기회가 아닌가요? 어떤 종교와 그 지도자들이 신도들에게 뭔가를 숨길 필요가 있다고 느낀다면, 지금이 분명, 그것은 신의 눈에 받아들일 수 없는 것임을 인식해야 할 때가 아닌가요? 신의 눈에 받아들여지지 않는다면, 그것은 일어나지 않아야 하는 것입니다. 게다가, 신의 눈에 받아들여질 수 없다면, 신의 확장체인 인간이 외면해서는 안되는 것입니다. 따라서 현대의 비-이원적인 종교에는 그것이 설 자리가 없습니다.

∼∽◎∾∼

앞에서 설명한 것처럼, 에고는 절대 구원받을 수 없으며, 신의 눈에 결코 받아들여질 수 없습니다. 따라서 그것은 끊임없이 신이 에고와 이원적인 논리에 눈이 먼 사람들을 구해야 한다는 외적인 모습을 만들어내려고 합니다. 이것은 지구상의 외부 종교가 여러분이 하늘나라로 들어갈 수 있도록 보장한다는 믿음으로 이어졌고, 여기서 오로지 하나의 진정한 종교가 있다는 생각으로 파생되었습니다. 또 다른 측면은 하나뿐인 참된 종교의 지도자들은 특별한 계층이라는 것입니다. 그들의 구원은 특별히 당연히 보장되어 있을 뿐만 아니라, 현재 지구에서 누리고 있는 것과 마찬가지로, 그들은 하늘에서도 우월한 지위를 유지할 것입니다.

일단 어떤 종교가 이원적인 논리에 영향을 받게 되면, 필연적으로 이원성 의식에 완전히 눈이 먼 사람들을 끌어당길 것이며, 그들은 종교와 그 교리들을 이원성의 밀림 속으로 더 깊이 끌어들일 것입니다. 그들은 자신들이 맨 위에 있으며, 누구도 도전하거나 그들의 우월성에 대해 의문을 제기하지 않는 시스템을 만들려고 할 것입니다. 일단 이런 엘리트 시스템이 구축되고 나면, 개혁이 매우 어려워지는데, 그 이유를 이해하는 것이 중요합니다.

사제에서부터 고위직에 이르기까지, 특정한 종교들이 지도자를 어떻게 선출하는지를 있는 그대로 살펴본다면, 여러분은 분명한 패턴을 보게 될 것입니다. 논리적으로, 사람들은 어떤 종교의 지도자들이 종교의 원리들을 최고도로 체화한 사람들이어야 한다고 생각할 것입니다. 그들은 에고를 극복하고 가장 높은 수준의 그리스도 신성을 확립한, 이기심 없는 사람들이어야 합니다. 실제로는, 이런 사람들이 많은 교회에서 지도자의 위치에 있지 않습니다. 그 대신, 이런 조직들은 현재 상황을 유지하려는 사람들, 즉 엘리트주의 리더십 체계를 포함하여, 교회의 교리나 조직구조에 이의를 제기하지 않을 사람들을 선택합니다. 다시 말해서, 지도자의 위치에 선택된 사람들은 조직에서 어울리기 위해 진리를 타협할 의지가 있는 사람들, 외적인 조직에서 지위를 유지하기 위해 이원성에 동조하는 사람들입니다. 이와는 대조적으로, 그리스도 신성을 지닌 사람들은 예수가 종교 엘리트들에게 도전하면서 증명했듯이, 진실을 타협하려고 하지 않습니다. 따라서 그들은 지원하지(apply) 않거나 의도적으로 배제될 것입니다.

이런 비정상적인 선택이 의식적으로 일어난다는 말은 아닙니다. 대부분의 경우, 종교 지도자들은 현재 상황을 유지하는 것이 자신들의 의무라고 생각하고 있기 때문입니다. 그들은 전통이나 경전과의 타협으로 여겨지는 것에서 정교(正敎)를 순수하게 지킬 책임이 있다고 생각합니다. 그들은 현재 상태가 그리스도의 참된 가르침 (혹은 그들 종교의 창시자)과 정렬하는지 어떤지에 대해 진정으로 의문을 제기할 생각이 없습니다. 그런 의문을 가지는 성향이 있었다면, 애초에 그들은 지도자의 자리를 차지할 수도 없었을 것입니다. 요점은 어떤 교회가 결정적인 기준(critical mark)을 통과하면, 지도자의 선출이 자동으로 돌아가는 순환 과정(circular process)이 된다는 것입니다. 지도자들은 현재 상황을 바꿀 수 있는 힘이 있지만, 현재 상황을 바꾸기를 원하지 않는다는 것을 증명해야만 지도자가 될 수 있습니다.

이 폐쇄계를 어떻게 깨뜨릴 수 있을까요? 종교적인 리더십에 있어서 새로운 개방성과 책임감을 요구해야 합니다. 비밀유지가 어둠을 만든다는 것을 알아야 합니다. 이원성 의식은 언제나 어두운 곳에서 자라납니다. 방정식은 정말 아주 단순합니다. 신의 눈에 받아들여질 수 없는 종교 조직에서는 어떤 일도 진행되어서는 안됩니다. 그리고 모든 것이 신에게 받아들여질 수 있다면, 신의 사람들(God's people)에게 그것을 숨길 이유가 없습니다. 따라서 사람들은 공격적이지 않고 비-이원적인 방법으로 종교 지도자들에게 과감하게 맞서고, 구성원들의 더욱 폭넓은 개입을 포함한 개방성과 책임을 요구해야 합니다. 개방성을 요구하고 진정한 겸손함과 영성을 겸비한 지도자들을 요구함으로써, 사람들은 종교 조직을 근본적으로 변화시키고, 이원성의 힘에서 종교를 되찾을 수 있습니다. 더 좋은 지도자를 요구해야만, 사람들은 마땅히 받을만한 지도자를 받게 됩니다.

이 행성에서 엘리트주의가 그처럼 뿌리 깊은 종교 생활의 일부가 된 이유는 무엇일까요? 그것은 고대로부터 신의 진리를 아는 데 모든 사람이 똑같이 적합한 것은 아니라는 미묘한 믿음이 있었기 때문입니다. 어떤 사람들은 다른 사람들보다 더 영적이기 때문에, 영적 영역인 신과 일반 대중 간의 매개자 역할을 할 수 있는 능력이 있습니다. 이런 이유로 영적 엘리트라는 개념이 태어났고, 이것이 오늘날까지 이어지고 있습니다.

어떤 의미에서는 이 책은 영적인 엘리트라는 개념을 조장한다고 할 수 있습니다. 나는 영적인 상위 10%에 관해 얘기하면서, 일반 대중은 변화를 가져오지 못할 것이라고 말하고 있습니다. 심지어 예수조차 가까운 제자들이라는 작은 그룹을 가졌으며, 대중에게는 우화로 가르치면서, 제자들에게는 모든 것을 소상하게 설명했습니다. (마가복음 4:34) 따라서 진짜 문제는 인간이 자만과 엘리트주의의 덫에 빠지지 않고 영적인 깨달음의 수준이 다르다는 것을 어떻게 인식할 수 있느냐 하는 것입니다.

엘리트주의라는 함정을 피할 수 있는 유일한 방법, 전적으로 유일한 방법은 상위 10%가 자기 눈의 들보는 보지 않고 다른 사람들 눈에 있는 티끌을 찾는 위선자들을 비난한, 예수의 말 속에서 심오한 진리를 인식하는 것입니다. 상위 10%는 자만심이 영적인 성장을 하는 데 있어 가장 교묘한 적임을 알아야 합니다. 사실, 뱀 그 자체의 논리는, 자신이 신보다 더 잘 알기 때문에 스승의 가르침을 무시해도 된다는, 교묘한 형태의 자만심에 기초합니다. "어떻든 나는 특별하므로, 대부분의 다른 사람에게 적용되는 신의 법칙을 초월해 있다." 종교적 엘리트주의의 진짜 위험은 일부 사람들이 자신이 다른 사람들보다 우월하다고 느끼며, 자신이 다른 사람들에게만 적용되는 신의 법칙에서 벗어나 있는 것을 정당화하기 위해 종교적인 가르침을 이용하는 것입니다. 이런 덫은 아주 교묘해서, 일단 영적인 모래늪(quicksand)에 빠지게 되면 탈출하기가 정말 어렵습니다.

여기서 탈출하는 유일한 방법은 일부 사람들이 법 위에 있다는 개념이 완전한 오류임을 인식하는 것, 즉 그 개념은 이원성 의식에서 생겨난 환영임을 인정하는 것입니다. 성경에서 말하는 것처럼, 신은 사람을 차별하지 않으며(사도행전 10:34), 신의 법칙은 모든 사람에게 똑같이 적용됩니다. 그리스도 의식이라는 결혼 예복을 입지 않으면 누구도 신의 나라에 들어가지 못합니다. (마태 22:11-12) 이원성 의식이 생각해낸 어떤 음모도 신을 속일 수 없으므로, 하늘나라로 가는 길을 속일 수 있는 방법은 절대로 없습니다. 이원성 의식이 완전한 환상의 세계(fantasy world)를 창조하고, 엘리트 계층이 국민 위에 있는 것처럼 보이게 하는 규칙들을 세운다는 것을 인식할 때만, 이런 덫을 꿰뚫어 볼 수 있습니다. 겉치레를 꾸미고, 지구상에 조건들을 만들며, 그 세속적인 조건에 따라 살아간다면 하늘나라로 가는 것이 보장될 것이라는 생각은 아무런 소용이 없습니다. 종교에서의 위선은 진실로 모든 오류 가운데에서도 가장 큰 오류입니다. 여러분이 지구에 있는 모든 사람을 속인다 해도, 여러분의 에고가 신을 속일 가능성은 전혀 없기 때문입니다. 예수가 분명하게 말했습니다. 사람이 온 천하를 얻고도, 자기 목숨을 잃으면, 무엇이 유익하리오? 따라서, 영적으로 가장 성숙한 사람들은 언제나 진실로 가장 겸손한 사람일 것입니다.

하지만, 겸손조차 에고가 왜곡시킬 수 있는데, 많은 사람이 겸손이라는 가면을 쓰고 있는 경우가 많습니다. 내가 찾고 있는 진정한 겸손은 자기 자신을 경시하는 잘못된 겸손이 아닙니다. 내가 말하는 겸손은 모든 존재가 똑같은 근원에서 왔다는 사실성에 기초한 겸손입니다. 모든 생명이 하나라는 것을 알게 되면, 모든 가치 판단이 무의미하다는 것을 알게 됩니다. 모든 존재는 신의 눈에 똑같이 무한한 가치를 가지고 있습니다. 모든 존재가 창조주 존재의 확장이기 때문입니다. 무한함에는 비교가 존재하지 않으며, 따라서 어떤 존재도 다른 존재보다 더 낫거나 더 가치가 있는 것이 아닙니다. 일단 이런 사실을 깨닫고 나면, 어떤 사람들은 특정 분야에서 자신을 다른 사람들보다 더 현명하게 만드는 성숙함을 성취했음을 인식할 수 있습니다. 그러나 이것은 그들이 다른 사람들보다 더 낫다는 가치 판단을 강요하지 않고, 사회나 종교 기관의 특별한 지위나 특권을 그들에게 부여하지 않고도 인정될 수 있습니다. 그런 이유로 예수는 자신이 떠난 후, 누가 지도자가 될지를 놓고 다투는 제자들을 꾸짖었던 것입니다. 예수는 말했습니다. 너희 중에 누구든지 으뜸이 되고자 하는 자는 모든 사람의 종이 되어야 한다. (마가복음 10:44) 모든 생명의 가치를 깨닫게 되면, 이원적인 비교를 통해 자신을 다른 사람들 위로 끌어올리는 것이 아니라, 모두를 끌어올리려고 하기 때문입니다.

자만심의 특성은 다른 사람들을 비하하는 것입니다. 이런 이유로 예수는 겉모습으로 판단하지 말라고 말했습니다. (요한 7:24) 타인을 심판하면, 현재의 삶이 끝난 후 자신의 삶을 평가(cosmic performance review)받을 때, 여러분도 심판받는 것이 신성한 법칙입니다. 임사체험을 한 몇몇 사람이 얘기한 것처럼, 나는 이런 평가를 받을 때, 모든 가식과 위선이 사라지고, 자신의 삶을 매우 명확하게 보게 된다고 장담할 수 있습니다. 그렇다면, 우리가 여러분에게 진정으로 영적인 사람이 되는 방법에 대한 지식을 주었는데, 여러분은 왜 영적인 사람인 척 가장하려 하나요? 에고의 환영이라는 불안정한 모래 위가 아니라 그리스도의 진리라는 바위 위에 집을 지음으로써 진짜(real thing)에 접근할 수 있는데, 여러분은 왜 가짜금[7]을 노리나요?

༺❀༻

 엘리트주의를 완전히 이해하기 위해서는, 엘리트가 되려고 하는 사람들과 엘리트를 따르려는 사람들 사이의 상호의존적인 관계를 이해하는 것이 도움이 될 수 있습니다. 모든 사람이 이런 이해에 준비되어 있다는 말은 아니지만, 상위 10%는 우월-열등의 역학관계로부터 자유로워지기 위해, 이것을 이해해야 합니다.
 앞에서 설명했지만, 상위 영역에 있는 일부 존재들이 신의 비전과 법칙에 대항했습니다. 이 지도자들은 강력한 지위에 있었으며, 그 밑으로 아주 많은 존재를 거느렸습니다. 이들이 추락할 때, 그를 따르던 아주 많은 존재가 함께 추락했고, 그 이후부터 그들 중 많은 수가 자신들의 리더를 맹목적으로 따르고 있습니다. 최초의 추락 이후 오랜 기간에 걸쳐, 두 가지 독특한 정체성이 만들어졌으며, 이런 정체성은 물질 지구에 있는 일부 존재를 포함하여, 많은 존재에 의해 강화되었습니다. 그들은 이제 두 가지 독특한 정체성을 가지게 되었습니다.
 거짓 리더들의 정체성, 파워 엘리트. 이 정체성은 자신이 신보다 더 잘 알고 있으며, 다른 모든 사람보다도 더 잘 알고 있다고 생각하는 것입니다. 명백히 그것은 신과 상호 작용하는 것으로는 이런 우월감을 유지할 수 없으므로, 자기 자신을 다른 사람들과 비교해야만 우월감을 유지할 수 있습니다. 따라서 그것의 생존은 우월한 지도자들에게 복종하는 것처럼 행동하는 추종자 집단을 갖는 것에

---

[7] fool's gold: 황철광

달려 있습니다. 이 정체성은 종종 적수(敵手), 즉 희생양과 모든 수단을 동원해서라도 싸워야 하는 사람들의 집단을 규정합니다. 이런 투쟁은 엘리트들이 자신을 따르는 추종자들에게서 자유를 빼앗는 것을 정당화하는 데 도움이 됩니다.

추종자들의 정체성. 이것은 자신의 삶과 구원에 대해 전적인 책임을 지려고 하지 않는 정체성입니다. 사람들이 이런 정체성으로 들어가면, 앞으로 나아가려 하지 않고 영적인 자급자족을 위해 스스로 결정하려고 하지 않게 됩니다. 이런 존재들은 그리스도가 되는 것을 거부하고, 반면 리더들은 자신들이 그리스도보다 뛰어나다고 생각합니다. 이런 정체성을 유지하기 위해서는, 무엇을 믿어야 하며 어떻게 살아야 하는지를 알려 줄 지도자 그룹이 필요합니다. 그리고 그 사람들은 의심하지 않고 따른다면 자신들의 구원을 보장해 줄 지도자가 필요합니다. 이런 믿음을 유지하기 위해, 사람들은 적수가 필요합니다. 그들은 뛰어난 리더들을 따르지 않으므로, 지옥에서 영원히 벌을 받게 되어 있는 사람들입니다. 이로 인해 추종자들은 지도자들에 대해 열등감을 느끼지만, 적들보다는 우월감을 느낄 수 있으며, 길을 잃는 것에 대한 두려움을 상쇄할 수 있습니다.

여기서 여러분이 보게 되는 것은 리더와 추종자들 사이의 분명히 상호의존적인 관계입니다. 추종자들이 없다면, 지도자들은 궁극적인 우월성이라는 환영을 유지할 수 없었을 것입니다. 리더들이 없다면, 추종자들은 스스로 결정을 내리지 않고도 구원받을 수 있다는 환영을 유지할 수 없게 됩니다. 자신의 환영을 유지하기 위해, 추종자들은 다른 사람들보다 더 낫다고 느낄 필요가 있습니다. 따라서 그들은 스스로 결정을 내리기에는 너무 열등하지만, 지도자들과의 관계 때문에 지도자들을 따르지 않는 지옥에 떨어질 사람들(damned)과 비교해서는 우월감을 가질 수 있습니다. 추종자들이 앞으로 나아가 그리스도가 되는 것을 거부하기 때문에, 그들의 지도자들은 그들을 대신하여 그 일을 해줄 거짓 그리스도로 바뀌게 됩니다. 심지어 그들은 거짓 지도자들을 오류가 전혀 없는 상태로 격상시키기까지 하는데, 그렇게 함으로써 자신이 리더를 맹목적으로 따르는 것을 정당화합니다.

  여기서 내 말의 요점은 심리학자들이 열등감과 우월감 콤플렉스라고 부르는 것은 단지 동전의 양면이라는 것입니다. 어떤 존재가 영적인 스승으로부터 자신을 분리할 때, 에고, 즉 분리된 정체성이 만들어진다고 말할 수 있습니다. 에고는 신에게 받아들여질 수 없으므로, 만성적이고 내재된 열등감을 가집니다. 하지만 에고는 열등감, 저주받았다는 느낌을 지닌 채 살아갈 수 없으므로, 우월감을 만들어 이를 보상하려고 합니다. 다시 말해서 우월감 콤플렉스는 내재된 열등감 콤플렉스를 덮으려는 시도에 불과합니다. 하지만 열등감 콤플렉스는 여러분이 신보다 더 잘 알고 있다는 믿음 때문에 추락 이후에 나타났습니다. 이런 믿음은 분명히 우월감의 한 형태입니다. 하지만, 여러분이 열등감을 가지고 있지 않다면, 왜 굳이 신보다 더 잘 안다고 생각할까요? 왜 굳이 비교하려 할까요? 요점은 이전에 설명한 똑같은 문제, 즉 "닭이 먼저냐, 달걀이 먼저냐?" 하는 문제로 종결됩니다. 진짜 요점은 열등감과 우월감은, 예수가 맘몬(mammon)이라고 부른, 이원성 동전의 양면에 불과하다는 것입니다. 예수가 말했듯이, 신과 맘몬을 동시에 섬길 수 없습니다(마태 6:24), 이 말은 자신의 영적인 자유를 쟁취하려면, 열등감과 우월감을 반드시 버려야 한다는 의미입니다.

열등감과 우월감은 이원성의 전형적인 극성 일부이기 때문에 분리할 수 없습니다. 하나는 다른 하나 없이는 절대 존재할 수 없으며, 이것의 진정한 원인은 그리스도 비전의 결핍이고, 신의 실체를 볼 수 없기 때문입니다. 여러분이 그리스도의 진리를 알면, 자신이 신의 존재의 확장체임을 알게 되고, 따라서 자신이 태어날 때부터 가치 있는 존재임을 알게 됩니다. 있는 그대로의 모습으로, 위에서 모든 것이듯 아래에서도 모든 것이 됨으로써, 여러분은 심지어 창조주에게까지도 열등감을 가질 필요가 없게 됩니다. 왜냐하면 여러분은 창조주의 존재에서 나왔기 때문입니다. 마찬가지로, 다른 사람들 모두 창조주의 존재에서 나왔으므로, 누구와 비교하여 열등감이나 우월감을 느낄 필요가 없습니다. 비교는 이원성에서 생겨나는 것이므로 비교할 필요조차 없습니다. 여러분은 독특한 개인으로 창조되었으며, 여러분이 해야 하는 일은 자신의 개성을 최대로 표현하는 것입니다. 자신이 될 수 있는 모든 것에 초점을 맞출 때, 다른 사람과 비교하는 것에는 관심이 없어집니다. 모든 사람이 다 독특한데, 비교가 무슨 의미가 있겠습니까?

상위 10%가 알아야 하는 것은 열등감과 우월감이라는 역학 전체가 이원성 의식에서 생겨난다는 것입니다. 여러분은 엘리트와, 엘리트보다 열등한 것에서 자부심을 얻는 추종자 그룹, 추종자들보다 열등한 희생자들이 있는 환경에서 성장했을 것입니다. 따라서 여러분은 이런 상호의존적인 관계에서 빠져나와 맹목적인 추종자도 아니고, 권력에 굶주린 리더도 아닌, 신과 같이 자유로운 개인으로 살아갈 수 있음을 증명해 보여야 합니다. 여러분은 사람들이 이런 외적인 정체성 이상이며, 그들의 의식하는 자아가 이런 역할에서 벗어나, 그들이 창조된 목적대로 지구에서 영적인 존재들이 될 수 있다는 것을 증명해야 합니다. 이것은 사람들이 자신의 종교가 유일한 참된 종교라거나, 다른 모든 종교보다 낫다고 느껴야 할 필요성을 극복하는 길을 열어줄 것입니다. 사람들이 열등감-우월감의 역학을 극복해야만, 지구에 진정한 종교적 관용이 존재할 수 있습니다.

열쇠 31
종교는 어떻게 변해야 하는가

 상위 10%가 가져와야 하는 몇 가지의 구체적인 변화에 대해 살펴보겠습니다. 외부 종교의 역할이 사람들을 구원하는 것이 아니라는 사실을 널리 이해시키는 것이 매우 중요합니다. 참된 종교의 주요 목적은 언제나 의식의 변형이었으며, 이 시대에서는 자기 계발 운동(self-help movement)[8]에서 그 예를 볼 수 있습니다. 분명히, 상위 10%의 대부분은 이미 이것을 이해하고 있으며, 이에 따라 살아가고 있습니다. 하지만 대부분의 사람이 이해하지 못하는 것은, 전통적이거나 주류 종교들이 이런 개념에 그토록 저항하는 이유입니다. 사실, 상위 10% 대부분의 사람은 영적인 진리를 정말 명백하게 보고 있기 때문에, 다른 사람들이 이를 보지 못하는지를 이유를 이해하지 못합니다. 이제 여러분도 다른 사람들은 이원성 의식에 눈

---

[8] 자조(自助) 운동은 심리학에 기반을 둔 개인 성장 운동을 일컫는 말로, 흔히 처세학, 자기 계발, 잠재력 개발이라고 한다.
자신을 믿고, 자신의 발전을 위해 스스로 노력하는 사람은 무엇이든 이룰 수 있다는 것이 이 운동의 핵심이며, 이와 관련된 말로, "하늘은 스스로 돕는 자를 돕는다.", "아무것도 아니기 때문에 무엇이든 될 수 있다."는 말 등이 있다

이 멀어 있기 때문에 진실을 볼 수 없다는 것을 이해할 수 있기를 바랍니다. 따라서, 여러분은 여러분에게는 명백한 진리를 그들이 볼 수 있도록 돕기에 앞서, 그 사람들이 자신이 눈이 멀어 있으며, 눈이 멀게 된 이유가 무엇인지를 깨달을 수 있도록 도와야 합니다. 여러분은 더 이상 이원성의 필터를 통해 보지 않으므로, 진리가 명확하다고 생각합니다. 그러니 여러분처럼 다른 사람들도 그 필터에서 벗어날 수 있도록 도와야 합니다.

종교가 여러분을 구원하는 것이 아니라 의식을 변형하도록 돕는 것이라는 개념은, 눈먼 지도자들과 그들의 추종자들로부터 거센 저항을 받을 것입니다. 그 이유는 바로 이 개념이 열등감-우월감 역학을 토대로 하는 이 깨지기 쉬운 환영을 위협하기 때문입니다. 사람들이 자신의 노력으로 구원에 가까이 갈 수 있다면, 맹목적인 추종자들은 더 이상 자신을 구원해 줄 지도자들이 필요로 하지 않으며, 스스로 결정하지 않는 것에 대한 구실도 더 이상 가질 수 없습니다. 마찬가지로, 지도자들은 그들에서 그 무엇보다 중요한 우월감을 더 이상 유지할 수 없게 됩니다. 따라서 여러분은 두 그룹 모두가 개인적인 변형이라는 개념에 왜 그렇게 맹렬하게 저항하는지, 종교를 자기 변형의 도구로 보는 것에 왜 그처럼 저항하는지, 그 이유를 알 수 있습니다. 그들은 사람들이 자신을 구원할 수 없고, 구원받기 위해서는 외부 종교와 외적 지도자들이 필요하다는 개념을 고수할 것입니다.

어떻게 해야 이런 사람을 도울 수 있을까요? 대개는 위협적이지 않으면서, 또한 그들의 기본적인 환영을 유지할 수 있게 하면서, 한편으로는 다른 이유로 자기 계발의 개념을 받아들일 수 있게 하는 것이 필요합니다. 예를 들면, 예수는 신의 나라는 내면으로 들어가야만 찾을 수 있다고 말했습니다. (누가 17:21) 그는 또한 추종자들에게 자기 눈 안의 들보를 제거하라고 말했는데,(마태 7:5) 이 시대의 사람들은 그가 인간 에고와 에고가 지닌 이원적인 추론 능력에 대해 언급한 것임을 이해할 수 있습니다. 에고는 이원적인 추론으로 사람들이 온몸을 빛으로 가득 채우는 온전한 눈(single eye), 즉 비-이원적인 그리스도의 비전을 가질 수 없게 합니다.

예수 역시 크리스천들에게 눈먼 추종자가 되지 말라고(마태 15:14) 말했으며, 그의 이름으로 나타날 거짓된 지도자들에 대해 경고했습니다. (마태 24:24) 따라서 예수의 가르침 속에는 개인적인 변형의 필요성에 대해 사람들의 마음을 열리게 하는 데 사용할 수 있는 많은 요소가 내포되어 있습니다. 하지만 어떤 사람들은 아직 준비되어 있지 않거나, 자기 자신에 대해 책임지려는 의지가 없다는 사실을 깨달을 필요가 있습니다. 따라서 여러분은 다른 사람들의 반응에 집착하지 않으면서, 길을 보여주는 것에 만족해야 합니다.

드러날 필요가 있는 또 다른 분야는 모든 교회에서 여성들에게도 동등한 지위가 주어져야 한다는 것입니다. 기본적인 사실은 남성의 추락에 대해 여성들에게 책임이 없다는 것입니다. 모든 개별적인 존재가 추락으로 이어지는 선택을 스스로 했습니다. 이브는 여성을 상징하는 것이 아니라 여러분 하위 존재에 대한 상징으로, 여러분의 영적인 자아가 남성 극성이기 때문에, 이브는 여러분 전체 존재의 여성 극성입니다. 따라서 여러분의 하위 존재와 상위 존재의 여성-남성 극성은, 이번 생에서 여러분이 입고 있는 육체의 성별과는 관련이 없습니다. 과거 생에서 여러분은 남성과 여성의 몸 모두로 육화했습니다. 따라서 추락에 대해 여성을 비난하고, 교회에서 여성

을 낮은 지위로 격하시키는 것은 아무 의미도 없습니다. 이런 차별은 바이블에 언급된 말을 토대로 하지만, 이제는 이런 언급이 오류가 전혀 없는 신의 말씀이 아니라, 남성 지배적인 문화의 왜곡이라는 사실을 깨달아야 합니다. 지금은 그것들을 버리고, 모든 교회에서 여성들도 어떤 직책이든 가질 수 있도록 허용해야 하는 시점입니다.

사실, 지금은 남녀 두 성(性) 사이의 불평등, 심지어 갈등에 대한 전체 개념이 이원성 의식의 또 다른 표현임을 인식할 때입니다. 추락한 존재들의 책략은 언제나 사람들을 분리하고 분열된 집이 되게 해서, 서로 반대되는 집단을 만들어 서로 적대시하게 하는 것입니다. 남성과 여성이 우열을 다투며 서로 적대시하게 하는 것은 단지 또 다른 에고 게임에 불과한 것으로, 황금시대가 구현되기 전에 반드시 중단되어야 합니다. 남성과 여성이 함께 조화를 이루어야만, 그들과 그들의 사회가 완전한 잠재력에 도달하게 됩니다.

여성들이 아주 오랫동안 억압받아 왔으므로, 종교적 삶을 포함하여, 사회에서 더욱 중요한 위치를 차지할 수 있게 함으로써, 이를 보상할 필요가 있습니다. 그렇다고 여성이 그동안 남성이 누려왔던 우월한 역할을 차지하거나, 남성들의 여성 억압에 대해 처벌하는 역할 전환이 일어나야 한다는 말은 아닙니다. 모든 면에서 여성이 완전히 동등한 사람으로서 정당한 역할을 찾아야만, 인간 사회에서 남성과 여성 극성 사이에 완전한 조화가 이루어질 수 있다는 말입니다. 하지만 이것은 또한 여성이, 여성이 되는 것을 포기하거나 남성 지배적인 문화에 적응하려고 해서는 안 된다는 의미입니다. 남성인 척하는 여성이 필요한 것이 아닙니다. 우리에게 필요한 사회는 남성과 여성 모두의 독특한 자질을 존중하고, 이 둘을 충분히 표현할 수 있는 사회입니다.

경전에 대한 많은 이원적인 믿음이 점검되고 비-이원적인 개념으로 대체될 수 있도록, 종교에서 경전의 역할이 공개적으로 논의될 필요가 있습니다. 이것과 관련해 이미 앞장에서 얘기했지만, 간략하게 요약해 보자면, 어떤 경전은 특정한 그룹에 전해졌으며, 그것은 세상에 대한 그들의 이해와 의식 상태를 반영하는 것이었다는 사실을 이해해야 합니다. 따라서 그것은 모든 사람을 영원히 인도할 수 있는 오류 없는 신의 말씀으로 보이도록 의도된 것이 아니었습니다.

근본주의자들이 경전에 접근하는 방식은 실제로는 신을 통제하려는 시도입니다. 예를 들면, 많은 크리스천이 사실상 이렇게 말합니다. "좋습니다. 신이시여, 당신은 우리에게 바이블을 주셨지만, 우리는 절대로 당신이 추가적인 계시를 전할 수 없게 할 것입니다. 우리와 관련해서, 당신은 두 번 다시 인간에게 말할 수 없을 것입니다." 명백히, 이런 사고방식은 타락한 의식의 산물이며, 신을 이 세상으로부터 단절시킴으로써 신이 잘못됐음을 증명하려는 타락한 시도입니다. 이런 사고방식은 이 세상이 신과 분리되어 있으며, 신은 특별한 경우, 특별한 사람을 통해서만, 이 세상에서 일할 수 있는 것처럼 보이게 하려고 합니다. 따라서 이런 사고방식은 신이 인간과 제도들이 만든 한계에 구속되지 않으며, 상승 호스트가 언제든지 열린 가슴과 열린 마음을 가진 사람들을 통해 새로운 계시를 내놓을 수 있다는 사실을 부정합니다. 그것은 또한 모든 인간이 그리스도가 된 존재가 될 수 있는 잠재력이 있고, 신의 빛과 진리를 이 세상에 흐르게 하는 열린 문이 될 잠재력이 있다는 사실을 부정합니다.

 신이 직접적인 계시를 통해 신성한 경전을 내놓았지만, 전능한 신이 오로지 한 번만 그렇게 할 수 있다고 인식하는 논리는 무엇일까요? 자, 논리적인 설명은 이것입니다. 추락한 존재들은 자신들이 이 행성의 종교적인 삶을 인수받았고, 자신들이 사람들을 속박하는 것을 신과 상승 호스트가 방해하지 못하게 하려는 것입니다. 종교 지도자들이 경전을 필사적으로 고수할 때는, 현재 상황을 전복시킬 새로운 계시를 억제하려는 숨겨진 목적이 있습니다. 현상유지를 통해 이익을 얻을 수 있는 존재는 추락한 존재들과 거짓 신들뿐입니다.

 상승 호스트에게서 오는 새로운 계시에 대한 개방이 매우 시급합니다. 분명 이것은 어떤 계시가 올바른지, 어떤 계시가 상승 호스트들에게서 나온 것이며 어떤 계시가 거짓 신들에게서 온 것인지를 어떻게 결정하는가와 같은 많은 문제를 만들겠지만, 이것은 요점 일부일 뿐입니다. 왜냐하면, 이런 의문을 해결하려고 애쓰는 동안, 사람들은 그리스도의 분별력을 연마하게 되고, 개인적인 그리스도 신성을 입게 됩니다. 과거 경전들을 소위 글자 그대로 해석하는 데 맹목적으로 집착함으로써, 그리스도 신성에 더 가까이 다가갔던 존재는 없었습니다.

 예수를 중심으로 구축된 모든 우상 숭배는 누구도 예수의 발자취를 따르지 못하게 하고, 자신의 그리스도 신성을 선언하는 것을 막기 위한, 단 하나의 목적만 있습니다. 추락한 존재들은 예수로 인해 많은 어려움을 겪었으므로, "자신들의" 행성에서 그와 같은 또 다른 존재를 절대로 보고 싶어 하지 않습니다. 그들은 자신들이 해냈다고 생각하지만, 지금은 가장 영적인 사람들이 그들이 틀렸음을 증명해야 할 때입니다!

종교가 시대를 따른다고 해서 잘못된 것은 아니라는 사실에 관심을 기울여야 합니다. 인류는 분명 5000년 전, 혹은 심지어 2000년 전에 알았던 것보다, 인간 심리를 포함해, 세상과 자신에 대해 훨씬 더 많은 것을 알고 있습니다. 따라서 사람들이 삶의 영적인 모든 측면을 이해하는 데 있어 더 나은 토대를 가지고 있는 것이 분명해져야 하며, 이것은 두 가지 분명한 의미가 있습니다. 하나는 인류가 역사에 기록된 이전의 어떤 시대보다 더 높은 계시를 상승 호스트로부터 받을 수 있다는 것입니다. 다른 하나는 지금이 종교들이 자신들의 교리, 믿음 그리고 의례들에 대해 분명하고 합리적인 설명을 해야 할 시점이라는 것입니다.

과학과 종교 사이의 이원적 투쟁은 지속될 수 없습니다. 따라서 종교는 과학의 유익한 효과 가운데 하나가 자연계가 이치에 맞으며, 합리적으로 이해될 수 있는 일관된 법칙들에 따라 인도되고 있다는 것을 증명하는 것임을 인식해야 합니다. 또한, 과학은, 만일 어떤 것이 신비스럽게 보인다면, 그것은 단지 사람들이 그것이 어떻게 작용하는지를 모르기 때문임을 밝혀주었습니다. 하지만 체계적인 이해와 실험을 통해, 사람들은 이해력을 높일 수 있으며, 언젠가는 모든 현상을 이해하게 될 것입니다. 이제는 종교인 역시 삶의 영적 측면도 이와 같다는 사실을 인식해야 할 때입니다. 예수의 기적은 초자연적인 사건이 아니었습니다. 그것들은 과학 혹은 대부분의 종교에 아직 알려지지 않은, 더 높은 영적인 법칙을 사용할 수 있는 의식 상태를 성취한 개인에 의해 행해진 것으로, 그는 과학에 의해 알려진 자연법칙들을 대체할 수 있었습니다.

나는 이 책이 삶의 영적인 측면에 대해, 합리적이고 일관되며 알기 쉬운 방식으로 설명되거나 이해될 수 없는 것은 존재하지 않는다는 사실을 증명해 주기를 바랍니다. 종교 지도자들이 "그것은 불가사의다."라고 하면서, 사람들의 질문을 일축하며 교리를 지키는 것은 더 이상 용납할 수 없는 일입니다. 창조주에게는 비밀이 없고, 자신의 자손들에게 숨겨야 할 것이 없으므로, 여러분이 알 수 없는 것은 아무것도 없습니다. 사실, 여러분이 그리스도 의식을 얻으려고 노력한다면, 모든 것이 분명하게 드러날 것입니다. 왜냐하면, 신에 대해 알 수 있는 것을 제한하는 것은 여러분 자신의 의식 상태이기 때문입니다. 이원성의 베일 너머를 기꺼이 보려고 하지 않는데, 어떻게 하나인 신의 실재를 알 수 있겠습니까?

앞에서 보여주려고 한 것처럼, 오직 이원성 세력만이 숨겨야 할 것이 있기 때문에, 종교에서 신비감이 유지되기를 바랍니다. 이것은 많은 종교 교리들이 이원적이고, 따라서 모순되거나 합리적인 설명을 할 수 없다는 사실을 숨기기 위한 연막에 불과합니다. 사람들이 이런 교리를 계속해서 믿게 하려면 교회는 사람들이 교리를 합리적인 방식으로 생각하지 못하도록 막아야 합니다. 지금은 종교인들이 의문을 제기한다고 해서 지옥에 가지 않는다는 사실을 알 수 있도록 도와야 할 때입니다. 사실, 질문을 하지 않음으로써, 사람들은 "삶"이라고 부르는 이원적인 지옥에 남아 있는 자신을 비난하게 됩니다. 중세 시대 사람들이 지구가 평평하다고 믿게 만드는 멘탈 박스에 갇혀 있었던 것처럼, 여러분은 추락한 존재들이 만든 정신적 감옥에 머물러 있는 자신을 비난하게 됩니다.

여러분은 현대에 살고 있으며, 이 시대에는 종교가 이치에 맞아야 합니다. 사람들은 자신의 종교가 교리와 문화 그리고 관습에 대해 일관되고 합리적인 설명을 하거나, 아니면 종교가 이치에 맞도록 자신을 개혁하라고 요구할 권리가 있습니다. 신과 신의 법칙은 이치에 맞기 때문에, 종교의 교리가 이치에 맞지 않는다면, 그것이 신의 실재와 정렬하지 않았거나 이원성 의식의 영향을 받고 있기 때문입니다. 이제는 이원성의 세력들이 무오류의 가면과 여러분이 완벽하게 논리적인 질문을 하면 지옥에 가게 된다는 두려움 뒤로 숨지 못하게 해야 합니다.

영적인 사람들이 과학에서 어떤 교훈을 배우고, 그것을 종교에 적용할 필요가 있습니다. 영적인 경험들을 조사하기 위해 과학적인 방법을 사용하는 것은 그런 경험에 대한 사람들의 이해를 높일 수 있는 기회가 되고, 심지어는 사람들이 그런 경험을 더 쉽게 하도록 해주기도 합니다. 종교적인 삶의 다른 많은 측면이 과학에 의해 탐구될 수 있습니다. 분명, 드러내놓고 싸우는 (open warfare) 현재의 풍토에서는, 과학은 지나치게 물질만능주의적이므로, 대부분의 과학자는 종교 현상을 감히 탐구할 수도 없고, 탐구하려고도 하지 않습니다. 과학계와 종교계 모두가 거짓 리더들에게 도전함으로써 이런 경향은 바뀌어야 합니다.

확실히 과학도 타락한 의식의 영향을 받았습니다. 사실, 물질주의 과학은 신에 대한 인간의 믿음을 파괴하고, 사람들이 자신의 영적인 기원과 잠재력을 부정하게 함으로써, 신의 잘못을 증명하려고 하는 추락한 존재들의 가장 강력한 도구 가운데 하나가 되었습니다. 하지만 나는 비-이원성(non-duality)이 종교를 개혁하기 시작한 것처럼, 과학 역시 개혁될 것이라고 확신합니다. 과학계에는 삶에 대해 영적인 견해를 가진 사람들이 이미 많이 있습니다. 그들의 수가 임계수치에 도달해서 과학에서 물질주의 속박이 사라지는 것은 단지 시간문제일 뿐입니다. 하지만, 이 책에서의 내 관심은 종교 분야의 개혁입니다. 종교가 진실로 사회의 다른 모든 측면을 개혁하기 위한 열쇠이기 때문입니다.

  요점은 여러분이 신과 영성과 관련된 모든 질문에 대해 논리적이고 합리적인 답을 실제로 찾을 수 있다는 것입니다. 특정한 종교의 가르침이 여러분의 의문에 답을 해줄 수 없다면, 그 가르침의 바깥을 살펴봐야 합니다. 거짓 교사들이 여러분을 그들이 원하는 대답, 즉 자신들이 이 행성의 삶을 통제한다고 느끼는, 현재 상황을 뒤엎지 않을 질문만 하게 만드는 멘탈 박스에 가두도록 허용하는 것을, 이제 멈추어야 합니다. 예수가 말했듯이, 찾으라, 그러면 찾을 것이요. 두드리라 그러면 이해의 문이 열릴 것이다(마태 7:7), 왜냐하면, 감춰져야 하는 것은 어떤 것도 없으므로, 반드시 사람들 앞에 드러나야 하기 때문입니다. (마가복음 4:22)

                              ✦

  위에서 언급한 주제들 뒤에는, (분명, 여기서 일일이 다 열거하기에는 너무 많은 주제가 있습니다) 공개적으로 드러나야 할 하나의 전반적인 주제가 있습니다. 그것은 종교가 통합하는 요소로 작용하지 않고, 왜 그렇게 자주 사람들을 분열시키는가 하는 것이며, 이에 대해 고민해 보는 것이 절대적으로 필요합니다. 이것을 생각해 보면, 여러분은 모든 종교가 신과 사람들을 조화시키려 한다고 주장하는 것을 깨닫게 되며, 모든 종교가 신이 모든 것을 창조했음을 인정한다는 것을 알게 됩니다. 따라서, 종교인들이 점차 자신들의 신과 조화를 이루어가고 있고, 또한 만일 신이 모든 것을 창조했다면, 종교인들이 다른 모든 사람 역시 신이 창조했다는 사실을 어떻게 깨닫지 못할 수 있을까요? 사람들이 비록 신을 다른 이름으로 부르거나, 다른 방식으로 숭배한다 하더라도, 종교인이라면 당연히 다른 사람들을 더 가깝게 느껴야 하는 것이 논리적이지 않을까요? 만약 지구상의 종교가 사람들이 겉모습을 넘어서는 것을 돕게 되어 있다면, 종교인들은 왜 그렇게 자주 세속적인 겉모습에 초점을 맞추는 데 집착할까요?

분명히, 우리는 종교가 왜 그토록 분열적인지 그 이유를 살펴보았습니다. 여기에는 사람들의 에너지를 훔치기 위해 사람들이 서로 싸우기를 바라고, 또한 서로 싸우고 있는 거짓 신들의 존재와 인간 에고의 영향도 포함됩니다. 그럼에도 불구하고, 이제 영적으로 성숙한 사람들은 종교가 사람들을 통합시키지 못한다면, 그것은 참된 종교가 아니라는 사실을 인식해야 합니다. 에고와 이원성 의식에 의해 지배되는 종교는 실제로 이원적인 종교입니다. 따라서 더욱 성숙한 사람들은 종교에 대한 이 분열적인 접근 방식에서 벗어나서 통합하는 접근 방식을 적용해야 합니다.

그렇게 함으로써, 그들은 고전적인 이원성의 덫, 즉 하나의 종교가 다른 모든 종교를 말살함에 따라, 그 종교가 하나의 참된 종교로서 보편적으로 인정받게 된다는 믿음에서 반드시 벗어나야 합니다. 진정한 종교적 통합은 하나의 종교를 제외하고 그 밖의 모든 종교를 뿌리 뽑는 것이 아니라, 다른 종교의 구성원들 사이에 통합을 가져오는 것입니다. 이것은 임계수치의 영적인 사람들이 이원성 의식을 인식하고 이런 의식을 초월하겠다고 결심할 때 일어날 것입니다. 따라서 그들은 그들 모두가 같은 근원에서 왔으며, 단지 자신들이 근원으로 돌아가는 다른 길을 걷고 있을 뿐이라는 사실을 이해하게 될 것입니다.

앞으로 일어나야 하는 것은, 내가 설명했던 하나됨의 길을 포함하여, 공개적으로 하나됨에 전념하는 종교인들에 의한 보편적인 운동의 출현입니다. 이런 사람들은 종파를 초월한 진정한 대화를 할 수 있습니다. 그것은 내가 이 책에서 설명하고 있는, 종교에 대한 새로운 비-이원적 접근을 끌어내는 데 극히 중요한 수단이 될 수 있습니다. 나는 내 목표가 새로운 종교를 창시하는 것이 아니라고 얘기했습니다. 하지만, 이런 운동이 현존하는 종교들에 대한 유일한 참된 대안의 역할을 제대로 하지 못한다면, 하나됨에 전념할 수 있는 새로운 조직을 만드는 것이 유리할 수도 있습니다.

이런 상황을 피하려면, 별도의 지부들, 즉 하나됨의 가톨릭(Catholics for Oneness), 하나됨의 루터교(Lutherans for Oneness), 하나됨의 힌두교(Hindus for Oneness), 하나됨의 무슬림(Muslims for Oneness), 하나됨의 불교(Buddhists for Oneness) 등을 거느리는 통솔 기구(umbrella organization)를 생각해 볼 수 있습니다. 다시 말해, 조직은 다른 종교들을 대체하려는 것이 아니라, 모든 종교 안에서 하나됨의 개념과 비-이원성의 개념을 높이려고 합니다. 중앙 조직은 단지 전문화된 그룹 사이의 대화를 조정하는 역할만 하게 됩니다. 중앙 조직은 서로가 만나는 접점(contact point)이지, 지배하는 주체(controlling entity)가 아닙니다. 그런 조직이 이 책에서 어떤 영감을 받을 수도 있겠지만, 나는 그것이 내 가르침에 기초하거나, 장려하거나, 혹은 내 가르침에 충실할 것을 요구하는 것에 기반하게 될 것을 기대하지 않습니다. 그것은 진실로 보편적이어야 하고, 이것이나 혹은 다른 특정한 출처와는 별개로, 보편적인 가르침을 제시해야 합니다.

∽✿∾

이원적인 종교로부터 세상을 자유롭게 하는 데 있어서, 위의 방법만으로는 충분치 않다는 사실을 분명히 밝혀 두겠습니다. 분명히,

상위 10%와 80%의 일반 대중이 이원적인 종교를 인식하고 이를 포기하겠다고 결정한다면, 인류는 결국 그런 종교를 모두 제거할 수 있을 것입니다. 하지만 이것은 가까운 미래에 일어날 시나리오는 아닌 것 같습니다. 이원적인 종교를 제거할 수 없다면, 이 방법 가운데 뭔가를 실행하는 것이 무슨 의미가 있을까요? 자, 요점은 예수가 재능을 증식하는 것과 관련한 우화에서 설명했듯이, 육화한 사람들이 행한 것들을 상승 호스트들이 증식한다는 점입니다.

상위 10%의 사람들은 지구에서 악을 제거할 힘은 없지만, 특정한 악을 제거할 권한을 상승 호스트에게 줄 수 있습니다. 육화해 있는 사람들은 악을 제거할 권한은 가지고 있지만 그럴 힘이 없고, 상승 호스트들은 힘은 가지고 있지만, 권한이 없다고 말할 수 있습니다. 분명한 답은 육화해 있는 사람들의 권한과 상승 호스트의 힘을 결합하는 것입니다. 정확하게는 이것이 거짓 지도자들이 사람들과 상승한 스승 사이에 중개자로 끼어들려고 애쓰는 이유입니다. 이원적인 종교의 영향으로 이런 계획은 꽤 성공적이었으나, 거짓 교사들을 전복시키는 것이 그렇게 어려운 일은 아닙니다. 이것은 다음과 같은 요소를 포함합니다.

거짓 교사들은 자신의 힘을, 대부분 왜곡된 에너지의 집합체인 야수들로부터 끌어냅니다. 모든 것은 에너지로 만들어지기 때문에, 어떤 타입의 에너지가 야수에게 집중되면, 사람들의 생각과 감정을 압도하거나, 적어도 영향을 미칠 수 있는 중력적인 끌어당김을 만들게 됩니다. 이런 끌어당김을 줄일 수 있는 한 가지 방법은 임계 수치의 사람들이 자신의 에너지를 야수에게 주는 것을 멈추는 것이며, 이것은 의식의 확장을 통해 이룰 수 있습니다. 또 다른 방법은 소수의 사람이 왜곡된 에너지를 변형하거나 소멸할 것을 적극적으로 요청하는 것입니다. 낮은 에너지는 모두 더 높은 영적 에너지를 기원함으로써 소멸될 수 있습니다. 이것이 야수의 자력적인 끌어당김을 감소시켜, 야수가 사람들을 압도하는 악순환이 끊어지게 할 것입니다. 끌어당기는 힘이 줄어들면, 사람들이 야수들의 영향에서 벗어나기가 쉬워지고, 이로 인해 긍정적인 나선이나 긍정적인 힘이 만들어질 때까지, 야수에게 에너지를 적게 공급하게 될 것입니다.

왜곡된 에너지를 어떻게 변형시킬 수 있을까요? 적절한 영적인 의례들을 통해 바꿀 수 있습니다. 사실, 원래, 많은 종교 의례는 사람들을 부정적인 에너지에서 벗어나게 하기 위한 수단으로 주어졌습니다. 상승 호스트들은 이런 의례를 계속 제공해왔고, 가장 최근에는 성모 마리아의 기적의 자유라는 로자리를 비롯하여 그 밖의 다른 기법들이 전해졌습니다.

모든 것은 육화해 있는 사람들의 자유의지에 따르게 되어 있습니다. 따라서 임계수치의 사람들이 야수의 의식에서 자신을 분리하고, 그것들이 지구에 존재하는 것을 더 이상 용납하지 않겠다고 결정하기 전에는, 상승 호스트들은 야수나 추락한 존재들을 제거할 수 없습니다. 특정한 구현(manifestation)을 더 이상 받아들이지 않겠다고 결정한 사람들에게는 엄청난 힘이 있습니다. 한 가지 예는 1800년대에 사람들이 노예 제도를 허용할 수 없다고 어떻게 결정했는가 하는 것입니다. 이것이 노예제도라는 행성적 거대 야수의 일부를 제거하게 했지만, 불행하게도 사람들을 여전히 사고팔 수 있는 소유물로 취급하려는 사람들에 의해, 이런 야수가 어느 정도는 재창조되었습니다. 하지만, 현대에 와서 노예 제도에 대한 의식이 높아지고 있고, 이를 극복하려는 사람들의 의지가 개발됨에 따라, 야수는 더 빠르게 줄어들 수 있습니다.

육화해 있는 사람들이 자기 눈 안의 들보를 제거했을 때, 거짓 신들과 타락한 의식을 구현한 사람들에 대한 그리스도 심판을 요청할 수 있습니다. 그러면 이것이 상승 호스트들에게 야수를 결박하거나, 무력화시킬 수 있는 권한을 주게 되며, 야수는 더 이상 사람들의 마음을 끌어당길 수 없게 될 것입니다. 야수는 어머니의 수축하는 힘이 산산조각 낼 때까지 결박되어 있을 것이며, 마터 빛은 정화될 것입니다. 혹은 인류가 야수로 상징되는 의식을 극복하는 마지막 입문 과정에 도달할 때까지, 야수는 결박되어 있게 됩니다. 이것은 다음 인용구에 설명되어 있습니다.

1 또 내가 보매, 천사가 무저갱의 열쇠와 큰 쇠사슬을 그의 손에 가지고 하늘나라로부터 내려와서,

2 용을 잡으니 곧 옛 뱀이요. 악마(devil)요. 사탄이라, 잡아서 천 년 동안 결박하여,

3 무저갱에 던져 넣어 잠그고, 그 위에 인봉하여, 천 년이 차도록 다시는 만국을 미혹하지 못하게 하였는데, 그 후에는 반드시 잠깐 놓이리라. (요한계시록 20장)

많은 추락한 존재들이 한동안 물리적으로 육화할 수 없게 되어, 지금은 아스트랄계에 존재하고 있습니다. 이들 중 일부는 인류가 이원적인 특정 의식 상태를 초월했는지를 테스트하기 위해, 현재 혹은 미래에 육화하는 것이 허용되었거나, 허용될 것입니다.

지구에는 타락한 의식에 전적으로 헌신하는 사람들이 있는데, 그들이 지구에 육화하도록 허용된 이유는 대부분의 사람이 그런 의식과 분리되지 않았기 때문입니다. 어떤 의미에서는, 이들 추락한 존재들의 육화가 허용된 이유는 이들이 특정한 의식 상태의 악을 더 잘 보이게 하여 사람들이 악을 볼 수 있게 하고, 사람들이 이런 악을 초월할 수 있는 또 다른 기회를 받게 하기 위해서라고 말할 수 있습니다.

이런 사람들의 중력적인 끌어당김 때문에 인류가 하향나선으로

더 끌어당겨질 수 있는 위험이 있습니다. 하지만 사람들이 이원적인 환영을 꿰뚫어 보기 시작하면, 그런 환영을 구현한 사람들에 대한 심판을 요청할 수 있습니다. 이것이 충분한 그리스도의 권한을 가지고 행해진다면, 그런 존재들은 재육화할 수 없고, 지구도 그들의 아래로 끌어당기는 힘으로부터 자유로워질 것입니다. 하지만 법칙은, 추락한 존재들이 제거되기 위해서는, 지구상의 누군가가 추락한 존재들이 추락하기 전에 지녔던 의식 수준까지 반드시 올라갈 것을 요구합니다. 위에 언급된 바이블의 구절처럼, 예수로 인해 아주 어두운 특정 존재들이 제거될 수 있었습니다. 이것이 예수가 "나는 심판하러 이 세상에 왔다."(요한 9:39)라고 한 까닭입니다.

하지만 일부 추락한 존재들은, 사람들이 그들을 다시 따를지를 테스트하기 위해, 육화가 허용될 것임을 이해해야 합니다. 사람들이 살아 있는 그리스도를 따르지 않고, 그 대신에 종교, 음악, 정부 그리고 기업에 존재하는 거짓된 지도자들을 따르게 될까요? 사람들이 "양의 옷을 입은 이리(마태 7:15)"를 따르지 않는다면, 그들은 영원히 제거될 것이며, 이 행성은 더 높은 단계로 상승할 것입니다.

특정한 야수와 그것을 구현하는 존재들이 이 행성에서 완전히 제거되려면, 사람들을 이원적인 환영으로부터 자유롭게 해줄 그리스도의 진리가 임계수치의 사람들에게 반드시 전해져야 합니다. 사람들은 그리스도의 진리와 반그리스도의 환영 사이에서 선택할 기회를 얻어야 하는데, 그리스도의 진리를 구현한 사람과 만나기 전에는, 그런 기회를 얻지 못할 것입니다. 이것은 다음 인용구에 설명되어 있습니다.

이 하늘의 복음이 모든 민족에게 보여지기 위하여, 온 세상에 전파되리니. 그제야 끝이 오리라. (마태 24:14)

전파될 복음은 참된 그리스도의 복음, 즉 비-이원적인 복음입니다. 다가올 끝은 세상의 끝이 아니라 이원성의 끝, 즉 이원성 의식에 기초한, 실제로는 이원성 의식으로부터 창조된 세상의 끝입니다. 그런 다음, 여러분은 다음과 같이 예언이 실현되는 것을 목격할 것입니다.

또 내가 새 하늘과 새 땅을 보니, 처음 하늘과 처음 땅이 없어졌고, 바다도 다시 있지 않더라. (요한계시록 21:1)

이제 우리는 지구를 이원적인 종교로부터 자유롭게 해줄 알파와 오메가 측면이 존재한다는 것을 압니다. 알파 측면은 상위 10%가 자신을 이원적인 환영으로부터 자유롭게 하고, 왜곡된 에너지로부터 자기 자신을 자유롭게 하는 것입니다. 사람들이 자기 자신을 위해 이렇게 하는 동안, 그들은 행성적 규모의 에너지 변형을 요청하기 위한 영적인 작업을 할 수 있고, 어떤 형태의 악을 구현하는 존재들과 야수들에 대한 그리스도 심판을 요청할 수 있습니다. 어떤 의미에서, 이것은 사람들이 개별적으로 또는 별도의 그룹으로 할 수 있는 일입니다. 이것은 일반 대중과 교류하지 않고도 할 수 있는 일입니다.

하지만 알파 측면은 그 자체만으로는 충분치 않을 것입니다. 왜냐하면 알파 측면은 일반 대중과 상위 10%의 구성원 모두를 일깨우려는 오메가 노력이 수반되어야 하기 때문입니다. 분명히 두 노력은 병행되어야 합니다. 에너지가 더 많이 바뀌고, 점점 더 많은 추락한 존재들이 심판받게 됨에 따라, 중력적인 끌어당김은 줄어들게 될 것이며, 사람들은 더 쉽게 이원적 환영을 꿰뚫어 볼 수 있게 됩니다. 따라서 사람들을 환영에서 깨어나게 하고, 그 환영에서 자신을 벗어나게 하는 것이 더 쉬워질 것입니다. 그들이 야수에게 먹이를 주지 않게 되면서, 점점 더 많은 사람을 깨울 긍정적인 나선이 창조되고, 결국에는 그런 의식을 구현하는 전체 야수와 모든 존재가 지구에서 제거될 것입니다.

 이런 과정은 오랜 기간에 걸쳐 진행되었지만, 앞에서 설명한 것처럼 이것은 느린 진행 과정이었습니다. 이 시대에는, 많은 수의 사람이 깨어날 수 있습니다. 많은 사람이 이런 노력에 의식적으로 동참할 수 있고, 이 과정이 엄청나게 가속화될 수 있습니다. 하지만 앞에서 말했던 것처럼, 이런 일은 상위 10%가 알파 노력을 하는 것뿐만 아니라, 밖으로 나가 모든 존재가 육화한 살아 있는 그리스도가 될 수 있다는 것을 시범 보여주어야만 가능합니다.

열쇠 32
비-이원적 상호 작용

우리는 이제 전통적으로 상위 10%가 이 행성에 대한 지배권을 취하지 못하게 방해해 왔던 아주 중요한 문제에 도달했습니다. 그것은 다른 사람들을 대하는 방법으로, 이 시대의 영적인 사람들은 이원적이지 않은 방식으로 서로를 대하는 방법을 찾는 데 전력해야 합니다. 이번 장에서 몇 가지 제안을 하겠습니다.

가장 설득력 있는 이원적인 거짓말 가운데 하나는 목적이 수단을 정당화할 수 있다는 개념입니다. 또 다른 교묘한 거짓말은 물질우주에서 일어나는 모든 일이 궁극적으로 실재(實在)이거나 영원하다는 것입니다. 그리고 세 번째 거짓말은 물질우주에서 일어나는 일이 이 세상에 정말로 중요하다는 것입니다. 이 세 가지 거짓말이 결합하면, 여러분은 물질계의 어떤 행위에 감정적으로 집착하게 되고 눈이 멀게 되어, 완전히 갇히게 되는 최악의 상황(perfect storm)을 맞이하게 됩니다. 사람들은 이제 자기 노력의 결과가 삶과 죽음, 이 세상의 종말이나 구원과 같이 궁극적으로 중요한 문제인 것처럼 행동합니다. 그들의 노력이 서사적으로 중요하므로, 목표를 이루기 위해서는 그들의 종교적인 가르침을 명백하게 거스르는 방식으로 사람들을 대하는 것이 정당화될 수 있습니다. 어쨌든, 자신들은 사람들의 영혼을 구하거나 세상을 구하기 위해(이런 식의 에고 추론에 따라) 그렇게 하고 있는데, 사람들을 학대하는 것이 무슨 문제가 되겠냐는 것입니다.

종교에 기반을 둔 이런 형태의 광기는 이제 끝나야 합니다. 나는 이 책을 읽는 사람들에게 영적인 영역에서 존재들이 서로를 대하는 방식으로, 지구에 있는 사람들도 서로를 대하는 새로운 문화의 선구자가 돼 달라고 요청합니다. 이 말은 속임수, 조종, 위장, 판단, 통제적인 사랑, 불친절 또는 기타 모든 이원적인 게임이 없어야 한다는 의미입니다. 나는 사람들에게 비-이원적인 상호 교류를 할 수 있는 방법을 찾아 달라고 요청합니다.

앞장에서 설명한 것처럼, 물질우주에 존재하는 그 어떤 것도 영적인 영역에서 발견할 수 있는 영속성을 성취하지 못했다는 의미에서, 궁극적으로 실재하지 않는다는 것이 진실입니다. 이 세상은 돌에 끌로 조각품을 새겨 넣는 채석장이 아닙니다. 비유해서 상대적으로 말한다면, 이 세상은 실수가 쉽게 지워질 수 있는 모래 상자입니다. 따라서, 이 세상에서 일어나는 실제 상황들은 궁극적이거나 영원한 중요성이 있을 수 없습니다. 여러분의 구원은 궁극적으로 이 세상에서 여러분이 행한 외적인 행동에 달려 있지 않고, 여러분의 의식 상태에 달려 있습니다. 물론 여러분이 이 세상에서 하는 일은 여러분의 의식 상태를 반영한 것이지만, 중요한 점은 영원한 삶을 누릴 수 있는 자격은 외적인 행위를 통해서가 아니라 의식을 개혁해야만 가능하다는 것입니다.

궁극적으로 중요한 것은 여러분의 외부에서 일어나는 것, 즉 행위의 결과가 아니라, 외부에서 일어나는 것에 대응하기 위해 내면에서 일어나는 일, 즉 여러분의 반응에 달려 있습니다. 결론적으로 말해, 지구에서 하는 어떤 행위가 세상의 종말이나 구원을 의미할 수 있는 것처럼 행동하는 것은 적절하지 않습니다. 지구는 모든 것이 무대이고 세트인 극장으로 여겨져야 합니다. 상승 호스트들의 메신저였던 셰익스피어가 말한 것처럼, "세상은 모두 무대"입니다. 인류는 임시로 분장을 한, 즉 물리적 신체와 외면의 인격을 가진 배우입니다. 알다시피, 연극에서 일어나는 것들은 단지 얘기일 뿐인데, 그렇다면 연극의 목적은 무엇일까요? 자, 좋은 연극은 연기하는 배우와 그것을 보는 관객 모두를 변형하는 효과가 있습니다. 내 말의 요점은, 그 행성은 배우들(인간)이 연극에 참여할 수 있는 기회를 주고, 그들이 원하는 역할을 할 수 있도록 설계된 극장이라는 것입니다. 그렇게 함으로써 사람들의 의식이 변형되고, 더 높은 단계에 도달하게 됩니다. 중요한 것은 실제로 연극에서 일어나는 상황이 아니라, 배우들이 변형되는 것입니다. 결과보다 과정이, 목적지보다 여정이 더 중요합니다.

　영적으로 성숙한 사람들은 무엇이 중요하고 무엇이 중요하지 않은지에 대한 현실적인 감각을 키울 필요가 있습니다. 예를 들자면, 특정한 종교가 신도들을 모아, 여러분의 나라나 세계에서 지배적인 종교가 되는 것은 우주적으로 중요하지 않습니다. 영적인 관점에서의 성공의 척도는 대부분의 사람이 보는 관점과는 다릅니다. 상승 호스트들은 종교를 사람들의 의식을 끌어올리는 도구로 보기 때문에, 하나의 종교가 지배적으로 되는 것을 바라지 않습니다. 규모가 아무리 작다고 해도, 어떤 종교가 사람들을 진실로 변형시키고, 그리스도 의식에 더 가까이 다가가게 할 수 있다면, 그 종교는 성공한 것입니다. 하지만, 종교가 사람들을 영적인 무지나 광신주의로 몰고 간다면, 설령 그 종교가 전 세계인을 개종시켰다 할지라도 그것은 성공한 것이 아닙니다. 온 세상을 얻었다 해도, 신자들의 영혼을 잃게 된다면, 종교가 무슨 이득을 얻을 수 있겠습니까?

요점은 상승 호스트들의 진정한 목표가 사람들의 의식을 끌어올리는 것이지, 지구에서 특정한 외적인 목표 달성이 아니라는 것입니다. 확실히, 우리는 평화와 번영의 황금시대가 구현되기를 원합니다. 왜냐하면 그런 시대는 사람들에게 영적인 성장에 집중할 수 있는 더 좋은 기회를 주기 때문입니다. 하지만, 그런 시대의 출현은 임계수치의 인류가 의식을 끌어올리는 데 따른 부차적인 효과에 불과합니다. 따라서, 우리의 진정한 목표는 언제나 의식을 끌어올리는 것이며, 이것 역시 여러분의 목표가 되어야 합니다.

세속적인 활동에 균형 잡히지 않은 방식으로 접근하는 극단적인 예는 전쟁입니다. 전쟁에서 개인은 중요하지 않습니다. 많은 수의 사람이 적을 물리치려는 목적을 위해 희생될 수 있습니다. 임무가 사람보다도 더 중요합니다. 하지만, 이렇게 하는 것은 상승 호스트들이 일하는 방식과 정반대임을 여러분이 알았으면 합니다. 우리에게는, 절대로 임무가 사람보다 중요하지 않습니다. 우리에게는 임무가 사람입니다. 우리는 오로지 사람들의 의식을 끌어올리는 것에만 관심이 있고, 지구에서 외적인 목표를 이루기 위해 우리의 목표를 절대 타협하지 않습니다. 따라서 나는 영적인 사람들이 자기 생각을 바로잡아, 사람들을 끌어올리려는 참된 목표를 타협하지 않기를 바랍니다.

영적인 사람들이 이 책을 이용하여 새로운 종교를 시작하고, 그 종교가 모든 다른 모든 종교를 대체해야 하는 궁극적인 종교처럼 행동하면서, 다른 모든 종교와 마찬가지로 사람들을 대한다면, 그것이 무슨 의미가 있을까요? 아무런 의미도 없을 것입니다. 따라서 여러분은 종교의 목적을 바라보는 방식을 조정하는 데 상당한 노력을 기울여야 합니다. 여러분은 종교가 어떻게 사람들을 대하는지 연구할 필요가 있고, 종교의 좋은 점과 나쁜 점을 배울 필요가 있습니다. 나쁜 사례들도 많지만, 좋은 사례들도 많습니다.

비-이원적인 상호 교류를 증진하기 위해, 늘 그렇듯이, 여러분은 내 안에서 자기 눈 안에 있는 들보를 꺼내는 일부터 시작해야 합니다. 비-이원적인 방식으로 다른 사람들을 대하기 위한 토대는 자기 자신을 비-이원적인 방식으로 대하는 것부터 배우는 것입니다. 예수가 "다른 사람에게 대접받고자 하는 대로 너희도 남을 대접하라(누가 6:31)"라고 했을 때, 그는 다른 사람들에게 행한 것이 이미 자기 자신에게 행한 것이라고 실제로 말하고 있었던 것입니다. 여러분이 다른 사람을 분노로 대한다면, 그것은 잠재의식 수준에서, 여러분이 자신에게 화가 났다는 것을 보여주는 것입니다.

올바른 방향으로 가는 가장 중요한 단계는 자신의 삶을 개인적인 것으로 보지 않고 객관화하는(depersonalize) 것입니다. 자신의 진정한 정체성에 대한 나의 가르침을 진지하게 숙고하고, 여러분 존재의 핵심이 의식하는 자아(conscious self)라는 것을 완전히 내면화할 필요가 있습니다. 이 자아는 여러분의 육체와 외면의 개성, 심지어 많은 육화를 통해 쌓아온 개성(personality)보다도 더 큰 존재입니다. 그리고 여러분이 자신의 상위 존재와 다시 연결될 때, 여러분은 지구에서 일어나는 모든 일이 하나됨의 길에서의 진보보다 중요하지 않다는 사실을 깨닫습니다. 따라서 여러분과 하나됨 사이에 지구의 어떤 것도 존재하게 해서는 안 됩니다. 그 어떤 것도 여러분이 하나됨의 여정에서 다음 단계로 나아가는 것을 방해하게 해서는 안 됩니다. 이 목표를 이루는 유일한 방법은 그 어떤 것도 개인적으로 받아들이지 않는 것이며, 붓다가 말했듯이, 모든 고통을 일으키는 집착을 극복하는 것입니다.

여러분은 타락한 의식의 특성 가운데 하나인, 자신이 희생양이라는 감각을 극복해야 합니다. 그러니 다음의 간단한 질문에 대해 숙고해 보세요. 여러분이 지구에 육화하면, 특정한 혜택이 보장되고 특정한 불쾌한 상황에서 보호받는다는, 신이 서명한 계약서가 있나요? 그런 계약을 하지 않았다면, 여러분은 왜 그런 계약을 한 것처럼 살아가려고 하나요? 왜 어떤 일을 할 자격이 있다고 생각하고, 그것을 얻지 못하면 불만족스러운가요? 사람들은 자신의 기대에 부응하는 삶을 인간의 기본적인 권리로 생각하는 것 같습니다. 사실, 여러분의 기본적인 권리는 실험하고, 선택의 결과를 경험하는 것입니다. 그렇게 함으로써 여러분은 이원적인 기대감을 초월할 수 있으며, 인간적인 조건마저도 초월할 수 있습니다.

인간이 가진 모든 불행의 유일한 원인은 비현실적인 기대입니다. 그런 기대는 인간 에고와 거짓 교사들에 의해 만들어집니다. 이런 존재들은 사람들을 삶이 어떤 식이어야 한다고 기대하게 하는 진퇴양난의 상황에 빠지게 하는 데 능수능란하지만, 그런 기대는 완전히 비현실적인 기대입니다. 따라서 사람들은 코앞에 매달린 당근을 쫓느라 전 생애를 보냅니다. 하지만 그곳에 도달할 기회는 전혀 없습니다. 사람들이 자신의 잘못된 기대감을 극복하지 못하고 대개는 "삶을 포기"하므로, 영적으로 거의 성장하지 못하며, 보람 없고 불행한 삶을 살아가게 됩니다.

내가 설명한 것처럼, 지구 행성은 현재 혼합된 환경이므로, 천국의 완벽함을 기대하는 것은 현실적이지 않습니다. 너무 많은 기대를 하고 삶을 너무 심각하게 받아들이는 것을 피하려면, 지구상의 어떤 것도 궁극적으로 실재하거나 서사적으로 중요한 것은 없다는 사실을 인식해야 합니다. 여러분은 배우와 같습니다. 여러분의 몸과 외부 환경은 공연을 위한 무대일 뿐입니다. 여러분은 공연하는 배우가 의상을 입고 분장을 한 실제 사람이라는 것을 잘 알고 있습니다. 연기를 잘하는 배우라면, 일시적으로 자신이 진짜 햄릿인 것처럼 느끼는 시점이 있을지도 모릅니다. 하지만 공연이 끝나면, 배우는 분장을 지우고 본래 모습으로 돌아옵니다. 배우가 분장을 지우지 않고, 극장 밖에서 계속 햄릿 역할을 계속한다면, 여러분은 즉시 이것을 정신이상으로 여길 것입니다. 따라서 영적인 사람으로서 여러분은 여기 지구에서 여러분이 연기하는 역할과 자신을 동일시하는 집단적인 정신이상에서 자신을 분리해야 하며, 삶을 지나치게 심각하게 받아들이거나, 자신에게 일어나는 모든 것을 개인적인 것으로 받아들이지 말아야 합니다.

이상적으로, 여러분은 자신에게 일어나는 모든 것을 개인적인 것으로 받아들이지 말아야 합니다. 여러분은 지구에서 일어나는 어떤 것에 의해서도 영향을 받을 수 없는 영적인 존재라는 것을 깨달아야 합니다. 예수가 말했듯이, 몸은 죽여도 영혼은 능히 죽이지 못하는 자들을 두려워하지 말고, 오직 몸과 영혼을 능히 지옥에 멸하는 자를 두려워하십시오. (마태 10:28) 하지만, 누가 여러분의 영혼을 멸할 수 있나요? 여러분은 여러분의 뜻과는 반대로 여러분의 영혼을 파괴할 힘을 악마나 다른 어둠의 세력들이 지녔다고 믿도록 세뇌되었을 수도 있지만, 내 가르침이 그렇지 않다는 것을 보여주었기를 바랍니다. 당연히 여러분의 자유의지를 통제하는 존재, 다시 말해 여러분 자신을 제외하고는 이 세상의 어떤 힘도 진정한 여러분을 파괴할 수 없습니다. 여러분만이 여러분의 영혼을 파괴할 수 있습니다. 여러분은 자신의 정체성을 정의하는 존재이기 때문입니다. 분명히 여러분은 이런 책임을 부정하고 여러분의 에고를 포함하여, 다른 존재들이 여러분을 대신해서 결정하도록 할 수 있습니다. 그러면 여러분의 낮은 정체성이 일시적으로 파괴될 수 있습니다. 하지만, 타인이 그렇게 하려면 여러분이 허용해야 하며, 여러분은 언제든지 자신의 정체성을 정의할 수 있는 힘을 되찾을 수 있습니다. 사실, 여러분이 벗어날 수 없는 지옥 같은 것은 존재하지 않습니다. 그것은 사람들에게 겁을 주어 사람들이 복종하도록 만들기 위해 거짓 신들이 만들어낸 개념입니다.

자신의 마음을 다시 지휘하고 정체성을 다시 정의해야만, 자신이 "지구 행성"이라는 연극 무대에서 일시적으로 연기하는 영적인 존재임을 깨닫게 됩니다. 따라서 그것을 연극 이상으로 심각하게 받아들이지 말아야 합니다. 아름다움이란 보는 사람의 생각에 달렸다는 말을 들어보았을 것입니다. 마찬가지로, 화는 화를 내는 사람의 마음속에 있습니다. 분명, 어떤 사람이 고의로 여러분을 불쾌하게 하려고 할 수도 있지만, 그들이 여러분의 마음을 상하게 하여 여러분의 마음을 지배할 힘을 가지게 할 것인지를 결정하는 존재는 여러분입니다. 여러분의 마음은 여러분의 성(城)이고, 의식하는 자아가 여러분의 마음속에서 일어나는 것들을 완벽하게 통제해야 합니다.

영적인 구도자들이 깨달아야 하는 가장 중요한 것은 마음 밖에서 일어나는 것과 마음 안에서 일어나는 것 사이에는 직접적인 인과관계가 없다는 사실입니다. 자신의 마음에 대한 지배권을 가지라는 요구를 여러분이 받아들이기만 한다면, 밖에서 일어나는 일들은 모두 여러분을 통해서만 여러분의 마음에 영향을 미칠 것입니다. 외부 사건이 여러분의 마음 상태에 영향을 미치게 할지를 결정하는 존재는 여러분입니다. 대체로 간과되고 있지만, 영적인 통달과 자유를 성취할 수 있는 열쇠는 외부 사건이 여러분의 마음에 어떤 영향을 미칠지, 혹은 영향을 미치지 않게 할지에 대한 지배권을 가지는 것입니다. 자신의 삶을 지배하기 위해, 여러분은 외적인 상황에 대한 자신의 반응을 반드시 지배해야 합니다. 외적인 사건 때문에 부정적인 사고나 감정에 빠져들지 않는 마음 상태로 들어가야 합니다. 그 대신, 여러분은 외부 사건에 대해 어떻게 반응할지에 대해, 완전한 선택의 자유를 가져야 합니다. 여러분은 다른 사람들이 여러분을 부정적인 반응 패턴에 강요하게 하지 않고, 그렇게 함으로써 여러분의 마음을 지배할 힘을 그들에게 주지 않습니다. 이것은 자신의 삶을 객관화하여, 자신에게 일어나는 어떤 일도 개인적인 것으로 받아들이지 않을 때만 가능합니다. 먼저 반응(re-actions)을 통제해야만, 자신의 행동(actions)을 통제할 수 있습니다.

다른 사람들이 여러분에게 하는 것은, 그들이 보고 있는 외적인 개인에게 하는 것일 뿐이며, 여러분은 자신이 그 개인보다 훨씬 더 큰 그 이상의 존재라는 것을 알고 있습니다. 사실, 여러분은 다른 사람들이 여러분에게 하는 것이 실제로 여러분에게 하는 것이 아니라고 생각할 수도 있습니다. 그들은 단지 행성의 드라마, 즉 해결하지 못한 자신의 심리를 연기하는 것뿐입니다. 그들이 자기의 역할과 자신을 동일시한다 할지라도, 이것이 여러분이 여러분 역할과 자신을 동일시하거나 그들을 그들의 역할과 동일시해야 한다는 의미는 아닙니다. 이 개념에 대해 좀 더 자세히 살펴보겠습니다.

⁂

나는 그리스도가 된 존재는 사람들이 그리스도의 실재(reality)와 반그리스도의 환영 사이에서 진정한 선택을 할 수 있게 하려고, 세상에 나아간다고 말했습니다. 하지만, 사람들이 차이를 지적인 논리를 통해 이해하게 만들 수는 없으므로, 시범을 통해 차이를 보여주어야 합니다. 이렇게 할 수 있는 한 가지 방법은 삶 또는 다른 사람들에게 이원적인 방법으로 반응하거나 대응하지 않는 방식을 보여주는 것입니다. 여러분은 외부 환경이나 다른 사람들이 마음의 평화, 즉 내적으로 자신의 상위 존재와 하나가 되어 있는 상태를 빼앗도록 허용해서는 안 됩니다. 여러분도 예수와 함께, "(이원적인 세력들 전체를 의미하는) 이 세상의 지배자가 오더라도 가져갈 것이 없으니(요한 14:30)"라고 말할 수 있습니다. 여러분이 이원적인 방식으로 반응하도록 강요할 수 있는, 이원성이나 집착의 요소가 여러분의 마음에 전혀 존재하지 않습니다. 이원적으로 반응하지 않는 마음 상태로 있으려면, 지속적이고 조건 없는 용서의 상태로 들어가야 합니다.

늘 그렇듯이, 여러분은 자신을 조건 없이 용서함으로써 내 안에서부터 시작해야 합니다. 조건 없는 용서의 개념을 살펴보겠습니다. 여러분은 사랑과 용서를 포함한 모든 것이 조건적이어야 한다고 믿도록 거짓 교사와 에고에 의해 프로그래밍이 되어 왔습니다. 이것은 모든 개념을 이원적으로 만드는 이원성 의식의 직접적인 결과입니다. 용서는 진실로 비-이원적인 개념이지만, 에고는 용서의 반대 개념이 있어야 한다고 말하면서, 용서를 이원적인 것으로 만듭니다. 이로부터 원한을 품는다는 개념, 용서받지 못하면 구원받지 못한다는 개념, 그리고 신 안에서 실재하지 않고 이원적 마음의 그늘에서만 존재하는 개념들이 생깁니다. 여러분은 용서받지 못하면 뭔가 끔찍한 일이 자신에게 일어날 것이라고 말하는 정신적 구조를 가지고 있습니다. 그것은 용서는 이 세상의 특정한 조건, 즉 이원성 의식이 정의한 조건에 따라 살아야만 얻을 수 있다고 말합니다. 그렇게 하면 용서를 받겠지만, 그렇게 하지 않으면, 용서를 받지 못합니다.

사실, 용서가 필요한 이유는 여러분이 금단의 열매, 즉 이원성 의식을 취했기 때문입니다. 용서에 대한 이원적인 거짓말을 믿는다면, 여러분은 결코 진정한 용서를 찾을 수 없습니다. 여러분은 용서받기 전에 특정한 이원적인 조건에 따라 살아가야 한다고 생각할 것입니다. 하지만 신은 여러분에게 자유의지를 주셨습니다. 여러분에게 이원성을 취할 기회를 준 것입니다. 분명한 것은 신이 자신의 일부인 여러분이 이원성에 갇혀 있기를 바라지 않는다는 것입니다. 그러므로 여러분이 이원적 환영을 놓아버리고 하나됨의 여정에 한 걸음 더 높이 오르겠다고 결정한 그 순간, 신은 즉시 여러분을 용서할 것입니다.

지금 내가 하는 말을 이해하겠습니까? 신의 용서를 받기 위해, 이 세상의 어떤 조건도, 즉 이원성에 의해 정의된 어떤 조건도 충족할 필요가 없습니다. 신이 내리는 영원한 용서의 비(雨)는 악한 자와 선한 자 모두에게 내립니다. (마태 5:45) 문제는 불의한 이들은 그들의 이원적인 환영을 놓아버릴 수 없으므로, 용서를 받아들일 수 없다는 것입니다. 또한, 정의로운 자 역시 신의 용서를 받기 위해서는 특정한 외부 조건에 따라 살아야 한다고 생각하면서, 용서를 받아들이지 못하는 경우가 많다는 것입니다. 하지만 내가 설명하려고 한 것처럼, 신의 용서에는 조건이 없습니다. 따라서 용서받기 위해 여러분이 해야 할 일은 마음속에 구축한 이원적인 조건들, 즉 여러분과 신의 용서 사이에 거리가 있다고 생각하게 만드는 바로 그 조건들을 놓아버리는 것입니다. 이런 거리감이 또 다른 이원적인 환영임을 깨닫자마자, 여러분은 신의 용서의 화염 속으로 완전히 들어갈 수 있습니다. 그러면 신의 용서를 구하기 위해, 지구에서 어떤 일을 할 필요가 없음을 깨닫게 됩니다. 여러분은 그냥 용서를 받아들이기만 하면 되는데, 이 말은 이원성 의식에 기반을 두고 행동하거나 반응하지 말아야 한다는 의미입니다. 이원성 환영에 근거한 채 용서를 향해 내딛는 모든 발걸음은, 여러분을 이원성의 밀림 속으로 더 깊이 들어가게 할 뿐입니다.

이런 예로, 예수 시대에 유대인들이 동물을 희생시켜 자신의 죄를 속죄할 수 있다고 믿었다는 점을 생각해 보세요. 그들의 죄는 모든 생명에 대한 불감증에서 비롯되었습니다. 그러니 죄 없는 동물들을 죽인다고 어떻게 자신의 죄를 상쇄시킬 수 있을까요? 여러분은 신의 용서에 이르지도 못하면서, 신의 성전을 도살장으로 바꾸고, 수많은 동물을 죽일 수 있습니다. 여러분이 죄에서 벗어날 수 있는 유일한 방법은 죄를 짓게 한 이원적인 환영을 초월하는 것입니다.

종교적 또는 영적인 운동에 참여하는 사람들은, 이미 신에게 용서받았다는 것을 받아들이지 못하게 하는 조건들을 규정하기 위해, 외적인 가르침을 이용하는 경향이 뚜렷합니다. 모든 외부 종교는 여러분이 구원이나 죄의 사함을 받기 전에 충족시켜야 하는 일련의 조건들을 정의합니다. 그런 조건들은 언제나 이원성 의식이 정의하며, 대개는 거짓 교사들이 설정한다는 사실을 여러분도 이제 알 수 있기를 바랍니다. 그것의 목적은 여러분이 구원받거나 불가능한 목표를 추구하려면, 여러분에게 거짓 교사들과 외부 종교가 필요하다는 것을 믿게 하려는 것입니다. 따라서 다시 말하지만, 여러분이 구원받고 용서받기 위해 직면해야 할 유일한 조건은, 여러분을 신의 왕국 바깥에 있게 하는 모든 이원적인 조건들을 놓아버리는 것입니다. 그들은 여러분이 외부 세계에 초점을 맞추게 하고, 여러분이 내면에서 신의 왕국을 찾지 못하게 합니다. (물론, 여기에는 카르마를 균형 잡고 모든 오용된 에너지를 정화하는 것이 포함됩니다.) 신의 용서가 무조건적이기 때문에, 여러분은 용서받기 위해 어떤 조건도 충족시킬 필요가 없다는 것을 이해할 수 있나요? 실제로, 조건에 초점을 맞추게 되면 조건이 없어야만 받을 수 있는, 조건 없이 주어지는 것을 받지 못합니다.

여러분의 에고와 거짓 교사들이 여러분에게 불리하게 사용하려고 하는 영적 여정의 개념에는 내재된 역학이 있습니다. 여정에 대한 전반적인 개념은 현재 여러분이 더욱 낮은 상태에 있으며, 더 높은 상태로 움직여 갈 수 있다는 것입니다. 이 책에서 나는 영적 성장의 주된 목표가 그리스도 의식을 성취하는 것이라고 정의했습니다. 여러분이 자신을 살펴보고 아직 그리스도 의식에 도달하지 못했다는 것을 깨닫게 될 가능성이 있습니다. 이것은 에고에 의해, 아직 목표에 도달하지 못했다는 사실에 대한 죄책감이나 불충분하다는 느낌을 여러분에게 주기 위한 수단으로 사용될 수도 있습니다. 다시 말해서, 여러분의 에고는 하나됨의 길에 대한 내 설명을 받아들여 그것을 여러분이 반드시 대면해야 하는 외적인 조건들로 바꾸려고 할 것이고, 이로써 에고는 출구가 전혀 없는 이원적인 쳇바퀴 속에 여러분을 끌어들일 것입니다. 이런 상황을 피하기 위해, 다음 접근 방식을 제안합니다.

여러분을 이 구체 밖으로 인도하는 나선형의 계단이 있고, 그 꼭대기에는 상승의 불멸이 있습니다. 매 단계는 특정한 입문을 상징하며, 이것을 통과하기 위해, 여러분은 특정한 이원적 환영을 꿰뚫어 보고 이를 놓아버려야 합니다. 어떻게 통과할까요? 음, 이원적 환영을 드러내야만, 그것이 무엇인지 알 수 있습니다. 어떻게 해야 그렇게 할 수 있을까요? 여러분이 하게 되어 있는 것, 즉 여러분의 공동창조 능력을 실험해야만 그렇게 할 수 있습니다. 신은 여러분에게 자유의지와 실험할 수 있는 권리를 주었으며, 배울 수 있는 제일 좋은 방법은 실험하고 그 결과를 평가하는 것입니다. 물질우주는 여러분이 마터 빛 위에 투사하는 정신적 이미지들을 물리적으로 펼쳐냄으로써, 여러분의 창조적인 노력에 응답하기 위해 설계된 거대한 영적 피드백 기계(feed-back machine)일 뿐입니다. 도전 과제는 실험에 대한 두려움을 극복하는 것입니다. 그래야만 실험하기를 좋아하는 자연스러운 상태, 즉 어린아이의 천진함으로 되돌아올 수 있습니다. 그렇게 되면 여러분은, 부정적인 느낌 없이, 결과가 어떠하든, 모든 실험을 통해 배우게 됩니다.

이 정신적 이미지들을 어떻게 투사할까요? 마음의 네 수준을 통해 그렇게 할 수 있는데, 이 말은 여러분 마음속의 내용에 따라 이미지가 형성된다는 의미입니다. 여러분은 어쩌면 수많은 생애를 물질우주에 있었고, 우리가 살펴본 것처럼, 물질우주는 이원성의 영향을 피하는 것이 사실상 불가능한 (겉보기와 달리) 위험한 환경입니다. 따라서 여러분은 특정한 이원적인 믿음을 선택했고, 특정한 심리적인 상처를 받았으며, 따라서 마음의 네 층에 오용된 에너지를 축적했고, 이 모든 것이 여러분이 마터 빛 위에 투사하는 이미지에 영향을 줄 것입니다. 모든 외적인 상황은 여러분이 마음에 간직하고 있는 정신적 이미지들의 반영입니다. 에고와 거짓 교사들은 여러분이 이것을 성공과 실패라는 이원적인 관점에서 생각하기를 바랍니다. 만약에 좋지 않은 결과를 가져오는 뭔가를 행한다면, 여러분은 실수한 것이며, 세속적인 기준에 따라 살지 않는다면, 여러분은 실패한 것입니다.

사실, 여러분에게 일어나는 모든 일은 여러분이 자신의 정신적 이미지를 검토하고, 이원적 환영을 극복하며, 심리적 상처를 치유할 수 있는 기회입니다. 그러니 어떤 행위는 정말로 실수가 아니라, 나선형 계단의 다음 단계를 밟을 기회입니다. 어떤 결과든 우주 거울에 불완전한 이미지를 투사하게 만든 이원적 환영과 심리적인 상처가 노출되게 하는 것이 가능합니다. 자기 자신을 진솔하게 관찰함으로써, 여러분은 모든 행위를, 심지어 세상 사람들이 실수라고 부르는 것조차 진보를 위한 디딤돌로 바꿀 수 있습니다. 이원적인 환영을 놓아버리는 순간, 여러분은 즉시 그 의식 상태에서 행했던 모든 행위를 용서받게 됩니다 (여전히 균형 잡아야 하는 카르마나 오용된 에너지가 있을 수 있지만, 용서는 즉각적으로 이루어집니다.)

이 접근 방식을 받아들일 때, 여러분은 자기 자신을 영원히 용서하는 상태로 들어갈 수 있고, 이렇게 됨으로써 자신의 잘못을 개인적으로 받아들이지 않게 될 것입니다. 상황을 개인적으로 받아들인다는 것이 무슨 의미일까요? 내가 설명한 것처럼, 여러분의 의식하는 자아는 자신의 정체성을 정의하는 일을 맡습니다. 이원성 의식으로 추락한 후, 여러분은 자신의 아이앰 현존(I AM Presence)에 고정된 실재(reality)를 직접 경험한 정체감에 기반을 두지 않고, 자신이 누구인지에 대한 정신적 이미지를 만들기 시작했습니다. 정신적 이미지는 단지 여러분이 자신에게 부과한 모습일 뿐입니다. 실재하지 않음에도 불구하고 그것은, 그것이 실재하며 영원하다고 믿는 여러분의 신념에 의해 유지됩니다. 예를 들어 실수하면, 여러분은 "나는 나쁜 사람"이라고 생각하고 싶은 유혹의 먹잇감이 될 수 있으며, 따라서 여러분은 나쁜 사람이라는 이미지를 자신의 정체성에 부과하게 되고, 실수가 실재하며 영원한 것으로 생각할 수도 있습니다.

"나는 건설적이지 못한 방식으로 행동했다."라고 말하는 것과 "나는 나쁜 사람이다."라고 말하는 것 사이에는 본질적인 차이가 있습니다. 행위는 쉽게 변화시킬 수 있지만, 나쁜 사람이라는 느낌은 영원한 것으로 인식됩니다. 여러분은 신의 이름을 헛되이 취하지 말라는 말을 들어보았을 것입니다. 자, 신의 이름은 "스스로 존재하는 자(I AM: 출애굽기 3:14)"입니다. 따라서 여러분이 "나(I am)"라는 단어 뒤에 제한적이거나 부정적인 어떤 말을 할 때마다, 여러분은 신의 이름을 사용하여, 자기 자신에 대해 부정적인 이미지, 즉 신과 하나되는 것을 부정하는 이미지를 강화함으로써, 신의 이름을 헛되어 받아들이는 것입니다.

자신이 이원적인 세계에서 만들어낸 어떤 이미지보다도 그 이상의 존재임을 깨달을 때, 여러분은 이런 제한된 자아상을 아주 빠르게 놓아버릴 수 있습니다. 그런 다음 여러분은 자신이 "실수를 할 때", 자신을 비난하지 않는 태도를 기를 수 있습니다. 그런 비난은 여러분이 영원히 나쁜 사람이라는 느낌을 강화할 뿐입니다. 그 대신, 여러분은 배울 수 있는 교훈을 진솔하게 살펴보고, 그 뒤에 숨겨진 이원적인 믿음을 놓아버립니다. 에고와 거짓 교사들의 전략은 일단 실수를 하면, 영원히 비난받게 되며, 그로부터 절대 자유로워질 수 없다고 믿게 하는 것입니다. 이제 나는 여러분이 자신을 제한하는 이원적인 환영을 놓아버리는 바로 그 순간, 여러분이 자유로워진다는 것을 보여주었습니다. 따라서 가세요. 그리고 다시는 죄를 짓지 마세요. (요한 8:11)

여러분이 조건 없는 용서의 개념을 받아들이면, 자신의 실수에서 더 이상 위협을 느끼지 않게 될 것이며, 따라서 실수를 자유롭게 인정하고, 그로부터 배우며 앞으로 나아가게 될 것입니다. 이처럼 자기 자신을 끊임없이 용서하기 시작하면, 이것을 다른 사람에 대한 끊임없는 용서로 옮길 수 있습니다. 여러분은 나선형 계단의 특정 단계에 있으므로, 현재와 같은 방식으로 행동하는 것입니다. 여러분에게는 특정한 심리적 상처와 이원적인 믿음이 있으므로, 때때로 자신의 최고 이상에 부응하지 못하는 방식으로 행동합니다. 하지만 자책하는 대신 자신을 용서하고 앞으로 나아가야 합니다. 다른 사람들도 똑같습니다.

겉으로 보기에는 가장 악해 보이는 사람들조차, 자신의 심리적 상처와 이원적인 믿음에 의해 형성된 외적인 인격의 결과로, 자신이 하는 일을 단순히 합니다. 신은 결코 어떤 악한 존재도 창조하지 않았음을 분명히 해두겠습니다. 실제로, 나쁘거나 악한 사람은 없습니다. 이원성 의식을 바탕으로 만들어진 나쁜 혹은 악한 정체성이 있고, 어떤 사람들은 그중 한 곳에 발을 들여놓기로 선택한 것입니다. 그러나 정체성은 단지 연기할 때 입는 의상에 불과하며, 겉모습 뒤에는 공동창조자나 신의 천사의 의식하는 자아가 있습니다. 지구에서의 삶의 목표는 거짓 정체성을 초월하여, 참된 자신이 되는 것입니다. 따라서 여러분은 언제나 거짓 정체성에서 벗어나려고 노력해야 합니다. 그리고 다른 사람들과 교류할 때, 그들을 자유롭게 하려고 언제나 노력해야 합니다. 자신과 다른 사람들에 대한 조건 없는 용서는 위협받는다는 느낌에서 여러분을 자유롭게 해줍니다. 그리고 여러분이 타인들로부터 더 이상 위협을 느끼지 않을 때, 여러분은 그들과 완전히 새로운 방식으로, 즉 비-이원적인 방식으로 상호 교류할 수 있는 기반을 갖게 됩니다. 이것은 대단히 중요한 개념으로 이어집니다.

아마 여러분은 비어 있다고 생각한 모자에서 토끼를 꺼내는 마술사를 보았을 것입니다. 따라서 마술은 지각에 토대를 두고 있습니다. 그 점을 염두에 두고 생각해 보면, 물질계가 마음속에 정신적 이미지를 품었다가, 그 이미지를 마터 빛 위에 투사하는 마술의 결과로 창조되었다고 할 수도 있습니다. 백마술(white magic)은 여러분이 마음속에 삶을 변형시키는 이미지를 가질 때이고, 흑마술(black magic)은 삶의 질을 떨어뜨리는 이미지를 지니는 것입니다.

만일 자신과 자신의 능력에 대해 부정적이거나 제한적인 정신적 이미지를 가지고 있다면, 여러분은 실제로 자신에 저항하여 흑마술을 하는 것이며, 그렇게 하면서 자신과 관련된 카르마를 만들 수 있습니다. 마찬가지로, 다른 사람에게 부정적인 이미지를 투사하면, 그 사람의 취약성 정도에 따라, 여러분은 그 사람의 성장을 제한할 수 있습니다. 사실, 많은 사람이 직계 가족처럼 자신이 가장 사랑한다고 주장하는 사람들을 대상으로 흑마술을 행하고 있습니다. 그들은 그 사람들에 대한 이원적 이미지를 유지하면서, 즉 타인을 통제하고 자신의 의견을 따르게 하여, 자신의 욕구를 충족시키려는 이기적 사랑에 기초한 이원적 이미지를 그 사람들에 대해 유지하면서 그렇게 합니다.

내 요점은 영적으로 가장 성숙한 사람들은 자기 자신과 다른 사람들에 대해 가지는 정신적 이미지의 중요성을 인식해야 한다는 것입니다. 이런 점에서, 성모 마리아가 자신의 책에서 설명한 것처럼, 무결한 관념을 유지하는 것보다 더 중요한 것은 없습니다. 성모가 예수를 양육하고 있었을 때, 그녀는 계속해서 그의 외적인 개성과 행위 너머를 보면서, 예수가 그의 영적인 임무를 완수하는 비전을 지니고 있었습니다. 십자가 언덕 아래 서 있을 때도, 그녀는 끝까지 이렇게 했습니다.

여러분은 다른 영적인 사람들과 교류하면서, 다른 사람들과 경쟁하고 있다는 모든 감각을 극복해야 합니다. 여러분 모두는 창조주 존재의 확장체이며, 여러분 모두는 독특한 개인들이므로, 여러분 사이에 어떤 경쟁도 필요하지 않습니다. 다시 말하지만, 가장 위대한 존재가 될 사람들은 하나됨의 감각에 집중해야 합니다. 그 하나됨 안에서는, 질투와 경쟁심은 사라져 버립니다. 오로지 타인들을 끌어올려야만, 진실로 자신의 자아(Self)를 높일 수 있음을 명확하게 알게 됩니다. 사람들이 이런 태도로 어떤 활동에 접근하면, 그들의 노력은 서로를 증식할 것입니다. 그것이 재능을 증식한다는 참된 의미입니다. 우리는 영적인 사람들이 조화를 이루지 못하는 사고방식으로 서로를 대하는 모습을 너무 자주 목격합니다. 그들의 노력은 실제로 그들의 활동을 실패하게 하거나, 최고 잠재력에 도달하지 못하는 결과를 초래하게 하여, 서로를 무력화시키거나 무효화시킵니다. 그러나 사람들이 조화를 이룰 때, 그들의 개인적인 노력은 서로를 증식할 것이며, 따라서 전체는 부분의 합보다 더, 잠재적으로 훨씬 더, 커지게 됩니다.

하지만, 어떤 활동을 할 때, 하나됨의 참된 길을 걷는 사람들과 분리의 길을 걷고 있는 사람들이 서로 섞여 있다면, 여러분은 어떻게 하나요? 내가 이 책에서 말하는 것은, 영적이고 종교적인 모든 활동이 에고의 목표를 이루기 위해 그 활동을 이용하고 있는, 이원성 의식에 눈이 먼 사람들 일부를 끌어들이게 된다는 것입니다. 어떤 활동은 타락한 의식에 너무 갇혀 있어서, 권력과 지배력을 얻기 위해 그 활동을 이용하려고 하거나, 단순히 건설적이고 영적인 어떤 것을 파괴하려고 하는 사람들까지도 끌어당길 수도 있습니다. 후자의 존재들은 방해자(spoiler)라고 합니다. 그들은 신의 실재와 아름다움을 입증하는 모든 것을 파괴하려는 욕망에서 창조된 타락한 정체성과 자신을 동일시하게 되었습니다.

  내가 확언할 수 있는 것은 권력을 얻거나 파괴하려는 존재들에 의해 많은 영적인 활동이 파괴됐다는 것입니다. 그렇다면 어떻게 해야 이것을 피할 수 있을까요? 이것은 공동체 전체의 목표가 하나됨임을 아주 분명하고 명확하게 할 수 있는 환경을 조성하는 것입니다. 여기에는 각자가 자신의 상위자아와 하나됨을 이루기 위해 노력하는 수직 방향의 하나됨과 공동체 구성원 모두가 하나되기 위해 서로 노력하는 수평 방향의 하나됨이 포함됩니다. 그런 공동체 구성원들이 자신의 삶을 객관화하여 위협받는다는 느낌을 멈추게 하라는 나의 조언을 따른다면, 이원성에 갇혀 있는 사람들이 공동체를 통제하는 것이 매우 어렵게 될 것입니다. 따라서 대체로 그들은 떠날 것입니다. 설령 그들이 떠나지 않는다 해도, 권력을 얻기가 어렵다는 것을 알게 될 것입니다. 그들 중 일부는 덜 이원적인 사람들과 교류함으로써 실제로 변형될 수 있습니다. 만약 그들이 변형을 거부한다면, 그런 거부는 필연적으로 그들에게 심판이 될 것이고, 그들은 지구에 다시 육화할 수 있는 기회를 잃을 수도 있습니다. 따라서 인류의 의식을 끌어올리는 전반적인 목표는 그런 사람들이 활동을 파괴하는 것을 허용하지 않고서도 영적인 공동체에 남게 함으로써, 그들에게 실제로 도움을 주는 것입니다.

～～❀～～

  어떻게 해야 무결한 관념을 지닐 수 있을까요? 겉모습(facade)과 개성(personality) 뒤에 항상 의식하는 자아가 있다고 여기면 됩니다. 그 의식하는 자아는 창조주 존재의 확장체이고, 여러분은 의식하는 자아를 최대한 존중하며 대해야 합니다. 여러분의 의식하는 자아에게도 마찬가지입니다. 여러분은 언제나 그 사람의 현재 행위와 마음 상태를 넘어서서, 그 사람의 영적인 잠재력을 마음에 그려봅니다. 그 사람이 갑자기 깨어나 자신의 이원적인 믿음과 행동을 보고, 마치 여러분이 움직임을 방해하는 무거운 외투를 벗듯이, 그런 믿음을 벗어버린다고 마음속에 상상해야 합니다.

무결한 관념을 지닌다고 해서 맹목적이 되는 것이 아닙니다. 눈을 멀게 하는 것은 오직 조건적인 사랑뿐입니다. 여러분이 누군가를 조건적으로 사랑하면, 여러분의 "사랑"은 자신의 욕망 때문에 동기부여가 되고, 그 사람이 그런 욕망을 채워주지 못할 수도 있다는 것을 보려고 하지 않게 됩니다. 이것이 여러분을 영적인 맹인으로 만들지만, 여러분이 자신의 삶을 객관화하고 다른 사람들을 통제하려는 욕구를 극복한다면, 여러분은 영적으로 눈을 뜨게 됩니다.

사람들의 결함을 못 본척하라는 말이 아닙니다. 단지 그런 불완전함은 일시적인 것이며, 그것들을 영원한 것으로 단언해서는 절대 안된다는 말입니다. 어떤 사람이 이원적인 방식으로 행동할 때, 그것은 의식하는 자아가 이원적인 정체성에 발을 들여놓아서, 그런 정체성과 자신을 동일시하기 때문임을 항상 알아야 합니다. 의식하는 자아가 이런 정체성을 유지하는 한, 그 사람이 이원적 방식으로 행동할 것을 깨닫고, 여러분은 필요한 예방책을 취합니다. 하지만 여러분은 이것을 영원하다고 보거나, 그 사람을 "나쁜 사람"이라고 여기지는 않습니다. 여러분은 그 사람이 자신의 이원적인 믿음을 볼 수 있도록 돕기 위해 가능한 모든 것을 하지만, 집착하지 않는 사랑 어린 태도로 그렇게 합니다. 여러분의 일은 다른 사람을 변화시키는 것이 아니라, 사람들이 이원성 너머를 꿰뚫어 볼 수 있게 도우면서 그들에게 선택의 기회를 주는 것입니다. 따라서, 여러분은 최선을 다하되, 다른 사람들의 선택에 집착하지 말아야 합니다.

사실, 이런 이원적인 정체성을 식별하고 꿰뚫어 보는 데 능숙해짐에 따라, 여러분은 사람들을 그들의 진정한 자아들(real selves)로 대할 것이며, 그들의 이원적인 정체성에 수긍하지 않는 방식으로 얘기할 수 있습니다. 어떤 경우에는, 이것이 어떤 사람이 외적인 정체성으로 자신을 식별하는 것에서 벗어나 영적인 자아와 다시 연결되도록 돕기에 충분할 수 있습니다. 얼마나 많은 사람이 특정한 인격, 예를 들면 약자를 괴롭히는 불량배의 개성을 지니고 성장했는지 생각해 보세요. 어떤 사람이 자신이 협박당하는 것을 허용할 때, 혹은 그 상황에서 물러나거나, 아니면 불량배와 싸울 때, 그들은 단지 그 사람의 자아상을 수긍하는 것입니다. 하지만, 대부분의 사람이 자신을 괴롭히는 사람에게 반응하는 것처럼 여러분이 반응하지 않을 때, 즉 다른 쪽 뺨마저 내밀 때, 여러분은 그 사람의 자아상을 수긍하지 않는 것입니다. 그리고 이것은 그 사람에게, 아마도 생애 처음으로, 일시적인 정체성에서 빠져나와 그것을 살펴보고 이렇게 물어볼 수 있는 기회를 주는 것입니다. "이게 정말로 나인가? 아니면 난 이런 정체성 그 이상의 존재인가?"

영적인 활동을 하는 더욱 성숙한 구성원들이 이원성에서 벗어나려고 하면서, 서로 비-이원적으로 하나가 되려고 끊임없이 노력할 때, 이원성이 자랄 수 없는 환경을 조성할 수 있습니다. 따라서 이원성에 눈이 먼 사람들은 더 이상 자신들의 에고 게임을 할 수 없게 됩니다. 예를 들면, 에고와 이원성 의식에 대해 서로 터놓고 얘기를 나누는 영적인 활동에서는, 구성원이 모두 무분별을 극복하기 위해 노력하고 있다고 가정하는 것이 옳습니다. 따라서 누군가 이원적인 방식으로 행동할 때, 말을 둘러대거나 터놓고 얘기하는 것을 피할 이유가 없게 됩니다. 하지만 이것은 부정적인 감정 없이 행해지므로, 사람들이 부정적인 감정으로 반응하는 구실을 주지 않습니다.

 너무 흔한 패턴은 누군가의 결함을 보지만, 아무 말도 하지 않는 것입니다. 다른 사람이 어떤 행위를 계속하면, 여러분은 참을 수 없을 정도로 불만이 계속 쌓입니다. 그러면 그 사람에게 부정적인 감정을 터트리면서 얘기하게 됩니다. 그 사람은 여러분의 부정적인 에너지에, 여러분이 비합리적이라고 느끼면서 반응하고, 그러면 여러분의 메시지는 무시되거나, 반박당하거나, 거부될 수 있습니다. 다시 말해, 부정적인 감정이 개입되게 함으로써, 여러분은 상대방 에고에게 여러분의 행동과 말 뒤에 숨겨진 진실을 무시할 수 있는 완벽한 핑곗거리를 준 것입니다. 이런 식으로, 두 사람은 속게 되어 대화가 단절되고, 두 사람 사이에는 이원적인 투쟁만이 계속되는 부정적인 소용돌이가 만들어집니다. 이와는 대조적으로, 여러분이 부정성이나 판단 없이 관찰한 것을 단순히 표현한다면, 상대방 에고에게 메시지를 거절할 구실을 주지 않게 됩니다. 에고는 항상 핑곗거리를 찾아낼 수 있지만, 상대방의 에고가 여러분이 말한 것을 덮어두기보다는, 실제로 여러분의 말에 귀를 기울일 가능성이 훨씬 커집니다.

 여러분에게는 다른 사람의 말과 행동이 여러분에게 어떻게 영향을 미치는지를 표현할 권리가 있음을 잊지 마세요. 만일 여러분이 자신의 삶을 객관화했다면, 상대에게 상처를 주고 싶은 반응을 피할 수 있습니다. 삶을 객관화한다는 것은 감정을 가지지 않는다는 말이 아니라, 그 감정에 몰입하지 않고, 그런 감정에 맹목적으로 되지 않는다는 말입니다. 따라서, 여러분은 다른 사람에게 상처를 주려고 반응하지 않으면서 자신의 감정을 표현합니다. 그리고 여러분이 상대방을 비난하지 않고, 단지 그 사람의 행동이 여러분에게 어떻게 영향을 미쳤는지를 얘기하면, 이원적인 방어벽 뒤에 숨어 있을지도 모르는 진짜 그 사람에게 도달할 더 좋은 기회가 생깁니다.

분명, 타인과 어떻게 교류해야 하는지에 대해서 책 전체를 다 쓸 수도 있지만, 여기에서 전체적인 요점은 사람들이 자신의 삶을 객관화할 때, 다른 사람들과의 관계도 객관화할 수 있다는 것입니다. 그리고 사람들이 더 이상 타인에게 위협받지 않을 때, 수많은 에고 게임은 사라질 것입니다. 비-이원적인 영적 활동의 전반적인 목표는 사람들을 하나됨으로 들어가게 하는 것입니다. 따라서, 여러분은 그리스도 마음 안에서 사람들과 기꺼이 하나가 되려고 해야 하며, 그들도 여러분과 하나가 될 의지가 있다는 마음 자세로 그들에게 다가가야 합니다. 여러분이 보내는 메시지가 "그리스도 안에서 나와 하나가 되자"일 때, 여러분은 에고와 이원성 의식에 집착하는 사람들을 끌어당기지 않게 될 것입니다. 왜냐하면, 그런 사람들은 그리스도 안에서 다른 사람들과 하나되기 위해, 자신의 분리된 정체성을 포기할 의향이 없기 때문입니다.

<center>~~~✿~~~</center>

나는 이 책에서, 상위 영역에서 추락한 어떤 존재들이 있고, 그들은 자신을 타락한 정체성과 지나치게 동일시하고 있어, 그들의 자아감을 이원성 의식에서 분리하는 것이 지극히 어렵다는 것을 설명했습니다. 분명, 이 존재들도 깨어날 수 있는 잠재력이 항상 존재합니다. 그러므로 그 존재 중 일부가 지구에 육화하도록 허용되는 것이고, 진지하게 하나됨의 길을 따르는 사람들과 섞일 수 있는 영적인 조직에도 참여하는 것입니다. 하지만 현실적으로는, 여러분이 무엇을 하든, 그런 사람들을 변형하는 것이 가능하지 않을 수 있습니다. 그러니 여러분이 이곳에 존재하는 이유는 다른 사람을 변화하

게 하거나 구원하기 위함이 아니라는 점을 항상 기억해야 합니다. 여러분은 그들에게 이원성 의식에 대한 대안을 보여줌으로써, 그들 스스로 변할 수 있는 기회를 주기 위해 이곳에 온 것입니다. 그리고 때로는 여러분이 할 수 있는 유일한 일은, 그 사람의 이원적 정체성을 더욱 명백하게 하기 위해, 어떤 사람이 여러분을 학대하도록 내버려 두는 것 일수도 있습니다.

여러분이 그리스도의 분별력을 성취하게 되면, 어떤 사람들은 타락한 의식과 완전히 동일시되어 타인들을 통제하고, 통제할 수 없는 사람들은 파괴하려고 하면서, 그것을 행동으로 옮기고 있음을 알게 됩니다. 예수가 율법학자들과 바리새인들을 악마의 아들들(요한 8:44)이라고 부를 때 그랬던 것처럼, 여러분도 아주 직접적인 방식으로 그들에게 도전할 수 있습니다. 하지만, 여러분이 어느 정도 그리스도 의식을 성취할 때까지는, (감지하기 힘들도록) 더 조심스럽게 접근하고, 결코 누군가를 실제로 추락한 존재나 추락한 천사라고 부르지 말 것을 제안합니다. 에고가 이런 개념을 남용하여, 이 개념에 동의하지 않는 사람들은 누구나 추락한 천사라고 부르기는 정말 쉽습니다. 이것은 분명 흑마술의 한 형태로, 여러분 자신에 대한 카르마를 만들게 될 것입니다.

영적인 사람들이 에고와 이원성 의식에 대해 터놓고 얘기할 수 있는 문화를 조성할 것을 제안합니다. 그렇게 되면, 어떤 사람을 영원한 꼬리표를 붙여 판단하지 않고서도, 그 사람이 이원적으로 행동하고 있음을 말하기가 쉬워집니다. 모든 사람을 일시적으로 이원적 정체성에 갇혀 있는 의식하는 자아로 대할 것을 제안합니다. 여러분은 무결한 관념을 지녀야 하며, 그 사람이 자신이 외적인 정체성보다 훨씬 더 큰 존재라는 진실에 눈뜰 수 있도록 돕기 위해, 여러분이 생각할 수 있는 모든 것을 해야 합니다. 다시 강조하는데,

외적인 결과는 중요치 않다는 사실을 기억하세요. 여러분은 오로지 사람들에게 선택의 기회를 주기 위해 여기 있는 것입니다. 만약 사람들이 이원적인 정체성에 집착하는 것을 선택한다면, 영적 조직의 구성원들은 그 사람을 영향력 있는 위치에서 멀리 있게 할 권리가 있습니다. 또한, 여러분은 가능한 한 명료하게 그들의 이원적 행위를 노출하여, 그들이 특정한 유형의 이원적 행위를 포기하거나, 여러분의 활동에서 떠나도록 요청받는 마지막 기회를 대면하게 할 권리가 있습니다.

~~~~~~

앞에서 언급한 것처럼, 에고는 어떤 개념을 남용하려는 경향이 있다는 것을 항상 인식해야 합니다. 에고는 이런 개념을 쉽게 받아들이며, 다른 사람을 판단하고, 심지어는 자신이 타인보다 우월하다고 느끼는 데 그 개념을 사용할 수 있습니다. 또한, 그 개념을 사용해 사람들을 가망 없는 추락한 천사라고 심판하면서 이에 동의하지 않는 사람들을 제거하려고 할 수 있습니다. 하지만, (사람들을 제거해 버리려고 하는) 심판과 반대되는 이원적 극성은, 다른 사람을 변화시키거나 구원하는 데 감정적으로 집착하는 성향입니다.

영적인 영역에는 리더들을 따라서 추락한 많은 존재가 있었다고 설명한 바 있습니다. 이런 존재들은 개인적으로 신에 대한 저항을 선택하지 않았기 때문에, 대개는 영적인 여정을 발견하고, 이원성을 초월하기가 상대적으로 쉽습니다. 하지만, 그들이 극복해야 할 마지막 일은 리더에 대한 집착입니다. 이런 집착을 극복하기 위해, 그들은 종종 리더와 함께 육화하여 의식적으로 놓아버리는 선택을 해야 합니다. 이것은 대개 그런 존재들이 리더를 타락한 의식에 갇혀 있는 존재로 보고, 그런 다음 리더를 의식적으로 놓아버릴 것을 요구합니다. 하지만, 이 책에서 내가 설명한 것을 충분히 이해하지 못한다면 이렇게 하기가 대단히 어려울 수 있습니다. 따라서, 어떤 사람들은 그들에게서 벗어나지 못한 채 생을 이어가면서, 특정한 리더를 계속 추종해왔습니다.

자신이 집착했던 존재가 추락했기 때문에, 그들과 함께 스스로 추락한 존재들도 있습니다. 그들은 리더를 맹목적으로 따르지는 않았지만, 자신들이 다른 존재들을 구원할 수 있다고 생각했기 때문에 스스로 추락했습니다. 다시 말하지만, 이런 존재 가운데 일부는 이제 영적인 여정에서 더 높은 단계로 올라와 있습니다. 하지만, 내가 설명한 것처럼, 그리스도 신성은 영적으로 자급자족하게 되는 문제입니다. 다른 어떤 존재에게 집착하는 한, 여러분은 자급자족할 수 없습니다. 여러분은 다른 존재에게 완전한 자유의지를 주어야 합니다. 그렇게 하지 않는다면, 어떤 면에서 여러분은 다른 존재를 억지로 깨어나게 하려는 흑마술을 하는 것입니다. 내 요점은 타인에게 완전한 자유를 주는 무결한 관념을 지니는 것과 다른 사람을 구하려는 자신의 욕망에 기반을 둔 비전을 지니는 것 사이에는 미묘한 차이가 있다는 것입니다.

어떤 생명흐름들은 구조 임무를 띠고 영적인 영역에서 내려왔으며, 그들 가운데 일부는 (육화해 있는 동안) 타인을 구원하는 데 집착하게 되었습니다. 지구에서 시작하여 의식을 성장시켜 온 일부 존재조차 그런 집착을 키워왔습니다. 요점은 그리스도 신성의 여정에는 그런 집착을 놓아버려야만 하는 시점이 온다는 것입니다. 그리스도보다 자신의 부모와 형제, 자매를 더 사랑하는 사람은 내 제자가 될 수 없다는 예수의 말은, 다른 사람들에 대한 집착이 남아있는 한, 영적으로 자급자족하지 못한다는 의미입니다. (누가 14:26)

이것의 또 다른 측면은 여러분이 다른 사람을 구원하는 데 감정적으로 집착하면, 그들과의 관계를 결코 객관화할 수 없으며, 내가 얘기하고 있는 비-이원적인 관계를 맺을 수 없게 된다는 것입니다. 영적으로 가장 성숙한 사람들은 그런 집착을 극복하기 위해 노력해야 합니다. 따라서 다른 사람들이 여러분이 마땅히 그래야 했다고 생각하는 대로 선택하지 않을 때도, 어떤 식으로든 그것을 개인적으로 받아들이지 않고, 사람들이 자유의지를 행사할 수 있게 해줘야 합니다.

~~~~~~

비-이원적으로 영성에 접근하는 핵심적인 요소는 사람들이 하는 이원적인 게임에서 벗어나 의사소통할 수 있는 방법을 찾아내는 것입니다. 그리고 한 가지 유효한 지침은 모든 의사소통이 친절에 바탕을 두게 하는 것입니다.

동양에서는, 마이트레야라는 이름이 친절과 연관되어 있지만, 내가 구현하는 친절은 신성한 친절, 조건 없는 친절입니다. 이런 형태의 친절은 이원적인 극단을 초월합니다. 이것의 한 측면은 두려움, 분노, 비난 또는 그 외의 것들, 즉 사람들을 높이려고 하는 것이 아니라 끌어내리려고 하는 것 같은 인간의 감정을 초월해 있다는 것입니다. 상위 10%는 그런 감정에서 자유롭게 의사소통할 수 있는 방법을 찾아내야 합니다. 이것은 이미 언급한 것처럼, 사람들이 자신의 삶을 객관화하면서 자연스럽게 시작될 것입니다. 사실, 오늘날 영적인 사람 가운데 많은 사람은 명백히 불친절해 보이는 형식을 피하는 대화법을 개발하는 데 있어, 실제로 커다란 진보를 이루었습니다.

불행히도, 앞에서 설명한 것처럼, 많은 영적인 사람이 이원적인 극단의 반대 상태로 들어감으로써 수동적으로 되고 있습니다. 그들에게 친절하다는 것이 다른 사람들에게 절대로 이의를 제기하지 않고, 사람들이 하는 모든 것을 인내해야 한다는 의미입니다. 이미 묘사한 것처럼, 이것은 참된 사랑이 아니며, 참된 친절도 아닙니다. 진정한 친절은 사람들이 이원적인 환영에 갇히는 것을 원하지 않는 것입니다. 여러분은 그들에게 대안이 존재하며, 이원성을 초월한 무언가가 있다는 것을 경험할 수 있는 가능한 모든 기회를 줍니다. 비록 그것이 그들의 에고가 가진 환영에 매우 직접적이고, 매우 단호하게 도전한다는 의미라고 해도, 여러분은 이렇게 합니다.

하지만 에고는 노출되거나 도전받거나, 또는 반박당하지 않는다는 아주 분명한 의도(agenda)를 가집니다. 그래서 여러분이 어떤 사람에게 이의를 제기한다면, 여러분이 그 사람에게 친절하지 않다고 에고는 말할 것입니다. 하지만, 여러분은 에고에게 "친절하지 않을 뿐"이며, 진짜 그 사람(real person)에게는 지극히 친절한 것입니다. 진짜 사람은 의식하는 자아이기 때문에, 그 자아를 에고의 감옥에서 해방하는 것이야말로 지극히 친절한 것입니다.

사실, 다른 사람이 자신의 이원적인 믿음을 볼 수 있도록 돕는 것이야말로 지극한 친절입니다. 이것은 그들이 보지 못하든, 더 이상 관심을 가지지 않든, 악한 방식으로 행동하는 이원성에 갇힌 사람들에게 특히 해당합니다. 그런 사람들은 종종 매우 공격적인 방식으로 여러분의 도전에 저항할 가능성이 크고, 이것이 많은 영적인 사람들이 스스로 물러나고 포기하게 만듭니다. 하지만, 정말로 조건 없는 사랑과 친절을 행하는 사람들은 다른 사람들의 반응에 집착하지 않으면서도, 계속해서 이원성에 도전할 것입니다.

여러분은 자신이 아는 진리를 증거할 권리가 있으며, 심지어 다른 사람들의 이원적인 믿음을 드러내 도전에 직면하게 할 권리도 있음을 분명히 알아야 합니다. 여러분은 지구에서 그리스도가 될 권리가 있습니다. 에고에 눈이 먼 많은 사람이 아무리 반대한다고 해도, 여러분은 그들에게 얘기할 권리가 있습니다. 이것은 이원적인 투쟁을 부채질하지 않고 행해져야 합니다. 따라서 여러분은 그것을 객관화해 개인적인 것으로 반응하지 말아야 합니다. 다른 사람들이 이원적인 방식으로 반응할 때에도, 이원적인 반응에 끌려가지 않도록 여러분은 노력해야 합니다.

늘 그렇듯이, 두 가지 이원적인 반응이 있는데, 하나는 부정적인 감정으로 반응하는 것이며, 나머지는 뒤로 물러나 침묵을 지키는 것입니다. 여러분은 이 두 반응을 모두 취하지 말고, 다른 사람이 얼마나 깊숙이 이원성에 갇혀 있느냐에 따라, 환영에서 그를 구할 가능성이 가장 큰 방식을 택해야 합니다. 어떤 사람들에게는 아주 온화하게 이해시키는 것이 도움을 줄 수 있고, 다른 사람에게는 매우 열정적으로 영감을 주는 것이 최선일 수 있으며, 반면 또 다른 사람들에게는 매우 직접적이면서도 감정이 개입되지 않은 방식으로 행동하는 것이 필요할 것입니다.

다른 사람을 일깨우는 한 가지 측면은 에고가 그 사람의 마음 주위에 높은 성벽을 쌓아왔으므로, 그 벽을 뚫고 들어가서, 내면의 의식하는 자아에게 도달할 수 있는 방법을 찾아야 한다는 것입니다. 이 의식하는 자아는 대체로 동화 속에 나오는 잠자는 공주 같은 존재입니다. 그것은 사악한 계모인 에고에 의해 잠들었으며, 지금은 가시덤불의 벽, 즉 이원론적인 환영과 심리적인 상처들 뒤에서 무의식 상태로 있습니다. 내 말의 요점은 의식하는 자아가 종종 이원적인 정체성과 자신을 지나치게 동일시하여, 잠에서 스스로 깨어날 수 없다는 것입니다. 따라서 여러분은 이런 방어벽을 통과할 수 있는 방법을 찾아야 하고, 이원성에 대한 대안이 존재한다는 것을 의식하는 자아가 알 수 있게 도와야 합니다.

이것은 개별적인 문제이긴 하지만, 이원성에 갇힌 많은 사람의 경우, 여러분이 그들에게 다가갈 수 있는 방법은 매우 직접적이고 단호해지는 것이라고 말하고 싶습니다. 여러분은 말 그대로 그리스도의 반석에 기초해야 하며, 이런 사람들이 여러분을 흔들게 해서는 안됩니다. 많은 사람이 다른 사람들을 통제하려고 하는 에고의 게임에 갇혀 있으므로, 여러분이 그들에게 도전할 때, 그들은 무의식적으로 여러분을 통제하려고 합니다. 만약 여러분이 이런 통제에 굴복한다면, (아마도 친절해야 한다고 생각하면서), 여러분은 그 사람들의 에고 환영 안에 있는 믿음을 강화할 뿐입니다. 예를 들면, 사람들이 우월감에 빠져 있을 때, 그들에게 굴복하는 것은 그들이 우월하다는 환영을 분명히 강화합니다.

사람들을 자유롭게 하는 유일한 방법은 그들에게 도전하는 것이고, 여러분을 침묵하게 만들려는 그들의 시도에 굴복하지 않고 계속해서 도전하는 것입니다. 그들과의 이원론적 투쟁에 휘말리지 않으면서도, 여러분을 침묵하게 하려는 그들의 시도에 반대해야 합니다. 이것을 그들이 틀렸음을 증명하려고 하면서 하면 안됩니다. 하지만 필요하다면 몇 번이고 반복해서, 이렇게 해야 합니다. 이것이 말 그대로 철저하게 에고에 갇혀 있는 사람들에게 다가갈 수 있는 유일한 방법입니다. 이런 이유로 예수는 율법학자들과 바리새인들에게 강하게 반대했습니다. 이렇게 하는 것이 항상 효과가 있을까요? 물론 아닙니다. 그러므로 여러분은 다른 사람들을 변화시키기 위해서가 아니라, 그들이 변화를 선택할 기회를 주기 위해 이렇게 하는 것임을 분명하게 인식해야 합니다. 따라서 여러분이 사람들에게 이런 기회를 줄 때, 타인이 어떻게 반응하는 것과는 상관없이, 여러분의 노력은 성공을 거두게 됩니다.

에고에 갇힌 정도가 덜한 사람들에게는, 그들을 혼란스럽게 하여 비-이원적인 방식으로 반응하게 함으로써, 에고의 허를 찌르는 것만으로도 충분할 수 있습니다. 에고는 이원론적 논리를 사용하여, 어떤 도전이든 능수능란하게 변명을 늘어놓을 수 있으며, 자신의 믿음과 행위들을 정당화할 수 있습니다. 말 그대로 분석적이거나 지적인 사고로는 여러분이 에고를 능가할 수 없습니다. 여러분은 이원적인 논쟁에서 결코 이길 수 없으며, 다른 사람과의 상호 작용이 이원성에 지배되자마자, 영적인 목적은 상실됩니다. 따라서, 반드시 이원적인 사고에서 벗어나 비-이원론적 형태의 논리를 사용해야 합니다. 이런 이유로 영적인 어떤 스승들은 분석적인 마음으로는 이해할 수 없는 수수께끼인 화두를 제자들에게 주면서 가르칩니다.

여러분은 종종 사람들에게 실생활과 관련된 화두를 제공함으로써 그들을 도울 수 있는데, 이것은 사람들이 전통적인 사고방식을 벗어나서 새로운 방식으로 그들 자신과 삶을 살펴보도록 도움을 줄 수 있는 질문을 해야 한다는 의미입니다. 여러분이 그리스도의 분별력을 어느 정도 성취해서, 이원성과 비-이원성 사이의 차이를 확실하게 이해하고 나면, 이것이 그다지 어렵지 않습니다. 여러분이 자기 눈 안의 들보를 제거하고 나면, 다른 사람들이 환영을 극복하도록 도울 수 있는 방법을 분명하게 볼 수 있습니다. 이원성은 언제나 두 개의 상반되는 것을 가지는데, 이것은 이원론적 관점이 전혀 독립적이지 않고, 논리적이지도 않으며, 일관성도 없다는 의미입니다. 이원적인 믿음을 논리적인 극단으로 가지고 가면, 그 결점이 명백해지는 경우가 많습니다.

마지막으로, 이원성에서 벗어나기 시작한 사람들도 일부 있는데, 그들은 자주 영감에 의해 도움을 받을 수 있습니다. 하지만, 이런 사람 중 다수는 고요한 절망과 우울 상태에 빠져 있으며, 이 세상에서의 삶이 너무 힘들어서, 정말로 이곳에 있고 싶어 하지 않습니다. 이런 사람들을 깨우기 위해서는 확고하게 낙관적이어야 하며, 모든 핑곗거리를 태워버리는 열정으로 대응할 필요가 있습니다. 이런 사람들은 보통 노출되어야 할 나쁜 짓은 하지 않습니다. 이들의 문제는 그들이 아무것도 하지 않는다는 것으로, 그들이 이런 영적인 마비 상태에서 벗어나게 하는 것이 어려운 일이 될 수 있습니다. 많은 사람은 여러분이 영적인 여정에 관해 얘기하는 모든 것을 이해하고 동의하겠지만, 그들은 영적인 여정과 관련하여 어떤 것도 하려고 하지 않을 것입니다. 따라서, 이런 수동성에서 사람들을 끌어내는 데에는 엄청난 인내심과 단호함이 필요합니다. 그런 이유로, 예수가 뜨겁거나 차가운 사람과 일하기가 더 쉬우며, 반면에 미지근한 사람들을 돕기가 훨씬 어렵다고 말한 것입니다. (요한계시록 3:15~16)

에고와 에고의 습성에 대해 터놓고 자유롭게 얘기할 수 있는 환경을 만들어서, 에고가 자신이 게임을 하는 것을 숨기는 것을 어렵게 하는 것이 실제로 가능합니다. 그리고 그런 환경이 소수의 사람에 의해 확립될 때, 그것은 더 큰 영적인 조직으로 확산해 가는 기폭제가 될 수 있습니다. 결과적으로, 세계적인 종교 논쟁의 전체 어조가 바뀔 수 있습니다. 논쟁의 어조가 자애로우면서도 자아가 숨을 수 있는 어떤 조건도 허용하지 않는 진정한 친절에 바탕을 둘 수 있습니다.

하나됨의 길에 전념하고 자신의 삶을 객관화하는 과정에 있는 사람들의 집단이 존재할 때, 많은 영적인 사람이 동경하는 것과 진실한 영적인 공동체, 즉 상승 호스트들이 지구에 구축되는 것을 보고 싶어 하는 것을 창조할 수 있습니다. 정확하게는 많은 사람이 내면의 기억을 가지고 있으며, 영적 영역에 존재하는 유형의 공동체를 갈망하기 때문에, 영적이고 종교적인 운동에 이끌렸습니다. 공동체(Community)는 "통합되어 가는 것(comming into unity)"을 의미하며, 그것은 분명히 여러분이 하나됨의 길을 따를 때만 성취될 수 있습니다. 자신의 근원과 자신의 상위 존재와의 하나됨을 어느 정도 성취했을 때만, 여러분은 다른 사람들과도 진정한 하나됨을 이룰 수 있습니다.

하지만, 모든 것이 그렇듯이, 이원성 의식은 공동체의 개념을 왜곡하고, 공동체에 대한 잘못된 욕망을 만들 수 있음을 말해야겠습니다. 아주 많은 경우, 영적이거나 종교적인 운동은, 지도자들이 절대적인 권력을 가지는 엘리트층을 형성하며, 구성원들이 맹목적으로 이들을 따르는 잘못된 공동체를 구현했습니다. 이것은 내가 앞에서 얘기한 것처럼, 다른 사람들보다 우월해지고 싶은 욕망을 가진 사람들과 결정하지 않으려는 사람들의 역학관계를 표현합니다. 불행하게도, 종교적인 공동체는 종종 이런 두 가지 형태의 사람들에게 피난처가 되었으며, 이런 사람으로 인해 공동체는 파워 게임과 다른 에고 게임을 구현하는 곳으로 악화되었습니다.

이런 공동체는 전형적으로 매우 경직되고 외적인 규율에 초점을 맞춥니다. 그것은 이상적인 구성원이 어떻게 되어야 한다는 정신적 이미지를 만들고, 그런 다음에는 모든 사람을 그 틀에 맞추도록 강요합니다. 그 결과, 더욱 성숙한 영적인 구도자들은, 마치 구속복[9]을 입고 있는 것처럼 느끼게 되어, 그곳에서 빠져나오고 싶어지는 것입니다. 앞에서 설명한 것처럼, 하나됨이 똑같아진다는 의미가 아닙니다. 사람들의 개성을 억누르도록 강요하는 것으로는 사람들이 영적인 성장을 이루도록 도울 수 없습니다. 그들을 돕기 위해서는, 그들이 자신들의 상위 존재들과 접촉할 수 있게 해야 하고, 그런 다음 그들의 신성한 개체성을 표현할 수 있게 해야 합니다.

일부 영적인 사람들 사이에는, 단지 외적인 공동체의 회원이 되어 규칙을 잘 따르기만 하면 구원의 자격이 주어진다는, 집단적 구원에 대한 개념이 널리 퍼져 있습니다. 하지만, 아무리 교묘하게 위장하고 있다고 해도, 이것은 에고가 세속적인 조건들을 충족시키면 신이 에고를 받아들이도록 할 수 있다는, 자동적 구원에 대한 에고의 비현실적인 꿈일 뿐입니다. 이 책에서 설명한 것처럼, 하나됨의 길은 개인주의의 길입니다. 하지만, 여러분이 자신의 영적인 개체성을 알아가기 시작하면, 공동체에 함께 있으면서도 다른 사람들과 함께 일하는 것 때문에 위협을 느끼지 않게 됩니다.

물병자리 시대는 공동체의 시대입니다. 지금은 홀로 세상을 떠돌거나, 산속 동굴에 혼자 앉아 있는 영적인 사람에 대한 이미지를 극복해야 할 때입니다. 영적인 사람들이 공동체 안에서 함께 일하면서, 자신의 개성을 구현하고 표현하는 것이 진정 이 시대의 과제입니다. 영적인 영역에서 우리 모두는 개별적인 존재들이지만, 여전히 공동체의 진정한 정신으로 함께 일하고 있다고 나는 분명히 말

---

[9] straightjacket: 정신이상자와 같이 폭력적인 사람의 행동을 제압하기 위해 입히는 것

할 수 있습니다. 왜냐하면, 우리는, 일부 영적인 사람들이 홀로 있음을 추구하여 다른 사람들과 거리를 두고 싶어 하는 미묘한 욕망을 포함해서, 에고가 구현할 수 있는 모든 것을 극복했기 때문입니다. 영적인 구도자들에게 공동체가 필요한 두 가지 주된 이유가 있습니다.

내가 여러 차례 설명했듯이 단순한 사실은, 다른 사람들을 돕지 않는다면 여러분이 그리스도 신성을 제대로 구현할 수 없다는 것이며, 이것은 분명히 공동체 환경에서 일어나야 합니다.

여러분은 여러분이 자신의 멘탈 박스 안에서 볼 수 없는 것을 볼 수 있도록, 타인들이 여러분을 도울 수 있게 해야 합니다. 분명한 것은, 여러분이 하나됨의 길을 따르려고 하는 사람들과 교류할 때, 서로가 이원성을 극복하도록 도울 수 있다는 것입니다.

~~~~~

이런 공동체에 대한 하나의 모델은 붓다와 예수에 의해 구축된 것인데, 물병자리 시대에는 한 걸음 더 나아가야 합니다. 예수와 붓다는 자신을 따랐던 추종자들을 훨씬 앞선 상태였으므로, 그들은 분명한 지도자의 위치에 있었습니다. 그들은 스승이었고 다른 모든 구성원은 학생들이었습니다. 이 시대에는, 더 많은 사람이 그리스도 신성을 구현할 수 있는 단계에 다가서 있으며, 우리는 이들 모두 각자가 독립적으로 일하면서 추종자들을 만드는 것을 바라지 않습니다. 영적인 영역에서 우리 모두는, 그리스도 신성을 지니고서 모두 함께 일하고 있는데, 우리는 이것이 지구에서도 똑같이 일어나기를 바랍니다. 이렇게 되려면, 높은 그리스도 신성을 지닌 많은 사람이 공동체에서 리더와 스승의 역할을 공유할 수 있어야 합니다.

실제로, 이상적인 공동체는 예수의 "나 혼자서는 아무것도 할 수 없으며, 일을 하고 계신 분은 내 안의 아버지(요한 14:10)"라는 말 속에 들어 있는 진리를 깨닫게 될 것입니다. 따라서 참된 영적인 공동체의 구성원들, 영적으로 진보해 있는 구성원들, 특히 영적으로 가장 진보해 있는 구성원들은, 혼자서는 아무것도 할 수 없다는 것을 알고 있습니다. 개인들을 통해 일하는 것은 성령이며, 성령은 스스로 가고자 하는 방향으로 흐릅니다. (요한 3:8)

어떤 상황에서는 성령이 어떤 사람을 통해 개념을 만들어낼 수 있고, 또 다른 상황에서는 또 다른 사람을 통해 그렇게 할 수 있습니다. 다시 말해서 물병자리 시대의 공동체는, 대체될 수도 없고 도전받지도 않는 고정된 지도자라는 낡은 시대의 모델 대신 성령을 참된 리더로 보며, 특정한 일을 누가 할지를 영(Spirit)이 선택할 수 있게 합니다. 이것은 이상적으로는 공동체 구성원 모두가 영의 도구가 될 수 있을 정도로 충분히 성숙해 있어서, 모든 구성원이 위로부터 오는 안내에 따라 지도자의 위치에 들어가기도 하고 나올 수도 있어야 한다는 것을 포함합니다.

하지만, 이런 공동체는 영적인 마스터들이 자주 하는 "스승이 개미라도, 그의 말에 주의를 기울여야 한다."는 말처럼, 영(Spirit)은 누구든지 쓸 수 있다는 점을 인식해야 합니다. 다시 말해서, 참된 공동체에서는 외적 조직의 계급이 영(Spirit)의 참된 리더십에 그림자를 드리우게 해서는 안된다는 점을 반드시 인식해야 합니다. 따라서 영이 대수롭지 않아 보이는 사람을 이용해 새로운 개념을 낸다 해도, 그 개념은 사용되어야 합니다. 어떤 개념을 "중요한 인물"이 제시했거나 승인했음을 알고 난 후에만, 그 개념의 타당성을 보려고 하는 고대의 에고 게임을 더 이상 하고 있을 시간이 없습니다.

물론, 이런 공동체는 사람들의 에고나 추락한 존재들 혹은 거짓 신들이 발붙일 곳이 없도록 그리스도 분별력에 토대를 두어야 합니다. 누구나 성령이 쓸 수는 있지만, 이것이 영적으로 보이는 모든 것이 하나인 성령(the one Holy Spirit)으로부터 나온다는 의미는 아닙니다. 그것은 이원적 영체(spirits)의 집단들로부터도 나올 수도 있습니다.

왜 그렇게 많은 영적인 공동체들이 실패했거나 경직화되었을까요? 그것은, 앞에서도 언급했지만, 공동체가 어떤 규모에 도달하면, 권력과 통제를 추구하는 이원적 탐구에 눈이 먼 사람들을 끌어당기기 때문입니다. 이렇게 되면 인간의 리더십이 출현하게 되고, 이것이 영의 리더십을 대신합니다. 참된 영적인 공동체는 자신의 주요한 책임이 영적 영역 및 상승 호스트들과의 직접적인 연결을 유지하는 것이라는 점을 인식합니다. 따라서 그런 공동체는 상승 호스트의 전초기지가 되며, 우리가 진정한 지도자입니다. 그런 공동체는 이원성에 눈이 먼 리더십의 출현을 허용하지 않고, 성령 대행사(agency of the Holy Spirit)인 상승 호스트가 지휘하게 합니다.

◈

나는 영적인 공동체의 설립에 대한 가르침을 더 많이 전할 수 있습니다. 하지만 들을 귀가 있고 볼 눈이 있는 사람들에게는 실제로 이미 충분한 가르침을 전했습니다. 참된 영적인 공동체를 설립하는 방법에 대한 일련의 규칙을 가져오는 것이 이 책의 의도는 아닙니다. 그것은 사람들이 외적인 규칙을 따르게 하고, 자신의 개성을 억누르게 하는 또 다른 경직된 틀을 만드는 것으로 이어질 것입니다.

물질우주의 목적은 신의 공동창조자들과 다른 진화하는 존재들에게 공동창조 능력을 제공하여, 그들이 물리적 환경과 서로에게서 피드백을 받게 하는 것입니다. 하지만, 존재들이 그리스도 신성에서 성장해 감에 따라, 서로 하나가 되어가면서, 자연스럽게 창조주의 전반적인 목적에 정렬하게 됩니다. 많은 존재가 여전히 자신의 능력을 표현하고 자신의 정체성을 정의하는 실험을 하고 있으므로, 다른 사람들과 함께 능숙하게 일을 하는 능력이 떨어지는 것은 당연합니다. 하지만 좀 더 성숙한 존재들은 자신이 누구인지를 알게 됩니다. 자신이 더 큰 존재의 개체화임을 알게 되면서, 자신들의 창조력을 창조주의 비전과 목표라는 더욱 큰 틀 안에서 표현하기 시작합니다. 올바르게만 이해하면, 이것이 여러분의 창조적인 노력을 제한하지 않고, 여러분의 개체성도 억압하지 않는다는 것을 알게 됩니다.

사람들의 참된 개성이 충돌하는 것처럼 보이게 만드는 것은 오직 이원성 의식뿐입니다. 사실, 여러분의 영적인 개(별)성은 수십억의 개(별)성이 상충되지 않게 할 수 있는 완전한 능력을 갖춘 영적인 존재에 의해 규정됩니다. 영적인 영역에서 우리가 조화롭게 일하는 이유가 무엇일까요? 우리는 우리의 신성한 개성과 하나 되어 있으므로, 별다른 노력 없이 자연스럽게 서로의 부족한 부분을 보완합니다. 우리의 개별적인 특성들은 서로를 상쇄시키거나 대립하지 않습니다. 그 특성들은 우리 혼자 하는 것보다 함께하면서 훨씬 더 많은 것을 창조할 수 있도록 서로를 확장합니다. 그 이상이 되려는 추진력의 자연스러운 표현으로, 우리는 혼자 일하는 것이 아니라 함께 일합니다. 이렇게 하는 것이 우리에게는 성가신 일이거나 희생이 아닙니다. 우리는 서로의 개별적인 표현을 보는 것을 즐기며, 함께 창조한 것에 대한 기쁨으로 가득 차 있습니다. 공동창조의 알파 측면은 여러분이 자신의 상위 존재와 조화를 이루면서 공동창조하는 것입니다. 오메가 측면은 여러분이 하나라고 느끼는 영적인 형제자매들과 조화를 이루며 공동창조하는 것입니다.

지구에서 함께 하나됨을 이루는 것은 영적인 영역과 물리 영역 사이에 무한 8자 형상의 흐름을 구축하는 토대입니다. 여기 아래에서 여러분은 상승 호스트들의 알파 극성에 대한 오메가 극성을 형성할 수 있습니다. 그리고 임계수치의 사람들이 진실로 영적인 결합을 이룰 때만, 신의 나라가 물질 지구에 구현될 수 있습니다. 예수가 이렇게 말한 이유는 무엇일까요.

진실로 다시 너희에게 이르노니, 너희 중에 두 사람이 땅에서 합심하여 무엇이든지 구하면, 하늘나라에 계신 내 아버지께서 그들을 위하여 이루게 하리라. (마태 18:19)

일부 추락한 존재들은 그렇게 생각할지 몰라도, 물질우주는 한 존재가 모든 다른 존재들보다 우월하다고 자신을 내세울 수 있도록 창조되지 않았습니다. 임계수치의 사람들이 진실하게 영적으로 하나가 될 때만, 물질우주가 신의 나라가 될 것입니다. 위의 인용구조차 충분한 얘기를 전해 주지 못하는데, "너희 중에 두 사람(two of you)"이라는 말이 단지 두 사람을 의미하는 것이 아니기 때문입니다. 이 말은 사람들이, 개별적으로 그리고 집단으로, 이원적 환영을 극복하여, 예수가 또 다른 인용 문구에서 설명했던 것을 성취하는 것을 언급합니다.

네 눈은 몸의 등불이다. 네 눈이 성하면 네 온몸도 밝을 것이요. 눈이 성하지 못하면 네 몸도 어두울 것이다. (누가 11:34)

인류의 비전이 이원적 환영에 의해 분리된다면, 행성은 어둠으로 가득 찰 것입니다. 하지만, 상위 10%가 그리스도의 비전이라는 하나의 비전과 공동체와의 하나됨에 진심으로 전념한다면, 결국 행성 전체가 빛으로 가득 채워질 것입니다. 그러니 모든 이원적인 경계와 차이를 뛰어넘는 참된 영적인 공동체의 설립은 이 시대에 상위

10%가 이룰 수 있는 가장 중요한 임무입니다. 따라서 나는 여러분에게 말합니다. "그리스도 안에서 나와 하나가 되고", 그런 다음 서로 하나가 되세요.

~~~~~~

내가 압도적으로 보일 정도로 많은 정보를 제공했다고 느낄 사람이 많다는 걸 잘 압니다. 또한, 어떤 사람들은 충분한 정보를 주지 않았다고 느낄 수 있다는 것도 알고 있습니다. 많은 사람이 개인적인 성장과 타인을 돕고, 심지어 전체 행성을 신의 왕국으로 끌어올려야 한다는 데 커다란 책임감을 느낄 것입니다. 책임감이 가장 강한 사람 중 많은 사람이 성공하고 싶은 강한 욕망을 느낄 것이고, 내가 전해 준 것보다 더 많은 특별한 안내들을 바랄 것입니다.

나는 이런 열망을 이해하지만, 여러분이 그런 열망을 초월할 것을 요청합니다. 여러분에게 모든 것을 어떻게 해야 하는지 알려주는 것이 이 책의 목적이 아닙니다. 왜 그럴까요? 아주 많은 종교 경전에서 일어났던 것처럼, 여러분의 그리스도 신성의 대체물이 되는 책을 내놓는 것이 내 의도가 아니기 때문입니다. 나는 여러분이 자신의 상위 존재와 하나됨을 추구하는 대신, 외적인 규율을 따르는 데 대한 구실을 주고 싶지 않습니다. 내 목표는 여러분에게 하나됨의 길을 일깨워 주고, 여러분이 그리스도 신성의 여정에 확고하게 정착될 수 있도록 충분한 신호를 주는 것입니다.

내가 앞에서 설명한 것, 즉 그리스도 신성은 영적인 자급자족을 의미한다는 사실에 주목하기 바랍니다. 이 말은 여러분에게 무엇을 해야 하고, 그것을 어떻게 해야 하는지를 알려줄 외부 구루나 책이 필요치 않다는 의미입니다. 그런 안내는 내면으로부터, 여러분의 상위 존재로부터 받게 됩니다. 따라서 여러분이 하는 모든 것은 여러분이 누구인지에 대한, 즉 신이 창조한 독특한 개체성과 자신의 신성한 토대를 기초로 여러분이 공동창조한 독특한 개별성에 대한 참된 표현이 됩니다.

여러분을 나를 맹목적으로 따르는 한 마리 양으로 만드는 것이 나의 바람이 아닙니다. 나의 바람은 여러분이 자신의 개인적이고 개별적인 그리스도 신성을 충분히 구현하는 것을 보는 것입니다. 그렇게 함으로써, 여러분은 위에서의 충만함을 여기 아래에서 표현할 수 있게 됩니다. 따라서 그리스도가 되는 방법을 내가 말해 줄 수는 없습니다. 왜냐하면, 여러분이 그리스도가 될 때, 이 세상에서 창조한 이원적인 정체성을 통해 행동하는 것을 멈추게 되기 때문입니다. 이제 여러분은 오로지 자신의 온전한 정체성을 통해서만 행동하게 되는데, 그것은 자신의 아이앰 현존에 고정된 알파 정체성과 모든 이원성을 초월한 오메가 정체성의 완전한 통합을 의미합니다. 따라서 여러분은 진실로 "나와 아버지는 하나이며", "아버지가 지금까지 일하시므로, 나도 일을 한다."라고 말할 수 있게 됩니다.

그리스도 신성의 도전은 그리스도가 되는 방법에 대한 기준이 없다는 것으로, 에고는 이것을 이해할 수가 없고, 받아들이려 하지 않을 겁니다. 따라서 이원성에 여전히 갇혀 있는 사람들은 글자 그대로 따름으로써 자신들이 그리스도가 되었다는 것을 느낄 수 있도록, 내가 규칙들을 정해 주기를 바랄 것입니다. 그리스도 신성은 최상의 개체성이지만, 전체와 조화를 이뤄야 합니다. 따라서 참된 그리스도 신성은 다른 사람들을 돕고, 전체를 끌어올리는 것으로 표현되어야 합니다. 내가 설명한 것처럼, 추락을 일으키고 지구를 하향 나선으로 들어가게 했던 것은, 이런 입문 과정을 통과하는 것에 대한 거부였습니다. 따라서 추락을 극복하기 위해서는 임계수치의 사람들이 이런 입문 과정을 통과해야 하며, 육체를 지니고 지구 위를 걸으면서도, 여전히 그리스도 신성의 충만함을 가지고 있어야 합니다.

이원성에 갇혀 있는 동안에, 여러분은 이런저런 일을 해야 한다거나, 해야 할 필요가 있다고 느끼게 만드는 정신적 이미지를 가지게 되므로, 어떤 일을 하게 됩니다. 여러분은 벌을 피하거나 어떤 보상을 받기 위해 일합니다. 다시 말해 여러분은 어떤 반작용을 얻기 위해 행동합니다. 그리스도 신성은 여러분이 누구이며, 어떤 일을 해야 한다는, 자기 자신에 대한 이원적인 정신적 이미지들을 모두 놓아버린다는 의미입니다. 그 대신, 여러분은 여러분이 누구인가에 대한 표현으로, 즉 여러분의 신성한 개체성과 그리스도와 같은 (Christlike) 정체성의 표현으로 여러분이 하는 일을 합니다. 더 이상 벌-보상의 이원성에 기초하여 행동하지 않고, 모두에게 봉사하는 것에서 참된 자신을 표현하는 순수한 사랑에 기초하여 행동합니다. 여러분은 이제 이원적 정체성이라는 황금 송아지를 둘러싸고 춤을 추는 대신, 진리와 영 안에서 신을 경배합니다. 여러분은 더 이상 자신의 상위 존재와 하위 존재 사이에 정신적 이미지를 가지지 않으며, 자신의 알파 정체성이 자신의 오메가의 정체성을 통해 자유롭게 표현되도록 합니다. 따라서 여러분 존재의 알파와 오메가 측면들이 함께 완벽한 조화를 이루었고, 시작과 끝이 영원한 현재 안에서 합쳐집니다.

열쇠 33
모든 피조물에 대한 비-이원적인 복음 설교

 이 책의 앞장에서, 나는 지구라는 이 작은 행성에 육화한 한 개인으로서 여러분이 직면한 현실에 대한 이해를 주려고 했습니다. 나는 여러분이 현재 직면해 있는 것과 과거 여러 생애에 걸쳐 오랫동안 맞서 온 것들이 무엇인지 이해할 수 있도록, 비교적 간단한 설명을 통해, 여러분의 추론하는 마음에 호소했습니다. 하지만, 나는 떠나기 전에, 여러분에게 내 존재 전체에 대한 더 많은 경험을 전하겠습니다. 왜냐하면 나, 로드 마이트레야는 진실로 마음 이상의 존재이기 때문입니다. 또한, 나는 가슴이고, 나는 느끼며, 지구의 생명흐름들에 대해, 지구에 대해, 진실로 살아 있는 존재인 지구 어머니에 대해 매우 강한 감정을 느끼고 있습니다. 그리고 지구에서 성장하고 있는, 어쩌면 선택한 대로 성장하고 있지 않는, 진화의 결과물에 대한 균형과 비전을 유지하고 있습니다.
 따라서 사랑하는 이들이여, 나는 진실로 마이트레야의 사랑(love of Maitreya's heart)으로 여러분을 맞이하고 싶습니다. 왜냐하면 나는 지구의 진화에 대한 아버지 사랑을 대리하기 때문입니다. 진실로, 나는 여러분 가운데 많은 사람이 아버지를 저 멀리 떨어져 있는 존재로, 하늘에 있는 외적인 신으로, 심지어 하늘에 계신 분노하는 신으로 묘사하는 종교적 전통에서 성장해 왔음을 알고 있습니다. 따라서, 사랑하는 이들이여, 나는 여러분 가운데 많은 사람이 신, 다시 말해 아버지 신의 형상과 관련된 어떤 사랑을 실제로 본 적이 없다는 것을 알고 있습니다. 여러분 가운데 일부는 운 좋게도, 그것이 성모 마리아일 수도 있고, 동양에서 숭상하는 여신 가운데 하나일 수도 있는, 신의 여성적인 측면을 접해왔습니다. 그래서 여러분은 적어도 신의 사랑에 대한 보다 균형 잡힌 경험을 했습니다. 하지만 나는 여러분의 사랑이 더욱 충만해지도록, 여러분이 신의 사랑을 좀 더 완전하게 경험하기를 바랍니다. 그렇게 되면 여러분은 아버지 신인 창조주가 여러분의 존재, 여러분의 알파 정체성, 여러분의 의식하는 자아, 여러분이 그리스도의 반석 위에 쌓아온 오메가의 정체성에 대해, 그리고 여러분에 대한 조건 없는 사랑을 가지고 계심을 깨닫게 될 것이기 때문입니다.

사랑하는 이들이여, 여러분에 대한 창조주의 사랑을 잠깐이나마 경험할 수 있다면, 그 사랑이 여러분을 완전히 변형시킬 것입니다. 여러분의 네 하위체 안에 있는 이원적 의식의 모든 요소가 떨어져 나갈 것입니다. 에고가 떨어져 나갈 것이고, 여러분은 창조주 존재와 완전히 하나된 감각에 푹 잠기게 될 것입니다.

내가 설명한 것처럼, 여러분의 의식하는 자아는 진실로 창조주 존재가 개체화된 확장체입니다. 왜냐하면, 신께서 자유의지를 지닌 개별적인 생명흐름들을 창조하겠다고 결심했을 때, 그리스도가 말했듯이, 창조주는 정말로 이렇게 얘기했습니다. "이것은 너희를 위해 떼어낸 내 몸이다."(고린도전서 11:24) 따라서 신의 "몸", 신의 의식, 신의 존재는 수많은 조각으로 나뉘어, 수많은 개별적인 생명흐름들로 창조되었으며, 이 모든 생명흐름은 형태의 세계에서 신의 몸을 형성하고 있습니다. 따라서 지구 행성에 육화해 있는 여러분은 지구 위에 있는 신의 몸의 일부입니다. 나는 여러분 각자가 창조주가 여러분 개별적인 존재에 대해 가지고 있는 무한한 사랑에 다시 연결되기를 바랄 뿐이며, 이에 의해 여러분은 지구에 있는 신의 몸의 가치 있는 일원으로서 자신을 받아들일 수 있게 됩니다. 여러분이 이것을 개별적으로 받아들일 때 집단으로 함께 모여, 물병자리 시대의 성령에 의한 진정한 공동체, 조건 없는 사랑의 참된 공동체, 마이트레야의 하나됨의 구체(Maitreya's Sphere of Oneness)가 되는 참된 공동체를 이룰 수 있으며, 그 안에서 모든 개인은 자신을 신의 몸의 한 부분으로 느끼게 됩니다.

사랑하는 이들이여, 내가 원래 에덴 정원에 세우려고 했던 것은 그런 공동체였습니다. 그곳은 모든 존재가 사랑받고 있으며 더 큰 전체 중 일부라는 것을 느낄 수 있는 기회를 가졌던 곳입니다. 정원의 일부 생명흐름들이 하나됨을 이루는 대신, 추락한 의식을 구현하는 것을 보는 것은 큰 슬픔이었습니다. 이 생명흐름들이 나, 마이트레야의 하나됨의 구체, 에덴 정원의 보호된 구체를 떠나기로 결심하면서, 일부 순수한 생명흐름들까지 끌어당기는 것을 보는 것은 정말이지 커다란 슬픔이었습니다.

나는 이 존재들이 그들에 대한 내 사랑을 경험하지 못했기 때문에 떠난 것이 아니라고 분명히 말할 수 있습니다. 왜냐하면, 에덴 정원에서 신성한 아버지의 대리자로서, 나는 실제로 아버지의 사랑을 표현했기 때문입니다. 하지만, 불행하게도, 분리의 환영에 갇히면, 창조주의 존재를 경험할 수 없으므로, 여러분은 아버지의 사랑을 받을 수 없습니다. 분리의 환영에 갇히면, 의식하는 자아는 자신이 창조주 존재의 확장체라는 사실을 받아들일 수 없게 됩니다. 여러분이 이것을 받아들일 수 없다면, 여러분이 나왔던 창조주 존재의 충만함에 어떻게 다시 연결될 수 있겠습니까?

알다시피, 사랑하는 이들이여, 분리의 의식에 갇히게 되면, 여러분은 수위가 높아진 강물이 바다로 흘러가고 난 후 남겨진 물웅덩이와 같아집니다. 그러므로 여러분은 자신을 웅덩이로 여기며, 자신이 생명의 강으로부터 창조되었다는 사실을 인식할 수 없게 되고, 만일 강물을 따라 근원으로 되돌아간다면, 창조주 자체로서의 자신의 근원을 발견할 수 있다는 것도 생각할 수 없게 됩니다.

사랑하는 이들이여, 내 역할은 내가 보살폈던 많은 생명흐름이 분리의 길, 즉 죽음의 길로 들어서는 것을 지켜보는 것이었습니다. 나는 그들을 멈추게 할 수 없었으며, 실제로 그들을 멈추게 하려고 하지 않았습니다. 왜냐하면, 여러분도 알다시피, 나는 아버지의 의식, 즉 아버지의 사랑을 대리하고 있기 때문입니다. 아버지의 사랑은 조건이 없고, 이것은 창조주는 자신의 확장체들이 자신의 존재, 즉 생명의 강과 분리되는 것을 허용한다는 의미입니다. 창조주는 이것에 대해 슬픔을 느끼지 않았습니다. 하지만, 사랑하는 이들이여, 신의 완전한 의식을 지니지 않은 존재로서, 나는 실제로 어떤 슬픔을 느꼈습니다. 이것은 여러분이 느끼는 개인적 상실감에서 오는, 소유하려는 사랑에서 나온 인간적 슬픔이 아닙니다. 이 슬픔은 하나됨의 구체(Sphere of Oneness)에서 자신을 분리하는 생명흐름들에게 무슨 일이 기다리고 있는지를 명확하게 아는 데서 오는 커다란 슬픔입니다.

아버지를 대리하면서, 나는 또한 아버지의 임무를 대리하고 있습니다. 따라서 나는, 분리의 길을 따르는 존재들이 갈등과 고통만이 가득 할 미래로 향하면서, 자기 자신을 책망할 것을 명확하게 알 수 있습니다. 이런 생명흐름들은 결코 마음의 평화를 얻을 수 없습니다. 그리고 영적인 자급자족에서 오는 마음의 평화를 얻을 수 있도록, 존재들을 끌어올려야 하는 스승으로서, 이 존재들이 내가 제공했던 선물, 즉 하나됨의 길이라는 선물을 거절하는 것을 지켜보는 것은 내게는 상실과 슬픔이었습니다.

하지만, 사랑하는 이들이여, 내 마음속에서는 어떤 것도 잃은 것이 없다는 것을 여러분이 이해해야 합니다. 생명흐름이 계속 존재하는 한, 생명흐름이 방향을 바꾸어, 생명의 계단을 다시 오르겠다고 결정할 가능성이 언제나 존재하기 때문입니다. 내가 여러분에게 확신시키고 싶은 것은, 여러분은 언제든지 그렇게 할 수 있다는 것입니다. 여러분이 마음을 바꾸어 돌아오기로 결정한다면, 나는 그곳에 있을 것입니다. 여러분이 얼마나 오랫동안 아무리 오랫동안 이 원성의 시공간을 여행했을지라도, 나는 조금도 줄어들지 않은 사랑을 가지고서, 두 팔 벌려 여러분을 맞이하겠습니다.

~~~~~~

사랑하는 이들이여, 여러분이 어떤 잘못을 저지르면 그 잘못을 절대로 만회할 수 없다고 믿게 만드는 것이 추락한 존재들과 거짓 교사들의 전략입니다. 따라서 그들은 여러분이 신에 대해 어떤 부정적인 감정을 지닌 적이 있다면, 다시 말해 의심을 하거나 무신론적인 개념, 혹은 신에 대한 잘못된 개념들을 지닌 적이 있다면, 여러분이 신에게 돌아올 수 없다고 믿기를 바랍니다. 그들은 여러분이 한 일이나 믿었던 것, 말했거나 생각했거나, 신에 대해 느꼈던 것 때문에, 신이 여러분에게 좋지 않은 감정이 있어, 신이 여러분을 받아들이지 않을 것이라고 믿기를 바랍니다. 나의 가장 큰 소망은, 여러분이 내적인 깨달음을 얻고, 즉 이것은 여러분이 돌아서서 하나됨의 여정으로 나아가는 것을 막기 위해 거짓 교사들이 고안한 거짓말과 환영이라는 깨달음을 얻고, 책 읽기를 마치는 것입니다. 그런 깨달음이 여러분을 분명히 아버지의 왕국으로 데려다줄 것입니다.

여러분이 과거에 무슨 일을 했든, 무엇을 생각하고 느꼈든 관계없이, 여러분 존재에 대한 신의 사랑은 절대 줄어들지 않았다는 사실을 이해하고 받아들이기를 바랍니다. 따라서 과거, 현재 또는 미래 그 어느 때, 그 어떤 것도, 여러분이 하나됨의 길에 합류하고 하나됨의 구체에 들어가는 것을 막을 수 없습니다. 만약 여러분이 진정으로 과거를 놓아버리겠다고 결정하면, 나와 다른 모든 상승한 존재들은 여러분이 과거를 놓아버리고, 여러분의 아이앰 현존에 정박되어 있으며 물질세계에서 일어나는 어떤 일에도 영향을 받지 않는, 진정한 정체성으로 다시 태어날 수 있도록 돕기 위해, 여러분이 받아들일 수 있는 모든 도움을 줄 것입니다. 사랑하는 이들이여, 이것이 나의 진정한 바람입니다. 나의 바람은 여러분이 영원히 길을 잃을 수 있고, 분노하는 신이 여러분을 그의 왕국에 받아들이지 않을 것이므로, 지옥에서 영원히 불탈 수 있다고 말하는 타락한 의식의 오류를 깨닫는 것입니다.

존재들을 지옥으로 보내는 것은 신이 아닙니다. 존재들을 지옥으로 보내는 것은 추락한 존재들이 만든 집단적인 지옥에 가야 한다고 자신을 책망하는 자기 인식하는 존재들입니다. 왜냐하면, 그들은 신의 용서를 받아들이려고 하지 않기 때문입니다. 어쩌면 그들은 자신들이 용서받을 가치가 없다고 생각하거나, 아니면 너무 자만하여 어떤 것에 대해서도, 무릎을 꿇고 용서를 받을 필요가 없다고 생각할지도 모릅니다. 하지만, 어느 쪽이든, 그것은 모두 에고 마음에서 생겨난 환영입니다. 하지만 여러분이 이런 환영을 꿰뚫어 보고 이것들을 기꺼이 놓아버리려고 한다면, 바울(Paul)이 다마스쿠스(Damascus)로 가는 길에 그리스도의 눈부신 빛과 마주쳤을 때, 그의 눈에서 비늘이 떨어져 나간 것처럼(사도행전 9:18), 이것은 눈깜빡할 사이에 여러분에게서 사라질 수도 있습니다. 바울이 기독교인들을 박해했으며, 심지어는 기독교인들을 죽이도록 선동까지 했다는 사실에 주목하기 바랍니다. 하지만, 바울은 자신의 삶을 기꺼이 바꿈으로써, 그리스도의 으뜸가는 제자 가운데 하나가 되었습니다.

사랑하는 이들이여, 이것이 모든 사람이 가진 잠재력입니다. 예수가 말하지 않았나요? "네가 이같이 미지근하여 뜨겁지도 아니하고 차갑지도 아니하니, 내 입에서 너를 토하여 놓아버리리라(요한계시록 3:16)". 이 말은 여러분이 차갑다고 할지라도, 설령 신을 부정하고 신에 대한 부정적인 이미지를 가지고 있다 할지라도, 자신의 삶을 바꿀 수 있다는 의미입니다. 하지만, 여러분이 미지근하여 자신에 대해 책임지려고 결정하지 않고, 자기 자신과 자신의 믿음에 대해 점검해 보려고 하지 않는다면, 그리스도는 여러분과 함께 일할 것이 아무것도 없습니다. 따라서 여러분은 많은 일반 대중처럼, 지구에서 볼 수 있는 조건들에도 불구하고, 자신을 마비시켰으므로, 완전히 행복하지도 않고 완전히 불행하지도 않은 반성 없는 삶[10]을 계속 살아가게 될 뿐입니다. 그리고 여러분이 이런 상황을 진실하게 점검해 본다면, 삶에는 이 행성이 제공하는 것보다 더 큰 무언

---

[10] unexamined life: 돌이켜보지 않는 삶

가가 반드시 존재해야 한다는 절대적인 논리를 알게 됩니다. 무한하고 전능한 신이 어떻게 이렇게 불완전한 행성을 창조할 수 있겠습니까?

사랑하는 이들이여, 이것은 전혀 이치에 맞지 않습니다. 따라서 삶을 기꺼이 살펴보려는 사람들은 그 이상이 존재해야 한다는 것을 알게 됩니다. 그리고 그런 인식과 더 이상의 것을 찾으려는 열망 안에서, 여러분은 진보하기 시작하고, 하나됨의 여정을 시작하며, 따라서 불완전한 것들, 그저 그런 것들에 대해 더 이상 만족하지 않게 될 것입니다. 이원성의 그림자 속에서 계속 살아가는 대신, 여러분은 신의 실재를 원합니다.

~~~~~~~~~~

사랑하는 이들이여, 나는 지금까지 이 책에서 이 행성에 전해진 어떤 영적인 가르침에서도 충분히 설명된 적이 없는 진실, 즉 이 행성에는 타락한 의식, 이원성 의식, 반그리스도 마음으로 인해 눈이 완전히 먼 존재들이 있다는 진실을 설명했습니다. 이런 존재 중 다수는 대중문화에서 만든 악한 사람에 대한 고정관념을 전혀 따르지 않습니다. 사랑하는 이들이여, 알다시피 삶은 옛날 서부 영화에 나오는 것처럼, 나쁜 사람은 검은 옷을 입고, 좋은 사람은 백마를 탄 왕자인 그런 것이 아닙니다.

따라서 사랑하는 이들이여, 여러분은 이원성 의식의 본질은 속임수라는 것을 이해해야 합니다. 이원성 의식은 겉모습 뒤에 뭔가를 숨기고 있습니다. 왜냐하면, 내가 설명한 것처럼, 타락한 의식은 어떤 것도 명확하게 보이지 않는, 어슴푸레한 어둠 속에서만 무성하게 자랄 수 있기 때문입니다. 따라서 석양이 질 때는, 사물이 원래의 모습과 다르게 보인다는 것을 알아야 합니다. 그러므로 이원성 의식에 가장 심하게 눈이 먼 사람들은 겉모습을 선하게 보이게 하는 데 능숙하다는 사실을 알아야 합니다. 그들을 정치 분야에서 많이 볼 수 있고, 사업 분야에서도 많이 찾아볼 수 있습니다. 하지만, 사랑하는 이들이여, 종교계에서도 그들 중 일부를 발견할 수 있습니다. 그래서 예수가 제자들을 보내는 것이 양을 늑대 가운데로 보내는 것과 같다(마태 10:16)고 말했던 것입니다. 불행하게도, 대다수 크리스천은 늑대 가운데 일부가 그리스도교 교회에서 중요한 지위를 차지하고 있으며, 그들이 자신들의 힘을 이용하여 그리스도의 참된 가르침을 왜곡해 왔다는 사실을 이해하지 못하고 있습니다.

나는 여러분을 종교에 대한 비-이원적 접근 방식에 대한 강경한 (지지) 태도를 보일 사람들로서 내보내고 있습니다. 그리고 나는 종교계와 사회 다른 분야에서 종교를 개혁하려는 여러분과 여러분의 노력에 반대할 사람들이 있다는 것을 알고 있습니다. 여러분이 이해해야 할 점은 이런 사람 중 일부는 물질우주 또는 적어도 지구 행성을 자신들이 소유하고 있다고 믿고 있다는 점입니다. 심지어, 일부는 신이 이 세상을 악마에게 주었거나, 악마가 이 세상을 창조했다고 믿고 있습니다. 사랑하는 이들이여, 앞에서 설명했듯이, 지구의 많은 상황은 신의 대리자들이 창조한 것이 아니라, 인류의 불완전한 의식의 표현입니다. 따라서 어떤 의미에서는, 지구의 어떤 상황들은 악마와 악마를 대리하는 존재들, 즉 이원성 의식에 눈이 먼 존재들이 창조했다고도 말할 수 있습니다. 하지만 이것은 이 우주가 악마에 의해 창조되었거나, 악마를 위해 창조되었거나, 혹은 악마와 그의 대리자들이 이 세상을 소유하고 있다는 의미가 아닙니다.

사랑하는 이들이여, 이 세상은 이원성 의식에 여전히 갇혀 있는 존재들을 위한 임시 학습공간일 뿐입니다. 이곳은 삶에서 그들이 이원성 의식으로 창조할 수 있는 것을 충분히 경험하고, 이원성 의식으로 창조할 수 있는 것 이상의 것을 원할 수 있는 지점까지 살아볼 수 있는, 더 많은 기회를 얻게 해주는 곳입니다. 그들이 더 이상의 것에 대한 열망을 인식하게 될 때, 이원성 의식에는 어떤 한계가 내재되어 있으며, 그것은 어떤 단계를 결코 초월할 수 없다는 것을 이해하게 될지도 모릅니다. 그리고 만일 그들이 진정으로 높고 낮음, 선과 악, 행복과 불행, 성공과 실패 같은 이원적인 겉모습 그 이상의 것을 열망한다면, 자신들을 창조주의 의식으로 데려다줄 그리스도 마음에 도달할 수 있습니다.

따라서 사랑하는 이들이여, 여러분이 밖으로 나가 종교에 대한 비-이원적인 진실을 전파할 때, 이원성에 갇힌 사람들이 여러분을 반대할 것임을 알아야 합니다. 그들은 온갖 방법으로 여러분을 반대할 것입니다. 한 가지 방법은 그들이 여러분의 주장과 가르침을 공격하는 것입니다. 그들 중 일부는 이런 수준을 뛰어넘어, 여러분을 개인적으로 공격할 것입니다. 그들은 여러분이 침묵하도록 만들기 위해 여러분을 파괴하려고도 할 것입니다. 이들은 생사의 문제가 달린 것처럼 행동할 것인데, 그들이 여러분을 침묵시키지 못하면, 그들은 죽게 될 것입니다. 이원성 의식과 자신을 완전히 동일시하고 있는 에고와 거짓 신에 관한 한, 이것은 실제로 사실입니다. 그들이 그리스도의 대리자들을 지구에서 침묵하게 하지 못한다면, 그들은 운동장을 잃게 될 것입니다. 사람들이 그들에게 에너지를 제공하지 않는다면, 그들은 결국 에너지가 고갈되어 죽게 될 것입니다.

다행스럽게도, 여러분은 2000년 전 내가 예수를 보냈던 세상보다, 적어도 어느 정도는 문명화된 세상에서 살고 있습니다. 나는 아직도 이 세상에 신의 이름으로 기꺼이 살인을 저지르고, 자신들의 종교나 자신들의 신에게 위협이 된다고 느끼는 사람들을 죽이려는 사람들이 있다는 것을 잘 알고 있습니다. 하지만, 적어도 서구사회에서는 그리스도의 진실이라는 비-이원적인 태도를 보인다고 해서, 죽임을 당할 가능성이 크지 않습니다. 또한, 십자가에 못 박히거나, 일반 범죄자로 처벌되지도 않을 것입니다. 이 점에 대해서는 어느 정도 위안이 되지만, 그래도 이 세상에는 여러분을 육체적으로 죽일 수 없다 하더라도, 감정적으로 여러분을 파괴하려는 사람들이 있다는 사실에 대해 직접적인 경고를 하겠습니다.

그들은 여러분의 자존감, 여러분의 정체성을 훼손하려고 할 것입니다. 또한, 그들은 여러분이 하는 것에 대해 여러분이 그렇게 할 권리가 있다는 느낌을 말살하려고 할 것입니다. 그들은 여러분의 도전할 권리에 이의를 제기할 것입니다. 그들은 여러분에게는 자신들의 이원적인 신념에 도전할 권리가 없으며, 이원성에 기반을 두고 그들이 구축해온 기구와 조직들에 대해서도 도전할 권리가 없다고, 여러분이 믿게 할 것입니다. 사랑하는 이들이여, 알다시피, 이런 존재 가운데 일부는 오랫동안 육화해 왔으며 정교한 성을 쌓아왔습니다. 이런 성들은 그리스도의 반석(rock of Christ)이 아닌 이원성 의식이라는 모래늪(shifting sands of the duality consciousness) 위에 쌓은 것입니다. 참으로, 그것들은 성령의 바람을 견디지 못합니다.

하지만, 내가 주의 깊게 설명한 것처럼, 성령의 바람은 반드시 육화해 있는 누군가를 통해 흘러야 합니다. 따라서 여러분은 성령의 바람을 불게 하는 열린 문이 되어야 합니다. 그러나 자신에게 그리스도의 진리와 성령의 바람을 위한 열린 문이 될 수 있는 절대적 권리가 있다는 것을 알아야만 그렇게 할 수 있습니다. 성령의 바람이 인간이 만든 모든 기관을 산산조각 낸다고 해도, 여러분은 열린 문이 될 권리가 있습니다.

따라서 사랑하는 이들이여, 하나됨의 길을 걷고 그리스도의 신성을 성취해 감에 따라, 여러분은 이 행성에서 추락한 존재들이 만든 환영과 거짓말, 조직들에 도전할 수 있는 신이 부여한 권리를 얻게 된다는 것을 이해하기 바랍니다. 사랑하는 이들이여, 이것이 예수가 했던 일이며, 예수는 그렇게 하는 것에 대해 감사를 바라지 않았습니다. 그럼에도 불구하고, 예수가 했던 일을 예수가 하지 않았다면, 이 행성은 파괴로 이어지는 하향나선으로 접어들었을 것입니다.

따라서 사랑하는 이들이여, 여러분이 알다시피, 그리스도 신성을 온전히 성취한 한 사람이 지구 위를 걷는 것만으로도, 상향나선을 충분히 가속할 수 있었고, 지구가 반대 방향으로 가는 것을 막기에 충분했습니다. 그리고 만약 10,000명의 사람이 그리스도 신성을 온전히 성취하고, 수백만 명 이상의 사람이 어느 정도의 그리스도 신성을 달성한다면, 훨씬 더 많은 것이 이루어질 수 있습니다. 그러므로 예수의 예언은 진실로 이루어질 수 있습니다. "나를 믿는 자는 나의 하는 일을 저도 할 것이요. 또한 이보다 큰 것도 하리니 이는 내가 아버지께로 감이니라(요한 14:12)"라는 예수의 예언은, 다른 사람들이 자신의 그리스도 신성의 충만함을 따를 수 있는 길을 열었습니다.

사랑하는 이들이여, 예수는 자신이 타락한 의식과 그 의식을 지구에 구현하고 있는 자들에게 도전할 권리가 자신에게 있다는 것을 의심하지 않았습니다. 예수는 그 권리를 주장했고, 그 권리를 행사했습니다. 그는 과감하게 그리스도의 진리와 성령의 바람을 위한 열린 문이 되었습니다. 하지만, 예수가 눈 깜짝할 사이에 이런 경지에 도달한 것이 아닙니다. 예수 역시 하나됨의 길을 따랐으며, 육화해 있는 추락한 존재들에게 과감하게 맞서고 그들을 악마의 아들이라고 부르기까지에는, 상당한 시간과 실험, 두려움을 경험해야 했습니다.

하나의 주요한 입문은 광야에서 금식을 마친 후 직면한 데몬의 유혹이었는데, 그곳에서 악마는 이 세상의 모든 왕국을 그에게 주겠다고 제안함으로써(마태 4:8), 예수를 탈선시키려고(derail) 했습니다. 영적인 대리자에게는 이것이 자신이 이루고자 하는 변화를 실현할 수 있는 멋진 기회로 보일 수 있습니다. 어쨌든, 예수가 궁극적으로 통제한다면, 예수는 이 행성의 종교를 변화시키고, 자신의 이상에 맞는 조직을 만들 수 있을 것입니다. 하지만, 이 책을 통해 내가 설명한 것처럼, 이것은 신의 뜻이 아닙니다. 왜냐하면, 사람들은 자기 스스로 선택해야 하고, 조직에 의해 강요당해서는 안되기 때문입니다. 신의 나라로 이끄는 것처럼 보이는 길을 사람들에게 강요하려는 것은 실로 추락한 존재들의 잘못된 생각입니다. 그런데, 예수가 말했듯이, 파멸로 인도하는 길은 넓으며, 내면의 왕국으로 인도하는 길은 좁습니다. (마태 7:13)

༄༅

사랑하는 이들이여, 여러분이 비-이원적인 진리를 증명하고, 자신의 빛을 비추는 임무를 완수하기 위해서는 확고해야 한다는 것을 깨닫기 바랍니다. 여러분은 반드시 그리스도의 반석 위에 기초해야 하며, 그들이 무엇을 던지든, 여러분을 그 바위에서 내려오게 할 수 없다는 것을 알아야 합니다. 그렇게 되기 위해서는, 내가 가르쳐준 무집착을 얻기 위해 노력해야 합니다.

　또한, 붓다의 예를 통해 배우기 바랍니다. 고타마가 보리수나무 아래에 어떻게 앉아 있었는지를 살펴보기 바랍니다. 붓다는 니르바나(열반)에 들 준비가 되었기 때문에, 마지막 입문들을 통과해야 했습니다. 그때 그는 마라(魔羅)의 데몬들, 즉 이 세상의 세력들, 이원성 의식의 대리자들과 마주해야 했습니다. 이 존재들은 붓다를 공격했을 뿐만 아니라, 온갖 방법으로 유혹하려고 했습니다. 그들이 진정으로 원했던 것은 그가 이원적인 방식으로 행동하거나 반응하는 것이었으며, 그로 인해 그는 이원적인 게임의 함정에 빠지게 되었을 것입니다. 하지만 고타마는 유혹을 거부하고, 최종적으로 지구에서 붓다가 될 권리를 주장했습니다. 붓다는 한 손을 지구에 대고 명령했습니다(fiat), "바즈라(Vajra)" 이것은 이원성의 한 가운데서 비-이원적 의식 상태를 구현하는, 신이 준 자신의 권리에 대한 절대적 앎을 표현하는 방법이었습니다. 그때 그가 지구에서 그리스도가 될 권리, 붓다가 될 권리를 가지고 있음을 증명하기 위해, 지구가 위로 올랐습니다[11].

　하지만, 열반에 들어간 이후에도 붓다는 또 다른 입문, 또 다른 유혹에 직면해야 했습니다. 왜냐하면, 비록 그가 이렇게 높은 의식 상태를 성취했지만, 이원성 의식은 그가 다른 사람들에게 비-이원성을 이해시킬 방법이 없다고 믿고 싶게 하는 시험을 다시 한번 제시했기 때문입니다. 붓다는 지구를 뒤로 한 채 영적인 영역으로 나아가야 하고, 지구를 이원적 세력들의 손에 맡겨야 한다고 이원성 의식은 말했습니다. 하지만, 붓다는 어떤 사람은 자신의 가르침을 이해하고, 어떤 사람은 받아들일 것이며, 어떤 사람들은 그들 역시

---

[11] 지구 에너지장 진동수 변화

붓다가 될 잠재력이 있음을 깨달으리란 것을 확고하게 앎으로써 이 입문을 통과했습니다. 실제로 모든 것은 붓다의 본성입니다.

따라서 사랑하는 이들이여, 이것이 바로 여러분이 마음속에 확고하게 지녀야 할 것입니다. 지구에 있을 여러분의 권리를 이원성에 눈이 먼 사람들이 훼손하려고 할 때, 여러분은 비-이원적인 진리를 증명하고, 자신의 빛을 비출 권리가 있음을 알아야 합니다. 여러분은 하나됨의 길을 걸을 권리가 있고, 지구상의 그리스도나 붓다가 될 권리가 있습니다. 여러분은 마음 주위에 벽을 쌓으라는 의미에서가 아니라, 여러분 안에 이원성에 저항하거나 자기 초월에 저항하는 어떤 것도 존재하지 않게 한다는 의미에서, 그들의 공격을 알고 예상해야 합니다. 여러분은 완벽한 무집착의 상태에 도달함으로써, 이원적인 세력들에게 투명해져야 합니다.

～･❦･～

사랑하는 이들이여, 인간 에고의 본질은 생명의 강에 저항하는 것입니다. 이렇게 저항함으로써, 여러분은 생명의 강 흐름에 장애물을 만듭니다. 이 장애물은 이원적인 세력들이 여러분을 통제하고 조종하는 데 사용할 수 있습니다. 왜냐하면, 여러분이 저항하는 것은 표적이 될 것이고, 그들이 목표물을 공격함에 따라, 그 공격으로부터 자신을 방어하기 위해 여러분은 더 강하게 저항해야 한다고 생각할 것이기 때문입니다. 따라서 여러분은 더 강한 저항의 벽을 쌓게 되지만, 그들은 더 심하게 공격할 것입니다. 그렇게 되면 여러분은 벽을 더 두껍고 더 높이 쌓아야 하며, 이것이 여러분을 이원적인 세력들에게 저항하는 끝없는 이원적 게임으로 이끌 것입니다. 이원성에 저항하면서, 여러분은 또한 삶에 저항하기 때문에, 이원적인 공격으로부터 자신을 보호하고 있다고 생각하는 벽들이 실제로는 여러분을 이원성 마음이라는 감옥에 가두고 있습니다.

따라서 사랑하는 이들이여, 출구, 유일한 출구가 무엇일까요? 자, 그것은 생명의 강에 저항하는 것을 멈추고, 자기 초월에 저항하는 것을 멈추는 것이며, 그 대신 하나됨의 길, 즉 영속적이며 영원한 자기 초월에 전념하는 것입니다. 이원성에 저항함으로써, 실제로는 자기 초월에 저항하고 있다는 것을 여러분은 알 수 있나요? 왜냐하면, 이원성의 힘은 이원성의 영역, 이원성의 진동수를 뛰어넘을 수 없기 때문입니다. 따라서 그들이 여러분을 해칠 수 있다면, 그것은 여러분의 존재 안에 이원적인 요소가 있다는 것을 보여주는 것입니다. 그러므로 그들이 여러분을 해칠 때, 그들의 공격에 대한 장벽을 쌓는 것은 낮은 반응입니다. 하지만, 높은 반응은 자기 눈 안의 들보를 찾아내서, 여러분을 취약하게 만드는 집착을 극복하는 것입니다.

이렇게 할 때, 비로소 여러분은 생명의 강과 함께 흐르게 될 것입니다. 그렇게 되면, 여러분이 영적인 빛을 발하고 이원적인 환영을 버리게 되면서, 여러 생애 동안 쌓아온 장애물들이 점차 용해되어 사라질 것입니다. 따라서 여러분은 위로 올라가는 상향의 길에 있게 됩니다. 여러분이 점점 더 높이 올라갈수록, 이원성의 세력들에게 점점 더 투명해지고, 그들이 여러분과 관계할 것이 없어집니다. 이 세상의 지배자, 즉 이원적인 세력들이 오겠지만, 여러분에게서 가져갈 것이 아무것도 없을 것이며, 따라서 그들은 어떤 식으로도 여러분에게 영향을 미칠 수 없을 것입니다. (요한 14:30) 그렇게 됨으로써 여러분은 그들의 공격과 유혹에 취약해지지 않을 것입니다. 그리고 여러분은 여러분의 자존감을 파괴하고, 여러분이 여기 존재할 권리가 있다는 느낌을 파괴하려는 그들의 시도에 속아 넘어

가지 않을 것입니다. 또한, 여러분이 그들을 동정하게 하거나, 여러분이 그들이 구축해온 조직들을 파괴함으로써 가치 있는 것을 훼손하고 있다고 느끼게 하려는, 그들의 시도에도 넘어가지 않을 것입니다.

∽⁂∽

사랑하는 이들이여, 현재 이 세상의 수많은 종교는 진실로 모래 위에 지은 바벨탑(창세기 11:4)이라는 것을 말해야겠습니다. 황금시대가 실현되기 이전에, 그것들은 정말로 무너져야 합니다. 새로운 것들에게 길을 터주기 위해서는 옛것들이 사라져야 합니다. 이것은 계절의 변화에서도 볼 수 있는 영원한 원리입니다.

사랑하는 이들이여, 지구에 존재하는 가장 큰 문제 중 하나는 사람들이 보이는 외부 환경에 애착을 갖게 되어, 그들이 더 좋아질 수도, 그 이상의 존재가 될 수도 없다고 생각하는 것이라고 내가 설명하지 않았나요? 따라서 사람들은 과거의 제도와 관습들을 더 좋은 것, 그 이상의 어떤 것으로 바꾸려고 하는 대신, 이것들을 유지하고 보존해야 한다고 생각합니다. 진솔하게 살펴보면, 종교 분야에서는 사람들이 과거의 체제와 교리들, 경전들을 유지해야 한다고 여기는 아주 분명한 성향이 있음을 볼 수 있습니다. 그들은 모든 변화로부터 이런 체제들을 방어하는 것이 자신의 신성한 의무라고 생각합니다. 하지만, 내가 설명하려고 했듯이, 주류 종교들은 모두 이원성 의식의 영향을 받습니다. 따라서 이원성에서 창조된 것들을 보존해 본들 그것이 무슨 의미가 있겠습니까? 우상을 계속 유지함으로써, 이원적인 이미지 뒤에 가려져 있는 진리의 영을 직접 경험하지 못하게 하는 것 아닌가요?

사랑하는 이들이여, 이런 이원적인 체계들이 반드시 무너지고 포기되어야만, 인류가 비-이원적인 형태의 영성을 자유롭게 받아들일 수 있습니다. 따라서 여러분이 그리스도 의식을 구현하고 그것을 표현하기 시작하면, 어떤 의미에서는 그것이, 많은 사람이 무너지는 것을 바라지 않는 종교 체계들을 무너뜨리는 도구가 될 수 있음을 반드시 깨달아야 합니다. 그들은 바벨탑에 감정적으로 애착을 두므로, 대개는 여러 생애에 걸쳐, 그 탑들을 구축하도록 도왔습니다.

그렇다고 내가 전통적인 모든 종교가 반드시 무너져야 하거나 사라진다고 말하는 것은 아님에 유의하세요. 내가 말하는 것은 종교 체계가 그 자체를 초월해야만 보존될 수 있다는 것입니다. 따라서 비-이원적 비전으로 변형되지 않는 체계들은 성령의 바람에 의해 정말로 허물어질 것입니다.

육화해 있는 인간의 마음에 감옥이 되어왔던 체계들을 무너뜨리기 위해 특별히 고안된 자연 자체의 힘인 신의 힘이 정말로 존재한다는 사실을 여러분은 깨달아야 합니다. 왜냐하면, 이런 감옥의 벽을 허물어뜨려야만, 사람들이 더 높은 미래를 자유롭게 받아들이고, 그 이상이 될 수 있기 때문입니다. 그 힘은 동양에서는 파괴자 쉬바(Shiva)로 알려져 있습니다. 하지만, 쉬바는 그리스도의 반석 위에, 그리고 그리스도의 비전에 따라 세워진 것은 파괴하지 않고, 오로지 이원성 의식을 기반으로 세워진 것들만 파괴합니다. 이 힘이 서양에서는 성령의 힘으로 알려져 있습니다. 하지만, 불행하게도, 많은 크리스천은 성령의 진정한 역할을 이해하지 못합니다. 성령(Holy Spirit)을 가지고 있다고 주장하는 사람들도 있지만, 그것은 거짓된 영(false spirit)입니다. 왜냐하면, 그것은 그들이 만든 이원적 신념 체계 속에서만 작용하는 영이기 때문입니다.

따라서 사랑하는 이들이여, 만약 어떤 힘이, (아무리 영적인 것처럼 보인다 하더라도), 여러분의 믿음에 도전하지 않는다면, 그것은 성령이 아닙니다. 성령은 어떤 것이든 시험할 것입니다. 내가 설명하려고 했던 것처럼, 이 세상의 어떤 믿음이든 여러분의 마음에는 덫이 될 수 있습니다. 그것은 여러분이 끊임없이 자신을 초월하는 생명의 강과 함께 흐르지 못하도록 막습니다.

～～～✿～～～

따라서, 나는 여러분이 내가 성령의 사명이라고 하는 것을 인식하고 충분히 내면화하기 바랍니다. 그것은 사람들이 정의한 모든 경계, 이원성 의식에 의해 정의된 모든 경계를 초월한 공동체, 성령의 참된 공동체를 세우는 것입니다. 이 말은 공동체가 모든 외부 종교, 모든 외부 종교적 가르침과 인종, 성별, 국적, 민족성과 같은 모든 외적인 구분을 초월한다는 의미입니다.

사랑하는 이들이여, 성령은 어떤 것도 영원하다고 받아들이지 않습니다. 따라서 성령의 공동체는 어떤 것도 영원한 것으로 받아들이면 안됩니다. 그 공동체는 언제나 자신을 초월하여 참된 영과의 하나됨 안에서 더 높이 오르려고 해야 합니다. 왜냐하면, 사랑하는 이들이여, 어제 이룬 것은 오늘 충분하지 않기 때문입니다. 따라서 오늘 이룬 것 역시 내일 충분하지 않을 것입니다.

나는 사람들이 이 책의 가르침을 받아들여, 결코 확장될 수 없고 더 높은 가르침으로 대체될 수 없는 오류가 전혀 없는 경전의 위치로 격상시키는 것을 바라지 않습니다. 왜냐하면, 사랑하는 이들이여, 비록 여러분에게 완전한 진리를 전하는 것이 내 목표지만, 언제나 미래에 전해질 그 이상의 것이 있다는 것을 얘기해야 하겠습니다. 인류가 의식을 끌어올리게 됨에 따라, (나는 이 책이 그런 진보를 이루는 데 결정적으로 기여하기를 희망하면서), 이보다 더 심오한 계시들이 상승 호스트에 의해 전해질 수 있으며, 전해질 것이라고 확신합니다.

따라서, 나는 언제든지 새로운 계시를 받을 수 있고, 이미 궁극적인 계시를 받았다거나, 아니면 이미 궁극적인 메신저가 있다거나, 더 이상 어떤 가르침도 전해질 필요가 없다고 주장함으로써, 이런 과정을 멈추지 않는 공동체가 출현하는 것을 보고 싶습니다. 사랑하는 이들이여, 성령의 공동체는 상승 호스트로부터 주어지는 진보적인 계시를 받는 데 영원히 전념해야 합니다. 그리고 영적인 공동체나 영적인 운동 또는 조직이 어떤 궁극적인 계시를 정의하고, 이제 그런 계시가 중단되었다고 주장한다면, 그런 공동체는 더 이상 성령의 공동체가 아닙니다. 왜냐하면, 그것은 진실로 자기 초월이라는 성령의 본질에서 벗어났기 때문입니다. 사랑하는 이들이여, 자기 초월을 멈추는 순간, (더 이상 자기 초월을 할 필요가 없다는 구실로 어떤 가르침, 어떤 체계를 이용하려고 한다면), 바로 그 순간 여러분은 하나됨의 길에서 벗어나게 됩니다. 여러분은 자신을 생명의 강에서 분리했고, 성령에게 이렇게 말한 것입니다. "성령은 임의로 분다고 하지만, 성령은 다른 곳에 불어야 합니다." 왜냐하면 여러분은 더 이상 열린 문이 되려고 하지 않기 때문입니다.

～～⚜～～

사랑하는 이들이여, 여러분이 자신의 믿음과 제도에 도전할 때 이원성에 눈이 먼 사람들이 여러분을 제거하려고 한다면, 현재의 의식 상태에서 볼 때 여러분이 두려움과 공포를 느낄 수 있다는 것을 나는 알고 있습니다. 하지만, 특정한 입문을 통과할 수 있는 의식 상태에 도달하기 전에는, 그런 입문과 마주할 수 없다는 신의 절대적인 법칙이 있음을 알려주고 싶습니다.

알다시피, 사랑하는 이들이여, 예수와 붓다의 삶에서 보았던 것은 가장 높은 그리스도 신성의 단계에서 마주하게 되는 입문이었습니다. 여러분이 그와 같은 그리스도 신성의 단계에 도달할 때까지는, 그런 입문과 마주하지 않을 것입니다. 다시 말해서, 더욱 낮은 단계에 있을 때는, 예수와 붓다가 직면했던 것과 같은 가혹한 입문들을 맞이하지 않는다는 말입니다. 그리고 이것의 의미는 여러분이 극복할 수 없는 입문은 절대 직면하지 않는다는 것입니다.

여러분은 직면하는 모든 시험을 통과할 수 있지만, 하나됨의 단계 중 어느 단계에 있든, 여러분이 있는 그 단계에서 직면하는 시험을 통과할 수 있는 방법은, 단 하나뿐임을 말해야겠습니다. 여러분은 현재의 의식 상태를 초월해야만 시험을 통과할 수 있습니다. 정확하게는 그것이 더 이상 자기 초월이 필요 없다고 생각하지 말아야 할 이유입니다. 왜냐하면, 초월을 멈추는 순간, 여러분은 필연적으로 현재의 의식 상태에서 제시된 시험을 통과하지 못할 것이며, 따라서 더 높이 올라갈 수 없게 될 것입니다. 사실, 여러분이 멈춰서 있으려고 한다면, 대개는 무슨 일이 일어나는지 눈치채지도 못한 채, 필연적으로 하향나선 속으로 미끄러지며 내려가게 될 것입니다. 초월을 거부할 때, 여러분은 신의 완전한 의식에 도달할 때까지 자아감을 계속 확장해야 하는 자아(Self)에 대한 시험에 실패한 것이라고 말할 수 있습니다. 이것은 어떤 우상에 안주하지 말아야 하고, 여러분의 창조주와 하나가 되는 것보다 덜한 것에 절대 만족하지 않아야 하는 도전 과제입니다.

여러분이 현재의 의식 단계를 기꺼이 초월하려고만 한다면, 이 세상에서 무슨 일이 일어나든, 여러분이 어떤 상황에 직면하든, 그 상황을 이겨낼 수 있는 능력이 여러분에게 있음을 이해하도록 돕고 싶습니다. 이 말이 지금 있는 그곳에서, 단 한 번의 도약으로, 예수나 붓다 의식으로 도약해야 한다는 의미는 아닙니다. 그것은 단지 삶의 영적인 계단에서 한 걸음 올라서기 위해, 현재의 단계를 초월해야 한다는 말입니다. 여러분은 현재 보고 있는 자신에 대한 한계에서 벗어나야 합니다. 여러분이 뛰어넘어야 하는 것은 자신이 조건화한 것들이 자신의 한계라고 생각하는 자아감입니다. 그리고 여러분이 그 자아를 기꺼이 넘어서고자 한다면, 신은 여러분의 노력을 증식할 것입니다. 신과 함께라면 모든 것이 가능하다는 것을 여러분도 알고 있습니다. 따라서 분리된 자아로서 여러분은 시험에 통과할 수 없지만, 기꺼이 그 이상이 되고자 하는 여러분은 진실로 모든 시험을 통과할 수 있습니다. 모든 시험은 여러분이 현재의 정체성에 집착하느냐, 아니면 그 이상의 존재가 되고자 하는지에 대한 시험이기 때문입니다.

❦

　사랑하는 이들이여, 여러분은 추락한 존재들, 이원성 의식에 빠진 존재들의 반대를 궁극적으로 어떻게 극복할 수 있을까요? 음, 이원성 의식에 갇힌 존재가 더 깊이 갇힐수록, 즉 이원성의 환영에 눈이 더 멀어질수록, 그 존재는 자기 자신과 자신이 믿고 진지하게 행하는 모든 것을 그만큼 더 진지하게 대할 것입니다. 가장 심하게 눈이 먼 사람들은 지나치게 심각하여, 모든 것을 개인화하고 모든 것을 개인에 대한 공격으로 받아들입니다. 이들은 그들의 말에 100% 복종하지 않는다면, 자신들을 반대하는 것이라고 말할 것입니다. 따라서 그들은 할 수 있는 모든 수단을 동원해서 여러분을 침묵시키거나, 심지어 파괴하는 것도 정당하다고 느낍니다.

흔히 하는 말처럼, 악마를 비웃으면 악마가 도망간다는 말은 사실입니다. 왜냐하면, 악마는 자신을 진지하게 대하고, 사람들이 자신을 진지하게 받아들이게 함으로써, 사람들을 조종하기 때문입니다. 따라서 악마는 자신을 진지하게 대하지 않는 사람을 만나게 되면, 어떻게 해야 할지 모르게 되어, 결국 도망치게 됩니다.

예수의 삶을 살펴보면, 그가 추락한 존재들과 대면했을 때, 정확하게 말해 그가 유쾌했거나 농담을 하지 않았다는 것을 알 수 있습니다. 하지만, 2000년 전에는 시대가 아주 달랐다는 것을 이해해야 합니다. 예수는 매우 어려운 상황에 직면했었습니다. 왜냐하면 그는 인류가 그리스도 의식으로 나아가도록 하는 데 있어 선구자였기 때문입니다. 예수가 본보기를 보여주기 전에, 사람들이 그리스도 의식을 성취한다는 것은 지극히 어려웠습니다. 따라서 예수는 오늘날 여러분이 직면하는 것보다 훨씬 더 심한 반대에 부딪혔습니다. 오늘날에는 더욱 많은 사람이 어느 정도의 그리스도 의식을 성취했으며, 모든 사람이 더 쉽게 더 높이 오를 수 있습니다.

이것은 여러분의 성취를 깎아내리는 것이 아니라, 예수가 했던 것보다 더 큰 일도 할 수 있다는 예수의 예언이 이루어질 수 있음을 깨닫게 하려는 것입니다. 여러분의 그리스도 신성을 표현하면서, 여러분은 예수의 본보기를 통해 배우고 있습니다. 그렇다고 이 말이 여러분이 예수가 했던 모든 것을 똑같이 모방하고 있다는 말은 아닙니다. 여러분은 자신의 개별적인 그리스도 신성을 표현하고 있을 뿐만 아니라, 물고기자리 시대에서 물병자리 시대로 이동하면서, 이 특정한 시기에 표현될 수 있는 그리스도 신성을 표현하고 있습니다. 이 새로운 시대는 영적인 자유의 시대입니다. 자유는 통제 아래에서는 번성할 수 없습니다. 자유는 기쁨이 있을 때, 열정이 있을 때, 번성합니다. 따라서 내가 보고 싶은 것은 종교에 대한 비-이원적인 접근 방식을 실현하는 도구가 되려는 사람들이, 기쁨과 열정을 품고 밖으로 나가는 것입니다.

사랑하는 이들이여, 지구에 있는 수많은 종교를 살펴보세요. 그토록 많은 종교가 어떻게 사람들을 심각하게 만들고, 어떻게 항상 침울한 표정(long face)을 하고 돌아다니게 하는지를 살펴보세요. 아주 많은 사람이 이런 두려움과 모든 것을 너무 심각하게 대하는 성향 때문에 종교에 냉담하게 되었고, 실수할까 봐 두려워서 감히 삶을 실험하려고 하지 않게 되었습니다. 이 시대에 여러분은, 어린아이처럼 되지 않으면, 하늘나라에 들 수 없다(마가복음 10:15)는 예수의 말을 구현하게 되어 있습니다. 어린아이들은 기쁨에 차 있으며, 열정적이고 자유롭습니다. 그런 것들이 여러분이 밖으로 나가, 종교에 대한 비-이원적인 접근 방식을 전파하면서 구현해야 할 자질들입니다. 여러분은 영성에 신이 나 있으며, 영성에 열정적이고, 영성에 기뻐하며, 어떤 금기도 없이 자유롭게 얘기할 수 있는 사람으로 알려져야 합니다. 어떤 반대에 부딪힌다고 해도, 개의치 않는 사람으로 알려지세요. 사람들이 여러분의 기쁨, 여러분의 열정을 빼앗아 가지 못하게 하세요. 그들이 여러분에게 무엇을 던지든, 평화 속에 머물고, 기쁨 안에 머물러 있으세요.

얘기할 때, 기쁨으로 열정을 지니고 말하세요. 세상에서 가장 심각한 주제를 제시하고, 삶과 죽음, 세상의 종말이, 사람들이 여러분의 말을 받아들이느냐 거부하느냐에 달린 것 같은 인상을 주지 마세요. 사람들이 기쁨과 열정, 영적인 자유를 원하기 때문에, 여러분의 말을 받아들이고 싶어 하도록 기쁨으로 가득 차고 열정적으로 되세요.

우리는 추락한 존재들이 수천 년 동안 해온 것처럼, 사람들이 지옥으로 가는 것이 두려워서, 우리가 전하는 것을 마지못해 받아들이도록 강요하려는 것이 아닙니다. 이 시대에는 종교에 접근하는 방식에 있어서 완전한 변화가 필요합니다. 사람들이 지옥에 가지 않기 위해 천국에 가는 것을 바라지 않도록 말입니다. 우리는 사람들이 천국에 있고 싶어서, 천국이 사랑과 기쁨, 열정과 영적인 자유가 충만한 장소라는 것을 알기 때문에, 천국에 가고 싶어 하기를 바랍니다. 사람들은 여러분이 천국에 있다는 것을 보기 때문에, 이런 사실을 알게 됩니다. 그들이 이것을 어떻게 알 수 있을까요? 여러분이 천국에서 볼 수 있는 사랑과 기쁨을 방사하고 있으므로, 이것을 알 수 있습니다.

사랑하는 이들이여, 창조주는 전능하므로, 어떤 근심이나, 걱정, 두려움이 전혀 없습니다. 음, 여러분이 전능하다면, 온종일 근심 어린 얼굴을 하고 돌아다닐까요? 미래가 걱정되나요? 만일 여러분이 전능하다면, 어떻게 느낄까요? 자, 여러분은 이 세상의 어떤 말로도 전부를 표현할 수 없음을 느낄 것입니다. 하지만, 창조주가 느끼는 것을 표현하는 가장 가까운 단어는 "지복(bliss: 더 없는 기쁨)"입니다. 창조주는 끊임없이 확장하고 있는 지복의 상태에 있습니다.

그리고 여러분이 그리스도 신성의 길을 걸으면서 일정한 단계에 도달하면, 여러분도 이런 지복을 경험하기 시작할 것입니다. 나는 여러분이 이런 지복을 방사할 수 있도록, 그렇게 되려고 노력하기를 바라고, 그것을 받아들이고, 그것을 표현하기를 바랍니다. 그런 식으로, 사람들이 여러분을 보고, "나는 그들의 말을 이해할 수 없고, 그들이 하는 말에 동의할 수는 없지만, 이 사람들은 내가 가지고 있지 않은 것을 가지고 있어, 나도 그것을 가지고 싶어"라고 말하게 합니다. 사람들은 여러분의 말을 들으면서, 여러분의 말 너머의 것을 듣게 될 것이고, 여러분의 진동, 즉 기쁨과 열정, 지복의 진동을 흡수할 것입니다.

　나는 여러분이 열정과 기쁨으로 말하는 한, 무엇을 말하든, 그것은 상관이 없다고 말하겠습니다. 왜냐하면, 다른 사람들을 일깨우는 것은 진실로 말이 아니기 때문입니다. 그것은 진동이고, 빛이고 흐름입니다. 여러분의 가슴으로부터 그들의 가슴속으로 흘러 들어가, 갑자기 자신들이 누구인지에 대한 기억, 삶에는 지구에서 경험하는 것보다 그 이상의 것이 존재하며, 자신들에게는 자신이 생각했던 것 그 이상의 것들이 있다는 기억을 갑자기 떠올리게 될 것입니다. 이때가 여러분이 그 이상 될 수 있다면, 그들도 그 이상의 존재가 될 수 있다는 것을 사람들이 이해하는 때입니다. 그때가 사람들이 그 이상이 되는 길, 즉 현재의 의식 상태에서 벗어나 신의 지복 상태로 자신을 인도해 줄 자기 초월의 길을 따르기 시작하는 때입니다. 나는 여러분 모두가 그런 지복의 상태를 가지기 바랍니다. 여러분이 하나됨의 길을 계속 걸어가면, 언젠가는 그것을 찾게 될 것이라고 나는 믿습니다.

❦

　얼마나 많은 종교가 신자들의 삶에서 기쁨과 열정을 억지로 쥐어 짰는지 살펴보세요. 그렇게 함으로써, 그들은 자신들의 활동에서 성령을 차단했습니다. 왜냐하면, 성령은 어둡고, 분노하며, 두렵거나, 곱씹는 영이 아니라, 끊임없는 자기 초월의 지복을 경험하는 기쁨의 영이기 때문입니다. 따라서 기쁨이 없을 때는 성령을 끌어당기거나 유지할 수 없습니다. 이것이 그토록 많은 종교가 영을 잃게 된 이유를 설명해 줍니다.

　사랑하는 이들이여, 이것은 이 행성의 모든 영적인 운동에서 실제로 일어났던 일입니다. 그리고 나는 상승 호스트들이 이 시대에 전해 주는 가르침을 활용하겠다고 결정할지도 모르는 어떤 운동들에서도, 이런 일이 일어나지 않도록 할 수 있는 모든 것을 다하고 싶습니다. 성령은 결코 억제될 수 없고, 지구상의 어떤 틀에도 갇힐 수 없다는 것을 여러분이 알기를 바랍니다. 성령은 제도화될 수 없습니다. 여러분이 궁극적인 어떤 영적 상태에 도달했다고 생각하는 바로 그 순간, 여러분은 성령을 잃었습니다.

사랑하는 이들이여, 이것은 많은 사람이, 개인적으로나 집단으로, 영적인 여정의 목표가 어떤 궁극적인 깨달음이나 구원의 상태에 도달하는 것이라고 믿게 되는, 영적인 여정에 대한 가장 교묘한 유혹 가운데 하나입니다. 사람들이 일단 그런 상태에 도달하게 되면, 그들은 더 이상 자기 자신을 초월할 필요가 없고, 그들이 성취한 영광에 머물러 있으면서, 어쩌면 나머지 대중을 뛰어넘어 엘리트의 일원이 되었다고 느낄지도 모릅니다. 따라서 그들은 특별한 권위나 특권을 누려야 한다고 느끼기 시작할지도 모릅니다.

사랑하는 이들이여, 여러분이 여기 지구에 있는 동안에는, 자기 초월을 멈추게 하는 유혹의 먹잇감이 될 수 있습니다. 이것은 여러분을 곧바로 타락한 의식으로 떨어지게 할 것입니다. 사실, 지금은 영적인 영역에 있는 많은 존재를 추락하게 했던 무수히 많은 위장 (僞裝) 가운데 하나가, 자기 초월을 멈추게 하는 유혹이었습니다. 그들은 자신들이 대단히 높고 강력한 존재이기 때문에, 자신을 초월할 필요가 없다고 생각했으며, 자신들보다 아래에 있다고 생각되는 자들에게 봉사함으로써 자신을 초월하려고 하지 않습니다. 이것이 최초의 추락 원인이었고, 그 후 모든 존재를 추락하게 만든 것도 바로 그 환영이었습니다.

따라서 사랑하는 이들이여, 이것이 바로 여러분이 알아야 하는 유혹이고, 예상해야 하는 유혹입니다. 그래야만 유혹자가 다가올 때, (이런 유혹은 개인의 의식 상태에 맞추어서 아주 그럴듯하게 변장을 하고 나타나기 때문에), 대비를 할 수 있습니다. 여러분은 그것이 변장한 유혹자임을 알게 될 것입니다. 여러분은 그런 존재들을 보게 될 것입니다. 따라서 예수와 붓다가 이런 존재들을 꾸짖었던 것처럼, 여러분도 이런 존재들을 질책해야 할 것입니다.

사랑하는 이들이여, 나는 이 책을 열린 상태로 남겨두고 싶습니다. 이 책은 그 자체가 목적이 아니라, 목적을 이루기 위한 수단, 즉 여러분을 끝없는 하나됨의 길인 영적인 여정으로 들어서게 하기 위한 수단임을 깨닫기 바랍니다. 왜냐하면, 그것은 영원한 자기 초월, 즉 완전한 신 의식으로 이어지는 끝없는 자기 초월의 길이기 때문입니다. 모든 생명이 그 이상이 되는 것처럼, 창조주조차 그 이상의 존재가 되어간다고 내가 설명한 것처럼, 창조주조차도 끊임없이 자기 자신을 초월하고 있기 때문입니다.

사랑하는 이들이여, 내 말을 들으세요! 내가 하는 말을 들으세요! 그리고 말 뒤에 숨겨진 의미를 들으세요! 내 말을 반복해서 읽고, 여러 번 숙고하세요. 사랑하는 이들이여, 여러분의 현재 의식 상태에서는 내 말이 모호하고, 추상적이며, 이해하기 어렵게 보일 수 있다는 것을 잘 알고 있습니다. 하지만, 이 말들을 반복해서 계속 숙고하고, 자기 초월의 필요성과 초월을 중단하게 하는 어떤 것도 허용하지 말아야 할 필요성에 대해 계속 숙고한다면, 결국은 돌파구를 찾을 것입니다. 마음속의 구름이 걷힐 때, 여러분의 상위자아가 여러분을 통해 비추는 빛을 보게 될 것입니다. 그리스도의 진리가 여러분을 통해 빛을 발하는 것을 보게 될 것입니다. 그리고 여러분은 그리스도 마음과 실재를 알게 될 것이며, 이것들을 경험하고, 이것들과 하나가 될 것입니다. 여러분은 자신의 상위 존재와 하나가 될 것입니다.

그것이 내가, 언제나(ALWAYS), 다음 단계를 밟아야 한다는 이런 생각을 남겨두는 이유입니다. 어떤 의식 상태에 있든, 어떤 외적인 상태에 직면해 있든, 이 한 가지 원칙을 가슴에 간직해야 합니다. "언제나(ALWAYS) 다음 단계로!" 항상 여러분이 현재 처한 상황들, 내적이고 외적인 상황들을 초월하세요. 계속해서 이렇게 한다면, 그리고 여러분이 계속해서 다음 단계를 밟기 위해 노력한다면, 언제나 나선 계단 위쪽으로 한 걸음 더 높이 내딛고자 한다면, 결국 여러분은 돌파할 것이며, 여러분이 빛나는 신의 실재를 보게 될 것이라고 나는 절대적으로 약속할 수 있습니다.

나는 영적인 여정이 자동적인 것이 아니며, 실제로 기계적인 길이 아니라고 말했습니다. 내가 여기서 얘기하는 것은 기계적인 단계를 밟지 않는 것입니다. 이전에는 보지 못했던 것을 여러분이 볼 수 있도록, 자기 자신을 초월하고, 여러분의 이해와 지혜를 초월할 수 있도록 창조적인 단계들을 밟는 것을 얘기하는 것입니다. 여러분이 이런 창조적인 과정을 계속 반복한다면, 현재의 멘탈 박스가 아무리 크고 정교하며, 완전하다고 생각할지라도, 항상 틀 너머를 보려고 함으로써, 정말로 내가 앞에서 제시한 그리스도 신성이라는 목표에 도달할 것입니다.

사랑하는 이들이여, 이것은 약속이 아니라, 신의 법칙입니다. 왜냐하면, 지금 드러나 있지 않은 어떤 것도 숨겨져 있지 않고, 여러분의 현재 의식 상태에서 신비롭고 추상적으로 보일 수 있는 것들은, 여러분이 그 의식 상태를 초월할 때 정말로 명확해질 것이기 때문입니다. 그리고 여러분이 계속 질문한다면, 이해되지 않는 것을 계속해서 숙고하고, 다른 각도에서 살펴보며, 내면의 계시와 내면의 이해를 구한다면, 사랑하는 이들이여, 여러분이 계속해서 한계를 초월한다면, 여러분은 목표에 도달할 것입니다. 여러분은 자신의 상위 존재와 하나가 되는 상태에 도달할 것입니다. 그리고 바로 그 순간, 여러분은 자신이 이원성 의식에서 영원히 해방되었다는 것을 알게 될 것입니다. 예수가 말한 여러분 내면에 있는 신의 왕국을 여러분이 이미 발견했으므로, 여러분은 이미 그 나라에 들어갔다는 것을 알게 될 것입니다.

사랑하는 이들이여, 여러분은 내가 하는 말을 믿을 필요조차 없습니다. 단지 그것을 실험해 보려고 해야 합니다. 현재의 눈먼 상태를 초월하려고 계속 노력한다면, 여러분은 돌파할 것입니다. 이것은 예수가 가르쳤고, 붓다가 가르쳤던 신의 법칙입니다. 그것은 그들이 증명하고, 다른 사람들이 시대를 통해 증명해온 법칙입니다. 그리고 이 시대에는, 여러분이 제시한 본보기를 다른 사람들이 따를 수 있도록, 그런 법칙을 증명할 잠재력이 여러분에게 있습니다. 사랑하는 이들이여, 이 행성에 여러분이 남길 수 있는 유산 가운데, 다른 사람들이 보고 그것을 따를 수 있도록, 하나됨의 길을 증명하는 것보다 더 위대한 것은 없습니다.

사랑하는 이들이여, 여러분이 남길 수 있는 가장 위대한 유산은 어떤 개념을 심어놓는 것이라고 알려져 있습니다. 하지만, 이보다 더 위대한 유산이 실제로 존재합니다. 그것은 어떤 개념을 살아가면서 본보기를 보이는 것입니다. 어떤 개념을 구현하여 그 개념과 하나가 된다면, 추상적인 용어로 그리스도가 되는 것에 관해 얘기하는 것이 아니므로, 여러분은 살아 있는 진리가 됩니다. 여러분은 그리스도 의식을 구현한다는 것이 무엇인지, 모든 생명을 끌어올리고, 사람들을 갇히게 한 이원적 환영에서 모든 사람을 자유롭게 하려고 사심 없이 일하는 그리스의식을 표현하는 것이 무엇인지를 시범 보이는 그리스도가 된 존재입니다. 사랑하는 이들이여, 이것은 여러분이 이 행성에 남길 수 있는 가장 위대한 유산이며, 인류에게, 신에게, 그리고 미래에 전해 줄 가장 위대한 선물입니다. 그리고 사랑하는 이들이여, 그것은 여러분 중 다수에게는 현실적인 목표입니다. 여러분이 계속해서 한 걸음씩 나아가고, 작지만 이룰 수 있는 자신을 초월하는 단계들을 밟아간다면 말입니다.

계속해서 초월한다면, 목표지점에 도달할 것입니다. 이것은 추락한 존재들이 받아들이고 싶지 않은 진실입니다. 이것이 내가 여러분에게 받아들이라고 요구하는 진실이며, 따라서 그 길이 정말로 유효한 길인지, 아니면 이원성에서 벗어나는 길인지 여러분이 경험해 보아야 하므로, 적어도 내면에서 이것을 받아들일 때까지 계속 실험해 보기를 권하는 것입니다.

이제 나는 여러분 앞에 삶과 죽음이라는 도전 과제를 남겨 놓았습니다. 나는 모든 시대의 참된 선지자들과 함께 말합니다. "생명과 죽음의 차이를 아세요. 그런 다음, 생명(LIFE)을 선택하세요!"

에필로그
그리스도가 되기 위한 영원한 도전

내가 분명히 하고 싶은 것은 여러분에게 말한 모든 것의 이면에서 일어나고 있는 일은, 시간이 얼마나 걸리던지 몇 번이고 반복해서, 사람들은 그리스도의 도전을 받아야 한다는 것입니다. 그리스도의 도전은 지구상에서 그리스도 의식을 구현한 사람의 형태로, 살아 있는 그리스도를 접하는 것입니다. 그러므로 여러분은 그리스도를 받아들이거나 부인할 기회를 가지게 됩니다. 하지만, 그리스도의 도전에는 몇 가지 단계가 있습니다.

첫 번째 단계

첫 번째 단계는 여러분이 지구에서 그리스도 의식을 성취한 사람과 마주칠 때입니다. 이것은 예수, 붓다 또는 크리슈나에 국한되는 것이 아닙니다. 왜냐하면 이 단계에서는 그리스도 신성을 어느 정도 성취한 사람과 마주치는 것만으로도 충분하기 때문입니다. 여러분이 그런 사람을 꼭 물리적으로 만날 필요는 없습니다. 이 단계에서는 여러분은 살아 있는 그리스도가 지구에 나타나는 것이 가능하고, 살아 있는 그리스도가 이원성 의식에 대한 대안을 나타낸다는 것을 배우기만 하면 됩니다. 원칙적으로, 여러분은 지구에서 그리스도로 있는 것이 가능하다는 것을 배웁니다. 이 단계에서, 여러분은 그리스도를 여러분 외부에 있는 존재로서 명확히 보며, 여러분이 그리스도를 받아들인다면, 여러분은 그리스도의 추종자(아마도 그리스도 의식으로 육화한 사람의 학생)가 될 것입니다. 이것은 그리스도를 외적 존재로 배척하느냐, 받아들이냐 하는 도전입니다.

그리스도를 알아볼 수 있는 능력은 예수가 다음 구절들에서 말했던 것입니다.

15 예수께서 이번에는 "그러면 너희는 나를 누구라고 생각하느냐?" 하고 물으셨다.

16 "선생님은 살아 계신 신의 아들 그리스도이십니다." 시몬 베드로가 이렇게 대답하자.

17 예수께서는 "시몬 바르요나, 너에게 그것을 알려주신 분은 사람이 아니라 하늘에 계신 내 아버지시니 너는 복이 있다.

18 잘 들어라, 너는 베드로이다. 내가 이 반석 위에 내 교회를 세울 터인즉 죽음의 힘도 감히 그것을 누르지 못할 것이다. (마태 16장)

예수는 사람 베드로에 대해서가 아니라, 모든 사람이 가지고 있는 능력, 즉 이원성을 초월하는 무언가가 있음을 인지하는 능력과 자신이 보는 그리스도를 기꺼이 따르려는 의지에 대해 말했던 것입니다. 이 능력은 의식하는 자아가 창조주 자신의 존재에서 나왔기 때문에 의식하는 자아 안에 내재되어 있습니다. 이것이 그 자아가 이원성, 즉 살과 피를 초월하여 볼 수 있고, "하늘에 계신 아버지," 즉 영적인 계층구조로부터 안내를 받을 수 있는 이유입니다. 분명히, 사람으로서 베드로는 그리스도의 이 첫 번째 도전을 극복했습니다. 이원성 너머를 보는 능력은 모든 진정한 종교가 세워진 반석이지만, 지옥의 문들, 즉 이원성의 힘은, 사람들이 항상 더 높은 존재를 추구하고, 그들이 보는 그리스도의 가장 높은 표현들을 따르고, 이원성 너머를 계속 보려고 하는 동안에는 억제될 것입니다. 그것이 그리스도의 두 번째 도전에 이르게 합니다.

두 번째 단계

두 번째 단계에서, 여러분은 모든 이원적인 믿음에 도전하고, 자신의 멘탈 박스에서 벗어나 자신을 비-이원성의 "약속된 땅"으로 데려가는, 살아 있는 그리스도의 역할을 받아들여야 합니다. 내가 설명한 정신적 이미지들에 대해 알지 못할 때는, 이것이 심각한 도전이 될 수 있습니다. 많은 사람이 영적인 지도자를 인식하지만, 사람들은 즉시 그들을 자신의 멘탈 박스에 집어넣으려고 합니다. 사람들은 이원성 너머로 그들을 데려가려고 하는 살아 있는 그리스도에게 이원적인 이미지를 부과하려고 합니다. 이것으로 인해 그들은 살아 있는 그리스도를 따르기를 실제로 거부하고, 결국은 (자신들이 확실히 구원받으리라 생각하면서) 반그리스도의 지도자들을 계속 따르게 됩니다. 이것은 다음 인용 구절에 기록되었듯이, (종종 주류 크리스천들에 의해 "간과되는"), 베드로가 실패한 시험입니다.

21 그때부터 예수께서는 제자들에게 자신이 반드시 예루살렘에 올라가 원로들과 대사제들과 율법학자들에게 많은 고난을 받고 그들의 손에 죽었다가 사흘 만에 다시 살아날 것을 알려주셨다.

22 베드로는 예수를 붙잡고 "주님, 안됩니다. 결코 그런 일이 있어서는 안됩니다." 하고 말렸다.

23 그러나 예수께서는 베드로를 돌아다보시고 "사탄아, 물러가라,

너는 나에게 장애물이다. 너는 신의 일을 생각하지 않고 사람의 일만을 생각하는구나" 하고 꾸짖으셨다. (마태 16장)

베드로는 살아 있는 그리스도가 자신의 멘탈 박스, 그리고 지구에서 살아 있는 그리스도에게 무슨 일이 일어나야 한다는 그의 관점을 벗어나게 놔두려 하지 않았습니다. 그는 그리스도의 비-이원적인 진리인 신의 일보다, 자신의 이원적인 이미지들인 사람의 일을 더 좋아했고, 따라서 그리스도의 두 번째 도전에 실패했던 것입니다. 지금까지, 모든 크리스천과 대부분의 그리스도교 교회를 포함한 인류는 정확히 같은 시험에서 실패했습니다. 지금까지 상위 10% 중 많은 사람조차, 특히 자신이 가장 영적인 사람이라고 생각하는 사람들도, 이 시험에서 실패했습니다. 임계수치의 사람이 그리스도의 두 번째 도전을 통달하기 전에는, 진실로 이 행성이 황금시대로 나아갈 수 없습니다.

세 번째 단계

세 번째 단계에서, 여러분은 단순히 그리스도의 추종자가 되는 것을 넘어서, 그리스도의 가르침을 구현할 잠재력을 자신이 가졌음을 받아들이기 시작합니다. 그리스도 마음을 입게 되면서, 여러분은 자신이 살아 있는 그리스도가 될 잠재력이 있음을 깨닫게 됩니다. 여러분은 그리스도를 외부에서 보는 것을 멈추고, 자신의 내면에 있는 신의 나라 통치자로 보기 시작합니다. 이것은 자기 내면의 그리스도를 받아들일 것이냐 거부할 것이냐 하는 도전입니다.

네 번째 단계

네 번째 단계에서, 여러분은 그리스도가 되는 것이 단순히 자신의 의식을 변형하는 문제가 아님을 깨닫기 시작합니다. 사실상, 그리스도가 되는 것은 실제로 여러분에 대한 것이 아니라, 다른 사람들을 깨우는 것입니다. 여러분은 이제, 그리스도의 진정한 역할이 세상에 나아가 사람들에게 그리스도의 도전, 즉 살아 있는 그리스도를 받아들일 것이냐 거부할 것이냐에 대한 도전을 제시하는 것임을 알기 시작합니다. 다시 한번 말하지만, 여러분은 이 역할을 받아들이거나 거부할 수 있는 기회를 가집니다. 나는 영적으로 진보한 많은 사람이 밖으로 나가, 세상의 비난과 거부, 추락한 존재들과 행성의 야수들에게 자신을 드러내는 것을 사실상 거부했음을 분명히 얘기하겠습니다.

요점은 여러분이 높은 수준의 영적 성취를 이루었을 때조차도, 그리스도의 입문에 실패할 가능성이 있다는 것입니다. 그것이 내가 이 책에서 해왔던 것처럼, 상승 호스트가 상위 10%에게 그리스도가 될 수 있는 기회를 계속 제시하는 이유입니다.

이 책에서의 나의 주된 목표 가운데 하나는, 지금까지 상위 10% 중 너무나도 많은 사람이 떠맡기를 거부했던 그 도전, 즉 세상 앞에 서서 자신의 빛을 비추게 하고, 비-이원적인 진리를 증명함으로써 그들의 그리스도 신성을 선언하는 도전을, 그 어느 때보다 더 명확하게 제시하는 것입니다. 내가 설명했듯이, 오직 이 도전을 받아들여야만, 여러분은 그리스도 신성의 충만함으로 끌어올려지고, 지구 행성으로부터 영원히 자유롭게 될 것입니다. 지구에서 살아 있는 그리스도가 되어야만, 여러분이 끌어올려지고 영적인 영역에서 살아 있는 그리스도가 될 수 있습니다. 여러분은, 전생에, 일부는 에덴 정원에서 선택을 연기하면서, 이 도전을 거부했습니다. 하지만, 여러분은 언제까지 나를, 지구를 위한 우주 그리스도인 나를 거절할 셈입니까? 계속 도전을 거부하는 것보다, 도전에 직면하기가 훨씬 더 쉽다는 것을 여러분이 깨닫게 될 때까지, 여러분은 생명의 힘 그 자체와 싸우면서, 여러분과 나머지 인류를 끝이 없어 보이는 고통의 소용돌이 속에 있게 할 것인가요?

분명, 이 메시지는 서로 다른 많은 영적인 가르침에서 몇 번이고 반복해서 발표되었습니다. 하지만, 그것은 종종 이해하기 어렵게 만드는 신비롭고 모호한 언어 속에 가려졌습니다. 이 책은 그리스도 도전을 기꺼이 이해할 수 있는 사람이라면 누구나 이해할 수 있을 정도로 평범한 언어로 설명된 첫 번째 책입니다. 여러분이 여전히 도전을 거부할 수는 있겠지만, 이번 생이 지난 후에 나에게 와서, 내가 충분히 명쾌하게 설명하지 않았다고 비난하지는 마세요. 이 책에서, 나타내려고 하지 않고, 감춘 것은 없습니다. (마가 4:22) 여러분은 내 도전을 받아들이겠습니까? 아니면 여러분의 우주적 스승인 나로부터 또다시 숨으려고 할 것인가요?

알다시피, 나를 거부하는 것으로, 여러분은 또한 나를 보낸 그분, 즉 지구상의 생명흐름들(lifestrems)을 위해 내가 대리하는 창조주를 거부하는 것입니다. 거짓 교사들이 만든 환영 가운데 하나는 모든 것이 사람들과 그들 스승 사이의 문제라는 것입니다. 그것이 실제로 이브가 나를 의심하도록 만들었고, 이브가 추락하도록 하는 데 뱀이 성공했던 것입니다. 하지만, 사실은, 그것은 나에 대한 것이 아닙니다. 그것은 여러분과 나 사이의 문제가 아닙니다. 실제로, 모든 것은 여러분과 여러분의 근원인 창조주 사이의 문제입니다. 여러분의 구원은 여러분의 창조주와 하나됨의 느낌을 성취해야만 이루어질 것입니다. 여러분이 그 하나됨을 이루도록 돕기 위해서 내가 여기 있지만, 여러분이 내 너머를 볼 수 없다면, 내 목적을 이해하지 못할 것입니다. 나는 진정한 교사로서, 여러분이 창조주와 하나가 되는 것을 전적으로 돕기 위해 여기에 있습니다. 그러니 여러분이 내게 혹은 거짓 교사에게 초점을 맞추는 한, 여러분은 그 수준을 넘어설 수 없습니다. 따라서 진정한 교사조차 하나됨의 여정(Path of Oneness)에서 여러분의 진전을 방해하는 장애물로 바뀔 수 있습니다. 분명히, 그것은 내가 바라는 것이 아닙니다. 그런 이유로 나는 여러분이 처한 상황의 역학을 설명하기 위해 그처럼 상세하게 설명했던 것입니다. 귀 있는 자들은 들으세요.

역자(譯者) 약력

목현: 1954년 경북 김천 출생. 한국 외국어 대학 및 연세대 경영대학원 수료.

한국가스공사 근무. 여러 해에 걸쳐 번역을 통해 영성을 알리는데 노력하였으며, 지금은 강화에서 농사일에 전념하고 있음.

번역한 서적: 초인 대사들이 답해주는 삶의 의문에 관한 100문 100답, 텔로스(2), 마이트레야 붓다의 메시지, 성모의 메시지 – 너희의 행성을 구하라, '영원한 나'를 찾아가는 여정, 예수와 함께 했던 나의 생애들 등

▶ 아이앰 출판사 연락처
- 이 책의 오류 및 아래 내용과 관련된 문의 사항은 메일로 해 주세요.
- biosoft@naver.com (리얼셀프)

▶ 전체 용어집

cafe.naver.com/christhood/2411 (그리스도 의식을 추구하며 카페)

이 책에 나오지 않는 용어는 카페의 용어집을 참조하거나 카페에서 검색 및 질문을 할 수 있습니다.

▶ 온라인, 오프라인 모임 및 행사 안내
- **공부 모임**: 서울, 분당, 대전, 대구, 부산 지역별 매달 1~2회 주말 모임
  (공부를 하기 위한 진지한 목적으로는 누구나 참여 가능함)
- **온라인 기원문 낭송**: 카페에서 매주 1~2회 저녁에 공동 기원문 낭송
- **성모 마리아 500 세계 기원**: 매월 마지막 일요일 개최
  (오후 3시~7시 또는 8시~12시. 전 세계적으로 같은 시간에 진행)
- **상승 마스터 국제 컨퍼런스**: 한국에서 매년 또는 정기적으로 개최
  (한국, 유럽, 러시아, 미국 등에서 개최함)
- 더 상세한 내용은 네이버 카페 공지사항을 참조하시기 바랍니다.
  (cafe.naver.com/christhood)

▶ 셀프 마스터 과정

  상승 마스터들은 2012년부터 매년 한 광선에 해당하는 셀프 마스터 시리즈의 책을 킴 마이클즈를 통해서 전해주고 있습니다. 이 과정은 책만 구매하면 별도의 비용이 들지 않고 개인적으로 누구나 수행할 수 있습니다. 처음 수행하는 분은 비영리 단체인 '그리스도 의식을 추구하며' 카페에서 진행과 관련하여 도움을 받을 수 있습니다.

· 단계별로 아래의 책을 구매 후 개인적으로 수행을 해도 됩니다.
  (카페에서 번역서 구매 가능. 일부 책은 www.yes24.com에서 구매 가능)
· 초기에는 오프라인 모임, '셀프 마스터' 메뉴에서 도움을 받을 수 있습니다.
· 책을 읽고 기원문을 낭송하는 방식으로 진행됩니다.
· 수행 시간은 매일 약 20분~40분 내외입니다.

셀프 마스터 시리즈 책 (킴 마이클즈 저)
(카페에서 한글판 서적 구입 가능)

한글 서적 명	시리즈
'영원한 나'를 찾아가는 여정	1
내면의 창조적인 힘 (1광선)	3
'신성한 지혜'를 찾아가는 여정 (2광선)	4
'조건 없는 사랑'을 찾아가는 여정 (3광선)	5
'영적인 순수함'을 찾아가는 여정 (4광선)	6
'초월적인 비전'을 찾아가는 여정 (5광선)	7
'내면의 평화'를 찾아가는 여정 (6광선)	8
'영원한 자유'를 찾아가는 여정 (7광선)	9
생명의 강과 함께 흐르기 (8광선) 생명의 강과 함께 흐르기-실습교재	2

주의 사항: 상승 마스터 가르침을 처음 접하면, 몇 권의 책을 읽고, 기원문을 일정 기간 낭송하면서 자신에게 적합한지 살펴본 후에 이 과정을 시작하세요. 이 과정 전체를 마치는데 약 2년 소요됩니다.

▶그리스도 신성 과정

이 과정은 그리스도 신성의 마스터키(Master Keys to Personal Christhood)책으로 진행하며, 2008년도에 킴 마이클즈가 예수님께서 준 메시지를 책으로 출판했습니다. (카페에서 구입 가능)

이 과정은 예수님과 스승-제자 관계가 되어 그리스도 의식으로 올라가는 과정입니다. 2,000년 전에 예수님께서 제자들에게 모든 것을 말해주셨다는 얘기들 읽었으리라 봅니다. 이 시대에 다시 예수님께서 직접 그리스도가 되는 길을 갈 제자를 모집하고 있습니다.

예수님께서도 육화 중에 이 과정을 동일하게 밟았다고 합니다. 특히 다른 메시지에 언급되듯이, 예수님께서 이 과정을 시작할 당시에 이미 높은 의식 수준을 달성해 있었지만, 처음부터 단계를 밟아서 올라갔다고 합니다. 마찬가지로, 여기 온 모든 분들도 자신의 의식 수준을 내세우지 말고 바닥부터 차근차근 올라가시기 바랍니다.

모두 17개의 열쇠가 있으며 열쇠마다 기원문을 낭송하고 메시지의 일부를 읽는 과정을 33일간 실천하라고 제안하고 있습니다. 각 열쇠에 메시지가 있습니다. 메시지를 전체 읽고 나서 기원문을 하시면 됩니다. 그리고 33일간 기원문을 하기 전에 메시지 중 일부를 읽고 생활하면서 숙고하는 과정으로 진행됩니다. 예수님께서 마음속으로 어떤 아이디어와 가르침을 주십니다.

· 책을 보면서 카페의 '그리스도 과정' 메뉴 또는 오프라인 모임에서 도움을 받을 수 있습니다.
· 단계별로 책의 내용을 일부 읽고, 로자리 또는 기원문을 매일 약 40분 내외 낭송합니다. 단계별 33일간 매일 계속합니다.
· 총 17단계이며, 책에 나오는 예수님의 가르침에 따라서 진행합니다.

주의 사항: 상승 마스터 가르침을 처음 접하면, 몇 권의 책을 읽고, 기원문을 일정 기간 낭송하면서 자신에게 적합한지 살펴본 후에 이 과정을 시작하세요. 이 과정 전체를 마치는데 약 2년 소요됩니다.

▶ 힐링 과정

'예수와 함께했던 나의 생애들' 책은 지구에 육화한 어느 존재의 수많은 전생 이야기를 통해 지구 문명과 예수 그리스도의 사명과 악의 기원에 대해 깊은 통찰을 제시하는 자서전적 소설입니다.

'힐링 트라우마' 책은 소설 '예수와 함께했던 나의 생애들'과 짝을 이루는 수행서(workbook)입니다. 그 소설은 많은 영적인 사람이 자원자나 "아바타"로 지구에 오게 되었다는 개념을 소개합니다. 우리는 그때 지구에서 겪은 경험의 결과로 깊은 영적인 트라우마를 받았습니다.

아래의 책들은 이러한 개념에 대한 더 많은 가르침을 포함하고 있습니다. 또한, 여러분이 그 트라우마들을 치유하고, 이 행성에서의 삶의 태도에서 모든 부정성을 극복할 수 있도록 도울 수 있는, 실제적인 도구들을 포함하고 있습니다. 이 책을 활용하기 전에 우선 '예수와 함께했던 나의 생애들' 소설을 읽어볼 것을 권합니다. 그 소설이 여러분이 치유 과정을 시작하도록 도울 수 있는 중요한 가르침을 많이 포함하고 있기 때문입니다.

· 단계별로 아래의 책을 구매 후 개인적으로 수행을 해도 됩니다.
  (카페에서 번역서 구매 가능. 일부 책은 www.yes24.com에서 구매 가능)
· 초기에는 오프라인 모임, '힐링 과정' 메뉴에서 도움을 받을 수 있습니다.
· 책을 읽고 기원문을 낭송하는 방식으로 진행됩니다.

아바타 시리즈 책 (킴 마이클즈 저)
(카페에서 한글판 서적 구입 가능)

한글 서적 명	시리즈
예수와 함께했던 나의 생애들	1
힐링 트라우마	2
신성한 계획 완성하기	3
최상의 영적인 잠재력 구현하기	4
지구에서 평화롭게 존재하기	5